U0946546

“空间”还有多少空间？

重访多维度历史

HOW MUCH SPACE IS THERE IN "SPACE"?

Revisiting Multi-Dimensional History

高　波　胡　恒◇主编

中国社会科学出版社

图书在版编目（CIP）数据

“空间”还有多少空间？：重访多维度历史 / 高波，胡恒主编．—北京：中国社会科学出版社，2022.9

ISBN 978-7-5227-0146-2

Ⅰ.①空… Ⅱ.①高…②胡… Ⅲ.①史学—研究 Ⅳ.①K0

中国版本图书馆 CIP 数据核字(2022)第 070933 号

出 版 人 赵剑英
责任编辑 耿晓明
责任校对 王 龙
责任印制 李寡寡

出 版 中国社会科学出版社
社 址 北京鼓楼西大街甲 158 号
邮 编 100720
网 址 http://www.csspw.cn
发 行 部 010-84083685
门 市 部 010-84029450
经 销 新华书店及其他书店

印 刷 北京明恒达印务有限公司
装 订 廊坊市广阳区广增装订厂
版 次 2022 年 9 月第 1 版
印 次 2022 年 9 月第 1 次印刷

开 本 710×1000 1/16
印 张 20.75
字 数 318 千字
定 价 98.00 元

目　　录

信息流动、话语表达与权力空间

葬域的多重结构

导言　探索人文学的“空间”

一

本书是一本非典型的论文集，它诞生于一次非典型的学术会议。2015年秋，中国人民大学历史学院青年史学工作坊以“‘空间’还有多少空间？——重访多维度历史”为题，邀请了环境史、城市史、人类学、艺术史、考古学、政治史、历史地理学等多个学科与研究领域的青年学者共同探讨，通过“空间”这一人文学各领域共有的母题，探讨人文学乃至学术生活的新可能性。

这种设想，部分出于发起者对下学术生活的共同经验与意识。现代人文学的世界，其广阔已非任何研究者所可遍历，其分化程度与绩效压力，更让研究者难有机会走出其专业领域。

这一境况，从一方面来说是学术发展的题中之义，毕竟正如斯宾塞所说，进化的一大特征即是不断的分化。但另一方面，人文学乃至学术生活，又有着内在的对整体性的吁求。而相较于更为专业化、学科限定也更为明确的研究所，大学的奇妙之处则在于，除了拥有多元而优秀的学生，它还促成了不同领域学者的会聚。在学术世界中位置遥远，在现实世界中，则可能鸡犬之声相闻。而与《老子》所描绘的上古时代不同，相闻就总有往来的可能性，日常从研究领域差异巨大的同事与朋友处受到的启发，有时是如此意外而令人惊叹，令人恍惚间感受到作为学生初入行时经常体验到的那种面对广阔而浩渺的人文学世界的惊奇乃至震惊。

这里所谈的，并不是近年来十分流行的“跨学科”问题。在承认学科差异的前提下尝试跨越它，往往发生在邻近学科，“跨”的行为往往有着明确的知识意图与学术指向，事实上，也只有学术距离仍相对接近，“跨学科”才是现实的，才有在一定时期内获得成果的可能性。不过，正如一位朋友的妙语，对不同学科采取“横跨”的姿势，既不优雅，更不舒适。而在不断分叉的学术进化树上，越远离地面、接近树冠，不同枝杈间的距离就越远，“横跨”也就越危险甚至不可能。换言之，“跨学科”只能发生于可望又可即的学术领域间，而在学术分化不断加剧的当下，越来越多的学术领域正变得可望而不可即，甚至不可望亦不可即。结果则是一方面对某一个细分领域过度熟悉与沉浸，另一方面，则是对其他领域的完全陌生。当下不少学者主张以去熟悉化与重新遭遇惊奇作为新学术思想的起点，大概正是痛切于此。而重新遭遇那些陌生的研究领域，自然是对本领域去熟悉化的最可能途径。简言之，相较于邻近学科间的“横跨”，重建学术世界内中远距离研究领域间的联系，就显得更为迫切。

一个可能的启示来自古代。在宋儒处，有两种似相反而实相承的人文世界之理。一方面，在朱熹看来，“理一分殊”，“万物皆有此理，理皆同出一源。但所居之位不同，则其理之用不一……物物各具此理，而物物各异其用，然莫非一理之流行也。”[①]“理不患其不一，所难者分殊耳。”[②]学者对其各自研究领域的沉潜与坚守，可谓穷其各殊之分，实为呈现理一之境的前提条件。而另一方面，在张载看来，“太虚即气”，“所谓气也者，非待其蒸郁凝聚，接于目而后知之”[③]，“知虚空即气，则有无、隐显、神化、性命通一无二”[④]。距离遥远的研究领域，通过这无限、无始又无终的太虚之气的氤氲聚散，不断互相感应熏习，亦就在不知不觉之中互相影响与改变。而相较于宋儒的“极高明”，汉儒所论，则更为平实。郑玄以“仁”为“相人偶”，更具体言之，即“以人意相存问”[⑤]，而仪礼聘问中主宾相揖，则为其典型。主宾各有其邦国，往往相距千里，而亦唯其邦国不同，相距遥远，故当以揖让而相偶，以达成仁礼之一体。

这大概也说明了为何近年来王汎森等学者特别强调历史与学术中无形

---

① 黎靖德编：《朱子语类》第2册（卷一八），中华书局2007年版，第398页。

② 朱熹引其师李侗语。见赵师复：《宋嘉定姑孰刻本延平答问跋》，朱杰人、严佐之、刘永翔主编：《朱子全书》第13册，上海古籍出版社、安徽教育出版社2002年版，第354页。

③ 张载：《正蒙·神化篇第四》，章锡琛点校《张载集》，中华书局1978年版，第16页。

④ 张载：《正蒙·太和篇第一》，《张载集》，第8页。

⑤ 《中庸》：“仁者人也，亲亲为大”。郑玄注：“‘人也’读如‘相人偶’之‘人’，以人意相存问之言。”相关分析，见乔秀岩《札记：人偶不孤不参》，收入《学术史读书记》，生活·读书·新知三联书店2019年版，第172—174页。

无相的“风”的重要性。王汎森以历史的联系往往隐秘而微妙，多有“铜山崩而洛钟应”之事，故需要“察势观风”，方能远近大小，各如其情；[①]而在将“风”当作历史观察与研究的珍贵视角之外，他更视其为人文学自身的养成之法，强调“龚自珍《释风》篇中说，‘风’是‘万状而无状，万形而无形’，也可以用来说明一种学风的形成。‘风’的形成不只是老师对学生纵向的讲授，而是有‘纵’有‘横’，有‘传习’而得，也有来自四面八方不期而遇的吉光片羽。那些不经意的一句话，对深陷局中、全力‘参话头’而充满‘疑情’的人而言，可能正是‘四两拨千斤’的一拨”[②]。这种日常接触与交往中动静相感而又无形无相的“风”，让日常世界与学术世界良性互动，亦让学术的可能性与意义得以自然生长。

大致来说，以“空间”为主题词，就是想为来自不同学术邦国的学者们提供相偶尔存问的机会，以促成学术世界中无形之风的氤氲蒸郁。而空间这一“主题词”的选择，与这一目标之间，又有着不止一层关系。一方面，以上对现代人文学演化图景的描述，引申出学术与距离等空间因素的辩证关系，故而用“空间”作为主题词，虽非有意设计，却恰恰呼应了这种对学术养成的体验。而另一方面，“空间”是一个不折不扣的近代词汇，有着一望可知的近代物理学背景，正如柯瓦雷所说，整个近代世界都建立在一场根本的空间革命上，古典意义上万物各有其位的封闭而稳定世界，被在尺度上无限延展的宇宙所取代，在这一笛卡儿—伽利略—牛顿所揭示的数学化、均质化与去中心化的新世界中，[③]空间意味着无物的虚空，它是纯粹被动的，也自然没有任何象征着人文世界的气与风能够存在。

这可谓是人的去世界化，实为人文学世界中各邦国成员都需要面对的共同挑战。虽然在19世纪中叶，麦克斯韦在电磁学引入了“场”的概念，空间不再是纯粹被动的，而是可以施加影响于事物，到20世纪初，爱因斯坦相对论则正式取消了空间与事物两者间的独立性，事物亦可影响空间的构造，但以上自然科学的伟大进展，并不意味着人的世界的回归，相反，正是在19世纪下半叶，自然科学与人文科学（在不同地方又称为精

---

① 参见王汎森《“风”：一种被忽略的史学观念》，《执拗的低音：一些历史思考方式的反思》，生活·读书·新知三联书店2014年版。

② 王汎森：《天才为何成群地来》，社会科学文献出版社2019年版，第91页。

③ ［法］柯瓦雷：《从封闭世界到无限宇宙》，张卜天译，商务印书馆2019年版。

神科学、价值科学）的分离日益明显，而约一个世纪后 C. P. 斯诺以科学与人文为互相分离且鸿沟甚深的“两种文化”①，则不过是对这一越来越明显的趋势的迟到确认。

故而在人文学中思考“空间”范畴，天然就带出了自然科学与人文科学的关系问题。而此种关系，在环境史、考古学、城市史与历史地理学等“横跨”自然与人文的研究领域中，自然表现得最为充分。自然科学与人文科学的分立乃至对立，既让“横跨”变得越来越困难，但也同时意味着超越这一分立乃至对立的新探索，最有可能出现在这些研究领域。正如拉铁摩尔所论，不同地理与文明间的边疆地带，即是两者发生交换与混合的贮存地，打破既有格局并开创新局面的势力，往往即从此处崛起。②

另外，如果说环境史与工业革命以来人类向自然界前所未有的大扩张关系密切，人类学则在一定程度上就是地理大发现以来西方全球性殖民扩张的产物。而与前述天上空间从封闭世界向无限宇宙的转变不同，伴随着西方的崛起而发生的大地空间的扩张，则因为地球的有限性而有着明确的边界。这带来了对人与世界关系的新理解。一方面，大地看似广阔但终究有限，工业文明以来人类对自然以指数增长的需索，严重冲击着长期演化而成的万物秩序，以自然的有限性与有序性为名展开的对这一无限制需索的反思乃至反抗，可算是环境史得以出现的思想前提。另一方面，西方的全球性扩张，将越来越多的族群与文明卷入新的世界秩序，这种半强迫性的不同族群与文明的“遭遇”与冲撞，在现代世界形成过程中反复上演且强度日增，在此背景下，以理解“他者”为职志的人类学，也才有了出现的必要。

这尚不是近代空间革命与人文学关系的全部。如果说均质化与去中心化的“无限虚空”让宇宙对人完全外在化，从而直接威胁到人文世界的存在与意义，与此似相反而实相承的则是空间被视为人类认识世界的最基本范畴。康德主张空间与时间是人的“感性直观的纯形式”与“先天知识的原则”③，以此为启蒙理性与现代学术立法，而在一个多世纪后，科塞雷克

---

① ［英］C. P. 斯诺：《两种文化》，陈克艰等译，上海科学技术出版社 2003 年版。

② ［美］拉铁摩尔：《中国的亚洲内陆边疆》，唐晓峰译，江苏人民出版社 2008 年版，第 163—172 页。

③ ［德］康德：《纯粹理性批判》，邓晓芒译，人民出版社 2009 年版，第 27 页。

则进一步说，人无法直接经验时间的存在，只能借用表达空间变化的范畴来间接呈现时间。[①] 如此则空间就可被视为比时间更为直接也更为基本的经验与思想范畴。而艺术史中反复出现的以空间呈现时间的尝试，以及政治史中对权力正当性与作为感性知识来源的“看”的关系的探讨，则都体现了这一点。

另一方面，在现代人文学的主要奠基者维柯看来，真理即创造，故而相较被视作上帝创造的自然，人只能对自己所创造的人类世界有完全的理解。[②] 而在这个意义上，人文学的真理性就和它的作品性紧密相关，且此一作品性绝不仅限于文学艺术领域，而关涉所有人类活动。空间的构造自然亦不例外。如此则空间实为人为自己所创造的世界，二者为融合而非对立的关系。考古学领域以墓葬为作品的尝试，即鲜明地体现了这一点。

既外在又内在，既疏离又切近，这或许就是空间与人乃至人文学的关系。亚里士多德对人有两个著名的规定，在《形而上学》开篇，他说：“求知是人类的本性。”[③] 而在《政治学》第一卷，他又说：“人类自然是趋向于城邦生活的动物（人类在本性上，也正是一个政治动物）。”[④] 如果说在现代世界中，求知变为不断冲破自然加于人的限制，达至无限大、无限小、无限高亦无限远之处，那么人作为政治的动物，则意味着不管是古代还是现代，他/她只有生活在一个有着确定边界的空间内，才能够创造真正属于人的世界。而如果说历史地理学中的政区研究、社会学中的社区研究乃至人类学中的村落与城市研究，尚只是在引申意义上表明了这一人类生活的有界性与境遇性特征，那么，政治史对政治行动与各种空间因素的关系的探讨，则更为直接地呼应了亚里士多德的这句名言。

最后，让我们回到现代中国学术的开创时代。20 世纪 20 年代，梁启超一面主张要“如欲彻底的了解全国，非一地一地分开来研究不可”[⑤]。另一面则提倡以合传的形式改造旧史，并以人物为中心写作新通史，甚至说

① Reinhart Koselleck：*The Practice of Conceptual History*：*Timing History*，*Spacing Concepts*，trans. Todd Samuel Presner，Stanford University Press，2002，p. 7.

② ［意］维柯：《论意大利最古老的智慧：从拉丁语发掘而来》，张小勇译，上海三联书店 2006 年版，第 9—19 页。

③ ［古希腊］亚里士多德：《形而上学》，吴寿彭译，商务印书馆 2007 年版，第 1 页。

④ ［古希腊］亚里士多德：《政治学》，吴寿彭译，商务印书馆 2007 年版，第 7 页。

⑤ 梁启超：《中国历史研究法补编》，汤志钧、汤仁泽编《梁启超全集》第 14 集，中国人民大学出版社 2018 年版，第 88 页。

要“用纪传体做一百篇传来包括全部历史”[①]。傅斯年则更直言“历史一物，不过种族与土地相乘之积”[②]。都将空间与人当作是新学术互相支撑的两翼。在此意义上，本书以“空间”为主题，而其中篇章多以人与空间的互动展开，可谓是对这一已历时百年的新学术传统的自觉回归。

二

本书所收入的论文，来自学术世界中的多个风土与人情均判然有别的邦国。两位编者亦只是充满兴趣的旅行者，并不自诩能对它们做出恰切而专业的把握。不过，提供一个概略性的导览或许仍然是有必要的。毕竟，对旅行者来说，最能激发兴味、引起共情的，往往是其他旅行者的观察与思考。

本书的第一个主题，为“聚落、自然与文化的互塑”，在具有政治、族群与文化多重特性的城市与乡野空间中，考察人与自然的互相塑造。当两种或多种文明遭遇时，不同因素混杂并置，互相竞争、对抗、合作与重组，会生成特殊的空间结构。在近代西方全球性殖民扩张的背景下，这一文明遭遇更具有高度的政治性，此即阿里夫·德里克所称的“接触地带”[③]。而不管是魏兵兵所探讨的上海租界剧院，还是曹牧所探讨的天津租界的排污河，都是其典型案例。魏兵兵以上海公共租界工部局与华界精英对华人剧场的建筑变革为研究对象，探讨近代上海半殖民地市政体制下城市公共空间的演进过程，展示其中多元错综的利益折冲和政治博弈。在他笔下，公共剧院作为现代性的空间安排，性别、阶级与族群意义上的敞开与封闭、禁锢与开放并存，在这里，不同的观看/被观看方式，创造着权力展示、循环与再生的空间，同时也意味着新的社会构成方式。作为特定公共空间的剧场由此呈现自身，而它所激起的中国传统的回应，也既在意料之外，又在情理之中。

---

① 梁启超：《中国历史研究法补编》，《梁启超全集》第14集，第131页。

② 傅斯年：《中国历史分期之研究》，欧阳哲生编《傅斯年全集》第1卷，湖南教育出版社2000年版，第33页。

③ ［美］阿里夫·德里克：《中国历史与东方主义问题》，陈永国译，载罗钢、刘象愚主编《后殖民主义文化理论》，中国社会科学出版社1999年版，第89—96页。

曹牧通过对天津历史上有着重要地位的墙子河的考察，探讨借助自然因素构建出的区隔性空间秩序。她提示我们，在天津这一“接触地带”，租界内嵌在既有的城市秩序中，却隔绝并排斥城市的其他部分，殖民者通过切割出所谓“干净的”排污渠，保证污物的单向流动，从而将本可成为连通渠道的河流，变为政治、社会乃至文化的分隔线。换言之，城市水系这一人化自然，被以清洁/污秽的名义重整，成为社会排斥的工具，伴随着水闸、河堤等城市景观出现的，是权力对自然的操纵，其结果则是一种附着在城市空间上的殖民等级制。

与异文明间的遭遇不同，费晟所关注的是人与荒野或者说文明与自然的遭遇。他通过对早期澳大利亚殖民者（囚犯、自由定居者、官员与专业人士）对环境的多样性认知与实践的考察，提示我们对自然来说，殖民者的到来可谓是一场人对荒野的入侵，而反过来，文明社会又会生成否定自身的意识，将走入荒野、投身自然当作自由的象征。定居地通过交通网络互相连接并分隔荒野，而荒野又以更大的尺度与耐心包围定居地，自然空间与人类空间互嵌互渗，既对峙又交融，殖民者既改造荒野，也被荒野所改变，最后，则出现了何谓家园的问题，而异乡的家园化，反过来就是家园的异乡化，人类与自然相克相生的辩证结构则由此呈现自身。

本书的第二个主题为“图像中的空间呈现”。这种图像空间所呈现的，则往往是时空综合体。王煜通过对汉代西王母图像的考察，尝试展现汉人对生前世界与死后世界的总体看法。西王母图像中的主题内容、相对位置、大小比例、运动趋势等，均有着从生活世界到神圣世界的秩序与仪式意涵，识别其空间结构与先后次序，如同随古人在其信仰世界中瞻拜行仪。

与王煜类似，朱磊通过对帛画中壶形空间的考察，提示我们图像必须被当作有着内在逻辑与生命的整体。图像的空间结构，经常呈现着古人信仰世界中的修炼步骤或仪式过程。因此，起始视点（同时也是入手点）以及视线方向（同时也是行进方向）就十分重要。而为了复现这一以空间形式展现的时间过程，读图就不能抽取局部元素孤立分析，而必须是整体与部分间不断的解释循环。

吴雪杉所关注的，则是观看者的角色与“看”的多样性。他以明代画家沈周的名作《东庄图》为对象，通过探讨其对城市空间、山川景物以及观看视角的处理方式，透视明代以来“城市山林”的图像传统如何得以塑造成形。他所着力呈现的，是理想型的山林景观如何与现实中的城市融合。正如贡布里希笔下的埃及画家认为每一事物都有能最充分与真实地展现自身特性的典型视角，故他们在作画时并不遵守单一视点原则，而是将人脸各器官从各自的典型视角纳入同一幅图像，[①] 吴雪杉笔下的明代士大夫，也是通过理想性甚或姿态性的空间叠合，将其观念与现实生活中的不同部分，以符合其世界观的方式呈现于同一幅画作中。而也正是这种观念性的“心眼”对现实世界与理想世界的交融性展现，让明代士大夫得以极高明而中庸的儒家式姿态调和精神与世俗，以超越与出离的姿态安享于日常生活。而通过揭示这种打破几何视点的空间重组方式，吴雪杉则呈现出了“看”本身的多样性。

如果说上一主题展现的是空间与观看的多元关系，本书的第三个主题关注的则是如何划分和命名空间，或者说，是空间与名称的关系问题。其题名“画土分疆与王朝治理”，更表明这一划分与命名活动与政治过程密切相关，其中时间与空间、名与实的互动至为复杂。大体而言，封建制下秩序空间的演变更多因循故物与故名，而郡县制则有更多的循名责实色彩。马孟龙通过对西汉桂阳郡阳山县县名的探讨，透视在封建与郡县混杂而郡县制逐渐取得主导地位的西汉时期，政区空间不同要素各自名与实的演变轨迹。通过他的研究我们可以看到，西汉时期的政区变动往往不是局部与自发的，而是与更为整体性的地理与制度格局密切相关。因此探讨政区名称的演变，就必须考虑郡县与封建两制不同的空间构成逻辑与演变理路，以相对不变的山川为参照，同时结合地理与政区命名与注释的知识传统，才有可能真正复原某一特定历史时期的政区空间秩序。

与马孟龙类似，罗凯的研究同样关注政区空间秩序的演变问题。他通过对唐代边疆地区都督府置废问题的探讨，揭示了大一统帝国中心与边缘的空间秩序具有不同的政治特征与演变轨迹，固定或多变，常设或暂时，其历史意涵判然有别。如果说因为统治能力的限制，边疆地区空间秩序的临时性多是不得不然，那么中心地区空间秩序的临时性则往往是有意为之。小大相维、内外相制的原则，体现在政区空间大小、历时久暂的不同安排之中，既可以被理解为具有特定王朝印记的统治术，又受到跨王朝制

---

① ［英］贡布里希：《艺术的故事》，范景中译，生活·读书·新知三联书店1999年版，第58—62页。

度演变理路的影响。

李大海同样关注政区演变中空间与时间因素的互动，不过，他所关注的是郡县制全面成熟的明清时期。他以此一时期的州制为对象，从出自《周礼》的“体国经野”和“设官分职”这两个既有联系又有差异的角度，探讨《清史稿·职官志》所谓“属州视县，直隶州视府”一语的含义。他认为，州这一介于常设的府与县间的政区，集中体现了郡县制下名实、常变、经权诸组关系的复杂衡平。在特定政治秩序下，权力运作的内涵与空间差异密切相关，探究影响政区空间的层次、比例、久暂的因素，可以透视郡县官僚制下行政效率与权力制衡的两难。而空间秩序演变的内在理路与外缘因素，又与王朝内与跨王朝这两种时间尺度相联系，相当鲜明地体现出郡县制下政区作为时空综合体的一面。

如果说政区的空间性显而易见，政治本身的空间性则相对要隐晦一些。而本书的第四个主题“信息流动、话语表达与权力空间”正是要探究政治与空间的隐秘联系。李猛认为在传统政治中不是合法性而是“政治表象”（political representation）居于中心地位，如同吉尔茨式的“剧场国家”（the theatre state），表演性的政治仪式“使君主得以成为全民眼睛的焦点，成为整个国家政治世界的示范中心（exemplar centre）”[①]。仇鹿鸣对唐中后期魏博的政治景观的研究，正是聚焦于权力本身的空间可见性以及观看者的重要性。与政区借以呈现自身的几何化与抽象化地图不同，魏博的藩镇节度使祠堂、刻石乃至德政碑是更为具象化的景观。而与费晟所关注的荒野中的文明景观不同，德政碑等不可能自下而上自发形成，而一定是权力的有意造作，它们预设了观众的存在，从而既是实存的，又是仪式性与表演性的，如同权力的公共剧场，通过这一假想或实际的剧场与观众，权力秩序在呈现自身的同时，亦完成了交换与再生产，政治斗争则必然伴随着以政治景观为中心的空间秩序的象征性重组。而若结合以巫鸿对石质建筑被视为具有永恒意味的纪念碑这一西方观念的批判性反思，[②] 则时间尺度问题就呈现了出来，不管相较王朝兴衰还是更长程的文明与历史演变，这

① 李猛：《论抽象社会》，《社会学研究》1999 年第 1 期。

② ［美］巫鸿：《九鼎传说与中国古代美术中的“纪念碑性”》，郑岩、王睿编《礼仪中的美术：巫鸿中国古代美术史文编》上卷，生活·读书·新知三联书店 2005 年版；以及巫鸿《废墟的故事：中国美术和视觉文化中的“在场”与“缺席”》，肖铁译，上海人民出版社 2012 年版。

些仪式性的刻石与德政碑都是有朽而非不朽的。

如果说仇鹿鸣探讨的是政治空间的可塑性的话，李碧妍则通过对一位中唐官员的墓志的细致解读，展现了相对稳定与公开化的地理空间对隐秘而多变的政治过程的解码作用。在她看来，史料批判必须以敏锐的时空定位意识与能力为前提，墓志记载中时空异常的痕迹，如同当事人留给后世的密码，通过类似侦探复原案件现场与过程般的回溯性研究，我们有可能接近时人不同撰述的背景与意图，而隐藏在厚重历史帷幕后的特定政治过程，也有了呈现自身的可能性。

政治的空间性与遭遇性，与人活动能力的有限性密切相关。这一问题尤见于在传统社会中受到更多限制的女性。彼时男女之别被自然化为外与内、可见与不可见之别，对女性的空间限制被认为是自然秩序的一部分，而政治则被认为属于公共与可见的世界，故而女性身份与政治职分间存在着天然的紧张。针对这一问题，杜宣莹聚焦于英国都铎王朝后期，探讨了此时政权从内廷转移至政府的过程中伊丽莎白一世与男性官僚为争夺政策主导权而引发的公开冲突，集中分析伊丽莎白一世与枢密院的信息获取斗争，强调在以内廷与外朝之分为基础的政治空间中，连接两者的通道与开关具有极大的政治重要性。名义上的王权必须克服由于女性身份而带来空间限制，防止信息阀门被其外朝对手所控制，而这种围绕政治空间的通道、阀门与边界的斗争，又必须借助王权神圣性与性别特质的政治话语而展开。

如果说自然划定了人文学的一条基本边界，死后世界则划定了另外一条。故而与本书的开头呼应，第五个也是最后一个主题，就是“葬域的多重结构”。对古人来说，死后世界既是生活世界的他者，又内在于后者本身，且恰恰因为它划定了生活世界的边界，才使自己成为后者不可分割的部分。而这也正是莫阳的研究所提醒我们的。莫阳通过对中山王兆域图铜版的考察，展示了墓葬作为墓主作品的一面，营造墓葬空间，就是呈现特定政治与人生秩序，并表达墓主个人的希望与追求。在莫阳看来，兆域的建筑尺度与几何对称性布局，是通过形式美学展现统治秩序，而兆域图亦非葬域空间秩序的简单比例缩略，而是以凸显具有天道意涵的俯瞰视角为目标的再加工，故而也应被视为具有个人意志与风格的独特作品。

与莫阳类似，耿朔也探讨了墓葬作为礼仪空间的观念性与作品性。他通过对魏晋墓葬从双室到单室的转型过程的考察，提醒我们注意墓葬的广狭、形制以及其与地面建筑的关系，与所处时代的生死观念密切相关。在历史早期，人的死亡被视为形与神的分离，故而相较于掩埋形体的墓地，形与神重新相逢的庙被视为更重要的祭祀空间。而在汉魏时期，伴随着生死观念的改变，神被认为亦在墓内，生与死、地上世界与地下世界被认为互相沟通而非隔绝，与此相伴的则是礼仪空间从庙转向墓，墓上乃至墓内祭祀的出现、墓葬整体与单个墓室空间的扩大皆与此相关。另外，耿朔亦提醒我们生死观念与葬域秩序的多元性，他注意到墓室中假窗在不同时期与地域交替出现与消失，故认为将墓葬视为死者的地下常居还是只是其暂时的寄居之所，始终存在着不同的理解。而这种多元性，亦体现了葬域之为特定文化与社会的群体性作品的一面。

最后，丁雨通过对宋金时期仿木构墓葬的解读，亦试图发掘葬域空间的多重含义。他借鉴弗雷泽对以模拟与接触为特征的顺式巫术的经典探讨，分析墓葬后壁装饰中启门、桌椅等元素的功能性与象征性意涵。启门作为生死世界的边界，既象征隔断，又隐喻开启。桌椅则作为墓主对（并）坐之象，提示着祭祀灵位的所在。这是死后世界对生前世界礼仪性活动的象征性模仿，它所模仿的，并非该仪式的全部过程，而是其中最具典型性的某一时刻，且这一死后仪式本身只有布景与道具，而没有行礼者，故丁雨称其为“空的空间”。也正是通过这种“空”的存在，礼仪的象征与实际、死后世界与生前世界的区隔与联系被辩证性地呈现了出来。

以上就是两位编者所做的挂一漏万的导览。可以看出，作为遭遇、作品、景观与时空综合体，统言之，作为人所创造又在其中定位自身的世界，空间多元而丰富的内涵，提示了我们书写多维度历史的可能性。而作为人文学最基本的范畴之一，空间的多样性与生命力，则让本书“‘空间’还有多少空间”的设问，在文字之戏外，更具有了严肃的意义。询问“空间”的空间，也就是询问人文学本身的空间，而诸位作者则以“见之于行事”的方式，做出了各具性格而又互相呼应的回应。

如前所述，本论文集为2015年秋在中国人民大学历史学院召开的同名学术会议的后续。收入本书的论文，都曾在该次会议上宣读过，非常感谢各位作者的支持。青年史学工作坊的诸位同人，虽兴趣与性格各异，却因对当下学术境况的共同经验与意识，一起推动了会议的召开与论文的结集出版，这是友谊与共同经历的见证。最后需要说明的是，不管是会议还是论文集，陈昊的策划与推动都是最不可或缺的。如果没有他的学术视野、活力与耐心，这件事就不会开始并实现。

聚落、自然与文化的互塑

近代上海半殖民地市政与城市公共空间之演进

——以剧场建筑问题为个案*

魏兵兵**

近代中国的城市空间经历了全面重组，不仅极大地改变了城市物质景观，而且对人们的生活方式和社会关系影响深远。上海是中国最早开启近代化的城市，各类空间的演变比其他城市更为急剧，剧场即是一个典型例子。① 19 世纪后期，上海的剧场基本仍属传统式样。20 世纪初期，本地剧场建筑历经结构转型和迅速革新，其规模、质量和设施在全国乃至整个东亚地区长期处于领先地位。推动剧场建筑变革的因素众多，除戏剧演出形式外，还涉及地方经济、建筑技术、社会观念等多个方面，而市政当局的管理举措则常具有直接作用。近代上海长期处于华界、公共租界和法租界三区并立的半殖民地状态，中国地方政府对租界市政几无置喙余地。本地剧场大多开设于经济最繁荣的公共租界之内，作为华人最主要的公共娱乐场所，其建筑问题很早即受到公共租界市政机构工部局的重视，且常引起社会舆论的关注。本文主要考察晚清至 20 世纪 30 年代上海工部局与中外各方围绕华人剧场建筑问题的互动，从这一个案管窥半殖民地市政制度下，城市公共空间演进过程中的观念碰撞、利益纠葛和政治博弈。

---

* 本文原刊于《史学月刊》2017 年第 3 期，感谢该刊编辑部惠允将之收入论文集！笔者修订时新增了图片。

** 中国社会科学院近代史研究所助理研究员。

① 本文中“剧场”一词专指以观演戏剧为主要功能的独立的营业性机构，不包括以放映电影或表演曲艺为主的娱乐场所，也不包括附属于游乐场、庙宇、会馆、园林或私宅的戏剧演出场所。

关于近代上海租界当局对城市公共空间的市政管理，学界已有一些研究成果，但多从宏观着眼，关注建筑规章、城市规划等制度设计层面或道路、公园等公共基础设施。[①] 相形之下，租界当局对中、小型公共空间的管理尚待深入探讨。本文聚焦剧场这一重要公共娱乐场所的建筑问题，利用中外档案文献，对工部局的相关市政举措及其与中外各方的交涉折冲进行详细论析，以弥补现有研究之不足。同时，目前中国剧场建筑史的研究呈“厚古薄今”状态，学界对古代剧场的建筑形式已有较细致的考论，[②] 但关于早期现代剧场建筑的研讨却十分薄弱。上海是中国现代剧场的诞生地，剧场整体建筑水平长期执全国之牛耳，但迄今尚无学者对20世纪早期上海剧场建筑的演变过程进行系统深入的考察。[③] 因此，本文也希望可以抛砖引玉，推动中国早期现代剧场建筑史的研究。

---

① 如张鹏《都市形态的历史根基：上海公共租界市政发展与都市变迁》，同济大学出版社2008年版；唐方《都市建筑控制：近代上海公共租界建筑法规研究》，东南大学出版社2009年版；黎霞《上海公共租界建筑管理述评》，上海市档案馆编《租界里的上海》，上海社会科学院出版社2003年版，第293—306页；吴俏瑶《上海法租界建筑法规体系发展概述》，《华中建筑》2013年第3期等。一些关于近代上海城市规划或租界历史的著作，也对租界当局的空间管理问题有所论述，如孙倩、伍江《上海近代城市公共管理制度与空间建设》，东南大学出版社2009年版；练育强《城市·规划·法制：以近代上海为个案的研究》，法律出版社2011年版；［日］大里浩秋、孙安石编《租界研究新动态（历史·建筑）》，上海人民出版社2011年版。

② 专论中国古代剧场建筑的著作有周贻白《中国剧场史》，商务印书馆1936年版；周华斌、朱聪群编《中国剧场史论》，北京广播学院出版社2003年版；廖奔《中国古代剧场史》，中州古籍出版社2004年版；车文明《中国神庙剧场》，文化艺术出版社2005年版；等等。

③ 虽有一些相关描述散见于戏曲史、建筑史和文化史论著之中，但大多较为概略，且不乏以讹传讹之处。如北京市艺术研究所、上海艺术研究所编《中国京剧史（上卷）》，中国戏剧出版社1990年版，第347—348页；北京市艺术研究所、上海艺术研究所编《中国京剧史（中卷）》，中国戏剧出版社1990年版，第43—44页；陈从周、章明主编《上海近代建筑史稿》，上海三联书店2002年版，第203—204页；Joshua Goldstein，*Drama Kings*：*Players and Publics in the Recreation of Peking Opera*，*1870 - 1937*，Berkeley：University of California Press，2007，pp. 76—79，212—213；Laikwan Pang，*The Distorting Mirror*：*Visual Modernity in China*，Honolulu：University of Hawaii Press，2007，pp. 150—153。另外，沈定卢著文对中国第一座新式剧场“新舞台”的建筑设施进行了较细致的考证，见沈定卢《新舞台研究新论》，《戏剧艺术》1989年第4期；魏兵兵考察了清末上海剧场建筑的转型过程及其推动因素，见Wei Bingbing，“Semicolonialism and Urban Space：Architectural Transformation of Chinese Theaters in Late Qing Shanghai，1860s—1900s”，*The Chinese Historical Review*，Vol. 17，NO. 2（October 2010）；张路西和辛磊勾勒近代上海剧场建筑的演变轨迹，见张路西、辛磊《上海近代观演建筑研究》，《建筑艺术》2012年第4期。

一 茶园剧场建筑与工部局早期管理

19 世纪后期，上海崛起为全国戏曲活动重镇，有“梨园之盛，甲于天下”一说。① 本地剧场大多开设于公共租界内，其建筑基本模仿北京“茶园”剧场的式样，且通常也以茶园命名。剧场内部为方形或长方形封闭式两层砖木结构，底层中心区域为正厅，四周靠墙建二层楼廊，沿廊立有多根木柱。戏台为方形，靠近一面墙壁而设，向正厅伸出，底部有高出地面数尺的台基，顶部为木制天花或藻井，由台面四角的立柱支撑。戏台后方辟设后台，空间狭小。正厅及楼廊上下均为观众区，摆置方桌、茶几、靠椅或长凳。② 一般剧场可容纳数百人同时观剧，规模较大者可容千人左右。③ 虽然上海的茶园剧场模仿北京式样，其建筑设施却后来居上。例如 1867 年建造于宝善街兆贵里（今广东路湖北路口）的“丹桂茶园”，经营者刘维忠“由京绘成戏馆图样，示申地水木作，精益求精，加工建造，异常坚固”④。一些西方传入的新事物很快被本地剧场所采用，如煤气灯（俗称自来火）、电灯、电扇等。1886 年，有人著文称，上海戏园“地方之宽广，座位之疏朗，晚间地火电灯照明如白昼，则京都所逊谢不遑”⑤。可以说，晚清上海华人剧场的建筑设施已达到当时中国营业性剧场的最高水准（图 1）。租界华人居民多视剧场为娱乐消遣的首选之地，“桂园观剧”被评为最流行的十种休闲方式（时称“沪北十景”）之首。⑥ 装饰考究的剧场更是令人向往的高档娱乐场所，时人有竹枝词形容云，“群英共集画楼中，异样装潢夺化工。银烛满筵灯满座，浑疑身在广寒宫”⑦。

由于剧场是租界华人最重要的公共娱乐场所，其建筑问题很早就受到工部局的注意。在帝制中国，官府极少关心民间剧场的建筑事宜。统治阶层虽

---

① 黄式权：《淞南梦影录》，上海古籍出版社 1989 年版，第 101 页。
② 廖奔：《中国古代剧场史》，第 92 页。
③ 海上漱石生：《上海戏园变迁志（三）》，《戏剧月刊》1928 年第 3 期。
④ 哀梨老人：《同光梨园纪略》，上海国华书局 1923 年版，第 5 页。
⑤ 《观醒世良言有感而书》，《申报》1886 年 10 月 4 日。
⑥ 葛元煦：《沪游杂记》，上海古籍出版社 1989 年版，第 50 页。“桂园”指丹桂茶园。
⑦ 晟溪养浩主人：《戏园竹枝词》，《申报》1872 年 7 月 9 日。

图1　晚清上海一座茶园剧场内景

资料来源：《华人戏园》，吴友如绘：《申江胜景图》，华宝斋书社1999年版。

肯定戏曲有宣扬道德、教化民众等功能，却更担心民间剧场的演出内容和公共生活不利于政治秩序和道德礼教之维持。为此，官方颁布了多种法令告示，对剧场的开设地点、演出剧目、营业时间和观众群体等方面进行限制，但其中几乎没有任何关于剧场建筑的规定。① 与中国官府的管理理念不同，工部局认为正常的戏剧娱乐活动不会妨碍社会秩序，因此一般并不压制或干涉，甚至予以保护，而将剧场管理的重心放在建筑设施方面。②

---

① 关于元明清三代官方颁布有关剧场之法令，参见王利器辑录《元明清三代禁毁小说戏曲史料》，上海古籍出版社1981年版。

② 1866年上海县令曾致函英国驻沪领事，望其劝告工部局禁止公共租界内华人剧场晚间演出，但工部局回复称剧场晚间营业对治安和秩序并无威胁，并表示有责任保护界内华人的正当娱乐活动。上海市档案馆编：《工部局董事会会议录》（以下简称《会议录》）第2册，上海古籍出版社2001年版，第548页。有学者考察香港民间戏曲文化时也发现，英殖民当局不觉得本地戏曲活动威胁其政治统治，故通常容许甚至鼓励之。Barbara E. Ward, "Regional Operas and Their Audiences: Evidence from Hong Kong," in David Johnson, Andrew J. Nathan and Evelyn S. Rawski, eds., *Popular Culture in Late Imperial China*, Berkeley: University of California Press, 1985, pp. 161 – 162.

从19世纪70年代起，工部局即尝试对公共租界内的剧场建筑进行规范和管理，其主要目的是预防火灾。在欧洲，剧场防火问题早在18世纪中叶已受到关注。[①] 但事故仍时常发生，截至1878年，欧洲各国剧场已发生超过500起火灾。[②] 上海最早的外侨剧场多由货栈改建而成，其中位于公共租界圆明园路（今虎丘路）的“兰心戏院”（Lyceum Theatre）由英国皇家建筑师学会成员凯德纳（William Kidner）设计，耗银6000两。但该剧场以木材为主要材料，且防火设施简陋，于1871年毁于火灾。[③] 外侨随即筹资2.5万两白银，在原址附近重建剧场，仍由凯德纳设计。[④] 新的兰心戏院于1874年年初开业，为3层砖结构的欧式剧场，可容纳700多位观众。《字林西报》对这一当时上海建筑水平最高的剧场进行了长篇报道，称其空间布局经过精心研究，各项设施完备且设计科学，并强调直通场内各区域的入口众多，“经过认真计算，可应付火灾时的紧急疏散”[⑤]。自此，兰心戏院成为外侨引以为豪的建筑，关于上海的外文手册通常都会予以介绍，视为远东“模范租界”的重要景观。[⑥] 相形之下，本地茶园剧场似存在严重的火灾隐患。首先，茶园剧场以木材为主要建筑原料，火灾易于发生和蔓延。其次，多数观众习惯晚间观剧，场内煤气灯和蜡烛等照明工具更易引发火灾。再次，剧场通常仅有一个正门供观众出入，且门朝内开，另有一后门供戏班通行，此外“并无别处便门可通，即有亦平时关锁”，观众难以迅速疏散。[⑦] 而且，剧场皆开设于繁华的商业区，毗邻商铺众多，一旦发生火灾，后果可能非常严重。因此，向来被华人视为娱乐胜处的剧场，在工部局眼中却是火灾易发的危险建筑物。

---

① Richard Leacroft, *Theatre and Playhouse: An Illustrated Survey of Theatre Building from Ancient Greece to the Present Day*, London; New York: Methuen, 1984, p. 86.

② William Paul Gerhard, *Theaters: Their Safety from Fire and Panic, Their Comfort and Healthfulness*, Boston: Bates & Guild Company, 1900, p. 6.

③ J. H. Haan, “Thalia and Terpsichore on the Yangtze: A Survey of Foreign Theatre and Music in Shanghai, 1850 – 1865,” *Journal of the Hong Kong Branch of the Royal Asiatic Society*, 29 (1989), pp. 181 – 182. 由于兰心戏院防火设施严重匮乏，上海竟没有保险公司愿意接受其投保。《外侨娱乐史话：兰心六十年》，上海通社编《上海研究资料》，上海书店出版社1984年版，第488页。

④ Rev. C. E. Darwent, *Shanghai: A Handbook for Travellers and Residents*, Shanghai: Kelly and Walsh, 1904, p. 153.

⑤ “The New Lyceum,” *The North China Daily News*, January 29, 1874, p. 95.

⑥ Rev. C. E. Darwent, *Shanghai: A Handbook for Travellers and Resident*, p. 152.

⑦ 海上漱石生：《上海戏院变迁志（二）》，《戏剧月刊》1928年第2期。

为降低火灾发生的概率和可能造成的损失，工部局董事会于1877年3月命令负责公共设施建设和建筑物管理的工务处会同一位外籍建筑师，对公共租界内所有剧场进行勘察，向董事会报告并草拟改进建议。两个月后工务处提交了报告，其中专门针对华人剧场提出了12条建议。[①] 工部局将这些建议通知了各剧场主人，并以“勘定戏园防火章程”为题刊诸《申报》。该章程并未要求华人剧场改变基本的建筑结构，只建议对某些局部进行调整，如应开设两个大门，宽度不少于六尺，且需向外开；每面侧墙至少开辟一个不窄于六尺的太平门，平时不上锁，只用小闩；楼板应加固，以防众人拥挤时坍塌；大门和戏台两边各安装两道坚固的楼梯；增加煤气灯与木板之间的距离等。[②] 这是工部局所颁最早的关于华人剧场建筑的章程，但其条款仅属建议性质，当局亦无后续贯彻措施，各剧场其实并未遵照执行。[③]

此后，工部局又数次试图推动本地剧场改进建筑设施。如1893年年底，董事会再次下令对公共租界内剧场进行检查，并将三项要求加入营业执照的条件之内：煤气灯或其他灯火皆须离开一切木结构两英尺远；剧场门必须向外开；采取适当措施，以备发生火灾时观众得以逃离。[④] 当局函告各剧场，要求遵照执行，否则不再续发营业执照。[⑤] 1901年，工部局颁布《中式新房建造章程》，将剧场等公共场所归为“特殊房屋”，提出了更高的建筑要求，包括配备适当的卫生和通风设施，并规定工务处认为有必要时，可令业主更换建筑材料甚至改变构造形式。[⑥]

然而，这些章程和规定的实际效果非常有限。不可否认，在工部局的督促下，华人剧场的建筑设施略有改良。如剧场门大多改为朝外开，一些剧场增设了太平门的数量，[⑦] 墙壁的厚度也略有增加，有的还使用了铁材加固楼座。[⑧] 但总体而言，截至20世纪初，本地华人剧场的建筑结构并无

---

① 《会议录》第7册，第585、597—598页。

② 《勘定戏园防火章程》，《申报》1877年6月16日。

③ 《会议录》第8册，第613页。

④ 上海市档案馆编：《上海租界志》，上海社会科学院出版社2001年版，第574页。

⑤ 《会议录》第11册，第597—598页。

⑥ 《公共租界工部局中式新房建造章程》，上海市档案馆编《上海租界志》，第708—712页。

⑦ 1907年开业的一座剧场自称有6个太平门。《新开春桂茶园》，《申报》1907年8月22日。

⑧ 《会议录》第11册，第595页；第12册，第564页。

明显变化，安全设施也鲜有改进。[①] 其间至少有三座剧场毁于火灾，所幸未造成重大伤亡。[②] 工部局管理绩效不彰，主要是因为对相关规章贯彻不力，剧场方面遂得敷衍应付。如 19 世纪末，某戏班欲租福州路一旧屋开设戏馆，当局明知该屋存在安全隐患，最终却准许营业，仅令屋主签约，"遇有坍塌伤人，须恤洋五百元"[③]；1899 年开业的"桂仙茶园"建造仓促，工程草率，但仍获得了营业执照；1900 年，"天仙茶园"因房屋老旧，被令停演重建，剧场老板"用偷梁换柱之法，涂垩粉饰，敷衍了事"，即重新开业。[④] 华人剧场大多达不到工部局的建筑要求，但史料中未见因此而被拒颁执照的记载。

工部局对华人剧场的建筑管理松懈，至少受到两个方面因素的影响。首先，剧场可为租界当局带来可观的经济利益。根据 19 世纪 70 年代初制定的捐税章程，每座剧场需向工部局缴纳保证金 50 元，每一营业日缴税 5 元。[⑤] 同时，作为重要的公共娱乐场所，剧场可以带动周围地区的商业繁荣。[⑥] 如果管理过于严苛，可能使一些剧场迁至法租界或华界开设，有损工部局的经济利益。因此，上海三界并立的市政格局，在相当程度上限制了工部局管理剧场建筑的力度。其次，华洋社群之间的私人关系网络也可能影响工部局的市政举措。晚清上海的剧场老板身份多样，包括县衙差役、工部局职员、买办商人、地痞流氓和著名演员等。这些人大多在地方上颇具能量，与包括租界当局在内的各种社会政治势力联系密切。[⑦] 而且，剧场方面往往聘请外商作为代理人，故其日常运营直接关系到代理外商的利益。考虑到当时上海十分有限的外侨人口，这些外商极可能对工部局的

---

① 个别剧场装置了自来水，但并非由于工部局的要求，而是经营者自发安装的。19 世纪 80 年代早期，公共租界开始使用自来水系统，但 1885 年 3 月，工部局董事会决议不要求本地剧场安装自来水。《会议录》第 8 册，第 613 页。

② 1897 年 3 月某日，"天仪茶园"失火焚毁，因已过营业时间，烧死剧场职员 1 人，这可能是上海茶园剧场首例火灾。《火灾纪详》，《申报》1879 年 3 月 26 日。此后又有至少两家剧场毁于火灾，但仅造成 1 位观众丧命。《记英界五马路火警》，《申报》1900 年 3 月 27 日；哀梨老人：《同光梨园纪略》，第 97—98 页；《英界火警》，《申报》1904 年 7 月 3 日。

③ 陈无我：《老上海三十年见闻录》，上海书店出版社 1997 年版，第 72 页。

④ 哀梨老人：《同光梨园纪略》，第 26—27、58 页。

⑤ 上海市档案馆编：《上海租界志》，第 327、521 页。

⑥ 如公共租界五马路（今广东路）满庭芳一带，即因 19 世纪 60 年代后期"戏馆迁驻后，市面骤兴"。姚公鹤：《上海闲话》，上海古籍出版社 1989 年版，第 10 页。

⑦ 北京市艺术研究所、上海艺术研究所编：《中国京剧史（上卷）》，第 261—262 页。

决策和行政施加影响。事实上，有的剧场代理人就是工部局董事会的成员。[①] 这种复杂交错的人际关系和利益结构势必制约工部局对华人剧场的实际管理。

尽管如此，工部局早期市政举措的意义和影响却不应忽视。通过派员勘察和颁布相关条例，工部局在当地推广剧场公众安全的意识，生产和传播了剧场建筑的知识。在此过程中，殖民者在自身与华人社会之间建构起一种“先进”与“落后”的二元关系，有助于增强其市政权力的“合法性”。同时，工部局的管理活动也使一些本地人士开始重新审视茶园剧场的建筑。从19世纪80年代起，《申报》头版先后刊载了数篇讨论剧场建筑的文章，建议本地剧场增设太平门、在舞台两侧安装防火龙头、将木质梁柱改为铁质等。[②] 1897年4月，几位本地绅董甚至吁请官厅强制各剧场安装救火龙头。[③] 有人还对比中、西剧场建筑，称“沪上各戏园，其巇险阽危实有令人谈之色变者”，因此“乃益羡西国戏园之美善矣”[④]。总之，虽然19世纪后期工部局对华人剧场的建筑管理实效甚微，却逐渐改变了本地社会的观念，对此后上海剧场建筑的演进影响深远。

二　剧场建筑的转型革新与地方政治社会

20世纪初，上海华人剧场的建筑结构经历了全面的现代转型，其发端为1908年10月建成的中国第一座新式剧场“新舞台”。值得特别注意的是，该剧场开设于社会经济相对落后的华界，而非商业最为繁华、剧场也最为密集的公共租界之内。究其缘由，实与清末上海市政格局的演变颇有关联。19世纪后期，随着上海外国租界人口和经济的增长，殖民者和列强

---

① 如1894年工部局董事会成员科佩（J. Cooper）当时就是一家华人剧场的代理人。《会议录》第11册，第597—598页。

② 例如：《戏馆宜多设便门说》，《申报》1881年7月3日；《戏馆宜禁放烟火说》，《申报》1890年8月16日；《戏园防火说》，《申报》1897年3月29日；《戏园防患说》，《申报》1903年12月18日。

③ 《戏园防患》，《申报》1897年4月15日。

④ 《戏园防火说》，《申报》1897年3月29日。从上下文来看，此处“西国戏园”当指兰心戏院。作者称“其屋皆以铁制，椽柱栋梁无一木制，所装自来火（电灯）更高悬屋顶，从无一临近人身者，园中除正门外，四旁皆设偏门”。

设法一再拓展租界的面积。其中1899年公共租界的大扩张净增面积22827亩，总面积达到33503亩，竟为原有面积的3倍有余。[①] 清朝政府无力遏制租界扩张，本地华界绅商精英鉴于“外权日张、主权寖落”，发起地方自治，并于1905年成立“上海城厢内外总工程局”。这一机构基本取代了地方政府的市政职能，推行一系列社会经济革新举措，以期振兴华界，抵制租界的进一步扩张。[②] 1907年冬，部分绅商精英联合具有改良思想的京剧艺人，决定在县城东郊邻近法租界的南市十六铺建造一座新式剧场，推动该地区的商业繁荣。创办者称：“职商纠集股份，设立振市公司，将城厢内外振兴市面之事，次第举办，而以赞助戏园为入手。”[③] 因此，新舞台的兴建实为华界精英锐图自强、维护主权的一种努力。

新舞台在中国剧场建筑史上具有划时代的意义，其规模、结构和设施与茶园剧场均不可同日而语（图2）。剧场设计草图由创办人之一、地方绅商张逸槎绘制。[④] 据另一创办人夏月润称，具体设计由来自中国、日本和西方的工程师合作完成，择取了各国剧场的优点。[⑤] 其屋为椭圆形3层砖木结构，可容纳2000多位观众，不仅规模为当时上海剧场之最，内部结构和布置也大加革新。[⑥] 观众厅地面自前往后逐渐升高，固定的排式座椅取代了桌椅和长凳，后排观众的视野更加开阔。舞台形状由方形改为半月形，面积大为扩展，原先干扰视线的台角立柱亦不复存在，且装置了幕布。上述变革应是仿效外侨所建兰心戏院的建筑形式。舞台内部安装了转动设备，以便迅速更换布景，这很可能借鉴了日本歌舞伎剧场的

---

① 参见上海市档案馆编《上海租界志》，第3—4页。

② 关于上海城厢内外总工程局组织和活动的详细考察，可参见 Mark Elvin, “The Administration of Shanghai, 1905 - 1914,” in Mark Elvin and G. William Skinner, eds. , *The Chinese City between Two Worlds*, Stanford: Stanford University Press, 1974, pp. 239—262；张仲礼主编：《近代上海城市研究（1840—1949）》，上海人民出版社2008年版，第496—502页。

③ 《示谕南市创设戏园禁止在官人役索扰文》（光绪三十四年十月），杨逸编《上海自治志》，成文出版社1974年版，第526页。

④ 马彦祥：《清末上海之戏剧》，《东方杂志》1936年第33卷第7号。

⑤ 转引自［日］田村容子《从新舞台到更新舞台：〈申报〉、〈梨园公报〉中窥见的京剧新式布景》，杜长胜主编：《京剧与现代中国社会：第三届京剧学国际学术研讨会论文集》上册，文化艺术出版社2010年版，第181—182页。

⑥ 《上海文化艺术志》编纂委员会、《上海文化娱乐场所志》编辑部主编：《上海文化娱乐场所志》，2000年，第80页。

图2　新舞台内景（上方为戏台，下方为观众席）

资料来源：上海市文化广播影视管理局编：《海纳百川：上海舞台艺术历史典藏》，上海市文化广播影视管理局，2004年，第14页。

舞台结构。[①] 舞台前部仍向观众厅中突出，延续了茶园剧场三面观剧的格局。[②] 其他方面也有不同程度的改革，如“划分进出路由”，使观众出入更为有序；“男女异厕，女厕之布置，亦极精美，有女茶房管理之”[③]。该剧场建筑耗资3万余银元，竣工后“特聘著名洋工程司评论该台工程，大加赞美，谓华丽虽不及欧西著名戏园，而建筑之坚固有过之无不及”[④]。新舞台的建筑和设施为观众带来了全新的观剧体验，营业长盛不衰，带动了周边市面的发展，逐渐形成一个颇为繁华的商业区，实现了创办者的目标。[⑤]

由于新舞台的巨大成功，本地戏曲娱乐界竞相建造新式剧场，建筑形式多模仿新舞台，通常也以“舞台”命名。此后十年间，上海的茶园剧场基本被新式剧场取代，完成了剧场建筑的现代转型。剧场建筑规模普遍扩大，“向时一戏园仅能容数百人千人者，今者竟可容二三千人”；建筑材料也发生变化，最早的新式剧场为砖木结构，但钢筋混凝土结构很快成为主流，内部空间布局更为理性化；卫生和安全等设施明显改善，“空气充足，观剧者于卫生上合宜”，且“太平门四通八达”[⑥]。

绝大多数新式剧场仍开设于公共租界之内。继新舞台之后而起者为“文明大舞台”（简称“大舞台”），其创建很可能是由工部局直接推动的。据剧场主人童子卿后来回忆称，1909年上半年，由于有3家华人剧场陆续从公共租界迁至华界或法租界，工部局董事会成员数次敦促几位华商“建造最新式之大戏院一座”，“以挽回公共租界利权”，童子卿等遂集资12万两白银在九江路建造了大舞台。[⑦] 如童之陈述属实，则新舞台的创建实已

---

① 马彦祥：《清末上海之戏剧》，第224页；孙宝瑄：《忘山庐日记》，上海古籍出版社1983年版，第1263页。20世纪初日本戏剧以歌舞伎最为流行，其剧场建筑的主要特点之一即为旋转舞台，影响及于西方剧场舞台设计。参见Kawatake Toshio，*A History of Japanese Theater II*：*Bunraku and Kabuki*，Tokyo：Kokusai Bunka Shinkokai，1971，pp. 54—58.

② 参见沈定卢《新舞台研究新论》，第7—8页。

③ 姚公鹤：《上海闲话》，第13页；捷：《上海著名之商场（十三）：新舞台》，环球社编辑部编《图画日报》第1册，上海古籍出版社1999年版，第151页。

④ 捷：《上海著名之商场（十三）：新舞台》，《图画日报》第1册，第151页。

⑤ 欧阳予倩：《自我演戏以来》，神州国光社1933年版，第120页。

⑥ 海上漱石生：《上海戏园变迁志（三）》，《戏剧月刊》1928年第3期。

⑦ 《附大舞台创办时之原委》，1923年7月26日，上海公共租界工部局档案U1-3-130，上海市档案馆藏（下文中同一全宗档案不再注馆藏地）。

间接损及工部局的经济利益。① 同时不难想象，本地最先进的剧场开设于华界这一事实也有损“模范租界”的形象。大舞台于1909年年底开业，剧场为3层砖木结构，设座2800余，广告称其“形式均照泰西剧场建筑，规模宏壮，内容美备”②。1911年年初，另一座新式剧场“丹桂第一台”在公共租界内落成，开幕广告对其建筑设施进行了颇为详细的描述：

> 本台特请英国著名打样家精绘细图……建造铁质高大洋式舞台一所。楼只二层，多通空气，夏凉冬暖，极合卫生……内装电灯千余盏，自来火数百盏，彻夜光明，恍同白昼；新式转台，异常灵敏；官厅包厢各座位，特别宽敞……至于装饰之精致，陈设之华丽，案目茶坊伺应之周到，犹其余事也……本台多建太平门楼梯，并多开太平后门，四围腰弄均可出入，即散戏时亦不至挤轧。③

该剧场的规模不及新舞台和大舞台，但由广告中的“铁质”一词可知，它极可能是本地（也是中国）首座采用钢筋混凝土建造的剧场。此后上海新建的剧场基本皆为钢筋混凝土结构。

民初至抗战前夕，上海剧场的建筑设施迅速革新。1912年4月，坐落于九江路湖北路口的“新新舞台”开幕，剧场共3层，座位2000余，广告称之为“高大最新西式戏园，座位宽敞，空气透彻，光线明亮，器具精良，不特为沪上各戏园冠，实为中国首屈一指”④。1926年2月，近代上海最大的剧场“大新舞台”建成，其屋为圆形，观众厅呈扇形，共3层，可容纳约3500人。⑤ 剧场“座位均有弹簧……包厢内并有热水汀，实为海上最完备特色之舞台”⑥。有报道称赞其为“舞台中最新之建筑”，不仅

---

① 童子卿所称的3家华人剧场，无疑包括新舞台。除时间对应外，新舞台最初的戏班基本由公共租界内丹桂茶园的原班人马组成。

② 《上海文化艺术志》编纂委员会、《上海文化娱乐场所志》编辑部主编：《上海文化娱乐场所志》，第82页；《三马路兴建大舞台戏园》，《申报》1909年12月25日。

③ 《丹桂第一台广告》，《申报》1911年1月9日。

④ 《上海文化艺术志》编纂委员会、《上海文化娱乐场所志》编辑部主编：《上海文化娱乐场所志》，第85页；《新新舞台定期阳历四月四号阴历二月十七夜开幕广告》，《申报》1912年4月5日。

⑤ 《上海文化艺术志》编纂委员会、《上海文化娱乐场所志》编辑部主编：《上海文化娱乐场所志》，第91页。

⑥ 《大新舞台筹备志闻》，《申报》1925年10月24日。

"座位舒适，视线集中"，且"场中圆顶，采用科学方法，能聚音不散"[①]。1930年1月开业的"三星舞台"在广告中详述了建筑设施的诸多优点，并强调"别家戏馆所做不到的"两个方面：一是剧场内部"寻不出一根障碍看客视线的柱子"，二是"看客即使座〔坐〕在最后一排的位子，舞台上的说白，都能句句听得清清楚楚，好像就在耳朵根前说话一样……前者是关于光学，后者关于声学，样样地道，务使看客能极视听之乐"[②]。1932年秋动工重建的"荣记大舞台"，据称由中外工程师合作花费6个月设计，工程耗时两年有余，造价高达50万元左右。剧场内部3层共计2500座，"视线、座位、音波、安全，以及冷热等种种设备，均规划周详，极能适应时代潮流，而合于最新剧院之条件"[③]。屋顶横梁长116英尺，据说超过同时期德国、美国的所有剧场和号称"世界第三、远东独步"的上海"大光明电影院"；采钢桁架法构筑，"中无一柱支撑"[④]；其钢架采用的是德国进口的高强度钢材。[⑤] 1934年9月10日剧场开幕，于《申报》头版刊登整版广告，并附五张剧场建筑照片，自称"中国唯一伟大剧场"[⑥]。

上述广告难免带有夸张成分，却反映了上海剧场建筑演变之速，并折射出其时代意义。有学者指出，建筑在形塑现代世界和定义"现代性"的过程中具有重要作用，诸如理性、世俗化、祛魅等现代性的核心要素，在很大程度上即效法了现代建筑所倡导的"功能主义"和"国际主义"[⑦]。本地剧场建筑的转型和革新，为观众带来了直观的现代体验，改变着他们的审美眼光和空间观念。从20世纪头十年开始，时人报刊书籍中即常见对剧场建筑的描述和评价，大多强调规模之"广博"、结构之"新式"、设计之"科学"、座位之"整齐"、设施之"精美"等。论者不仅比较本

① 《大新舞台开幕志盛》，《申报》1926年2月7日。

② 《三星大舞台布露特色》，《梨园公报》1930年1月11日。该剧场原名三星大舞台，后因大舞台方面抗议，更名为三星舞台。参见《上海文化艺术志》编纂委员会、《上海文化娱乐场所志》编辑部主编《上海文化娱乐场所志》，第93—94页。

③ 《上海大舞台戏院新屋》，《建筑月刊》1933年第7期。

④ 《大舞台新屋之建筑要点》，《建筑月刊》1933年第8期。

⑤ S. E. Faber to Commissioner of Public Works, SMC, October 23, 1933，上海公共租界工部局档案U1-14-3212。

⑥ 《荣记大舞台》，《申报》1934年9月10日。

⑦ Bernd Hüppauf, Maiken Umbach, "Introduction: Vernacular Modernism," in Maiken Umbach and Bernd Hüppauf, eds., *Vernacular Modernism: Heimat, Globalization, and the Built Environment*, Stanford: Stanford University Press, 2005, p. 1.

地各剧场建筑设施的优劣，有时还提出具体的批评意见和改进建议。[①] 1931 年的一篇文章针对某座拟建中的剧场提议："建筑方面，务必要伟大，要宏壮，切不能简陋。如果太简陋，则精神上便已逊色，恐怕引不起一般社会人士的注意和兴趣。"[②] 一些小型剧场因房屋设备远逊于大剧场，营业难以兴盛。[③] 可见，剧场建筑本身已日益成为市民娱乐消费的一部分。正是因为建筑现代性对观众的吸引力，各剧场极力鼓吹其结构设施的先进与优越。尽管它们或多或少保留了一些传统建筑元素，但几乎都自称仿照最新西式剧场建造，亦可见近代上海社会"求新""趋西"的风气。

同时，受西方观念的影响，剧场日益被视为城市的地标性建筑，而在近代中国积弱受侮、渴望富强的语境中，剧场的建筑水平有时也被赋予了政治意义。如三星舞台创办者声称，他们聘请外国专家反复研究，务求建筑设施"尽善尽美，不落世界现代诸著名剧场之后"，旨在"使得世界各国知道我们这中华古国不但古代文化足以压倒一切，就是近代的物质文明，也未尝输过他人"[④]。荣记大舞台重建后的"开幕宣言"也表示："西人每认为剧场为地方代表之建筑物，关系市容观瞻者至大……上海设无表演京剧之高等剧场，而令来华游历外人，无欣赏优良国剧之机会，则号称世界大埠之上海，殊不应有此缺憾也。"[⑤] 在此类颇具民族主义色彩的表述中，剧场建筑水平俨然已成为国家（或地方）文明程度的象征。

本地新式剧场的建筑设施虽演进迅速，但也存在不少问题。如新新舞台即因"容积太广，距离之高而远处，听戏常莫能辨其只字"[⑥]。大新舞台则因建造者片面追求扩大观众厅面积，以致后台太狭小，"不敷应用"[⑦]。有的剧场"座椅密布，其椅亦甚小，使观众肩膝相磨……坐之稍久，必致

---

① 如茗水狂生《海上梨园新历史》卷三，上海小说进步社 1910 年版，第 2 页；慕优生编《海上梨园杂志》卷七，振聩社 1911 年版，第 23 页；玄郎《剧谈》，《申报》1913 年 6 月 12 日；《剧场应须改良之要点》，《申报》1923 年 7 月 7、8、12 日；李嵩生《舞台建筑漫谈》，《申报》1926 年 1 月 3 日。

② 红雾：《对于蓬莱舞台的贡献》，《梨园公报》1931 年 3 月 26 日。

③ 颜五：《近十年上海梨园变迁史》，《游戏世界》1921 年第 6 期。

④ 《三星大舞台命名的由来》，《梨园公报》1930 年 1 月 17 日。

⑤ 《荣记大舞台开幕宣言》，《申报》1934 年 8 月 27 日。

⑥ 玄郎：《剧谈》，《申报》1913 年 2 月 17 日。

⑦ 戏馆跑街：《周筱卿改良上海舞台之意见》，《罗宾汉》1929 年 8 月 8 日。大新舞台于 1928 年更名为"上海舞台"。

足麻腰酸诸患"[1]。设计的缺陷也导致一些剧场的卫生状况十分糟糕。[2] 这一时期，上海至少有3家剧场因建筑设施原因而发生严重的安全事故。1914年年初，从南市十六铺迁至县城内九亩地不久的新舞台被隔壁餐馆火灾殃及，由于周围救火水管过细，火势失控，导致数人受伤和巨额经济损失。[3] 1927年11月，闸北"更新舞台"前楼因顾客拥挤，"而楼身建造不坚……完全坍塌"，致使大约120人丧生，240人受伤。[4] 1933年5月，闸北"翔舞台"演出时，有人误传门外起火，观众争相逃命，因剧场内楼梯过窄，12人被挤踏身亡。[5] 需要指出的是，上述3起事故都发生在华界，间接反映出租界剧场的建筑设施整体上优于华界，而这在一定程度上应归因于租界当局对剧场建筑的管理。

三 "最低要求"的折冲

随着公共租界内华人剧场建筑的演进，工部局相应调整了管理的措施和力度。新式剧场可容纳的观众人数远超传统的茶园剧场，一旦发生安全事故，可能导致更大的伤亡和损失。尽管剧场的安全设施已有所改进，但仍存在各种隐患。为此，工部局提高了对华人剧场的建筑要求。一方面，当局制定和颁布了更详细的剧场营业执照条件，共计41条，其中约有一半条款与建筑设施有关。执照每月申领一次，其前提是剧场各项设施都达到相关要求。[6] 另一方面，工部局对中式建筑章程进行了数次修订，并于1914年制定了关于剧场的专门建筑规定。[7] 至20世纪20年代初，工部局关于剧场建筑的各项章程条例已十分完备，其中，防火依然是当局注意的

---

① 龙厂：《上海剧场之改良谈》，《申报》1925年5月20日。

② 《剧场应须改良之要点》（八），《申报》1923年7月7日。

③ 《九亩地新舞台大火纪详》，《申报》1914年4月9日。

④ 影呆：《更新舞台前楼坍塌记》，《申报》1927年11月7日。

⑤ 《闸北天宝路翔舞台昨肇惨剧》，《申报》1933年5月29日。

⑥ "Chinese Theatre Licence"，日期不详，上海公共租界工部局档案U1－3－1190。这份剧场执照条件未标明制定时间，但很可能是1910年前后，因为工部局1917年的一封公函称，1910年前后剧场执照的条件变得更加严厉了。Engineer & Surveyor of Public Works Department to Secretary, December 12，上海公共租界工部局档案U1－14－5693。

⑦ 上海市档案馆编：《上海租界志》，第566—567页。

焦点。

同时，工部局明显加强了对新建剧场的工程审批和监督，尽力贯彻已有的建筑规章，有时还临时提出新的要求。如1910年丹桂第一台兴建时，其设计符合各项章程，且已获准建造，但工部局又要求剧场内楼梯须用防火材料建造。[①] 尽管承建者强烈抗议并反复申辩，工部局态度坚决，表示如不照办，将拒颁营业执照。[②] 1914年，有人申请在平望街建造一座剧场，建筑设计符合要求，但工部局参照伦敦建筑法例，认为周围街道过于狭窄，观众难以及时疏散，最终否决了申请。[③] 1925年，工部局又以建筑地点不适宜为由，拒绝了一份在南京路建造剧场的申请。[④] 一些影院和茶楼试图改建为剧场，但多因建筑问题而被制止。[⑤]

对工部局而言，更为棘手的工作是督促已建成营业的剧场改进建筑、更新设施。当局通过修改执照条件和建筑条例，不断提出新的建筑要求，责令剧场经营者进行相应改造；相关部门经常检查剧场并询访经营者，以期及时发现和解决剧场存在的建筑问题。1922年6月、7月间，为整体改进公共租界内剧场的建筑设施，工部局负责消防事务的火政处展开了一次全面检查，并向董事会提交了详细报告。接受检查的华人剧场共有5家，为大舞台、天蟾舞台、丹桂第一台、亦舞台和笑舞台。以大舞台为例，火政处代理处长戴森（J. Gordon Dyson）参照剧场执照条件和中式建筑章程，指出该剧场建筑设施上存在22个问题，涉及座位、照明、通道、灭火器具等。尽管他认为只有用防火材料重建整座剧场才能使其达到理想状态，但仍提出了30条权宜的改进建议。[⑥] 工务处建筑测量员对这一报告表示赞

---

① Engineer & Surveyor of Public Works Department to Acting Secretary, July 26, 1910，上海公共租界工部局档案 U1 -2 -892 -11。

② Acting Secretary to Messrs Davies and Thomas, August 22, 1910，上海公共租界工部局档案 U1 -2 -892 -11。

③ Engineer & Surveyor of Public Works Department to Secretary, November 12, 1914; Acting Secretary of SMC to Chow Wai Siak, November 16, 1914，上海公共租界工部局档案 U1 -14 -3213。

④ Watch Meeting: Sites for Theatres—Precedents, September 9, 1933，上海公共租界工部局档案 U1 -4 -3262。

⑤ Chief Officer of Shanghai Fire Brigade to Acting Secretary, August 18, 1914，上海公共租界工部局档案 U1 -14 -3213。

⑥ Dai Wu Dah Theatre, 168. Hankoo Road, June 23, 1922，上海公共租界工部局档案 U1 -3 -130。

同，并补充了5条建议。[①] 此后，戴森又陆续提交了关于其他4家华人剧场的报告，并强调其所提改进建议都是关于剧场安全的"最低要求"。8月，工部局向各剧场发出公函，告知改进建议，要求遵照施行。值得一提的是，当时工部局所颁章程中尚无任何关于防火幕的规定，各剧场却被要求立即安装这一设施。[②]

各剧场经营者先后回函答复，立场不一。亦舞台和笑舞台两座剧场规模较小，态度也相对恭顺，承诺立即着手进行最迫切的改进事项，对于那些必须停业一段时间才能完成的工作，则恳请工部局宽限时日。其中，亦舞台老板因计划于次年关闭剧场，恳求取消部分要求。[③] 这些请求都获得了工部局董事会的应允。中等规模的丹桂第一台采取类似策略，很快完成了部分改进事项。[④] 然而，大舞台和天蟾舞台这两座规模最大的剧场并未立即表示服从。大舞台主人童子卿复函称，该剧场"据洋工程司（师）估看，实有四五十年之坚固"，而当局要求的改进事项会直接导致剧场无法运营。因此，他恳请工部局重新对剧场"详加勘察，并请变更主张，使敝园稍加修理，弗损营业"。天蟾舞台的复函也持相似立场。[⑤]

为此，工部局派员对两座剧场重新进行检查，并将修改后的改进事项函告剧场经营者，限期一年完成。[⑥] 大舞台随即开始了改进工作，火政处和工务处的职员不时前往验看和指导。1923年7月，童子卿致函工部局称大多数事项业已完成，花费约计1万元，但还有"力难遵办"的3项要求：戏台上避火铁门帘（即防火幕）；戏台上避火水具；三层楼扶梯。[⑦] 由

---

① Building Surveyor to Commissioner of Public Works, July 5, 1922; Commissioner of Public Works to Secretary & Commissioner General, July 5, 1922, 上海公共租界工部局档案U1-3-130。

② Extract from Watch Committee Minutes Dated August 3, 1922, 上海公共租界工部局档案U1-3-130。工务处处长在1928年的一封信中称，公共租界仍尚未制定任何关于防火幕的详细规定。Commissioner of Public Works, SMC to Municipal Architect of Public Works Department, Tianjin, November 13, 1928, 上海公共租界工部局档案U1-14-3214。

③ 《笑舞台致工部局总办和总裁函》，1922年10月26日；《亦舞台致工部局总办函》，1922年11月11日，上海公共租界工部局档案U1-3-130。

④ Foochow Road Theatre: Works Done by This Theatre after They had Received the Council's Letter, 日期不详，上海公共租界工部局档案U1-3-130。

⑤ 《大舞台致工部局代理总办函》，1922年10月16日；《天蟾舞台致工部局代理总办函》，1922年10月27日，上海公共租界工部局档案U1-3-130。

⑥ Commissioner of Public Works to Acting Secretary, November 2, 1927, 上海公共租界工部局档案U1-3-131。

⑦ 《大舞台致工部局总办禀》，1923年7月26日，上海公共租界工部局档案U1-3-130。

于这些设施不仅耗资巨大，而且施工难度高，他恳请当局取消相关要求，但工部局只允取消第一项。[①] 天蟾舞台的改建过程更费周折。据工务处处长称，该剧场的内部设施“无疑比上海其他任何剧场都更为糟糕”[②]。但刚刚接办该剧场的顾竹轩于1923年1月致函工部局，称缺乏资金进行大规模改建。7月，他再次致函工部局，除重申经济上的困难外，还强调剧场依然十分坚固，至少可继续使用四五年，内部设施也完全满足需要，请工部局暂时勿再提出任何改进要求。此外，顾还对安装防火幕的要求表示强烈抗议，称这将导致剧场停业至少3个月。[③] 尽管工部局屡次发函督促，天蟾舞台的改进工作进展甚缓。据火政处处长称，到该年年底时，该剧场仅完成了40项改进要求中的6小项。[④]

最终，工部局决定让步。1924年2月，警备委员会作出决议：鉴于华人剧场的现有建筑形式，火政处处长先前提出的标准是不切实际的，所有剧场可以继续营业。[⑤] 这一决议得到工部局董事会的认可，董事们也认为在此问题上不宜采取极端行动。[⑥] 工部局让步的主要原因，似仍不外乎人际关系和经济利益两个方面。首先，上述两家剧场经营者的身份背景十分特殊。大舞台主人童子卿曾长期供职公共租界巡捕房，在工部局拥有广泛的人脉关系，前引童子卿关于大舞台建造原委的陈述即可反映这一点。[⑦] 天蟾舞台老板顾竹轩则是上海最有势力的秘密社会组织“青帮”的重要头目，也曾供职于工部局警务处，与公共租界巡捕房、会审公廨等机构的官

① Dah Wu Dai—168 Hankow Road：Amended Schedule of Required Structural Alteration and Additions etc.，to Be Carried Out to the Satisfaction of the Fire Brigade and Public Work Department，日期不详，上海公共租界工部局档案U1－3－130。

② Commissioner of Public Works to Secretary & Commissioner General，July 20，1922，上海公共租界工部局档案U1－3－130。

③ 《天蟾舞台致工部局总办函》，1923年1月13日；《天蟾舞台致工部局总办函》，1923年7月24日，上海公共租界工部局档案U1－3－130。

④ Chief Officer of Shanghai Fire Brigade to Acting Secretary，December 17，1923，上海公共租界工部局档案U1－3－131。

⑤ Extract from Watch Committee Minute Dated February 29，1924，上海公共租界工部局档案U1－3－131。警备委员会为工部局常设委员会之一，成员均为工部局董事，负责公共租界内公安、消防、卫生等事务，同时管理华人商铺和娱乐场所等的执照事宜。参见上海市档案馆编《上海租界志》，第190页。

⑥ Extract from Council Minutes of March 12，1924，上海公共租界工部局档案U1－3－131。

⑦ 《上海文化艺术志》编纂委员会、《上海文化娱乐场所志》编辑部主编：《上海文化娱乐场所志》，第321页。

员联系密切。① 据说顾在接手天蟾舞台的过程中，就利用了其与巡捕房的特殊关系。② 这种复杂的人际因素，可能仍在很大程度上影响着工部局的决策。同时，当局也有现实经济利益的考量。据工部局一位税务官员称，强制执行改进要求可能导致华人剧场关闭并迁往法租界或华界，这不仅会对公共租界内的华人居民造成严重不便，也会使工部局蒙受不小的经济损失，包括每年约 1.5 万元的剧场执照费和捐税收入以及相关的其他税源。该官员还肯定了剧场方面已做出的努力，并认为在现有的华人剧场内安装防火幕几乎是不可能的。③ 工部局的法律顾问也表达了类似观点，提醒当局只能提出合理的改进要求，而不能妄图将那些已建成多年的华人剧场改造至伦敦一流剧场的建筑水平。④ 综合考虑这些意见，尽管火政处处长坚持认为华人剧场是名副其实的“致命陷阱”（death traps，比喻危险建筑物），不应允许继续营业，但董事会仍决定不再要求进一步的建筑改良。⑤ 相比之下，当局对外侨剧场的建筑管理则严格得多。1922 年 5 月，工部局强行关闭了兰心戏院，直到经营者完成全部改进事项，才允许其重新营业。⑥ 尽管当时的华人剧场实际上已是西式建筑，但工部局在华洋剧场的建筑管理上显然采取了双重标准。

四　公共租界危机与工部局管理的强化

南京国民政府成立后，工部局在华人剧场建筑问题上的态度明显转向强硬。1927 年 10 月，丹桂第一台申请转让营业执照，火政处处长戴森借

---

① ［澳］布莱恩·马丁：《上海青帮》，周育民等译，上海三联书店 2002 年版，第 31—32 页。

② 王德林：《顾竹轩在闸北发迹和开设天蟾舞台》，中国人民政治协商会议上海市委员会文史资料工作委员会编《旧上海的帮会》，上海人民出版社 1986 年版，第 359 页。

③ Commissioner of Revenue to Acting Secretary，November 16，1923，上海公共租界工部局档案 U1 – 3 – 131。

④ Chinese Theatres，November 19，1923，上海公共租界工部局档案 U1 – 3 – 131。

⑤ Chief Officer of Shanghai Fire Brigade to Secretary，November 20，1923，上海公共租界工部局档案 U1 – 3 – 131。

⑥ G. Lanning and S. Couling，*The History of Shanghai*：*Part Ⅱ*，Shanghai：Kelly & Walsh，1923，p. 448；《会议录》第 22 册，第 130 页。

机再次提请董事会注意华人剧场建筑存在的严重问题，并认为此前的政策受到了误导，可能导致严重后果。① 这一观点得到了工务处处长的支持，后者建议暂时允许各剧场继续营业，但通知经营者如不能达到当局的建筑要求，待剧场当下租约期满时，将不再发给营业执照。② 董事会采纳了这一建议。这无异于向经营者发出最后通牒，因为除了新建成的大新舞台，当时公共租界内的华人剧场皆无法达到当局的建筑要求。1929 年 7 月，笑舞台租约期满，工部局拒绝续发执照，该剧场遂告歇闭。③

天蟾舞台和丹桂第一台的租约皆于 1930 年年中到期。是年 3 月，工务处处长致函董事会指出，新近建成的三星大舞台业已开张，另一家华人剧场也即将落成，因此即便关闭前述两家剧场，也不会对公共租界内华人的娱乐生活带来不便。④ 工部局遂通知两座剧场，租约期满将不再续发执照。剧场经营者分别复函表示抗议，但工部局态度坚决，两剧场于是开始联合抗争。5 月 11 日，他们分别致函工部局再次抗议，信函内容和笔迹几乎完全一致，显系出自一人之手。信中提请当局注意，剧场经营者都与演员签订了长期合同，“今若一旦停业，此种重大损失商人实不堪赔累”，且剧场“一可供给人民之娱乐，二亦可以间接直接维持二三千人之生计”，关闭会导致失业等社会问题。此外，信中首次对工部局各项改进要求的合法性提出质疑，认为当局只能在剧场兴建或停业改造时提出建筑要求，“而不能于商人半途营业之中，遽令限期改造”，这“无异于将商人合法所有之财产权及营业权一概没收无余”⑤。剧场经营者还争取到上海租界纳税华人会的支持，后者致函工部局董事会，称两剧场“所陈各点均尚具有理”，请

① Chief Officer of Shanghai Fire Brigade to Secretary, October 26, 1927，上海公共租界工部局档案U1 -3 -131。

② Commissioner of Public Works to Secretary, November 2, 1927，上海公共租界工部局档案U1 -3 -131。晚清以来，多数剧场经营者皆租赁房屋开设剧场，自建者较少。参见海上漱石生《上海戏园变迁志（六）》，《戏剧月刊》第 1 卷第 6 期，1928 年 11 月，第 4 页；钻天鼠《造戏馆房子的生财之道》，《罗宾汉》1928 年 10 月 28 日。

③ Structural Condemnation of Chinese Theatres, March 4, 1930，上海公共租界工部局档案 U1 -3 -131。

④ Commissioner of Public Works to Secretary, March 21, 1930，上海公共租界工部局档案 U1 -3 -131。

⑤ 《丹桂第一台致工部局总办函》，1930 年 5 月 11 日；《天蟾舞台致工部局总办函》，1930 年 5 月 11 日，上海公共租界工部局档案 U1 -3 -131。

考虑复议此事。[①] 董事会征询了华籍董事的意见后，决定将天蟾舞台的营业执照展期至1930年年底；[②] 丹桂第一台则被迫于6月拆毁。[③]

然而，天蟾舞台不满工部局的决定，继续提出抗议。8月初，工务处处长称，该剧场方面已改变原有立场，不再要求续发执照，转而希望当局补偿因关闭剧场而造成的损失。[④] 得知经营者顾竹轩已租定另一剧场后，董事会打算在支付补偿金的前提下，于9月底关闭天蟾舞台。这比原计划提前了3个月，当局称此举是为了避免在剩余时间内该剧场发生严重安全事故。[⑤] 虽然法律顾问认为天蟾舞台方面无权要求补偿，工部局最终还是支付了10万两白银的巨额补偿金，并于10月12日正式关闭了该剧场。[⑥] 如此不惜代价关闭一座华人剧场，反映出工部局在剧场建筑管理上空前严肃的态度。

1932年年初，荣记大舞台的租约亦届期满。剧场方面请求当局续发执照未果，被迫拆除重建。[⑦] 遵照工部局警务处的意见，新建的剧场改变了正门的朝向；内部防火、卫生等各项设施均按照章程设计建造；[⑧] 使用的进口钢材先后通过了德国机构和工部局工务处的检测。[⑨] 施工期间，建筑师与工务处频繁联络，以确保剧场建筑符合当局的各项要求。1934年8月，重建的大舞台竣工，这也标志着公共租界内华人剧场建筑的全面更新换代（图3）。20世纪初期建成的第一批现代剧场均已拆毁或停闭，取而

---

① 《上海租界纳税华人会致工部局总办函》，1930年5月13日，上海公共租界工部局档案U1-3-131。1920年10月，上海公共租界纳税华人会成立，旨在维护界内纳税华人的权益。1927年6月底，该会将成员范围扩大至法租界，更名为上海租界纳税华人会。

② 《会议录》第24册，第615—616页。工部局董事会自1854年成立以后，一直由数位外侨代表组成，至1928年4月首次加入3位华人董事，1930年5月初华董人数增至5位。

③ 《上海文化艺术志》编纂委员会、《上海文化娱乐场所志》编辑部主编：《上海文化娱乐场所志》，第85页。

④ Extract from Watch Committee Minutes Dated August 6，1930，上海公共租界工部局档案U1-3-131。

⑤ 《会议录》第24册，第635—636页。

⑥ 《会议录》第24册，第639页；戏探：《天蟾舞台房屋问题解决》，《梨园公报》1930年10月12日。剧场人马随后迁至福州路原大新舞台继续演出，仍名天蟾舞台。

⑦ 《大舞台致工部局总办函》，1932年1月6日；《工部局总办致大舞台函》，1932年1月11日，上海公共租界工部局档案U1-14-3212。

⑧ 壶中长生：《大舞台翻造在即》，《罗宾汉》1932年4月28日。

⑨ S. E. Faber to Commissioner of Public Works，SMC，September 25，1933，上海公共租界工部局档案U1-14-3212。

代之的是建筑规模更大、质量更高、设施也更先进的剧场。在这一过程中，工部局的推动作用不容忽视。

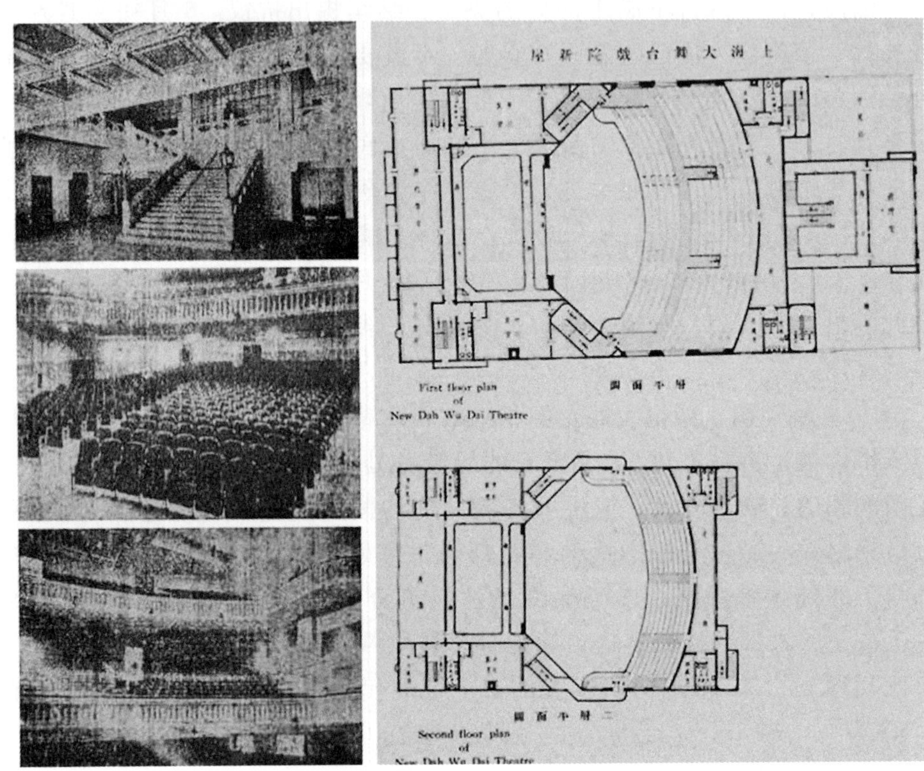

图 3　重建后的大舞台内景和平面图

资料来源：《荣记大舞台开幕》，《申报》1934 年 9 月 10 日；《上海大舞台戏院新屋》，《建筑月刊》1933 年第 7 期。

南京国民政府时期工部局对华人剧场的建筑管理转趋强硬，其根本原因并非当局对华人安全重视程度的增强，而是公共租界面临的严重危机。继五卅运动强烈冲击工部局的地位和权力之后，高举反帝旗帜的国民革命又对公共租界的继续存在构成巨大威胁。1927 年 1 月武汉国民政府收回汉口和九江的英租界，更是引起上海外侨的恐慌。尽管英国和其他列强随即增兵上海，国民政府方面也表示不以武力解决租界问题，但公共租界的危机并未就此消除。不仅中国朝野收回租界的呼声不断，工部局的市政管理也日益遭到西方舆论的批评，其歧视华人的种种政策尤受抨击。[①] 英国政府审时度势，认为公共租界的管理权终须归还中国，督促工部局及时改革市政，改善华洋关系，以延缓归还的进程。[②] 南京国民政府地位逐渐巩固后，积极谋求收回被列强侵夺的主权，且通过外交途径收回了个别租界，上海公共租界未来的政治地位越发受到国际关注。[③] 面对中外各方的压力，工部局不得不调整立场，开始给予租界华人参与市政管理的权力，取消了一些歧视华人的政策，并于 1929 年年底聘请南非最高法院法官费唐（Richard Feetham）至沪进行调查研究，但均未能解决公共租界未来的地位问题。[④] 可以说，整个南京国民政府时期，工部局的半殖民市政管理权始终面临着合法性危机。

与此同时，上海华界的市政则经历了迅速发展。民国初期，由于政局动荡，上海华界市政进步相对缓慢。南京国民政府成立后，决心在上海建立一个称职高效的地方政府，向世界证明中国有能力恢复各条约口岸主权并自行管理，为最终通过谈判收回外国租界张本。[⑤] 1927 年 7 月，上海特别市政府成立，开始实施多项雄心勃勃的市政计划，希望将华界建设成为可与西方大城市相比肩的现代都市。其中一项重要工作是改变城市物质景观，相关官员和专家对华界内的建筑物进行了全面检查，不少有问题的房屋被拆除。[⑥] 当局对剧场等公共建筑尤为注意，每年至少进行一两次检查，如发现安全隐患，及时指示改进方法或勒令停业。如南市九亩地新舞台即因木料腐朽而被责令重建，剧场方面决定于 1927 年年底停止营业，其建

---

① M. Lampson to S. Barton, October 23, 1927, Robert L. Jarman ed., *Shanghai Political & Economic Reports, 1842 – 1943: British Government Records from the International City*, Vol. 15, Slough: Archive Editions, 2008, pp. 612—613.

② M. Lampson to S. Barton, July 27, 1927, Robert L. Jarman ed., *Shanghai Political & Economic Reports, 1842 – 1943: British Government Records from the International City*, Vol. 15, pp. 559 – 561.

③ 参见王敏《上海何去何从？——论南京国民政府初期英美的“上海问题”政策》，《近代史研究》2014 年第 5 期。

④ 关于费唐来沪调查及其报告的反响，参见王敏《中英关系变动背景下“费唐报告”的出笼及其搁浅》，《历史研究》2012 年第 6 期。

⑤ ［美］魏斐德：《上海警察，1927—1937 · 序言》，章红等译，上海古籍出版社 2004 年版，第 1 页。

⑥ ［法］安克强：《1927—1937 年的上海——市政权、地方性和现代化》，张培德等译，上海古籍出版社 2004 年版，第 124—125 页。

筑随即被拆除。[①] 闸北的更新舞台在同年 11 月发生坍塌事故后，内部经过较大改建，市政府公用局局长“特亲往勘察，认为满意”[②]。1928 年 7 月，市政府工务局颁布暂行建筑规则，其中 22 条专门关于剧场等公共场所，相关要求并不低于工部局章程。[③] 1930 年年底，上海各界筹拟在华界建造一座“建筑完全”的“上海市剧院”，市长张群和中国银行董事长张嘉璈担任筹备工作主要负责人。[④] 华界市政的不断进步间接削弱着租界存在的合法性，无疑也对工部局的市政管理形成某种压力。

在公共租界危机和华界市政进步的双重背景下，工部局自然极力避免发生任何可能刺激华人民族主义情绪、引发舆论批评其市政管理能力的事件。当局强化对华人剧场的建筑管理，意即在此。1927 年火政处处长戴森重提华人剧场的安全问题时，最主要的理由就是：如果发生重大事故——尤其是著名演员登台、众多华人名流在场时——舆论会认为工部局只注重外侨剧场的建筑安全，却全然不顾华人的生命安危，这将对工部局产生非常不利的影响。[⑤] 1930 年 4 月《字林西报》上的一篇文章也指出，华人剧场一旦发生安全事故，工部局将不得不对此负责。由于五卅事件，工部局在华人公众中的形象本已不佳，如此则会雪上加霜。[⑥] 同年 9 月，董事会就是否继续允许天蟾舞台继续营业一事征询法律顾问怀特（Geoffrey H. Wright）的意见，后者甚至认为，华人剧场的重大安全事故或许将引发另一场类似五卅的民众运动，公众舆论和外交压力可能导致一次公开调查，

---

① 上海特别市政府秘书处编：《上海特别市市政府市政公报副刊：各局业务汇报》，1927 年，第 42 页；《上海文化艺术志》编纂委员会、《上海文化娱乐场所志》编辑部主编：《上海文化娱乐场所志》，第 81 页。

② 《元旦开锣之更新舞台》，《申报》1928 年 1 月 12 日。

③ 上海特别市工务局编：《上海特别市现行建筑规则》，1928 年，第 52—56 页。

④ 六云：《本埠剧讯》，《梨园公报》1930 年 12 月 17 日；梨痕：《上海市剧院的建筑问题》，《梨园公报》1931 年 2 月 11 日。可能由于 1932 年“一·二八事变”后本地政治社会状况的变化，这一计划长期搁浅，至抗战爆发仍未兴建。

⑤ Chief Officer of Shanghai Fire Brigade to Secretary，SMC，October 26，1927，上海公共租界工部局档案 U1－3－131。

⑥ Extract from *The North China Daily News* Dated April 21，1930，上海公共租界工部局档案 U1－3－131。是年 7 月 29 日，上海租界纳税华人会即因界内一座房屋在建造过程中坍塌，压伤工匠和路人各一名，致函工部局，批评工务处“玩忽业务”，称将影响居民对工部局的信任。工部局 8 月 13 日复函进行解释，并表示“拟对于不依本局建筑条例之建筑物，无论完工与否，一例勒令拆卸重建，其无妥善监工者，则将建筑照会吊销”。《函请慎重查察建筑物》，《申报》1930 年 7 月 30 日；《工部局注意建筑物》，《申报》1930 年 8 月 14 日。

而工部局将因纵容存在不安全的剧场营业而遭受责难。① 上述主张加强华人剧场建筑管理的言论虽轻重不一，但最终关注的都不是华人的生命安危，而是其对工部局地位的影响。正是出于这种考量，工部局决定采取强硬措施处理华人剧场建筑问题，必要时甚至不惜牺牲巨大的经济利益，以维护自身的半殖民统治。

五 结语

有学者指出，对空间的管理是“统治”的基本内容，掌权者可以由此确定权力运用的地点，以直观的形式彰显权力并使之循环再生。② 晚清以降，工部局基本按照西方市政理念对华人剧场进行建筑管理，防火始终是其关注的首要问题。相关市政措施对工部局自身的地位和权力具有重要意义，客观上也推动了华人剧场建筑的演变。由于各个时期当局的执行力度不一，这种推动作用的路径和效果也有所差异。早期的检查工作和所颁章程尽管实效不彰，却逐渐转变了本地社会对剧场建筑的观念和认知，公共安全设施日益受到注意。随着 20 世纪早期华人剧场建筑的转型和革新，工部局提高了建筑要求，虽未能完全贯彻，但也取得了一定效果。南京国民政府时期，工部局对华人剧场较为严格的建筑管理，促进了上海早期现代剧场建筑的升级换代。

近代上海三界分立的市政结构长期制约了工部局对华人剧场的实际管理，也形塑了本地剧场建筑演变的具体进程。与完全殖民地相比，上海的半殖民地状况使得本地社会关系和政治生态更为复杂，为工部局与华人官民之间——以及不同国家的殖民者之间——的互动和博弈留有较大空间。工部局自 19 世纪后期就多次尝试推动华人剧场的建筑变革，但三区之间的利益竞争和盘错复杂的人际网络严重制约了其管理力度。这些因素的影响一直延续至民国初期，致使当局难以严格贯彻相关章程。南京国民政府成立后，中外舆论的批评和华界市政的革新使工部局对公共租界的半殖民

① Geoffrey Herbert Wright，“Opinion”，日期不详，上海公共租界工部局档案 U1 - 3 - 131。

② Michael Tsin，“Canton Remapped”，Joseph W. Esherick ed.，*Remaking the Chinese City：Modernity and National Identity，1900 - 1950*，Honolulu：University of Hawaii Press，2000，p. 19.

统治陷入严重危机。工部局遂改变此前的妥协立场，以强硬态度对华人剧场进行建筑管控，以期避免因发生重大安全事故而危及自身根本利益。

当然，在近代上海剧场建筑演进过程中扮演主要角色的是华人。剧场创办者或经营者对建筑设施的革新通常主要出于经济利益的驱动，且受益于西方传入的建筑理念、形式和技术。但仔细检视华人的具体实践，不难发现其与本地乃至整个中国半殖民地政治语境之间或隐或显的关联。正如有的学者所言，在近代中国和其他殖民地、半殖民地国家，对现代性的追寻都受到不平等国际关系的深刻影响。[①] 20 世纪初开启华人剧场建筑现代转型的新舞台即是典型的例证。本地精英正是出于振兴华界市面、遏制租界扩张的动机，集资建造了上海（也是全国）首座新式华人剧场，对工部局的形象和利益皆造成了一定冲击。民国时期，受西方观念之熏染，华人社会开始将剧场作为城市地标性建筑物。最高等的华人剧场基本上全部开设于公共租界内，其广告在鼓吹建筑设施“求新”“趋西”的同时，也时常表达出民族富强的诉求。南京国民政府时期，地方政府对剧场等公共建筑的重视和督管，则意在展现市政能力，以为将来收回主权之准备。华人剧场的建筑问题虽然只是一则个案，却折射出近代上海半殖民地市政格局下，城市公共空间演进过程中多元错综的利益关系和政治面相。

① Peter J. Carroll, *Between Heaven and Modernity: Reconstructing Suzhou, 1895 - 1937*, Stanford: Stanford University Press, 2006, p. 28.

资源、环境与权益

——天津墙子河的近代排污转型与影响*

曹　牧**

墙子河是近代天津的一条重要河道，它穿租界中心地带而过，河流故道经填塞后成为今日城市繁忙地带的主要道路——南京路。民国末期，墙子河成了天津的"总下水道"，这个称号透露了它与近代城市排污的紧密联系。事实上，近代墙子河曾是天津城市最重要的排污终端，这使得它的名称长期与恶臭和环境危害联系在一起，让我们几乎忘记了这条河道虽非全然天成，但也并非为排污修造，使它成为城市排污渠道的原因正是近代排污改造。在这场改造中，墙子河的一部分从原有的城市水系中分离出来，被设置为城市核心区污水的导水槽。显然人们希望通过这种变化改造城市河道功能，使其更好地为区域人口服务，但同时也产生了预料不到的问题。本文将以墙子河为案例，考察天津近代城市河道的排污化改造对不同区域人口和城市水系的影响，由此试图总结河道改变对城市整体的影响。

一　墙子河及其作用

清末为增强防御能力，僧格林沁在天津城外数里处修建了一圈土城墙，取土后形成的沟渠连通河道又形成一条护城壕沟与周围水体连通，被称为墙子河。这道防线作为清军的主要防御工事，在1900年八国联军

* 本文系国家社会科学基金青年项目"20世纪天津城市环境污染治理研究"（19CZS050）的阶段性成果。

** 天津师范大学历史文化学院讲师。

绘制的地图上仍然存在，但随后逐渐荒废，围墙几乎全部消失，墙子河也只是保存了南部的一段。20 世纪初的墙子河从南运河三元村附近起始，斜向东南蜿蜒，经过南开蓄水池纳其污水，在海光寺与老城外水洼引出的水渠（后被称为卫津河）相交，随后分为两条，一条通过英法日德租界后抵达海河，另一条向南延展至八里台，转而向东过佟家楼等地后在贺家口注入海河。其中南部分支被称为废墙子河，又称贺家口引河，据说为清代总兵蓝理首造。彼时蓝理在贺家口营田，除东引海河潮水，还从南门外护城河引出一条小河，以便在河水不足时给农田以接济，此后“蓝田”虽废但沟渠尚存，且与墙子河系统连接起来形成了城市南部的一条水系。

墙子河的塑造和维持虽然大多仰赖人工，但与自然河道产生了相似的效用，将城市不同区域连通起来，并起到调蓄水源等基本作用。墙子河延伸的河道把自然资源和随之而来的利益带到沿线的城市生活区，因而与市民生活紧密结合。总体来看，其城市河道价值大致体现在以下三个方面：

其一，航运功能。墙子河的河道宽度和交通便捷情况自然无法与海河相比，仅能航行十吨至二十吨的槽船和少数小渔船或划子。在交通最为繁忙的春季，平均每日往来船只有三十至四十条，其他季节通行船只较少，天气稍冷时甚至可能无船通行。从航道质量看来，海河至海光寺间航行较为便利，佟楼以下则船只不能通行。尽管略有缺陷，但墙子河的航运功能仍然不可小觑：它在海光寺一带连接南下的卫津河，与城市南部郊区连通。城南分布着不少砖窑小厂又有农田种植瓜果蔬菜，河道是这些小商业者的便捷运货渠道，其中砖窑所产砖块是城市建设，尤其是租界建设所必需的材料，因此在河中往返的船只，大多是载运南郊砖土到旧租界区域的商船。同时，城市内部产生的粪秽污物，经过粪业团体处理后，也要通过这些河道运往乡村。一般从南乡来到市区送货的小船，返程时都会拉上粪土，以避免空船损失，增加收益。

天津南郊的砖窑产品，农田所产之蔬菜、水果、稻米可以从墙子河运送至城市核心区域，而城内的粪土、肥料也沿路由此南下。乡民们的小船熙熙攘攘由窄河出入使墙子河、赤龙河在海光寺附近的汇流处尤其显得繁忙。由于船来人往交通密集，加上运输的物品中有粪土，河中水流又较为污浊，海光寺的三河交汇处也被市民称为“臭三岔口”[①]。

其二，饮用灌溉功能。墙子河流经城区因而含有大量秽水，但是却没有影响它在城郊的灌溉甚至饮用功能。墙子河与南乡村田的灌溉很早就联系在了一起，如前所述，以贺家口引河为前身的废墙子河沿线原本就是屯田旧址，蓝理建造的引水系统中，以贺家口引河为干渠向两岸发展出若干渠系的农田系统甚是发达，曾经一度被誉为“小江南”[②]。尽管蓝理调任后圩田荒淤，但城南区域已因此形成了雄厚的农业基础，这片区域的供水也依然仰仗贺家口引河以及城南小河，也就是随后形成的墙子河系统。

由于这些原因，墙子河佟家楼一段支线沿途有大量农田，八里台、王顶堤、李七庄及毗邻之侯家台等多处农户“所耘稻地不下四五万亩，每年产稻颇巨，所耘园田亦在两万亩左右，每年所产菜量甚丰”[③]。这些稻田都仰赖墙子河引来的海河潮水灌溉田园，一旦河道淤塞，海河潮水就很难到达津南，农业用水便有来源枯竭之虞。

其三，排污功能。天津低平的地理特性造成容易累积污水，老城内外存在的大量洼淀中积蓄了为数不少的生活废水，曾经引水入城的护城河系统也为污水所影响，因此排污始终是城市的一件大事。墙子河是城市与外界河流连接的通道，也天然地成为吸纳城市污水的渠道。民国时期天津的四大排污沟渠中，墙子河位居首位，一度成为天津的总下水道，原因也非常简单——墙子河河道位于城市郊区的河道，在城市扩展中恰好穿越人口密集区域河道与多条排污水渠相通，除了在海光寺与城南小河交汇，在租界与赤龙河汇合外，还是南开蓄水池的唯一排污口，加上租界规划中被设置为排污河渠，更是大大增强了墙子河的都市排污地位。从墙子河的区位特点看来即便没有租界建设影响，这条河流也必然会积蓄污水，只是租界和随后的近代化排污方式的改变进一步凸显了这种排污方式转变。

---

① 三岔口指天津老城东北方三条水流交接处，根据《天津卫志》载：“三岔河在津城东北，潞、卫二水会流。潞水清，卫水浊，汇流东注于海。”也就是潞水（南运河），卫水（北运河）相汇于海河干流之地。是天津城最早的居民聚居地和商贸集结地，自古便是交通运输繁忙，经济发展最快的区域之一，在老天津城地位颇重。此处将海光寺三水相交地带称为“臭三岔口”，可见其交通重要程度。

② 乾隆《天津县志》，清乾隆四年刻本，卷一一。

③ 《为据天津市区农会呈请疏通挑挖西营门外三元村废墙子河等情，合行令仰该处会同工务局核议具复核夺由》，1945 年 12 月 4 日，天津市档案馆档案，档案号：J0091 - 1 - 000124。

二 墙子河的近代转型

庚子之后租界范围进一步扩张，墙子河从海光寺到梁家园段由位于边缘的河渠变成了横亘德、英、法、日租界的唯一河道，并很快被纳入租界建设规划中。19 世纪中后期，西方刚好经历了卫生革命，新的卫生思想以及对水媒传播疾病的认识都让殖民者对水源分类更为谨慎。在他们眼中保障卫生的首要因素就是严格区分废水和生活取水的河道，然而位于中国老城下游的租界并不具有取水的地理优势，为了获得干净的水源，租界甚至曾考虑过从远途运水或钻探深井以济近渴，但受技术条件制约，直到 19 世纪末第一个自来水厂建立时他们的主要供水来源依然是海河。在此前提下，都市排污的方向必然要绕过海河另辟蹊径，处于租界另一端的墙子河因而成为不二之选。海河南岸的多个租界有相同的污水管理需求，还曾共同挑挖疏浚即将淤废的墙子河东段，以保证海河潮水能够从梁家园定期涌入带走秽物。

确定墙子河为排污渠后，以其为终端的排污系统很快建设起来。英国人认为“一个城市的下水道系统始终是该城市总的进步状况的可靠标志”[①]，英租界也是首先建立起下水道排污系统的区域，在墙子河北岸的老租界范围，管道的铺设时间和规模都不太一致，而南岸扩展界的广阔范围中，地下管道和地上建筑则经过统一布局和建造。自 1922 年开始，英租界施行了强制发展卫生设施计划，在区内地下铺设下水道干管，每条主要道路下都铺设了排泄雨水与污水的下水道干管。《英租界章程手册》中规定市政排水管道的路面排水部分只能排泄地表水（雨水、雪水等），绝不可以排泄泔水、洗浴用水、粪水以及其他有害液体，若有家仆被发现未经允许乱用市政路面排水沟渠倾倒污水之现象，将被处以罚款。[②] 因为良好的排水设施，受惠于墙子河的英租界推广界甚至成了华北最适宜居住的住宅区之一。

---

① ［英］雷穆森：《天津租界史（插图本）》，许逸凡译，天津人民出版社 2009 年版，第 291 页。

② 《天津旧英租界章程手册》，天津市档案馆档案，档案号：W53 - 1 - 1196。

如果探寻租界光鲜漂亮的建筑下污物的最终去向，就会发现它们最终几乎都汇入了墙子河。天津市旧租界区下水道统计状况显示，英租界除中街以东沟管注入海河外，剩余沟管排水末端全部在墙子河，其中河岸南有出水口十个，北有出水口七个；法租界墙子河内区域除十号路沟管单独通向海河，其余均分别流入海河和墙子河，墙子河外区域污水沟管全部通向墙子河。为了引流远端地下管道的污水，英法租界都采用了一种逐渐加粗的排污管道设计方法，如老西开五十六号、五十八号路的沟渠距离墙子河较远且排水量大，为了让污水排出速度更快，从海光寺最远端开始，干管直径从 12 英寸逐渐增加为 18 英寸、27 英寸，到墙子河排水出口处时直径达到五六英尺①。

海光寺到梁家园段的河道价值在这个时期渐渐发生改变，从之前传统的城市水道变为与现代管道排污的终端出口——一个开敞型的下水道。租界尽力将墙子河打造成现代下水系统中的一部分，因此也力图控制它的水流方向和淤积速度，为实现这一目的，首要之事就是在河流两端建立闸门。

墙子河两端的闸门，一个是位于入海口处的梁家园水闸，另一个是设在华洋交界区的海光寺水闸，租界可以通过调整这两道闸门的启闭时间控制水流方向，实现对河道的清理。一份海河工程局公布的围子河（Wei Tze Creek，即墙子河）闸门泵站等设施启闭规定草案②，记录了复杂的闸门管控方法。这份管理草案首先确定了墙子河河道的功能为向海河西部水道供水，同时确定了数个水位临界点作为开闭闸门的依据。首先将墙子河水道内的水位平均高度定为“大沽基准上 7 英尺”，以此为限，当海河潮水高于此水位时开启梁家园、海光寺水闸，反之则将两闸关闭。其次，将海河水位的最高限度定为大沽基准面以上 12 英尺，如果水位长期居高不下，则应关闭闸门从水阀处取水。最后，同样设置了最低水位标准，即大沽基准以上 7 英尺，而且规定无论何时一旦海河水位低于此高度，便要关闭所有闸门。在这种设定基础上，闸门与海河潮涌通力协作将墙子河内污水更

---

① 《天津市下水道现状》，1945 年 11 月 15 日，天津市档案馆档案，档案号：J0090 - 1 - 002874。

② 《围子河（Wei Tze Creek）》，1923 年 7 月 5 日，天津市档案馆档案，档案号：W0003 - 1 - 000196。

换为清水，这种运作方式大体为：每天傍晚当海河水位下降到足够低时，开启梁家园水闸，关闭海光寺水闸，以排净河道污水；当海河潮水上涨时，再由梁家园闸引入新鲜的海河水。经过如此管理，不仅排污渠道墙子河始终能够获得水源更新，而且不会受到其他水系或者是海河水位的起落影响，始终能将水位保持在大沽基准以上5—6英尺。当然，无论是应对酷寒或是暴雨，建造者都在墙子河闸门附近建设锅炉泵站，以便在干旱时增加河道水量，或是在暴雨中将余水及时排出。

细读规程不难发现，闸门管理的首要目标是维持河道水量。西方排水系统，无论是排水管道还是排污沟渠，从罗马时期起便仰仗水流涤除污物，这种排污模式被近代以来的排水管道系统全盘接受，尤其体现在抽水马桶等家庭排污设备的使用中。在整个都市的排污系统内，水流才是那个不辞辛劳将污物搬走、日夜不息工作的辛勤运夫。因此，要维持排污顺畅就必然要保证各种排污通道里有足量的水源；要改造墙子河成为现代排污渠道，重中之重是保证充分供水。

墙子河的两个水闸在保护河道的基本水位方面起到了重要作用。根据管理条款规定，水道内水位低于大沽基准之上7英尺时，将关闭所有闸门，以保证存留的河水能够维持适当水位，而在每晚海河水位下降至低于墙子河内水位高度时，关闭西侧海光寺闸门，打开东侧连通海河的梁家园水闸，放出污水，并随后引入海河涨起的潮水。两个闸门配合启闭将通过河渠与海河水位差，排出污水、放入新鲜水源，而每遇暴雨闸门将配合内置的抽水机，以便及时排水，调节闸门两端水位，以免污水漫溢。

管理的另外一个目的是防止排水道淤塞。墙子河与天津的所有水渠面对着相同的排水困难问题，人们在平坦而低洼的土地上很难制造出合适的高差让污水自动流走，因此几乎所有的沟渠都要经常疏浚才能维持运行，否则很快便会淤塞废弃。租界设立之初曾清理过墙子河，然而随着渠中污水比例增加，河道也更容易阻塞。欲加以管理便要严格控制并处理进入河道的废弃物，如条款七中规定所有排放到墙子河的脏水管须设置沉淀池，固体或液体垃圾不应直接倾倒入墙子河等内容，加强了对河道的严格管理。

设闸的第三重目的是实现卫生层面的液体隔绝。墙子河从南运河一路向东南与海河连接且与城南水渠交错，水源互相影响，老城人口密集区域的都市废水混杂在渠水中滚滚南下，在海河潮退、墙子河水东行之际，便有通过海光寺流入租界的可能。欧洲 19 世纪末的卫生革命基本普及了水媒疾病与城市瘟疫暴发的关系，因而从缺乏市政卫生设备的老城区“逆流而入”的污水，在租界看来也是一种卫生风险，唯一解决问题的方法是割裂墙子河，断绝同一河道中的水源交流。

然而对水道的分割也会大大阻碍河流的航运交通，之前可以自由通行的海光寺与八里台水道交汇点，在闸门建立后只能部分断航，所有出入船只一律要在闸口开放时进入。闸门设定和开放的规则强调了墙子河的渠道保护、水源维持与卫生管理，但是却限制了交通能力，这也表明墙子河的功能开始由综合型城市水道向现代排污水渠转化，而这种变化也在自然和社会层面产生了一些影响。

三　墙子河变化产生的影响

租界对墙子河的排污化改造，不仅是将一条城市河道转变为与城市排污管连接的排污水渠，也是在原有城市水系网络中切割出一段水道，以进一步实现“水循环的独立”。这种改造影响了墙子河的原有功能，也改变了原来水系的运行模式，对城市环境、地区利益和资源占有量都产生了重大影响。

海光寺水闸是这项改造中最重要的工程，但也最富有争议。租界希望在海光寺建闸，但闸址却位于中国政府辖区，为达到建闸目的，英法租界必须向租界委员会提出请求，由租界委员会出面委托海河工程局代为设计管理①。华人对租界海光寺建闸的意见集中在对资源、利益与环境权益等几个方面。

首先是排污与环境权益问题。1922 年，由英法日租界提出租界委员会委托海河工程局开始在海光寺附近修建水闸，工程刚刚启动就引起社会关注。海光寺闸位于天津市区内部沟渠的重要位置上，水闸可以阻挡老城区污水进入墙子河，让租界更为干净，但却减少了老城的一条排污渠道，造成污水漫溢等环境问题。这种损人利己的行为在建闸伊始就引起了天津市

① “Copy: Translation from Commissioner for Foreign Affairs”，1923 年 1 月 29 日，天津市档案馆档案，档案号：W0003 - 1 - 000196。

民的激烈反对，当时国人在街头散发宣传单抵制建闸，大致反映了民众的一类意见：

> 均纪昨报，兹将原文披露如下：驻津英法日三领事，因为租界的卫生起见，在南门旁墙子河内，设立水闸，为是阻止南市南开流下的污水，不使流入租界，这一来不要紧，连南乡各村的饮料、农人的灌溉园田，以及船户行船均不能行，简直他们的生活，因为这个闸的关系，就不能活了，南市南开跟城里关外污水，亦不能宣泄，所以南市一带，夏天时候，路上泥泞，存水没踝，居民是苦不堪言，租界上一讲卫生，吾国人民，净都要死了，你听可恼不可恼。
>
> （一）设闸的地点……就在海光寺南桥的旁边，墙子河里头，按这个墙子河，领土完全是吾中国的，绝不在各国租界之内，依国土主权大义上说，别说他立一个闸，就是一根草棍，吾们人民是不容的。
>
> （二）此闸设立后的关系，以前所说的国权国土，这是吾们人人，应负保护维护不二天职，均有关系……论这段事的关系，亦就差不多快不叫你活着了，你喝了就得尿，你的衣服亦得洗，他硬不叫你倒污水，他讲卫生，你不能活了，船户行船不用打算走，一家大小应当饿死，农夫用水浇灌园田，亦是不行，地土干旱死，窑户造出砖来，亦不能用船运物货，亦不能用船装。
>
> 这个闸一设，天津农工商业，全行停歇，仍一事最可注意的，就是这个墙子河，通着海河，是活水仗着流通，可以作为城厢，以及各村的饮料，这一来，亦不能喝了，你看看这个关系有多大？①

传单中的除了对外国人侵占主权的控诉，最严重的指责应属“租界上一讲卫生，吾国人民，净都要死了”，实则反映了墙子河阻隔后，租界内的环境卫生状况提高，而华人居住区则将面临更严峻的排水困境。墙子河东部至海河的水道也是老城区排水的一条捷径，阻塞这条通道，只能让老城和其他仰仗墙子河排污的华人区域本就不佳的生存环境雪上加霜。自设闸之后老城区长期受到污水倒灌的影响，有些地区长期浸泡在秽水浊气

① 《津人反对设闸之传单》，1924 年 2 月 27 日，天津市档案馆档案，档案号：W0003 - 1 - 000196。

中，暴雨之后租界外闸口附近受害尤重，直到2000年墙子河被彻底改造为止，居民们经受污水折磨长达半个多世纪。

其次，关系到水资源分配问题，尤其是城市与城郊对水源的争夺问题。墙子河顺着八里台河向南流向郊野的大片农田，这里的百余个村落都依赖从老城和租界流来的水源灌溉土地甚至供给饮用，因此闸门设立当年，南乡居民便向政府呈文详述生活的困惑：“海河公司及又在海光寺前卫津河内筑设水闸以堵塞河道使引洩更不通畅则苦上加苦，溯其修闸之原因为电灯房使用清水使混水不能侵入，伊害众成家，竟为一己计，殊不知于公民两县该村一百九十余村大有妨害，其害可胜言哉，一修闸堵塞河道不但阻止来往行船其害犹小，实修闸堵塞河道，凡臭水脏水积于河内，无处可洩，奈民无水可吃，田园无水灌溉，其所以损害民之生灵者其害更大也”。[①] 如若说此时闸口初设，城郊农人所陈述的诸多困难尚属对未来的推测，那么第二年的旱、雨两季则不仅证实了这些猜想，甚至还凸显出新的问题。

1923年春季天津大旱，而海光寺水闸恰好在当年5月建成落闸，通向城南的卫津河因减少了一部分供水很快面临干涸，不仅使得“人民饮料断绝奄奄待毙，惟有凿井而饮”[②]，而且随着新河与赤龙河中的余水也逐渐消失，围子堤沿线的数百顷稻田也受到无水灌溉的威胁[③]。在干旱中苦苦挣扎两个月后，雨水终于从天而降，却产生了更大的问题。天津处于北温带季风性气候带，全年降水量的70%集中在7、8两个月而且多是大暴雨，干旱后的连绵大雨因为泄水通道堵塞，而导致“洼地积水二三尺不能流泻，禾稼均被泡坏，秋收又无指望”[④]。旱雨两季过后，乡民们清晰地意识到墙子河不仅是农田的给养，也是暴雨排涝必需的泄洪渠道，争取闸权也是争取生存权，故此抗争也更为激烈。

1924年，南乡六十村派出代表汪少山向政府力争开闸放水，并以死相

---

① 《为卫津河修闸害众致天津警察厅的训令（附天津静海两县公民代表韩岐山等呈）》，1922年9月23日，天津市档案馆档案，档案号：J0128－2－002836－008。

② 《为安设水闸影响民生事致警察厅呈》，1923年8月28日，天津市档案馆档案，档案号：J0128－2－002836－041。

③ 《为开坝放水致天津警察厅函》，1923年6月24日，天津市档案馆档案，档案号：J0128－2－002836－030。

④ 《为安设水闸影响民生事致警察厅呈》，1923年8月28日，天津市档案馆档案，档案号：J0128－2－002836－041。

胁表明决心。他认为“该闸之修筑不啻置吾南乡数十万人民于死地也”①，进而将争夺闸权与争夺领土主权结合，认为闸权由租界管理是对中国人民的歧视，这种歧视不仅已经影响到包括自己在内的天津南乡数十万人生活，也关系到中国的合法权益。为此他代表乡民申诉，“万众一心，誓死方休，一致前进，不避艰险，枪刀庇护有所不畏”②，舍生忘死亦要达成目的。此时他们已经将身家性命与一条河流一道水闸联系在一起，这也从另一个角度证明了墙子河对维持南部农田区域运营的重要价值。

再次，也涉及商贸经济利益。当农民为水源奋力抗争时，商人们也在争夺自己的通航权利。天津南部是重要的砖窑聚集地，每年都有大量砖块和烧砖所需的煤炭在这里集散，基本都需凭借市内的大小支流运输贸易，而闸建立后原来通畅的水上交通严重受阻。天津城南分布着为数不少的砖窑，经过多年发展已成规模且产品几乎全凭水运装载运销四方，因此船户与窑户相依为命。

1922天津县船户窑户王贡春就上交呈函，恳请“开通河道便于运输以维私业”。当时墙子河海光寺水闸已经动工，河道开始堵塞，船只不能往来，船户们请求海河公司在新闸迤南，暂时开掘一条河道以便船只通行，获得了允准，此次又“禀请省长恩准，暂开河道以便行驶船只而救数十村人民困苦，其暂开之河道上必筑一草桥，以便交通筑桥工料皆系南乡人民，船、窑户等自行备办，俟海河公司将桥闸修好，可以通过船只，即将此草桥拆毁照旧补垫，船、窑户人民等，得受莫大裨益运输亦可暂为交通，实为公益之幸”③。

海光寺河闸迟迟不能完工通航，河闸旁的临时河道通行能力大大低于旧航道，如为权宜之计尚可接受，若长期依赖其维持商业运营，大有不敷使用之虞，受到影响最大的便是南乡窑业。租界工部局在墙子河建造两个水闸并用闸门将水流阻断，船运因此受阻，砖瓦销售也随之停止，船户曾经提交通航申请，但也仅仅在河道上开辟了一个支口通行船只。不仅如

① 《为河闸管理权致天津警察厅杨厅长的呈》，1924年1月24日，天津市档案馆档案，档案号：J0128－2－002836－053。

② 《为河闸管理权致天津警察厅杨厅长的呈》，1924年1月24日，天津市档案馆档案，档案号：J0128－2－002836－053。

③ 《为王贡春恳请开通河道以维私业致天津警察厅训令》，1922年9月14日，天津市档案馆档案，档案号：J0128－2－002836－001。

此，河道闭锁后的旱季缺水和雨季内涝也同样影响砖窑生产，尤其雨季洼地积水时窑厂积货都被水淹泡，造成商业损失惨重。1923 年海河公司催促强令商民将闸门附近开辟的通行支口堵塞，船户窑户不得已再次呈诉，争取开闸放水允许通行，其呈告言辞恳切："南乡本系地瘠民贫，人民生计，除田地外，全赖船只及负苦，今受该闸影响不仅商民营业难支，且水不能洩，一片汪洋，禾稼罔不沦没，生机毫无指望。商民等咸抱绝粮之叹，无衣之忧，长此以往，南乡人民惟有灭亡而后已……睹此现象，不寒而栗，不悉该洋人与我商民有何深仇宿怨，非赶尽杀绝不可"①。可见对商业的阻碍逐渐升级，矛盾从运输不便逐渐上升到民族矛盾层面。

一场关于通行不畅的冲突逐渐变成了领土和主权之争。1929 年当特别市工程局在降雨较大时闭闸禁止行船两周时，天津砖商同业公会向市府递交的申告中除了表示"殊深惶骇"，也明确提出了水闸的主权问题。他们认为海光寺水闸的建立本就是受到外国人蛊惑而发生的侵害中国主权事件，水闸设于中国领土范围内，本应由中国政府管辖，只是当时受到租界蒙蔽才在条约上签字，因此造成闸门管理问题与南郊民生矛盾的根源在于中国对于闸门主权的丧失。"该闸安设正在河口，吾国领土之上，当年设置原系特别一区蒙蔽签字以致外人有所借口……今竟两闸均行闸住，各处村民船户商业损失特巨"②，故此，总商会认为抗争通行事小，为主权事大，应该得到官方足够重视。

相对于砖商对于主权的热诚，特别市政府则采用了敷衍的处理方式，他们仅将函件转发海河工程局，而后者的答复显示，砖商提出的问题乃是由于误会了闸门的设置和运作方法。显然，工程局关闭闸门纯粹出于防患由海河水势增高造成的水流倒灌的危险，不仅如此，为了维护公共卫生，工程局还不惜动用机器抽水保证水流更新。甚至断然否认影响了通航问题，因为"来往船只仍均照常行驶，不过援照向日办法，倒闸入河"，只是由于特殊水情，未能做到随开随放，他们承诺将叮嘱水闸管理员注重闸门启闭，不使船只等候，且"一俟海河水势稍落，仍即照旧办理，以资宣

① 《为修筑水闸不能生存致天津警察厅呈》，1923 年 9 月 5 日，天津市档案馆档案，档案号：J0128－2－002836－043。

② 《为提开墙子河闸事致天津总商会的函》，1928 年 9 月 4 日，天津市档案馆档案，档案号：J0128－3－006307－001。

泄而便畅行”①。

主权之丧于他国，哪怕只是一条河，带来的仍是无尽的苦楚。海河闸门启闭权此时确实由租界及海河工程局控制，而后者调控闸门的主要目的为控制河道水流方向（必要时还要辅以电动抽水机保证闸门下落时的泄水工作）。同时，闸门附近存在引闸系统，可以解决部分船只通行问题，然而因为闸门启闭不勤，同样会造成航运拥堵等问题，因此商运与水流控制的矛盾难以避免。

四　河道与城市环境

河流可以起到调节局部气候，提供淡水资源和生物栖息地，并供给养分和能量流动的作用，而城市中的河流则大多受到人类的改造和影响，以至于我们常常会忘记它还具有自然的属性，而与此同时，一些完全人造的河渠或洼泊，在城市中与自然水道交错流淌，它们又是否还是自然的一部分？美国环境史学家威廉·克罗农（William Cronon）在《自然的大都会》中写道：支持者们过分强调“自然资源”。在他们的文字中充斥着资源，水道，气候带，让人几乎忘记了人是城市的创造者……河流、湖泊和肥沃的平原提供了许多机会，对周边居民产生直接影响，而居民则会在自然影响下，做出截然不同的选择。② 这提醒我们不要在强调自然影响时，忽略了人类对城市建构产生的难以替代的作用。若自然资源赋予城市以机会，人类则是充分把握和利用了机会的创造者。由此来看，一条位于城市中的人工河道，便如同人为创造的自然河流的义肢，将自然资源的福利扩散到城市深处，这样的河流也可能具有更多、更强烈的社会意义。

墙子河虽为人工塑造，但却是天津低洼多水环境中生长出来的一条典型河流，它受海河潮水影响，水流能够双向流动，在旱季引水、在雨季排淤。对于城乡交通而言，它是一条重要通道；对于城郊田园村舍而言，它

① 本段材料均来自《为墙子河闸随放事与天津特别市政府工务局的来往函》，1928 年 9 月 12 日，天津市档案馆档案，档案号：J0128－3－006307－002。

② William Cronon, *Nature's Metropolis*: *Chicago and the Great West*, New York: W. W. Norton & Company Ltd Press, 1992, p. 55.

是用水来源；而对于以租界为代表的城市繁华地带而言，它则成为必不可少的排污线路。

天津近代租界区的出现和发展，加重了对墙子河排污功能的要求。租界在区域城市规划中，将下水管道的排水端设在墙子河两岸，并将墙子河设置为重要排污渠道，试图通过梁家园水闸和海光寺水闸控制水流，随时引入清水冲刷河道，并在洪水期间阻挡从主城区涌入的污水，这自然是在殖民大背景下为租界卫生和环境服务的手段，但却在之后的城市建设中，因为日渐增强的排污需求而维持下来。20 世纪 40 年代国民政府曾计划过多种改善墙子河方案，其中一则是将海河至海光寺之间的墙子河填塞改建下水道，这也正是新中国成立后改造此段的最终方案。可以说，从租界时期开始，墙子河便走上了一条“排污化”发展的道路。

20 世纪初的天津，现代化排污改造刚刚开始就产生了多方面的影响，在领土和主权的争夺之外，还损伤了沿河周边居民的环境卫生、资源占有和经济等方面的权益。这些被损失部分恰好就是墙子河东部河道对周边城乡的具体价值体现。租界对墙子河的“割断”和改造，也在天津城市河道系统中做了一个罕见的试验——将某条水道去掉，会对城市产生哪些影响？它让我们从“失去”的视角再次思考城市河道的自然意义，河道与城市发展的综合关系，并进一步理解自然与城市之间的互相塑造和影响。

作为他者的环境

——早期殖民者对澳大利亚环境的认知与利用*

费　晟**

一　“无情”还是“钟情”：关于早期殖民者对澳大利亚环境认知的争议

19 世纪 50 年代是澳大利亚殖民地历史的分水岭。从经济上看，继 19 世纪 30 年代牧羊业大扩张之后，此时爆发的淘金热促使澳大利亚经济体完全融入资本主义全球市场体系。从政治上看，英帝国对澳大利亚的统治随着 1859 年昆士兰殖民地的确立而完全巩固。从社会上看，自由移民的涌入改变了早期澳大利亚殖民地作为囚犯流放地的身份，所谓“公民殖民地”或“自治殖民地”的新时代初具气象。① 更重要的是，伴随着资源边疆的扩张，殖民者对澳大利亚腹地环境多样化的认知也日益深入，澳大利亚不再只是探险家报告中遥远陌生的异域。

纵观欧洲的海外殖民史，殖民者在非欧洲土地上的拓殖与开发，不仅

* 原文发表于刘新成主编《全球史评论》第十三辑，中国社会科学出版社 2018 年版。本文的写作要特别感谢澳大利亚国家图书馆欧阳迪平女士以及澳大利亚国立大学环境与社会学院 Carmen Muir 博士在资料收集方面提供的无私帮助。本文是国家社科基金青年项目“澳大利亚环境保护活动的起源与发展研究（1863—1983）”（16CSS010）的阶段性成果。

** 中山大学历史学系副教授。

① 《牛津澳大利亚史》（*Oxford History of Australia*）第二卷的起止时间就是1770—1860 年，这一时间段通常被视为澳洲殖民地的早期时代。澳洲学者通常用“自由主义时代”或者“进步时代”来形容 19 世纪 50 年代之后的澳洲殖民地社会，国内学者措辞虽有不同，但意涵亦无明显差异。参见［澳］戈登·格林伍德《澳大利亚政治社会史》第三章，北京编译社译，商务印书馆 1960 年版；张天《澳洲史》第四章，社会科学文献出版社 1996 年版；王宇博《澳大利亚史》第二章，江苏人民出版社 2017 年版。

锻造出一种所谓的“新欧洲”社会，也前所未有地改造了本土生态体系。① 就澳大利亚环境史研究而言，促使其诞生的基本问题就是如何理解欧洲移民与澳大利亚环境的相互影响。② 学者们普遍认为，欧洲殖民者在澳洲试图征服的“他者”绝不仅是土著人群，更是他们所处的整个自然环境，虽然从生态学角度看土著本身也曾是澳洲生态体系的侵入者。③

在探索、适应和改造澳大利亚自然环境的实践中，殖民者的环境观念起到了至关重要的引导作用。一个常见的论断是，早期殖民者不仅不适应澳大利亚的自然环境，甚至是无情厌憎，因此破坏和改造起来毫不留情。早在 1930 年，澳大利亚最著名的第一代本土历史学家汉考克（W. Hancock）就指出入侵者们憎恨树木，而几十年后澳大利亚第一代环境史学家莱尼斯（W. Lines）、鲍威尔（J. Powell）以及博尔顿（G. Bolton）等也普遍认为：“澳大利亚拓殖先驱对这块土地毫无感情，仅仅把它当成潜在的财富加以压榨。即便到 19 世纪 90 年代，部分殖民者开始批评这种态度时，他们也仅是关注浪费问题，对于自然、本土生活方式及传统景观的损毁毫无懊悔之情。”④ 结果一个有趣的现象是，歌颂近现代澳大利亚发展成就的进步史观学者与批判他们的“黑臂章”学派一直论战，但大家都不否认澳大利亚殖民地开发活动以自然环境的破坏为代价。

不过根据蒂姆·邦尼哈蒂（Tim Bonyhady）的新近考证，历史的真相与此大相径庭。2000 年他在《殖民的土地》一书中明确提出，以对桉树

---

① 艾尔弗雷德·克罗斯比的《生态扩张主义：欧洲 900—1900 年的生态扩张》（许友民等译，沈阳教育出版社 2001 年版）、贾雷德·戴蒙德的《枪炮、病菌与钢铁：人类社会的命运》（谢延光译，上海译文出版社 2016 年版）等书对此有精辟的论述与启示。

② 具体的研究可参见［澳］杰弗里·博尔顿《破坏和破坏者：澳大利亚环境史》，杨长云译，中国环境科学出版社 2012 年版。以英帝国史的全球性视角考察相关问题的代表作参见 Thomas Dunlap, *Nature and the English Diaspora: Environment and History in the United States, Canada, Australia, and New Zealand*, Cambridge University Press, 1999.

③ William Lines, *Taming the Great South Land: A History of the Conquest of Nature in Australia*, 1991.; Tim Flannery, *The Future Eaters: An Ecological History of the Australasian Lands and People*, Grove Press, 2002.

④ 汉考克在 1930 年完成的《澳大利亚》（*Australia*）一书影响深远，被普遍认为是澳大利亚本土职业历史学家完成的第一部以澳大利亚本身历史进程为叙事线索的作品。值得一提的是，鲍威尔更愿意将自己归类为“历史地理学家”而不是环境史学家，但他在系列案例研究中详尽描述了澳大利亚东南部景观如何遭受欧洲移民的持续破坏，从而为博尔顿全国性视角的研究补充了大量地方性经验。其代表性的论述可参见 J. M. Powell and M. Williams eds., *Australian Space, Australian Time: Geographical Perspectives*, Melbourne: Oxford University Press, 1975.

这种澳洲特产树种的态度为例，许多早期殖民者是欣赏其特性的，这种可能生长得粗壮挺拔的树木令人欣喜，而澳大利亚温带谷地保留下来的欧洲罕见的高大桫椤树林则更令殖民者感到惊艳。“殖民者对满足其口味的特定区域甚至情深意浓，赞其风景如画，让人如痴如醉……他们也一直努力希望保全它们。”作为一名法制史教授，邦尼哈蒂发现早在1788年4月最早的殖民地法令中就有要求保护香蕉树的条款，而到1803年之后所有的重要法令都有自然资源保育的意识。更重要的是，殖民地民间舆论也一直出于审美需要而要求保护自然景观，尤其是艺术家们不遗余力地发掘澳洲自然之美丽。[①] 此书一反常识，甫经问世便引发了学界和大众的轰动，三年之中两次重印。

邦尼哈蒂的新论建立在丰富的史料基础上，然而前辈学人的结论亦言之有据，这再一次凸显出历史学研究的对象可能具有复杂面相。澳大利亚殖民地环境经历过重大变迁是不争的事实，但关于殖民者究竟如何理解或推动这种变迁却还是一个值得深入探讨的问题。尤其是在资本主义市场经济逻辑尚未充分确立的殖民地早期时代，拓殖者们究竟如何认知和利用陌生的澳洲自然环境，恐怕还需要从澳大利亚本身多变的具体自然条件以及他们的具体生存处境中加以理解。毕竟“这个新殖民地是海上探险、贸易和刑法学的产物”[②]。囚犯云集固然是鲜明特色，但殖民地社会并非铁板一块。对此，伊丽莎白·韦碧（Elizabeth Webby）以及史蒂芬·马丁（Stephen Martin）的史料整理研究给予了有益提示，他们不约而同将早期殖民者留下的历史记录根据记录者职业及其关注的重点对象加以分类，发现个人背景差异很大程度上影响到殖民者对生活及环境的感受。[③] 在18世纪末至19世纪中期，不断扩大的殖民区还意味着他们会不断遭遇新环境的挑战。

在补充发掘环境史相关材料的基础上，本文将剖析不同人群的环境观念，以此理解邦尼海蒂与前辈学者意见分歧的原因，同时也揭示在英帝国

---

① Tim Bonyhady, *The Colonial Earth*, Melbourne: Melbourne University Press, 2000, pp. 4 - 5, 9.

② ［澳］斯图亚特·麦金泰尔：《澳大利亚史》，第27页。

③ Elizabeth Webby ed., *Colonial Voices: Letters, Diaries, Journalism and Other Accounts of Nineteenth - Century Australia*, Brisbane: Unvieristy of Queensland Press, 1989; Stephen Martin, *A New Land: European Perceptions of Australia, 1788 - 1850*, Sydney: Allen & Unwin, 1993.

致力于全球殖民扩张的大背景下，殖民者对作为他者的自然环境可能进行复杂的社会构建，而这不仅可能创造具有地方特色的人地关系，甚至影响英帝国殖民方式的变化。

二 煎熬中的憧憬：囚犯们的体验

1788 年 1 月英国第一舰队在澳大利亚东南部创立了第一块殖民地新南威尔士，随船抵达的囚犯有 750 名左右，刑期分别是 7 年、14 年或终生。[①] 从此时起至 1836 年东南部殖民地开始局部废除流放制度时，澳洲主要殖民地累计接受了超过 10 万名流放犯。[②]

可惜在存续至今的史料中，来自囚犯的直接记录零散而稀少，主要是一些私人信件。这既是因为囚犯们大多无力也无暇于文字工作，也是由于他们不堪回首人生中的耻辱经历。在有限的材料中，普遍可以发现囚犯对包括自然环境在内的澳大利亚一切事物都充满抱怨。比如苏格兰作曲者托马斯·瓦特林（Thomas Watling）因伪造文书罪于 1792 年被流放澳大利亚。他在 1793 年 5 月感慨地说："这个国家的面孔简直是欺骗性的，看起来什么都丰饶充裕，但本土产的东西没有一样能够支撑人类社会的存续。"[③]

事实上包括第一舰队在内，殖民补给船都会运来包括庄稼种子、秧苗、农耕工具以及牛、马、羊、猪、兔子和禽类在内的各类物资。显然即便是出于惩罚目的，英国政府也希望拓殖者能在殖民地复建母国的生产生活。有确凿的证据表明，囚犯中大部分都是城镇无产者，虽然罪行未必严重，但八成以上涉嫌惯偷，另外还包括一些手工业者和政治犯，总之普遍不具备农作经验。[④] 可以想象，在有限补给的状况下囚犯们从零开始学习

---

① 参见［澳］罗伯特·休斯《致命的海滩：澳大利亚流犯流放史：1787—1868》，欧阳昱译，南京大学出版社 2014 年版，第 81—83 页；另见［澳］斯图亚特·麦金泰尔《澳大利亚史》，第 27 页。

② 张天：《澳洲史》，第 131 页。

③ Thomas Watling, "12 May 1793", *Letters from an Exile at Botany Bay to His Aunt in Dumfries; Giving A Particular Account Of The Settlement Of New South Wales, With The Customs And Manners Of The Inhabitants*, Penrith, 1794, p. 2.

④ ［澳］罗伯特·休斯：《致命的海滩：澳大利亚流犯流放史：1787—1868》，第 185 页。

农耕，过程与效果都不尽如人意，尤其这还是在自然禀赋迥异于故土的澳大利亚。1788 年的开荒农业以彻底失败告终，整个殖民地陷入长达一年半的饥馑。菲利普总督在给伦敦的报告中叹息："阁下，经验告诉我，让一帮子习惯了人生中充斥着恶习和怠惰的人变得勤劳有多么困难……对此无论是鼓励表扬还是批评惩罚都不管用。"①

除了环境不适，囚犯们不是被委派给官员和自由移民做仆役便是直接受殖民当局指派充作苦役，工作时往往还要佩戴枷锁和脚镣。这种生存处境让他们乡愁倍增，更强化了对周遭环境的憎恶。1790 年年底的一封囚犯家信写道："上帝只知道我们的总督如何思考，或者只关心他给家里的汇报；但从我们这些人角度看，从上至下，没有一个人会从一开始就感到哪怕一丁点的满意……我们听说家乡一些人可能犯了死罪，而他们可以选择被流放到这里来保命，结果他们宁可选择前者。"② 这种境况在 40 年后也没有多少好转，一个叫托马斯·库克（Thomas Cook）的囚犯苦力曾被迫修建通往西部内陆的道路，他回忆道："澳大利亚的天气太苛刻了，毫无仁慈……极度寒冷，让人总想再多加一条毯子……好把自己从冻僵的濒死状态下救回来……树皮做的床单铺在床上，破旧的毯子盖在身上。枕头就是一段原木。我四肢都冻僵了，活动很困难，只能不断生火，一晚上都没法睡一个整觉。当我一次次从恐怖的、无情的、毁人的冷夜醒来时，就瞅着那崎岖的山岭覆盖着冰雪，而冰冷的劳动工具就盯着我的脸。我就这样熬啊，等星星退出天际，我哭了好多次，我抱怨倒霉的命运。"③

在这种境遇中，囚犯亡命荒野的现象屡见不鲜。事实上，由于缺乏地理环境知识，殖民地很早就闹出了令人哭笑不得的意外。1791 年 11 月，20 个男囚犯带一个孕妇出逃。一个礼拜之后大部分囚犯被捕回或因饥饿难耐而返回，后一批人供说他们打算逃往中国，因为他们认为中国距离这里不到 100 英里。从营地向北走一段路后，"有一条河，河对面就是中国最边缘的部分。渡过河以后（河是可以渡过去的），他们就会发现那些长着紫铜色脸庞的中国人，他们热情好客，待人友善。"殖民地军官沃特金·

① "Phillip to Grenville", 17 July 1790. H. R. A. I, 1, p. 195. 转引自 Manning Clark, *Select Documents in Australian History*, Sydeney: Angus and Robertson, 1955。

② *Gazetteer*, 29 Dec. 1790. H. R. N. S. W., Vol. ii, p. 758.

③ Thomas Cook, *Exile's Lamentations or a Biographical Sketch*, A. 1711, pp. 16 - 18. 新南威尔士州图书馆馆藏档案（Archive of the State Library of New South Wales），以下简称"新州档案"。

坦奇（Watkin Tench）记录了这段趣事，但他同样注意到：被捉回的人“说他们之所以逃走是因为受不了过度的劳动和严酷无情的待遇，他们宁愿选择丛林里蛮荒而不确定的生活方式，也不愿再回到这种被强迫劳动的悲惨生活中来”①。

此言不虚，事实说明澳大利亚东南部由稀树草原、金合欢树丛及桉树林构成的荒野，尤其是殖民者尚未挺进的陌生腹地普遍成为囚犯逃逸的目标。虽然那意味着更艰难苛刻的生活环境甚至死亡的命运，但也是自由生活的象征。比如1802年在菲利普港区（今墨尔本附近）服刑的英格兰石匠威廉·巴克利（William Buckley）就遁入了丛林，直到1836年才被殖民者重新发现。当时他已经完全融入了土著社会，三十余年未曾剃发刮须，身披袋鼠皮，手持木棍与盾牌。由于身材异常魁梧，他一度被造访者误认为是土著部落领袖，而整整十二天后他才恢复了英语沟通能力。这个案例说明殖民者其实能够适应土著环境，尤其是可以学习利用土著的技巧与经验。②

值得注意的是，无论是出于乐观的个性还是随遇而安的心态，一些囚徒也明确表达出对殖民地自然环境的接受和欣赏。比如曾经抱怨环境的瓦特林其实也激赏于澳大利亚的美景。他描述自己在海边迎风休息时的感觉说：“在这里，诗人可能发现无数的魅力四射的东西；再也没有比这里更能激发想象的地方了。这里有远离战火的忒勒马科斯（Telemachus）。这里有天堂一样的风景，是托马森（Thomson）笔下的裸女摩希德拉（Musidora）秘密休息之所，阿卡迪亚的影子随现……凉风袭来，香气四溢……总之……这个国家不逊于地球上任何其他国家。”③ 忒勒马科斯是希腊神话中的人物，意思是远离战争，其经历象征着游子最终回到家乡尽其天职，而摩希德拉是源自英国作家詹姆斯·托马森1727年创作的诗歌《夏天》中的女性角色。诗歌描绘了一个青年无意中撞见美少女裸浴时欲火焚身又想竭力压抑的场景。瓦特林使用这样的比喻，一方面是渲染乡思之烈，另一

---

① ［英］沃特金·坦奇：《澳洲拓殖记》，刘秉仁译，商务印书馆2008年版，第207、210页。

② John Wedge, “On the Country around Port Philipp”, *Journal of the Royal Geographical Society*, Vol. 6, 1836, pp. 419–424.

③ Thomas Watling, “12 May 1793”, *Letters from an Exile at Botany Bay to His Aunt in Dumfries*, p. 7. 新州档案。

方面也表达了对澳大利亚的大自然爱恨交织、欲罢不能的感情。

如果说瓦特林文艺范的表达略显浮夸，那么另一个囚犯威廉·诺阿（William Noah）的感受就显得质朴直白。他是银匠出身，因侵吞顾客的金属材料而被判长期流放。尽管在旅程中就经历了九死一生，但威廉很快就接受了现实。1798 年时，他笔下自己的生活特色是吃袋鼠肉、打苍蝇、捉漂亮但不会学话的鹦鹉。他认为澳大利亚的自然令人感到刺激却不至于不安："跳蚤、臭虫、老鼠大量被带入了殖民地，但是体虱活不下来。有很多蛇，但多无毒……蝎子很危险，咬了会中毒，但这种情况很少发生……这里和英格兰有很多不同，自然的一切事物看上去都奇怪，月亮似乎就在头顶上，夏季和冬季颠倒，天气善变，一个小时之内会从阳光普照变成电闪雷鸣，大雨瓢泼。令人很意外的是，在英格兰生不出孩子的健康女人在这里居然有了家庭，而且在这里我还没有看到过有畸形的孩子诞生。"① 威廉敏锐地意识到澳洲日光更充裕、空气更清洁也更干爽，远比气候阴郁且已遭受工业污染的英国更有益于身心健康。

可以认为，流放犯们对澳大利亚自然环境的认知很大程度上取决于各人的具体遭遇。他们在感受和描绘澳洲自然时更习惯于将其与自身的处境和心情联系。由于人的情绪时常变化，因此留给后人的记录也就可能出现矛盾之处。具有讽刺性的是，逃亡的囚犯大部分居于荒野，却以劫掠旅客为生。结果在一般殖民者心目中，人迹罕至的遥远荒野更加成为一种危险环境，逃犯们本身成为令人不安的殖民地环境的一部分。

三　痛并快乐着：定居殖民者的体验

在一个移民殖民地，定居的意思就是清理出一块土地，然后开发并守护住它。② 但前文已述，殖民当局发现囚犯普遍缺乏生产开发的经验，这严重妨害殖民地的存续，于是英国政府采取了资助移民前往澳洲定居的政策。随后的产业开发也吸引了自主移民前来，他们与刑满释放的囚犯一起构成了殖民地早期自由定居的群体，其人数在 19 世纪 40 年代已完全压倒

① Stephen Martin, *A New Land: European Perceptions of Australia, 1788 - 1850*, p. 112.

② Stephen Martin, *A New Land: European Perceptions of Australia, 1788 - 1850*, p. 53.

了囚犯群体。[①]

为了鼓励定居，殖民当局会主动授予自由殖民者土地，并赠予生产工具、种子及家禽家畜，但后者往往会圈占更多的土地。比如1819年麦夸里（Macquarie）总督就收到一封毕恭毕敬的陈情，说一个自由殖民者被授予80英亩土地，但实际上却占下了140英亩，由此请求总督认可既成事实。[②] 这不只是出于贪心，也是因为澳大利亚土壤肥力不足。由于地壳运动过分稳定以及地表不停歇的风蚀作用，澳洲土壤含氮量普遍低于其他大陆，定居者圈占的土地看似宽广，但适于耕作的并不多，如前述案例中140英亩土地可耕作的仅40英亩。结果新来的自由定居者对自然环境不满的例子不胜枚举，比如"土壤种一次之后就荒芜和耗尽了……这么一个炎热的环境，灰还特别大，而一到下雨天，牛群就经常是连膝盖都陷在泥坑里。我从来没见过这些牛棚有干草……粪便，要么是风干了以后你不留神就吸进一口，要么就被雨水冲走了……这里的草（主要是白茅草）做屋顶不行，很难搞到干草，质量也不行。"[③] 与土著的冲突更加剧了他们的紧张，比如土著会放火毁掉田里的小麦。在植物湾地区，一些英国移民的"羊被土著射杀了。随后冲突自然而然就产生了，土著觉得我们很凶残，于是在我们报复之前，很快干掉了我们的一位羊倌。这个事件要优先解决，防止土著劫掠，然后是防止恐慌情绪……我毫不讳言，他们为他们的行为付出了巨大的血的代价，否则事情不会解决得那么好。但用火伤害我们是他们的能力"[④]。

然而在反复积累起种植经验以及驱赶屠杀土著之后，主要殖民地的社会生活日渐稳定，定居者对生存环境的审视也变得更加耐心平和。1835年，大卫·华奥（David Waugh）在家信中介绍说："亲爱的妈妈，很难把这里的生活跟家乡的相比，如果你问这里的人富有吗？我的回答是，是的，他有很多羊群也有很多牛群，有一些就在家附近游荡，不过总得有一

---

① 1819年澳大利亚人口中75%仍然是囚犯，但是1847年，新南威尔士囚犯仅占人口数的3.2%，在塔斯马尼亚也不过25%。1831年到1850年，澳洲吸引移民25.5万人，自由移民高达17.7万人。参见张天《澳洲史》，第151—152页。

② Stephen Martin, *A New Land: European Perceptions of Australia, 1788 – 1850*, p. 54.

③ George Caley, *A Short Account Relative to the Proceedings in New South Wales 1800 – 1803*, *Banks Paper*, A – 79 – 1, pp. 206 – 207. 新州档案。

④ George Caley, *A Short Account Relative to the Proceedings in New South Wales 1800 – 1803*, pp. 212, 219. 新州档案。

些据点。人们很乐意建小棚屋……和生活，然后住上十几年，再卖掉这些，除非有特别吸引人的，否则就不留下来。”① 而19世纪30年代末出生的玛丽·肯尼迪（Mary Kenndy）则回忆自己的童年说：“阿尔卑斯山太令人难忘了，有多少事物让我们感到享受啊，为此我愿意每周日都去教堂。我们穿行在凉爽的晨风里，鸟儿歌唱，昆虫争鸣。放学后我们就走进金合欢树群采集树胶，礼拜六就去溪流里搜集鹿角蕨、岩百（合）……我们煮蛋，然后根据我们自己的喜好在岩石上烤蛋糕。”② 这里的“阿尔卑斯山”是澳洲殖民者对大分水岭南部的称呼，后者从19世纪初就被拿来与欧洲的阿尔卑斯山媲美，可见其美景得到了普遍认可。

随着定居圈的扩大，殖民者对于澳洲环境复杂性的认识也超越了大陆东南部一隅。监管重刑犯的范迪门殖民地（今塔斯马尼亚岛）和印度洋畔的天鹅河殖民地（今西澳大利亚）提供了许多新素材。殖民者通常认为澳大利亚气候干燥、缺少河流以及桉树之外的乔木，但塔斯马尼亚岛是个例外。1826年，定居者约翰·阿伯特（John Abbott）在面向欧洲读者的移民宣传册中记叙自己的感受：“这个叫作范迪门的岛屿，空气清新，气候宜人，土壤肥沃……山峦起伏的样子，让从海上远眺的人都印象深刻。这里乍看上去光秃秃的、了无生机，但凡进入被勘测过的内陆，美丽的乡村就跃入眼底，肥沃的平原无边无垠，生长着稀疏的树木。高低不一的山丘，植被丰茂，尤其是冬天和春天，都有大量牧场可用，值得用最丰富和华丽的辞藻来描绘。”③ 在西澳大利亚，定居者数量相对东部殖民地更为有限，而这里多数地方荒漠广布，难以驻扎，因此人们通常在密集高大的红桉树林边而非开阔地定居。与此相关，盖大木屋、狩猎与户外徒步早早成为西澳定居者享受自然环境的潮流。1830年随丈夫抵达天鹅河殖民地的伊丽莎白·肖恩（Elizabeth Shawn）在三个月内盖起了拥有三个房间的大木屋：“它像宫殿一样，非常舒服，所有一切看起来都亮亮堂堂，很满意，很开心……感谢上天，我们很高兴，对自己满意，对这里的一切都满意……就是热得不行，12月到1月时，热得人要抓狂。”④ 殖民者适应新环境的另

① David Waugh, *Waugh Family Letters*, 18 July 1835, A827, p. 11. 新州档案。

② Stephen Martin, *A New Land: European Perceptions of Australia, 1788 – 1850*, introduction, VXIII.

③ John Abbot, *Van Diemen's Land—it's Natural Productions*, 1826, DLMS 238, pp. 2 – 3.

④ Elizabeth Shawn, *Ms. Transcripts 1829 – 1833*, March 10, 1832, B164. 新州档案。

一个标志是袋鼠肉很快成为广受欢迎的食物。伊丽莎白在给朋友的信中写道："肉类是必需的，除了牲畜，袋鼠也可以吃，人们都吃……当我们得到这种美味时，感觉和牛肉差不多，但是袋鼠有一种牛肉绝没有的野生的味道。它没有脂肪，却是我吃过的最肥厚多汁的肉类。"① 在所谓更边远更落后地区定居的殖民者绝非只有痛苦和坚忍的故事，他们完全可能自得其乐。

安逸的定居生活最大的标志是建立欧洲式的花园。当时在英国广受欢迎的阿卡迪亚式田园风光被有意引入澳洲的荒野。② 1829 年，定居西澳的珍妮·科瑞（Jane Currie）记录了自己在过去 18 个月成功种植橡木、榅桲树、小麦、萝卜、豆子以及坚果的经历。她感叹说："继承了祖先英名的人们啊，尽管远离出生的地方，你和我都爱自己的林地及一切土地上的欢愉；你的母亲会如此吟唱，这里，天主就是国王，教堂尖顶的英国钟声鸣叫，令荒野也作响。"③ 在此，一个新移民自由舒畅的心情跃然笔下。在 1851 年淘金热爆发前就曾定居维多利亚的威廉·霍维特（William Howitt）则记录道："英国的农场、英国的花园、英国的牛群和马群、精心栽培的英国花朵和植物……英格兰在新的土地上复制出自己……在花园中，大树、灌木丛环绕着你，还有鲜花，那些东西本来只能生长在我们（英国）的暖房中……你很难想象有这样一种丰裕和美好的景象。由此，人们不会再诧异为什么有头脑的人会不远千里选择这块遥远的殖民地度过人生。"④ 不过殖民地的新花园并非只有舶来物种，澳洲本地物种也可以被容纳进来，比如普遍受到欢迎的金合欢灌木丛。此外，伊丽莎白·肖恩还在信中炫耀："从去年 7 月到现在，我们这里植被不断……和英格兰一样，甚至有过之无不及……甜长条白菜、豆子、饲料甜菜、甜菜、生菜、大芜菁都有，切碎了足够全家吃，豌豆丰产，萝卜长得很大，喜出望外，大豆长得不好，但是野芹菜长得很好，不用培育就能吃，洋葱完全失败，土豆也不

---

① Elizabeth Shawn, *Ms. Transcripts 1829 – 1833*, January 21, 1832, B164. 新州档案。

② 参见拙文《论 19 世纪上半叶"阿卡迪亚"自然观在澳洲的实践与衰落》，《亚太研究论丛》第七辑，北京大学出版社 2010 年版。

③ Jane Currie, "Diary 1829 – 1832", *Curries Papers*, A2887, Vol. 2, p. 78. 新州档案。

④ William Howitt, *Land, Labour and Gold; or, Two Years in Victoria, with Visit to Sydney and Van Diemen's Land*, London: Langman, 1855, p. 57.

算长得太好，我们尝试用自己收获的小麦磨面粉。”① 这份材料说明，部分欧洲物种的移植难度很大，而野芹菜等本土植物被定居者吸收利用了。

日益成为澳大利亚殖民地社会中坚力量的自由定居者对澳大利亚环境的认识与囚犯们多有不同，他们明显是根据自身生存发展需要以及欧洲田园审美传统打量着澳洲的环境。他们对澳大利亚自然环境的认识和利用，由于经历了一个由陌生到熟悉的过程，而且存在由贬抑到溢美的转变，所以容易给后人造成误解。他们从痛苦适应到自如营建甚至开始享受这里独特环境的历史，不仅说明移民个体对“他者”环境的理解存在变化，也意味着一种澳大利亚本土认同正在殖民地酝酿滋长，其前提之一就是对生产生活环境的认可。

四　探险、科研与功利开发：殖民地官方人士的体验

第一舰队送来的不光是囚犯，还有350名左右的押运官兵及其家属。而英国政府之所以派这支舰队创建澳大利亚殖民地，直接依据来自库克船长的探险报告以及博物学家班克斯（Joseph Banks）的建议。由此在统治并拓展新殖民地的过程中，这些人构成的监管团队以及具备博物学知识的勘测顾问人员共同扮演了领导性角色——人数虽少，但话语权极大。

在一个军管的流放犯殖民地，有组织的社会活动多跟官方命令有关。澳大利亚殖民地首任总督亚瑟·菲利普（Arthur Philipp）及其继任者都是大权独揽，说一不二。这种为了保持社会秩序稳定而刻意营造的权威感在环境改造问题上也有所表现。比如作为一种新兴的人造景观，殖民区城镇房屋完全由当局统一制定标准建造，为了省去制造砖瓦的成本，还要求建筑材料都用树皮和薄木板。②

相比于维持秩序，对殖民当局来说更艰巨的任务是创建自给自足的经济体，毕竟长期依赖远程补给并不现实。于是“官员们只关心澳洲自然环

---

① Elizabeth Shawn, *Ms. Transcripts 1829 - 1833*, January 21, 1832, B164. 新州档案。

② Bruce Davidson, “History of the Australian Rural Landscape”, in George Seddon and Mari Davis eds, *Man and Landscape in Australia: towards an Ecological Vision*, Canberra: Australian Government Publishing Service, 1976, p. 65.

境的一种特质，即是否具有经济开发的潜力”[①]。当时各类文献中“自然产品”（natural product）成为常见词，代指澳洲土著生态体系中一切有利可图的要素。

尽管屡战屡败，在1850年之前历任总督几乎都把推广欧洲式的密集种植农业作为首要经济建设任务，他们也不断派出探险队寻找理想的耕地。这样的土地要具备三个性质：肥沃的土壤、长期稳定的水源以及足够的木材供给。按这个标准，当时殖民地几乎没有一个角落是希望的田野。1803年，官方探险队在菲利普港湾附近尝试推行农耕，结果一无所获，最后只得撤入塔斯马尼亚岛。[②] 与此相仿，从当代审美眼光出发，西澳大利亚的风蚀岩景观是天下独绝的，但在当年勘测员的眼里也是毫无意义。1841年4月，负责勘察珀斯腹地的探测员菲利普·钱司（Philip Chauncy）在日记中写道：“这是一个对人畜完全无用的地方。我在你们可以想象的最恐怖的国家开始出色的勘测工作。沙子是纯白的，岩石也是如此，这大概是地球上最后形成的一块地方……石头像针一样竖立着，有3—4英尺高。满地都是白色，像下了雪一样，路很难走，地面好像被刷过了一样，没有草，但有很多山。”[③]

值得注意的是，有计划的探险与勘测从一开始就沿海岸线及内陆两个维度上分别推进，而专业人士对澳洲自然环境的幻想是这类活动的重要支撑。马修·弗林德斯（Matthew Flinders）在1800—1803年完成了环澳航行，他沿途搜寻适合扩大殖民的土地，但收获不容乐观。在给班克斯的信中他说：这里“和我们通常所预想的可能大不相同，南纬18度附近可能有大河的入口……对于地理和自然史的总体兴趣，尤其是对英国国运的兴趣，似乎要求我们完全勘测这一地球上最后剩下的广袤陌生的区域……在自然产品中，就已经发现的东西来看，本质上不同于其他任何地方的”[④]。而在内陆方向，“根据欧洲的知识经验和北美、非洲的殖民实践，殖民者普遍认为澳大利亚境内应该存在一条大型的河流……内陆探险的过程实际

① R. L. Heathcote, “Early European Perception of the Australian Landscape: The First Hundred Years”, in George Seddon and Mari Davis eds, *Man and Landscape in Australia: towards an Ecological Vision*, Canberra: Australian Government Publishing Service, 1976, p. 42.

② Don Garden, *Victoria: A History*, Melbourne: Nelson, 1984, pp. 11, 18.

③ Philip Chauncy, *Diary*, 27 April 1841, MSQ11, part 2. 新州档案。

④ “Mathew Flinders to Banks”, *Banks Papers*, 6 September 1800, A83, pp. 59 - 60.

上是来自欧洲大陆的地理学家、探险家基于原有的经验和知识，在实践中不断深入探索澳大利亚内陆地貌气候，摆脱盲目与朦胧的判断，建立起对澳洲内陆地区全新的地理学解释的过程”[①]。至19世纪40年代，当局为探寻澳大利亚内陆水体的努力达至高潮。著名探险家查尔斯·斯图尔特(Charles Sturt)在1844年发起了平生最后一次大规模的内陆探险，他从南澳大利亚殖民地出发，携带15名随从及200只羊向西北部腹地挺进：因为河流都从内陆流过来，“所有的迹象都让我相信，大陆内应有大量水体存在。殖民区外部的热带地区，如果是陆地，那可能会很肥沃，水路发达，可供航行”。但经过一年多的探索，他既没有发现大量水体，也没有找到优良的草场，只看到了“无边无垠的大平原占据了地平线，从西南向东北延伸，没有一点草和树木，都是大石头，4—8英寸大小，千篇一律”[②]。饱受环境折磨的斯图尔特撤回了南澳大利亚，他被澳洲特色的季节河愚弄了。至此澳洲官方基本放弃了对拓殖澳洲内陆的希望，同时整个殖民地社会也都强化了这样的认识——澳洲大陆大部分区域尤其是内陆环境都是荒漠，不堪利用。

不过，探险并不总是无功而返，而一旦有所收获，随后就是不停歇的开发。比如早期殖民官员和探险家都注意到这里海豹种群的数量足以支撑可观的皮毛与油脂生产，甚至认为海豹资源丰富到不会枯竭。捕杀海豹的活动迅速围绕塔斯马尼亚和西澳大利亚的港口不断扩大。在19世纪30年代前，海豹产品成为殖民地主要的经济来源，但据估测仅1806—1810年，澳大拉西亚（包括新西兰殖民地）捕杀了大约25万头海豹，以至于这个产业到19世纪30年代就无以为继了。[③] 此外，木材也是重要的经济物资，特别是建屋与造船的主要原料，令人遗憾的是，大部分品种的桉树木质不堪大用，因此寻找适合的林木资源也成为官方努力的方向。1828年时，塔斯马尼亚岛西北部已经成为伐木基地，常驻勘察员爱德华·科尔（Edward

---

① 乔瑜：《澳大利亚殖民时期“干旱说”的形成》，《学术研究》2014年第6期。

② 详细内容可参见 Charles Sturt, *Narrative of an Expedition into Central Australia, Performed Under the Authority of Her Majesty's Government, during the Years 1844, 5, and 6*, London: T. and W. Boone, 1848. chapter 11. 该书由阿德莱德大学图书馆复制为电子书，访问网址为：https://ebooks.adelaide.edu.au/s/sturt/charles/s93n/contents.html，访问时间2017年4月20日。

③ Don Garden, *Australia, New Zealand, and the Pacific: An Environmental History*, California: ABC - Clio Inc., 2005, pp. 78 - 79.

Curr）记录道："这周围的树和其他地方都不一样。森林高大茂密，树荫下的阴暗潮湿是殖民地其余地方绝没有的，河谷深深，周围有溪流，真菌很多、苔藓、地衣、蕨类，有些可能有7英尺高。"① 塔斯马尼亚属于温带海洋性气候，分布着澳洲大陆较为罕见的雪松，但在被系统开采之后，野生雪松日益稀少。

殖民地官方对自然价值的评判也会随具体产业发展的需要而变化。19世纪30年代牧羊业大扩张之后，澳大利亚东南部的勘测任务是翻越大分水岭寻找水草丰美的牧区，结果令人满意。最大的成就来自新南威尔士总测量官托马斯·米切尔（Thomas Mitchell），他规划了一系列向西南进发的线路，同时在土著向导约翰·派博（John Piper）的帮助下数次深入维多利亚殖民地进行勘探。② 1835年春季他抵达了罗登河与墨累河的交界口，映入眼帘的景象让他异常激动："我们赶着沉重的马车朝两个方向前进，除了疏松的土壤，再没遇到什么妨碍前进的自然阻力；在回程的路上，平原上群芳绽放，山包上郁郁葱葱，早春的风儿吹拂在面庞。我要称它为'澳大利亚的福地'（The Australian Felix），以此区别于我向内陆探险时遇到的不毛之地，唉，我们在那里徘徊了如此之久却毫无收获。"③ 与1803年给人的印象不同，"相对于其他任何一个殖民地，维多利亚易于进入的地区更广大、土地肥沃、水源条件好，有许多风景极其漂亮……维多利亚殖民地比新南威尔士拥有更多适宜种植谷物和蔬菜的沃土。在许多地方，土壤都肥沃至极，而且罕有树木，无须清理……这里空气干净，轻快且似乎有弹性；从来不会太冷；冬天是温和的，没有雪，潮湿的小风凉飕飕的。许多地方太适合养羊了"④。短短三十年，一个曾被官方唾弃的区域一跃成为它的掌上明珠。

具有一定科学背景的官方人员也会依据当时欧洲自然科学知识体系来认识澳大利亚的自然环境。他们把这里的生物和地貌视为一种客观现象，

---

① Stephen Martin, *A New Land: European Perceptions of Australia, 1788 - 1850*, introduction, XV.

② 有关托马斯·米切尔的具体勘探事迹可参见《辞典》（*Australia National Dictionary of Biography*）: http://adb.anu.edu.au/biography/mitchell-sir-thomas-livingstone-2463。

③ G. Bulter. Earp, *The Gold Colonies of Australia, and Gold Seeker's Manual*, London: G. Routledge, 1852, p. 191.

④ F. Lancelott, *Australia As It Is: Its Settlements, Farms, and Gold Fields*, Vol. 2. London: Colburn and Co., Publishers, 1852, pp. 53, 64-66.

需要参照既有标准加以分类，或者提出新的解释。不过在更多时候，“科学兴趣相对仅仅停留在那些有助于解决资源确认和使用的实际问题上”①。作为重要神职人员携带全家移民悉尼的地质学家瑞文瑞德·克拉克（Reverend Clarke）便是如此。作为剑桥大学地质史权威亚当·塞奇威克（Adam Sedgewick）的学生，克拉克在日记中表示科学就是为了找到上帝造物的证据，他一方面尝试把澳大利亚大陆放置到全球地质学的分类框架里理解，另一方面则致力于找到造物主给人类留下的有用矿物。② 而自1800年起便受雇于班克斯的乔治·凯雷（George Caley）被时任总督交付掌管殖民地植物园的任务。他记录说：“殖民地往西很远是山脉，很少有人访问过……我去采了悬崖上的岩石标本，立刻就检查矿物含量……动物和植物王国里每一样东西似乎都是全新的。周围铁非常多，而一个康涅什人（Connish）给我一块石头，里面含有铜矿。”③ 随着科研兴趣与功利开发日益紧密绑定，殖民地一些人造景观的功能也发生了变化。比如当地植物园本来是为了准备向欧洲传送新奇植物的，但到19世纪30年代之后成为用来培育外来植物以便向民间推广的基地。相应的英国皇家植物园（Kew Gardens）则成为整个帝国内物种培育的中转站，主要是为向殖民地输出有商业价值的植物。④

可以想象，作为个体存在的人，无论是官员、探险家还是所谓的科学家都具有各自的审美原则和偏好，但是他们在殖民地的职业使命让其在描述分析澳大利亚自然环境时常常超越个人喜恶。或者说，他们对殖民地环境的评判常常建立在更为功利或相对客观的标准之上。有趣的是，多次为探索成果感到沮丧的弗林德斯曾在1795年感慨：“这是我们的幸运，在沐浴甘霖后，看到这些山岭里反射太阳的光芒。景色是多么壮观啊。现在，

---

① R. L. Heathcote, “Early European Perception of the Australian Landscape: The First Hundred Years”, in George Seddon and Mari Davis eds, *Man and Landscape in Australia: towards an Ecological Vision*, p. 42

② Reverend Clarke, *Clarke Papers*, May 31, 1844, MSS139/42. 新州档案。

③ “Caley to Banks”, *Banks Paper*, 11 March 1814, MSQ 158. 新州档案。

④ R. L. Heathcote, “Early European Perception of the Australian Landscape: The First Hundred Years”, in George Seddon and Mari Davis eds, *Man and Landscape in Australia: towards an Ecological Vision*, p. 42.

我们不能抱怨谴责这里贫瘠，一个贫瘠之地怎能造出如此美丽的景观?"①可见对于自然环境的理解，即便是官方人员也可能留下前后不一的文字。

五 结论：理解早期殖民者对澳大利亚"他者"环境的认知差异

在欧洲列强向广袤的海外地区殖民扩张过程中，殖民者遭遇不同的文明及陌生环境是不可避免的。在诸多有别于英国乃至欧洲的殖民地中，澳大利亚的自然环境毫无疑问是最具特色的。作为殖民者需要适应或改造的对象或"他者"，澳大利亚殖民地的自然环境给不同人群留下的印象也不尽相同。一方面需要认识到，这片面积达到768万平方千米的土地本身拥有多变的地貌与生态体系，这对殖民者的视觉及其既有环境观念既是惊奇也是挑战。不同殖民区的自然禀赋差异让即便背景相似的人群也可能意见相左。比如很少看到勘测官对塔斯马尼亚的气候和植被不满。另一方面，也是更重要的，早期殖民者社会身份和处境的差异也深深影响他们的环境认知。尽管所有移民都会感觉澳大利亚的生态环境与众不同，但"感时花溅泪，恨别鸟惊心"的现象在囚犯殖民者身上表现得非常突出，而"既来之则安之"的心态在定居殖民者身上有明显体现。对在政治上占据统治地位以及肩负维持殖民地发展使命的官方人士来说，依据相对更丰富的专业知识素养以及功利性的标准理解殖民地环境亦不出奇。当然无论如何，都应承认个体对自然环境的认识的多变性。所有殖民者都可能根据具体的场景、既有的知识经验以及固有的审美情趣去理解和接触自然，不可一概而论。这就解释了本文开头所介绍的澳大利亚环境史学家对早期殖民者自然观分析的争论：矛盾双方的判断都不算错误，但都只抓住了当年殖民者与自然环境复杂互动的一个侧面。

不仅如此，关于早期殖民者认识和利用澳大利亚自然环境的研究还揭示出一个更大的问题。那就是客观存在的物理环境固然直接影响殖民者改造自然的努力，但是作为社会文化而构建出来的环境观同样深深影响殖民

① Matthew Flinders, *Observations on the Coasts of Van Diemen's Land*, London: John Nichols, 1801, p. 42.

者对自然环境的感情与实践。一方面，这种构建过程不仅受到时代的影响，也常常建立在局部观察或片面体验之上，而所有的环境观都要在实践中接受考验并修正。一个最典型的例子是，早期殖民者无论身份高低，都投身于建设母国的农耕社会，但最终大获成功的还是畜牧业生态经济体。此外，不管殖民者是否真正欣赏澳大利亚的自然景观，他们如果要生存，就不可避免地要接纳当地的生态体系，或者更准确地来说，是被当地的生态体系所接纳。在这种接触中，丛林中的嬉戏、野餐、徒步以及捕猎成为欧洲人在澳大利亚的重要生活经验和文化特色，极端的案例包括养成吃袋鼠的习惯以及几乎变成土著的逃犯。日后这也成为澳大利亚新欧洲社会文化的基础。

从更广阔的视角看，英帝国的殖民体系建立了一个跨越全球的复杂的自然环境交流网络。最晚融入这个网络的澳大利亚殖民地为它贡献了许多前所未有的要素，也为帝国政府既定殖民政策的变化造成了意想不到的影响。1844 年，移民自苏格兰的记者大卫·伯恩（David Burn）访问了新南威尔士沿海的诺福克岛，这里长期关押着一些重刑犯。在参观官方设立的花园后他写道：

> 这是一个幽静宁谧的地点，一个或许让热爱诗歌的人想找个情人的地方。无花果、葡萄、桃子、番石榴、香蕉、杏子、草莓、菠萝、咖啡豆，应有尽有……凝视这地球上令人陶醉的通往伊甸园的大道，人们几乎会忘掉这里到处都是人渣。啊，亵渎这样迷人的景致实在是太令人痛苦了……怎能把如此值得大肆宣扬其美丽的地方变成一个臭名昭著的、不值得羡慕的罪恶之地?①

在 19 世纪 40 年代英帝国内此起彼伏要求废除流放犯制度的运动中，伯恩是积极的参与者及推手，但他居然是以保持澳大利亚环境之美为理由摇旗呐喊。想必此时此刻，对大部分殖民者来说，澳大利亚的环境已经从令人费解的“他者”逐步变成殖民者心中珍爱的家园了。

---

① David Burn, *Norfolk Islands Diary*, Dec. 26 1844, B190/2, p. 214. 新州档案。

图像中的空间呈现

位置、组合与意义

——汉代西王母神性的图像观察*

王　煜**

由于西汉晚期以后的墓葬中，在各个墓葬艺术流行的地域，都有十分丰富的西王母图像出现，西王母已经成为墓葬艺术中最主要的内容之一。这种丰富而突出的西王母图像，使得不少研究者产生了一种简单的印象，认为西王母应该为汉代信仰中的主神，不少学者认为汉代人的信仰中有一个以西王母为主宰的神仙世界，甚至有的西方学者将西王母称作“宇宙的根据”①。

我们知道，汉代尤其是汉武帝以后已经完全形成了一个中央集权的大一统帝国，在这个帝国的版图中已经不存在名义上不属于天子的乐郊、乐土，国家观念和官僚体系已经深入人心，社会一般观念中对死后世界的想象应当建立在这种底色之上。所以死后世界中：如人间有帝王和达官显贵一样，天上也有天帝和其重要臣工；如人间有地方官吏和基层执事者一样，地下也有地府的管理者、各级官吏及其执事者。在这样的时代观念中，最多个别人间悠然自得的隐士可以比类为悠游于名山大川之间的散

---

* 笔者按：此文写定于2012年年底，为2013年年初定稿的博士学位论文的一部分，此次抽取成篇，时间紧迫，基本未作修改，只是调整和增添了一些注释并顺通为单篇文章的语句而已。笔者虽自认为仍有独立之可能，但毕竟脱出于大的材料和论述背景，空疏之处自不待言。今读一过，感觉最大之问题，虽然一以贯之，但两汉之中西王母图像位置、组合之细节及西王母神性问题亦应有所变化发展，文中虽注意到此问题，惜未能深入。他日获已，当更结合古述今论更深求之。识于此，布于众，以备忘警策。原文刊发于《芳林新叶——历史考古青年论集》（第二辑），上海古籍出版社2019年。

** 四川大学考古文博学院教授。

① Elfriede R. Knauer, “The Queen Mother of the West: A Study of the Influence of Western Prototypes on the Iconography of the Taoist Deity”, Victor H. Mair, *Contact and Exchange in the Ancient World*, University of Hawaii Press, Honolulu, 2006, pp. 62 - 115.

仙，笔者实在不敢相信还有一个超越于天地之外的所谓“仙界”。这一点孙机先生近来也注意到了，并对不少以往的研究提出了尖锐的批评[①]。不少学者认为这个仙界就是昆仑。实际上昆仑并未超越于天地，而正是天地之间的中轴，为登天的中心天柱，一般观念中升仙者的目的恐怕还是要通过昆仑而升天成仙[②]。笔者更不能相信那个居于昆仑之上的西王母能超越于皇天后土，成为死后世界和神仙世界的最高统治者。那么，西王母在死后世界中，在以昆仑为背景的升仙信仰中到底扮演着什么样的角色？有着怎样的地位？这可以从西王母图像出现在墓葬及其附属遗存中的位置及其图像组合来仔细辨析。

一 西王母图像在墓葬及其附属遗存中的位置和图像组合

考察西王母的地位和意义，其出现的位置及其图像组合是十分重要的。学界对西王母图像的研究可以说洋洋大观，但却少有对这一问题进行全面的考察。由于西汉晚期以后的壁画尤其是画像材料的地域性明显，以下笔者就按地域和载体对这一问题进行一次较为全面的梳理。

需要说明的是，以往说到西王母的图像组合，往往是将西王母个人的图像作为主体，而以常见的玉兔捣药、三足乌、蟾蜍、九尾狐等为其组合，艺术史学者多称为西王母的图像志（iconography）[③]，这种研究当然是西王母图像研究的一方面。与之不同的是，笔者的目的是考察西王母的地位和性质，所以这里所说的图像组合是整个西王母图像（包括其附属图像）与其他图像的组合。

（一）河南地区

该地区是西王母图像最早出现的地区，主要出现于墓室壁画和画像砖

① 孙机：《仙凡幽冥之间——汉画像石与“大象其生”》，《中国国家博物馆馆刊》2013 年第 9 期。

② 王煜：《汉代太一信仰的图像考古》，《中国社会科学》2014 年第 3 期。

③ Michael Loewe，*Ways to Paradise*：*The Chinese Quest Immortality*，London：George Allen and Unwin，1979，p. 103.

（空心砖）上。

1. 墓室壁画

时代在西汉中晚期的卜千秋墓[①]是目前所见出现西王母图像的最早墓葬（该西王母图像曾经有过争议，目前已得到多数学者的认可[②]）。该墓的壁画绘于墓门门额、墓室脊顶和后室山墙上，整体上连为一体，应该是一个系列，方向由外向内。最外面的是墓门门额上绘画的人首鸟身神像，接下来是学界十分熟悉的墓主人升仙图像（图1），图像东西两侧分别是伏羲、女娲和日、月（也有意见认为伏羲、女娲为阴神、阳神或羲和、常羲），其间墓主人在持节羽人、各种神兽的引导和护卫下乘骑神兽向西行进，墓主人前的云中出现了西王母（图1，中部）。但西王母并非墓主人的目的地，因为引导这支队伍的持节羽人已经向西行进到女娲和月之前，而且壁画中的西王母也相当不起眼，这使得一些学者只认为她是西王母的侍女而非其本人。升仙队伍的目的地就整个墓室的图像序列来看，应该在最里面的后室山墙上。梯形的空心砖正中画着一个猪首的神怪，其下是青龙、白虎夹侍于猪首神怪两侧（据庞政告知，该图像上尚有朱雀和疑似的玄武，实际上是四象围绕于神怪周围，笔者细覆照片，其观察是正确的）。发掘者和孙作云先生将此猪首神怪解释为保护墓主的方相氏[③]，其后少有不同意见。然而，为何作为保护墓主的方相氏为墓主人升仙图的终点，而且绘制于墓葬后室山墙顶上正中如此重要的位置？笔者这里暂不对此神怪图像做出解释，只需考察西王母的位置和地位，显然这里西王母并非墓主人升仙的目的地，而且从壁画上神人大小来看，其地位显然不如伏羲、女娲和后室顶部的那个猪首神怪。

偃师新村新莽时期壁画墓[④]的西王母图像不再绘于墓顶，而绘于呈梯形状的后室隔梁上（图2）。此后各地的西王母图像基本都不再出现在墓顶，而往往在此种呈梯形状的隔梁、山墙这些门、墙壁与顶部的过渡地带。该墓中的壁画比卜千秋墓要丰富一些，但多是在门两侧的门吏和墓壁上的宴饮、庖厨图像。神祇的形象只有上述西王母和前室横额上的一个巨

① 洛阳博物馆：《洛阳西汉卜千秋壁画墓发掘简报》，《文物》1977年第6期。

② 参见李淞《论汉代艺术中的西王母图像》，湖南教育出版社2000年版，第38页。

③ 孙作云：《洛阳西汉卜千秋壁画墓考释》，《文物》1977年第6期。

④ 洛阳市第二文物工作队：《洛阳偃师县新莽壁画墓清理简报》，《文物》1992年第12期。

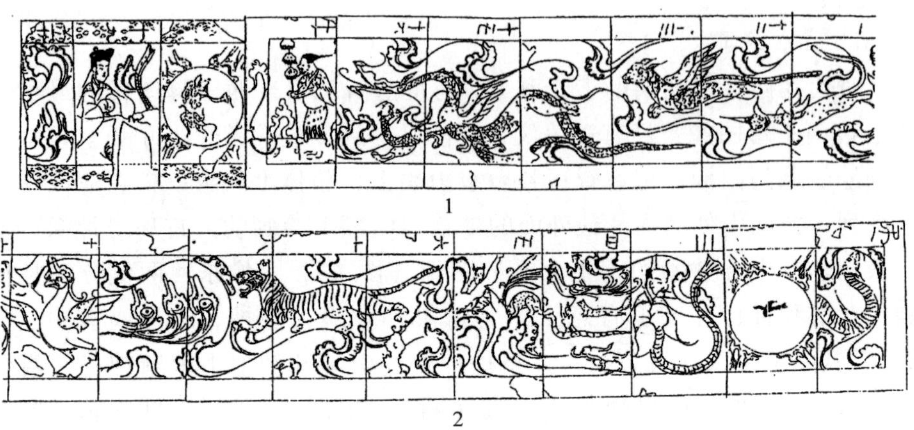

图1 洛阳卜千秋墓脊顶壁画摹本

资料来源：洛阳博物馆：《洛阳西汉卜千秋壁画墓发掘简报》，《文物》1977年第6期，图三三。

大兽首，兽首两侧有伏羲、女娲手捧日、月的图像（图3）。若说主神，显然这一个两侧有伏羲、女娲和日、月怪神更具有资格。值得注意的是西王母图像之下有一突出的门形图像，笔者认为可能是阊阖、天门，将西王母与天门组合在一起的图像在后述材料中还有不少。

2. 画像砖

我们知道，河南郑州、新郑、南阳地区的空心画像砖也是早期西王母图像出现的重要载体。不过，一方面，刻画有早期西王母图像的这些画像砖往往出土零散，其图像组合很难探知；另一方面，这些画像砖上的图像往往比较简单，很难对其图像元素进行进一步的考察。但是，在这些画像砖上西王母往往是侧坐于山峦之间，在整个画像上的位置并不突出，毫无一神独尊的气势（图4）。

南阳新野樊集吊窑画像砖墓M28，时代在西汉晚期①，其墓门的画像组合保存较为完整，是探讨这一问题极好的材料。其中央由一空心画像砖作为立柱将墓门分为两开，左门柱画像为凤阙和捧盾门吏，中门柱和右门柱画像一致，应该同出一模，上层为树木射鸟图，下层为角抵和乐舞。墓

① 河南省南阳地区文物研究所：《新野樊集汉画像砖墓》，《考古学报》1990年第4期。

图 2　洛阳偃师辛村墓西王母壁画

资料来源：黄明兰、郭引强：《洛阳汉墓壁画》，文物出版社 1996 年版，第 137 页。

门两开上各有一横向的空心画像砖作为横额，两砖的画像完全一致，也当出于一模。画像下层一车马朝双阙行进，其前有两人迎接，车马前的两导骑刚刚进入双阙，上层为戴胜的西王母，其前有凤鸟，一人正跪地伏拜王母。这里的双阙学界一致认为为阊阖、天门，而整个画像似乎是一幅连续

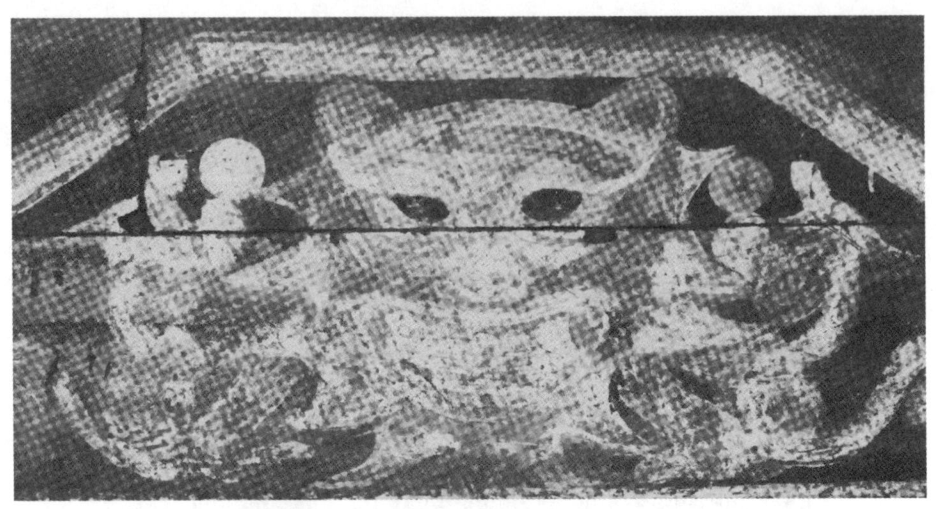

图 3 洛阳偃师新村墓前室横额壁画

资料来源：黄明兰、郭引强编：《洛阳汉墓壁画》，第 126 页。

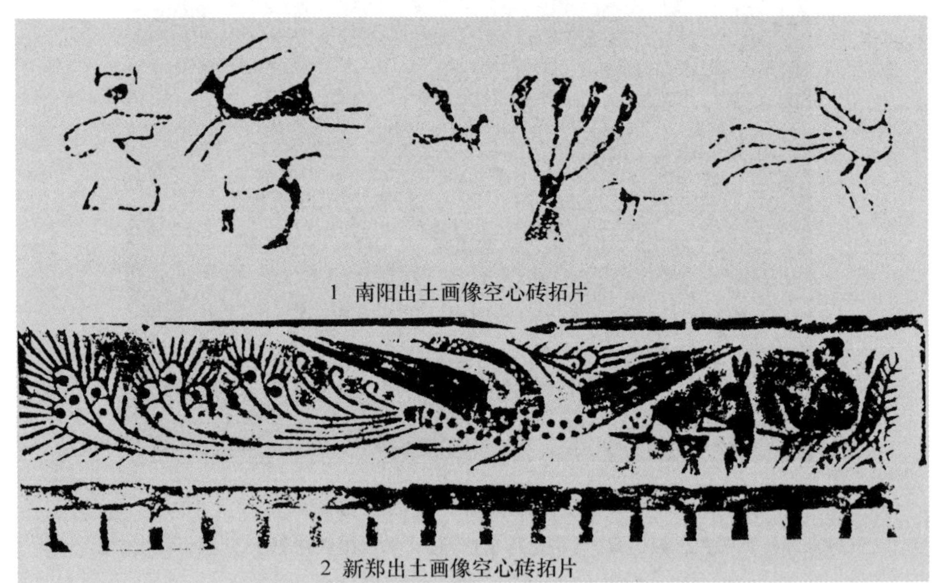

1 南阳出土画像空心砖拓片

2 新郑出土画像空心砖拓片

图 4 河南地区空心砖上的早期西王母画像拓片

资料来源：南阳文物研究所：《南阳汉代画像砖》，文物出版社 1990 年版，图 163；薛文灿、刘松根编：《河南新郑汉代画像砖》，上海书画出版社 1993 年版，第 72 页。

的图式，表达墓主人进入阊阖、天门而拜见西王母[①]（图5）。这里西王母图像的位置很清楚，是处于墓门之上，其组合以阊阖、天门，这一组合形式已经见于上述偃师新村壁画墓中，在后述其他地区的材料中还有许多。这里西王母的图像仍然并不突出，墓门是进入墓室的入口，天门是进入天界的入口，其位置和组合似乎更倾向于一种过渡的意义。

图5 南阳新野樊集吊窑画像砖墓 M28 门楣画像拓片

资料来源：南阳文物研究所：《南阳汉代画像砖》，文物出版社1990年版，图148。

（二）山东、苏北、淮北地区

该地区也是汉画像出现和流行最重要地区之一，西王母图像主要出现在早期的画像石椁和后来的画像石墓、祠堂中。

1. 画像石椁

该地区的画像石椁墓是后来画像石墓的先声，西王母的图像出现在一些石椁侧板的最左侧，其上为一座二层楼台，西王母戴胜凭几端坐于楼台上层，下层中有一只凤鸟，其右为玉兔捣药、各类神人和建鼓图像。我们知道，早期画像石椁的头、足两端和侧板上往往刻画双阙和璧，笔者曾经论述过璧与阊阖、天门的关系[②]，而双阙更加形象地表达了这一意义。也就是说该地区的早期西王母图像往往还是与阊阖、天门联系在一起的。

江苏徐州沛县栖山 M1 中的画像石椁保存完好，发掘者推测其时代在

---

① 李淞：《论汉代艺术中的西王母图像》，第57页。

② 王煜：《汉代太一信仰的图像考古》，《中国社会科学》2014年第3期；《四川汉墓出土“西王母与杂技”摇钱树枝叶试探——兼谈摇钱树的整体意义》，《考古》2013年第11期；《也论马王汉墓堆帛画——以阊阖（璧门）、天门、昆仑为中心》，《江汉考古》2015年第3期。

新莽时期[①]，对探讨西王母图像的位置和组合具有重要意义。该画像石椁头、足挡和两侧板内外共有八幅画像：头挡外壁中心刻画一璧，上部为两个铺首衔环，下部有两人和一马；头挡内壁画像与外壁大体一致，只是没有中心的璧，右下角有一人正掰开马嘴；东侧板外壁即该地区这一时期典型的西王母画像及其组合，如上述；东侧板内壁两端各有一璧，中央为一虎形兽，虎形兽两侧有树木、凤鸟；西侧板外壁左侧也有一座二层楼台，楼台上为六博，楼台右侧为车马临阙和乐舞、庖厨画像；西侧板内壁两端也各有一璧，只是一对树木、凤鸟画像中为畋猎画像，与东侧板略有不同；足挡外壁中央似一条道路，两侧有一对树木、凤鸟；足挡内壁为一只虎形兽（图6）。

该石椁上的图像虽然复杂，但总结起来大致为三个主题：一是墓主人升仙，包括西王母、仙人六博、建鼓、神人神兽、车马临阙、璧和铺首衔环（象征天门）以及树木、凤鸟；二是墓主人在理想生活中的享乐，包括仙人六博、建鼓、畋猎、车马临阙；三是对墓主人的护卫，包括虎形兽画像。这里西王母虽是升仙主题的最重要代表，但我们发现，她的图像却在侧板的最左侧，画面也不甚突出，依然毫无主神的气势。与其组合的重要图像为璧、铺首衔环、双阙，根据笔者的讨论，这些应该是阊阖、天门的表现和象征，也具有过渡的意义。

2. 画像石墓

该地区早期画像石墓中的西王母图像继承了画像石椁上的许多因素，如西王母与建鼓、六博、乐舞的联系等。西王母往往居于画像石最上层的正中，正面端坐，显然具有重要的地位。不过，由于这些早期画像石多是零散出土，其在墓葬中的位置和图像组合并不清楚，但可以肯定不是在墓顶，其具体的地位和意义还不敢妄加推测。

有一些保存比较完整的东汉晚期的画像石墓，可以帮助我们探讨这一问题。山东苍山城前村元嘉元年（151）画像石墓[②]中，西王母画像位于墓门左立柱上，手持一曲状物，侧坐于蘑菇状的平台之上。墓门横额上是一幅车马过桥画像，画像上车马队伍左行，其前部分与头戴尖帽的胡人展开

---

① 徐州市博物馆、沛县文化馆：《江苏沛县栖山汉画像石墓清理简报》，《考古学集刊》第二集，1982年。

② 山东省博物馆、苍山县文化馆：《山东苍山元嘉元年画象石墓》，《考古》1975年第2期。

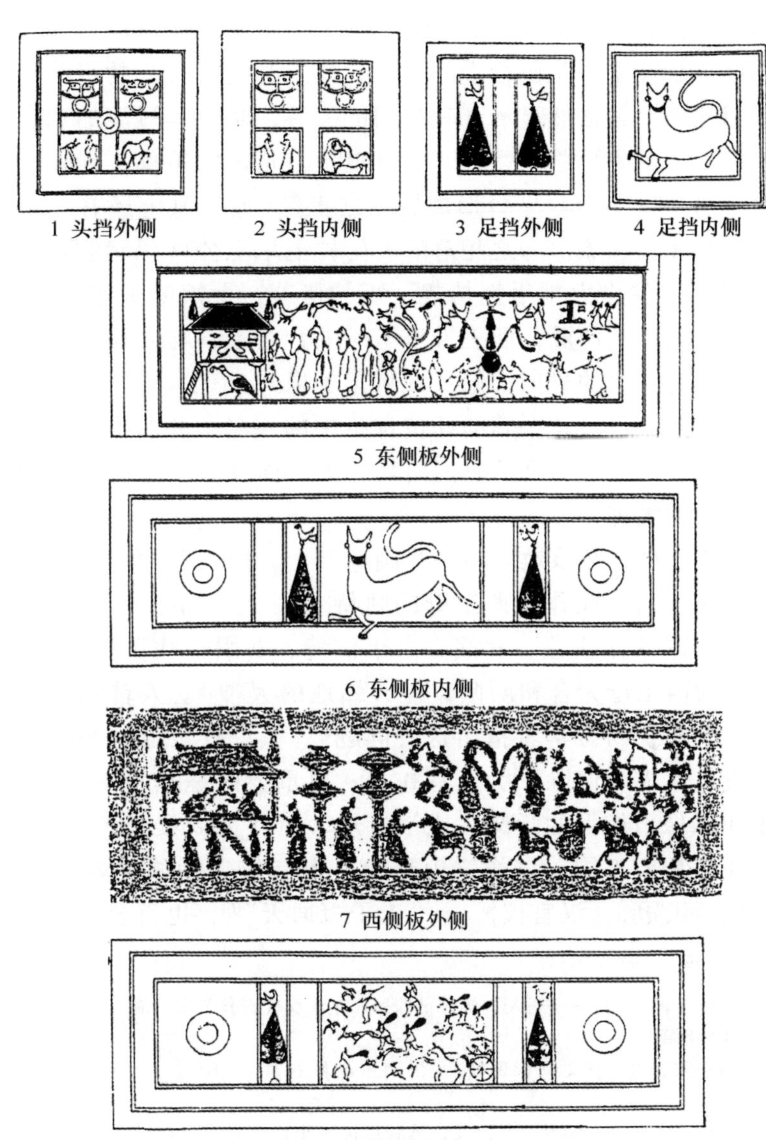

图6　江苏徐州沛县栖山汉墓 M1 出土画像石椁各面画像

资料来源：改制于信立祥《汉代画像石综合研究》，文物出版社 2000 年版，第 209 页，图一一二。

战斗。笔者曾经讨论过，此种“车马出行——胡汉交战”画像的意义在于墓主人的队伍打败阻路的胡人，继续向西域中的西王母和昆仑进发[①]。这里的西王母虽是墓主人队伍行进的目标，但未必是其最终的目的地，西王母刻画于门柱之上，依然显示着其与门的关系，暗含着过渡的意义。沂南汉墓[②]中的西王母画像共有两例，一例如苍山元嘉元年墓，刻画于墓门左立柱正面，西王母坐于三平台形的昆仑之上[③]，而且其上还有一个虎首有翼戴冠的神怪和一头象。与之相对的右门柱上东王公（仍然戴着西王母的胜）之上有一戴尖帽大神手拥持规、矩的伏羲、女娲的画像（图7）。另一例在中室八角中柱西面，西王母坐于一平台之上，与之相对应的有东面的东王公和南北两面的早期佛像（或佛弟子像）和仙人像（图8）。可见，在中室中柱上西王母只是平等的几位神祇中的一名，并非唯一大神，在门柱上其依然与具有过渡意义的墓门密切相关，而且其上还有虎首神怪和手拥伏羲、女娲的大神。

值得注意的是，在该地区的一些画像石上，西王母两侧也有人首蛇身的神怪交尾在一起，而作为西王母的胁侍（图9）。不少学者把这种人首蛇身的神怪一律认作伏羲、女娲，由于伏羲、女娲往往手捧日、月和规、矩，从而认为西王母为合和阴阳、经天纬地的大神[④]。人首蛇身神怪不一定是伏羲、女娲，已有学者指出这一问题[⑤]，其间还要做仔细的辨析。如典型的伏羲、女娲画像除了为人首蛇身，更重要的是其手中应该捧抱日、月（如四川画像石棺上的画像）或举持规、矩（如武梁祠画像），而且伏羲的冠往往与常人不同，多作三山形冠，也有作尖帽的（如沂南汉墓），武梁祠中作通天冠，《汉官仪》云“天子冠通天”[⑥]，也符合其古代帝王的

① 王煜：《“车马出行——胡人”画像试探——兼谈汉代丧葬艺术中胡人形象的意义》，《考古与文物》2012年第1期。

② 南京博物院、山东省文物管理处：《沂南古画像石墓发掘报告》，文化部文物管理局，1956年。

③ 此种平台应为昆仑，学界已有提及，笔者更进一步认为其为结合昆仑三山观念的昆仑悬圃图像。参见王煜《昆仑、天门、西王母与天帝——汉代升仙信仰体系的考古学研究》，博士学位论文，四川大学，2013年。

④ Jean M. James, “An Iconographic Study of Xiwangmu During the Han Dynasty”, *Artibus Asiae*, Vol. 4, 1/2, 1995, pp. 17 –41.

⑤ 贺西林：《汉画阴阳主神考》，《古代墓葬美术研究》第一辑，文物出版社2011年版，第121—130页。

⑥ 《后汉书》卷二《明帝纪》注引《汉官仪》，中华书局1965年版，第100页。

图 7　山东沂南汉墓墓门立柱画像拓片

资料来源：南京博物院、山东省文物管理处：《沂南古画像石墓发掘报告》，文化部文物管理局，1956 年，第 25、26 页。

身份。而西王母两侧的人首蛇身神怪中男性一方都是着一般的进贤冠，二者都手持便面，侍奉西王母，应该不能视作伏羲、女娲。

3. 墓地祠堂

与其他地区不同，该地区流行建造墓地祠堂，其上有丰富的石刻画像。由于祠堂建筑具有特定的形式和规制，其上的画像整体性突出。一般的祠堂由坡状的屋顶，东、西两侧壁和后壁构成，东、西两壁上接屋顶处

图 8　山东沂南汉墓中室八角柱画像摹本

资料来源：南京博物院、山东省文物管理处：《沂南古画像石墓发掘报告》，第 65—68 页。

需有三角形的山墙，西王母图像便出现在西山墙上。与之相对的东山墙在东汉中期以前往往为风伯和房屋画像，东汉中期以后则对应东王公，由此基本形成祠堂画像的定制。

整个祠堂画像的组合：其东、西、后三面墙上往往为车马出行、拜谒和古代人物故事；西山墙上则为西王母，对应东山墙上的风伯（或是房屋中的人物）和东王公；屋顶上为天界图像，武梁祠以祥瑞和灾异画像表

图9　山东微山县两城镇出土西王母与人首蛇身神画像拓片

资料来源：中国画像石全集编委会：《中国画像石全集2·山东汉画像石》，山东美术出版社2000年版，第32页，图四一。

示，具有特殊性①，其他多为天界神祇、神兽，也见有星象（如孝堂山祠堂②）。可见，祠堂壁面上刻画的虽不是当时人间之事，但人间礼教的意味浓厚。而山墙正是壁面与屋顶的过渡设施，也即人间向天界的过渡地带，西王母图像出现于其上，其过渡意义再明显不过了。

武氏祠左石室屋顶前坡东段刻画有一幅升仙图，其天空上缭绕的云气

① ［美］巫鸿：《武梁祠——中国古代画像艺术的思想性》，柳扬、岑河译，生活·读书·新知三联书店2006年版。

② 罗哲文：《孝堂山郭氏墓石祠》，《文物》1961年4、5合期。

中出现了西王母和东王公[1]，这是笔者所见西王母出现于祠堂屋顶的唯一材料（图10）。虽说在众多程式化的材料面前，这一孤例我们完全可置之不论，但笔者观察到这一画像不仅仅是将西王母刻画于屋顶这一点特殊性。仔细观察下部的车马人物，一辆安车前套有三匹马，其上有为榜题留下的方框，车主已经下车，其头戴等级最高的通天冠，其前也有一个没有榜题的方框。说明这应该是一个故事人物，而不是墓主，因为一则墓主绝不可能戴天子所戴的通天冠，二则基本不见有在墓主画像旁边加榜题的情况（许阿瞿画像石[2]应该是个特例，因为其为未成年的小孩，小孩的画像若不加榜题恐怕很难能被人理解为墓主）。可见，这幅画像并不是一般的墓主升仙图，而可能是有关一位帝王的故事，所以其与同时同地的一般模式不同。至于是什么样的故事，笔者就不得而知了，但应该与升仙有关。

图10　武氏祠左石室屋顶前坡东段画像摹本

资料来源：信立祥：《汉代画像石综合研究》，第160页，图九〇。

（三）陕北、晋西地区

该地区西王母画像虽然最为丰富，但其整个画像主要都是刻画于墓门和墓室中的门上，程式化十分突出，其情况可以简单概括如下。

---

① 信立祥：《汉代画像石综合研究》，文物出版社2000年版，第160页，图九〇。

② 南阳博物馆：《南阳发现东汉许阿瞿墓志画像石》，《文物》1974年第8期。

绝大多数的西王母图像出现在墓门或墓室门的左立柱上，西王母坐于独一平台或三平台之上，与之相对应的右门柱上往往为东王公，早期也有为西王母和仙人六博的例子。门柱上往往还有门吏及神兽、博山炉等图像，门扇上往往为成对的铺首衔环、凤鸟和独角兽或龙、虎，横额上往往为车马出行，而且绝大多数都是左行向着西王母的方向，也见有神兽、房屋、墓主、仙人等画像[①]（图 11、图 12）。这里西王母的意义显然与门的意义紧密联系在一起，其具有的过渡意味与上述各地区一致。

图 11　陕西米脂官庄出土墓门画像石拓片

资料来源：李林、康兰英、赵力光编《陕北汉代画像石》，陕西人民出版社 1995 年版，第 32 页。

该地区也有个别特例，西王母出现于墓门横额之上。如陕西绥德四十里铺出土的一组墓门画像石上，西王母坐于墓门横额右侧，其旁有仙人侍奉和三足乌、九尾狐、玉兔捣药画像。在西王母左侧刻画一门，虽然相对

① 如李林、康兰英、赵力光编《陕北汉代画像石》，陕西人民出版社 1995 年版，第 32、55 页。

图 12 陕西绥德王得元墓墓门画像石拓片

资料来源：李林、康兰英、赵力光编《陕北汉代画像石》，第 55 页。

较小，但其上的铺首衔环却十分突出，说明刻画者并非故意将之刻画较小，而是受横向的横额宽度的制约，门左为拜谒图像①（图 13）。邢义田先生认为这里的门应该为天门②，其说可从。因此，即便在这个特例中，西王母仍然与门、天门组合在一起。

（四）四川、重庆地区

该地区也是西王母图像特别流行的地区之一，其墓葬及附属遗存上的西王母图像主要出现于画像石棺和画像砖上。

① 李林、康兰英、赵力光编：《陕北汉代画像石》，第 74 页。

② 邢义田：《陕西旬邑百子村壁画墓的墓主、时代与“天门”问题》，《画为心声：画像石、画像砖与壁画》，中华书局 2011 年版，第 651 页。

图 13　陕西绥德四十里铺出土墓门画像石拓片

资料来源：李林、康兰英、赵力光编：《陕北汉代画像石》，第 74 页。

1. 画像石棺

画像石棺由于有固定的形制，其图像组合比较稳定，对于整体研究也是特别重要的材料。西王母画像往往刻画于石棺的侧板上，与其附属图像如九尾狐、蟾蜍、三足乌等满满占据一个侧板，也见有个别西王母刻于头挡上的例子（如郫县新胜乡出土石棺①）。头挡上往往刻画双阙，学界比较一致地认为这些双阙画像代表天门，也见有天门图像刻画于侧板上的例子（如简阳鬼头山出土石棺②）。足挡上是往往是伏羲、女娲手捧日、月或凤鸟。有的盖板顶上也有画像，多为方花（柿蒂纹）、龙虎衔璧（图 14）。

① 四川省博物馆、郫县文化馆：《四川郫县东汉砖室墓的石棺画像》，《考古》1979 年第 6 期。

② 雷建金：《简阳县鬼头山发现榜题画像石棺》，《四川文物》1988 年第 6 期。

盖板上的方花应该代表天文，这一点李零先生已有很好的论述①。郫县新胜乡出土一件石棺②顶部的龙虎衔璧画像上还出现了牵牛、织女的画像，这些关键位置处的璧的图案代表天门是本文中多次提及的，这里的青龙、白虎加上牵牛、织女显然代表着天界的图像。可见，画像石棺的棺盖多是天界的表现。当然、画像石棺上的图像远比上述复杂丰富，而且还有地域特色。但上述的模式和画像组合，应该能代表大多数画像石棺的寓意。

这里西王母仍然紧密地与天门联系在一起，而且处于天界之下，其地位虽然突出，但绝不能是什么统领死后世界的主神，而是与其他地区一样，具有一种过渡的意味。

2. 画像砖

该地区画像砖中的西王母图像虽然十分丰富，但由于该地区的画像砖均是方形和长方形的小砖，基本上是一砖一图，西王母及其附属画像就占据了整个砖面，其与其他画像的组合必须在完整的画像砖墓中才能考察。而绝大多数的画像砖墓早已破坏（也有早期考古报告自身的问题），图像组合已不得而知。笔者目前所见较为完整的组合有成都羊子山画像砖墓M1和大邑董场乡画像砖墓等不多的例子。

十分遗憾的是羊子山画像砖墓M1中没有出现西王母的画像。董场乡画像砖墓的时代发掘者定为三国时期，其西壁上保存有较为完整的一列画像砖组合。这列画像砖中共有西王母、天门、车马神龙出行、六博宴乐、仙人骑马、天界神怪、和天仓画像，其中有不少画像砖是重复的③（图15）。一方面，这列画像砖看起来似乎应该有一个较为清晰的程序；但另一方面，由于画像砖的商品性和拼凑性，还有墓室长度、工匠操作的影响等，使制作画像砖时的程序在拼凑过程中有所打乱，不能完全按照其现在的组合和次序来依次理解。

笔者认为，这列画像砖大体上表达了一个在仙人的引导下，墓主人的

---

① 李零：《“方华蔓长，此名曰昌”——为“柿蒂纹”正名》，《中国国家博物馆馆刊》2012年第7期。

② 四川省博物馆、郫县文化馆：《四川郫县东汉砖石墓的石棺画像》，《考古》1979年第6期。

③ 大邑县文化局：《大邑县董场乡三国画像砖墓》，《四川考古报告集》，文物出版社1998年版，第395页。

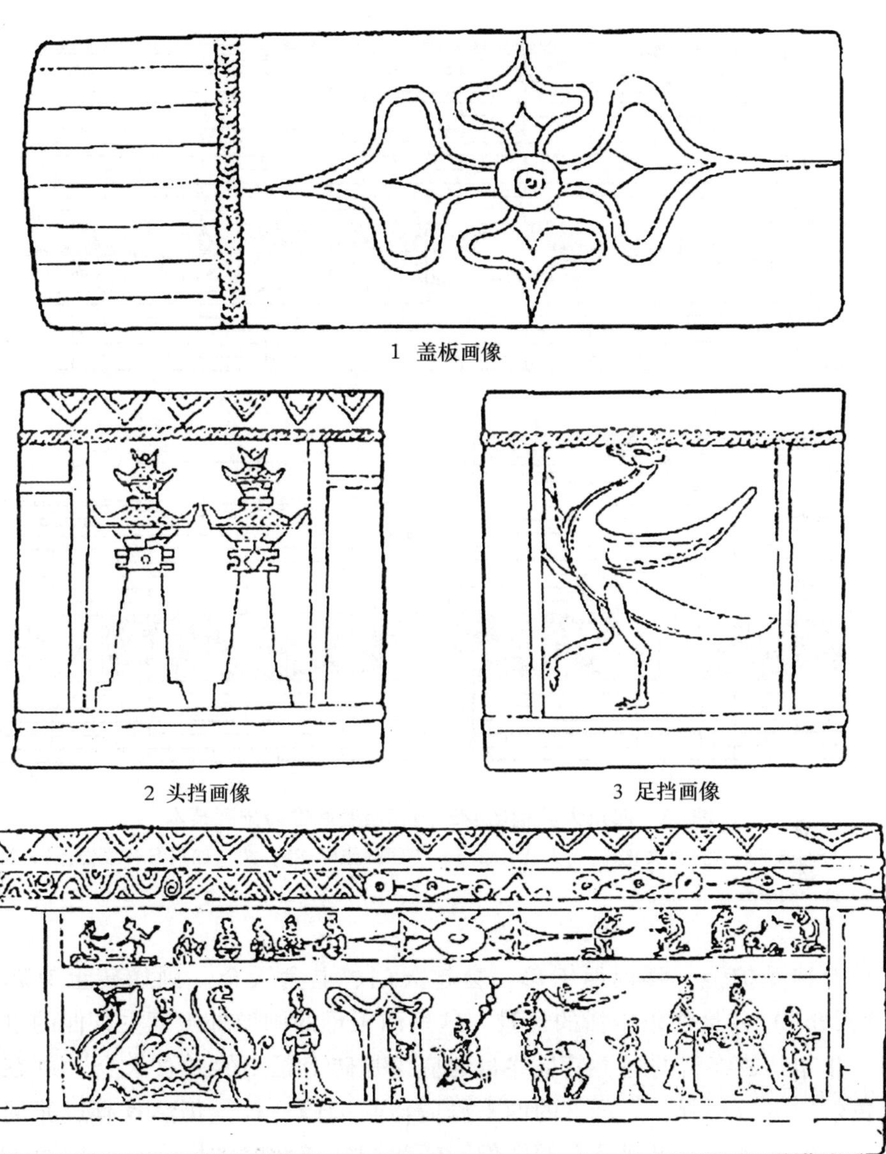
1 盖板画像

2 头挡画像

3 足挡画像

4 右侧板画像

图 14　四川南溪长顺坡砖室墓出土三号石棺画像组合摹本

资料来源：罗二虎：《汉代画像石棺》，巴蜀书社 2002 年版，第 92、93 页，图八五至图八八。

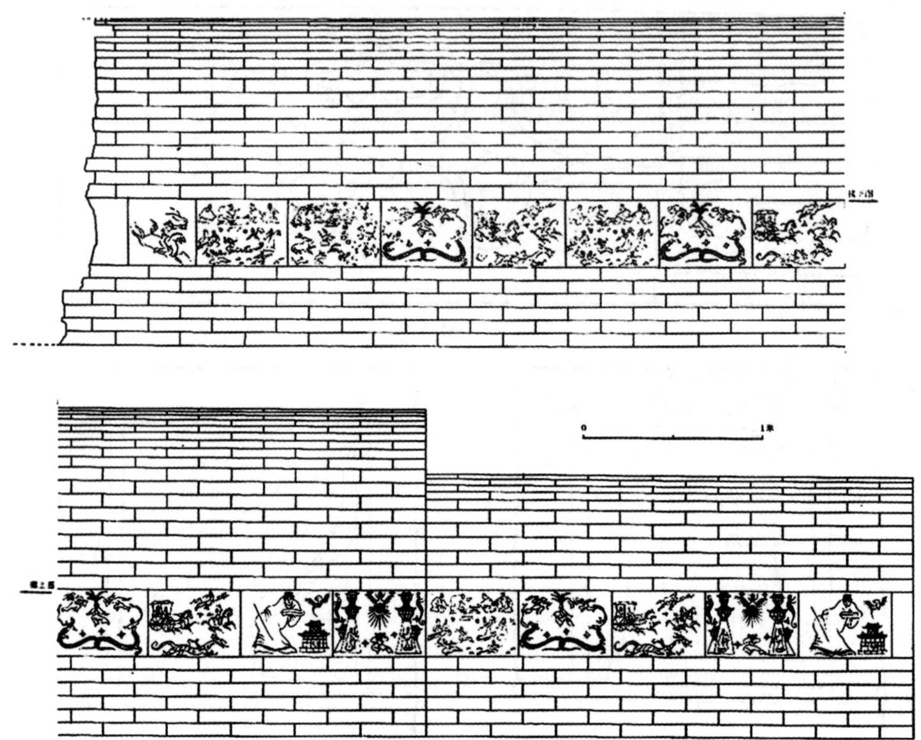

图 15 四川大邑董场乡三国墓西壁画像砖排列摹本

资料来源：大邑县文化局：《大邑县董场乡三国画像砖墓》，载《四川考古报告集》，第395页，图一五。

车马由神龙护卫，拜谒西王母，穿越天门、上食天仓（画像砖上有题刻“食天仓”）并且快乐生活的情景。这里西王母的画像处于墓主升仙的过程中，并非其最终目的地，其最终目的应该是砖上题刻的“食天仓”即在天界快乐的生活。所以，这里的西王母应该与天门一样，仍然具有过渡的意义。虽然这里没有出现昆仑的图像，但我们知道此时的昆仑已经同西王母和天门紧密联系在一起，是升天成仙的背景，作为背景当然可以不必出现在画像上，但我们不能遗忘这个背景的存在。

二 铜镜、棺饰、摇钱树上的西王母图像及其组合

汉晋墓葬中除了墓葬本身及其附属遗存上有西王母图像，墓中出土的铜镜、棺饰、摇钱树等器物上也有西王母图像，这些器物根据各自形制，其图像具体的组合形式虽各不相同，但都具有比较完整的优点，值得好好加以考察。

（一）铜镜

西王母图像出现于铜镜之上，有纪年者最早见于新莽始建国二年（10）的博局纹镜[①]，西王母刻画于镜背内区的规、矩符号之间，与该类铜镜上常见的四神或其他神人、神兽看起来没有太大的差别（图16）。东汉晚期至晋的画像镜上也往往有西王母的图像，其上西王母显得比其他神人、神兽突出一些，但也绝没有主神的气势[②]。

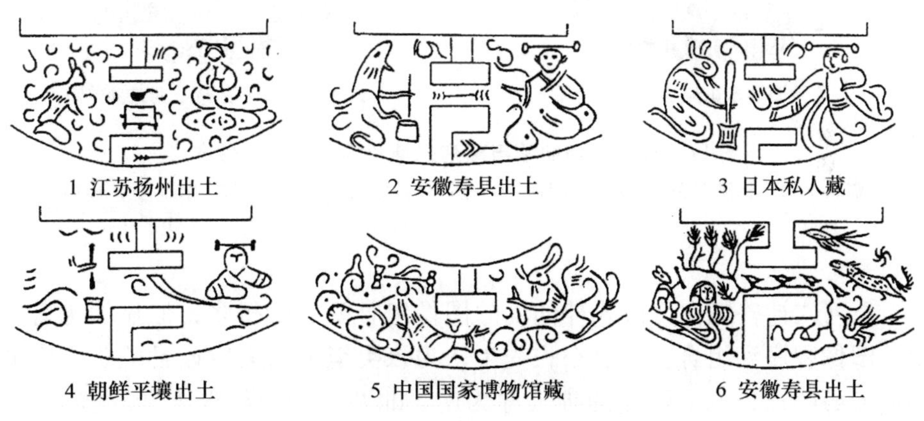

图16 早期博局纹镜上的西王母图像摹本

改制于信立祥：《汉代画像石综合研究》，第149页，图八二。

能最好地反映西王母地位和意义的铜镜要数东汉晚期至晋的三段式神

① 孔祥星、刘一曼：《中国铜镜图典》，文物出版社1994年版，第303页。

② 信立祥：《汉代画像石综合研究》，第149页，图八二。

仙境和重列式神兽镜。三段式神仙境镜背内区图像显著地分为上中下三个区段，而学界普遍认为这三个区段表达的是一种立体关系。西王母和东王公的图像固定地刻画在中区镜钮的两侧，上区图像虽然目前尚有争议，但比较一致地认为表现的天界神祇①，而下区则为仙人和连理神树（图 17－1）。显然西王母处于天界之下，三段之中，并无主神的性质，而仍然具有过渡的意义。

1 西雅图美术馆藏三段式神仙镜

2 波士顿美术馆藏重列式神兽镜

图 17　三段式神仙镜与重列式神兽镜内区图像摹本

资料来源：林巳奈夫：《汉镜の图柄二、三について》，《东方学报》第 44 册，1973 年，图 21、图 35。

重列式神兽镜比三段式神仙境的图像组合要复杂得多，但显然也有固定的图像程序和组合。林巳奈夫先生认为该类镜上图案应该是关于宇宙的一种平面图式，上下两端的神人即为南、北两极的南极老人和北极天帝，五帝和其他神人、神兽的图像环列于铜镜之上，铜镜中段最靠近镜钮处的为西王母和东王公②。该类铜镜上往往有题刻为“吾作明镜，幽湅宫商。周罗容象，五帝天皇。白牙单琴，黄帝除凶。朱鸟玄武，白虎青龙。君宜

① 林巳奈夫：《汉镜の图柄二、三について》，《東方學報》第 44 册，1973 年。

② 林巳奈夫：《汉镜の图柄二、三について》，《東方學報》第 44 册，1973 年。

高官，子孙番昌”①，后面省略一般是时间和作镜人。这里甚至没有提到西王母，有的镜铭偶尔也提到西王母，但其地位显然不能和“五帝天皇”相比。观其在铜镜图像中的位置也是中段靠近镜钮处，若林氏奈夫所论可靠，镜钮为昆仑之象征，这里的西王母仍然与昆仑组合在一起，其为升天成仙中的关键点，但绝不是最终点和最高神祇（图17－2）。

（二）棺饰

重庆巫山县出土不少东汉晚期（有些可能晚到晋）的鎏金铜牌饰②，根据这些铜牌饰出土位置，有学者认为其应是装在木棺前端正中的饰件③。其上图像主要为双阙，阙上有凤鸟，阙中心有一璧形物，如前所述应为天门的象征。阙间有神人端坐，应为门阙的司守，阙旁尚有一些神兽，几乎所有牌饰上都自题为“天门”。有的在双阙的上部刻画西王母图像，将西王母与天门紧密地结合在一起（图18－1）。天门显然不是升仙者的目的地，升仙者的目的显然是穿越天门而进入天界，西王母与之结合在一起，当然也具有相同的地位和意义。有一件四瓣形铜饰上，西王母（虽残，但仍能辨认其核心特征——龙虎座）甚至只居于刻画四象的南方朱雀一侧，与北方玄武下类似蹶张的人物相对，其地位显然不宜过高估计（图18－2）。

（三）摇钱树

摇钱树是西南地区尤其是四川盆地东汉晚期至魏晋墓葬中流行的一种冥器，其由陶质或石质树座和铜质树干、枝叶组成。由于其枝叶上满布方孔圆钱，故而一般称之为“摇钱树”。但是学界日益感觉到其上的神仙和升仙思想更为强烈，所以有许多学者又改称其“钱树”。名称的问题只是个约定俗成的问题，本文中按一般称法称其为“摇钱树”，至于其意义，

① 王仲殊：《建安纪年铭神兽镜综论》，《考古》1988年第4期。

② 重庆巫山县文物管理所、中国社会科学院考古研究所三峡工作队：《重庆巫山县东汉鎏金铜牌饰的发现与研究》，《考古》1998年第12期；武汉市文物考古研究所、巫山县文物管理所：《重庆巫山土城坡墓地Ⅲ区东汉墓葬发掘报告》，《江汉考古》2008年第1期；重庆市文物考古研究所、武汉市文物考古研究所：《重庆巫山县神女路秦汉墓葬发掘简报》，《江汉考古》2008年第2期。

③ 赵殿增、袁曙光：《天门考——兼论四川汉画像砖（石）的组合与主题》，《四川文物》1990年第6期。

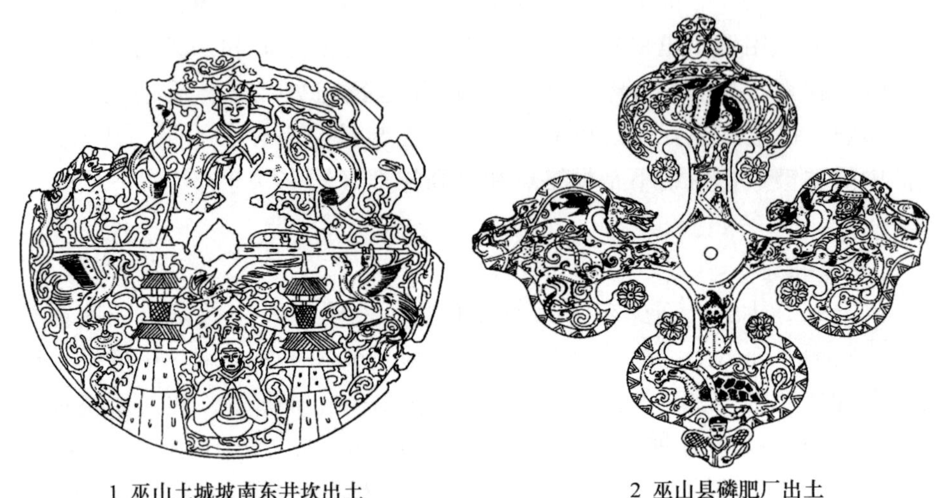

1 巫山土城坡南东井坎出土　　2 巫山县磷肥厂出土

图 18　重庆巫山出土铜棺饰上的西王母图像及其组合

资料来源：重庆巫山县文物管理所、中国社会科学院考古研究所三峡工作队：《重庆巫山县东汉鎏金铜牌饰的发现与研究》，《考古》1998 年第 12 期，图四，1；图七。

笔者认为其更多是昆仑、西王母、天门的升仙观念的系统表现①。摇钱树的树座和树干枝叶上都有许多西王母图像。

1. 树座

摇钱树的树座形制主要有几类：一类作山形，其上往往有西王母和天门的图像（图 19）；一类作圆锥体，其上分为三个层次，西王母图像一般出现于第二层上；一类为作有翼神兽相叠，连台座一共也呈三层；其他多是这三种形式的简化和变形。笔者认为，山形的树座实际上是昆仑山的象征，其上有天门和西王母；而三重的树座同样象征着昆仑的“三重”，西王母出现于第二重上，可见其在昆仑信仰中并不占据最高的位置。西王母与昆仑、天门的结合与上述各个地区的材料仍然是一致的，西王母属于昆仑升仙信仰，其与天门一样更多地具有一种过渡的意味。

2. 枝叶

摇钱树的枝叶上是西王母图像出现的一种重要载体，以笔者所见，摇

① 王煜：《四川汉墓出土“西王母与杂技”摇钱树枝叶试探——兼谈摇钱树的整体意义》，《考古》2013 年第 11 期。

1 绵阳观太乡出土

2 绵阳河边乡出土

3 广汉连山出土

图 19 四川地区摇钱树座上的西王母与昆仑、天门

资料来源：何志国：《汉魏摇钱树初步研究》，科学出版社 2007 年版，第 179、159、33 页，图 8－10、图 7－17、图 2－19。

钱树的枝叶大致分为三类：一类呈长条形，枝叶下悬铜钱，其上中心为西王母，两旁多为魔术、杂技的图像（图 20－5）；一类呈短圆形，铜钱满布枝叶，西王母图像往往也处于枝叶中央地带，其上还多有仙人、天马、神兽等图像（图 20－4）；一类为顶枝，大多数为一圆璧，其上站立一只凤鸟，偶尔也见有璧上端坐西王母（或具有西王母性质的佛像，图 20－1），两旁有一对凤阙的图像，如四川茂汶出土的一件摇钱树顶枝①（图 20－2），也有璧在西王母上方的例子，如绵阳何家山二号崖墓出土者②（图 20－3）。关于第一类摇钱树枝叶，笔者曾做过专门的研究，认为其与当时西王母在西域之地，其地有眩人（幻人，即魔术、杂技师）的传说有关③。从第一类和第二类枝叶上都看不出西王母有显赫的地位，只有第三类顶枝上，西王母（个别是类似西王母性质的早期佛像）处于整个摇钱树的顶端，其地位不可小觑。但这类顶枝上西王母又与璧和双阙组合在一起，有时璧在西王母下方，有时在其上方。如笔者所论，这里璧为天门的一种象征，双阙更不用多论，因此，这里的西王母仍然与天门紧密联系

① 何志国：《汉魏摇钱树初步研究》，科学出版社 2007 年版，第 58 页。

② 何志国：《四川绵阳何家山 2 号东汉崖墓清理简报》，《文物》1991 年第 3 期。

③ 王煜：《四川汉墓出土“西王母与杂技”摇钱树枝叶试探——兼谈摇钱树的整体意义》，《考古》第 11 期。

在一起，还是具有过渡的意义。

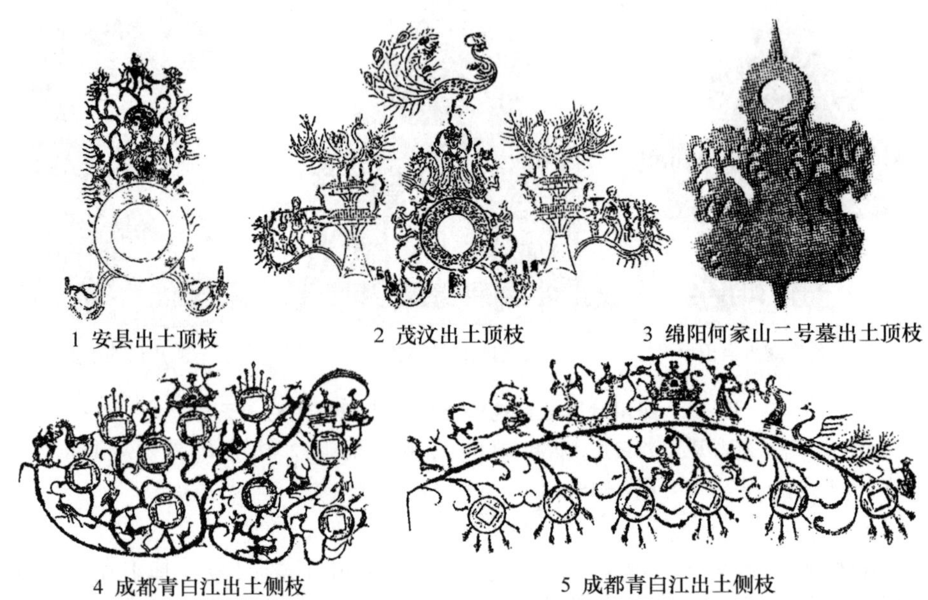

图20 摇钱树枝叶上的西王母（佛像）图像

资料来源：何志国：《汉魏摇钱树初步研究》，第239、51、47、22、23页，图11-7、图2-53、图2-47、图2-1、图2-2。

三 西王母的地位与意义

根据笔者对墓葬及其附属设施以及一些重要器物上西王母位置和图像组合的考察，发现无论是在河南地区早期的墓室壁画和画像砖上，山东、苏北、淮北地区早期的画像石椁还是之后的墓葬画像石和墓地祠堂上，或是在陕北、晋西地区的墓门画像石上，或是在四川地区的画像石棺、画像砖、铜棺饰和摇钱树上，甚至在流行于全国的汉晋铜镜之上，虽然由于载体的不同，地域文化的差异，西王母图像有许多突出的地区特征，但其中似乎有一个一致性的规律：西王母图像往往出现在墓门、墓室隔梁、祠堂山墙、石椁或石棺一侧，其往往与门、天门、昆仑组合在一起。其并不具有最高主神的地位，哪怕仅仅是在昆仑山上，遑论整个宇宙。其位置往往多为向最高部位的过渡地区，往往与具有过渡意义的天门组合，其最浓厚的意义是过渡和关键点而非最终点和最高神。虽然东汉中晚期的西王母图像比较以往可能很多时候显得要突出一些，但上述的整体位置和组合情况并没有改变。

西王母与昆仑结合，而作为昆仑信仰的一部分，这种情况在东汉中晚期更是可以完全肯定的[①]。那么，西王母在昆仑信仰中到底扮演着怎样的角色？她为何在墓葬图像中更多地表现出过渡和关键点的意义？西王母的地位和信仰在此时到底如何？这还需要在上述对考古材料进行考察得出的认识上，进一步考察文献材料，才能得出一个较为可靠的结论。

笔者曾经讨论过，战国以来的神话传说中西王母的居所不定，其性质也有一些不同的说法，但西王母拥有不死之药，能使人长生不死并升天成仙在早期神话传说中已能觅见踪影[②]。西汉中晚期以来，西王母信仰与昆仑登天信仰相结合，成为昆仑不死与升仙信仰的重要组成部分。

造作于西汉末东汉初的《尚书帝验期》云："王母之国在西荒，凡得道授书者，皆朝王母于昆仑之阙。"[③] 这里的"昆仑之阙"显然即是阊阖、天门，也就是说凡得道（成仙）之人，先要到昆仑阊阖、天门去拜见西王母，取得成仙的资格。这一观念在东汉时期的出土文献上有更好的继承和说明。河南偃师出土的建宁二年（169）《河南梁东安乐肥君之碑》云："土仙者大伍公，见西王母于昆仑之虚，受仙道。"[④] 在这里西王母也是能得到"仙道"的关键，但绝不是成仙者的最终目的。五代道士杜光庭编撰的《西王母传》云：

> 西王母者，九灵太妙龟山金母也，一号太灵九光龟台金母，亦号曰金母元君，乃西华之至妙，洞阴之极尊……所居宫阙，在龟山之春山西那之都，昆仑玄圃阆风之苑……升天之时，先拜木公，后谒金母，受事既讫，方得升九天，入三清，拜太上，觐奉元始天尊耳。[⑤]

---

① ［美］巫鸿：《武梁祠——中国古代画像艺术的思想性》，第135—142页。

② 王煜：《西王母地域之"西移"及相关问题讨论》，《西域研究》2011年第3期。

③ ［日］安居香山、中村璋八辑：《纬书集成》，河北人民出版社1994年版，第387页。

④ 河南偃师县文物管理委员会：《偃师县南蔡庄乡汉肥致墓发掘报告》，《文物》1992年第9期。

⑤ 张君房编、李永晟点校：《云笈七签》卷一一四《西王母传》，中华书局2003年版，第2527—2531页。

此传虽成文颇晚，但根据张勋燎先生的研究，其中也包含了不少可以早到汉晋时期的材料，如升仙之时先要至昆仑拜见西王母确实见于上述汉代的传世文献和出土文献中，只是其加入了许多后来的道教因素而已。根据张先生的研究，六朝道书文献中西王母是昆仑之上“总领仙籍”的神祇[①]，也就是说凡要升仙之人皆要到西王母那里去“上户口”。这是后来道教的说法，但根据上述材料其中一定继承了汉晋时期昆仑、王母信仰的主要成分。

昆仑在汉晋信仰中是天地的中央天柱，最为重要的登天神山[②]。但即便到了昆仑，凡夫俗子如何才能由凡入仙，上升天界？这就需要拜见西王母，取得升天成仙的资格。这就是上述汉代文献中所谓的“得道授书”和“受仙道”，此点可以参看前述张勋燎先生着眼于早期道教的研究。不过这是倾向于早期道教和修仙者的文献，从图像上看，西王母旁边往往有玉兔正捣着不死之药，可以想象，汉晋时期绝大多数人肯定不会去研究道书和仙道，他们期望的是从西王母那里获得资格及仙药而升天成仙。

综上所述，从西王母图像出现的位置和图像组合来看，西王母更多的具有过渡和关键点的意义而非最终目的地和最高神。西汉中晚期以后，西王母信仰与昆仑信仰结合在一起，其核心就是升天升仙。这一信仰中昆仑为登天的所在，是这个信仰的大背景，而西王母就是其上的一个关键点，升仙之人需要在西王母处获得资格及仙药，进入天门，上升天界。

另外，张勋燎先生根据四川地区西王母和天门的紧密关系结合上述道书文献，首先提出西王母的这种地位和意义，但他认为这一信仰属于早期道教。张先生的研究无疑是本研究得以开展的一个重要启发，但根据笔者上述的考察，西王母与天门紧密联系的情况不仅在四川地区，而是在全国其他墓葬艺术流行的地区都有大量表现，时代信息明确的最早例子见于新莽时期。虽然，对这一信仰完整记述确实出于略晚的道书文献，但笔者无法认为上述所有材料都是早期道教的遗物。应该说早期道教与这一信仰有共同的背景，早期道教也是在这一背景中产生的。但根据上述汉代丰富的考古材料和汉代已经出现的有关这种信仰文献材料来看，这种信仰的范畴

---

① 张勋燎：《重庆、甘肃和四川东汉墓出土的几种西王母天门图像材料与道教》，《中国道教考古》第二卷，线装书局2006年版。

② 王煜：《汉代太一信仰的图像考古》，《中国社会科学》2014年第3期。

应该比早期道教更为宽广而作为当时社会上的一般信仰。

四 结论

综上所述，总结认识如下：

第一，汉代墓葬及其附属设施上，以及墓葬中出土的一些与信仰有关的重要器物上的西王母图像，自其一开始出现就没有处于最为重要的位置和图像组合的核心，而是几乎所有地区不同载体上的西王母图像都向我们显示出它的过渡和关键点的地位和意义。西王母图像主要出现在墓门、横梁、隔梁及山墙上这些具有向最高位置过渡的地带，其往往与昆仑（昆仑又往往作为背景被隐去）、天门组合在一起，是昆仑升仙信仰中的一个关键点，但绝非汉代信仰中的主神，哪怕只是在昆仑信仰中。虽然东汉中晚期以来，西王母图像的显著性可能有所增长，其地位可能有所提升，但其位置和组合并没有整体的改变，其性质和地位应该也没有总体的变化。

第二，根据文献的记载，尤其是一些后世道书文献，剔除这些文献中掺入的后世道教的成分，而与汉代相关文献相发明。笔者认为，自西汉中晚期以来西王母与昆仑信仰相结合以后，在当时社会一般信仰中，西王母为昆仑之上的一位重要神祇，其握有仙药，是昆仑升天信仰中的一个关键。欲升天成仙之人，需要登上昆仑山，拜见西王母，取得仙药和仙籍后，才能进入天门，上升天界。这里西王母的意义与天门一致，都具有一种由凡向仙的过渡的关键点的意义，所以二者才会在各地的墓葬图像中都紧密地组合在一起。关于此点，张勋燎先生已经指出，不过他认为这些材料和观念皆为早期道教的内容。笔者认为，这些材料的时代、地域和在墓葬及相关物品中的丰富性并非早期道教可以涵盖，应该属于汉代的一般信仰内容，而为早期道教之来源。

另外，以往有一种流行观点认为，升仙与升天是不同的，汉代人没有升天的观念，有的只是升仙，升仙的目的地为西王母所在的“仙界”[①]。从本文的研究来看，汉代墓葬图像中并没有一个独立的所谓“西王母仙界”存在，西王母只是升仙过程中的一个关键点，人们死后真正的理想归宿还

① 信立祥：《汉代画像石综合研究》，第61页。

是在天帝统领的天界，这一点从汉墓中大量关于天门、天仓的图像和文字题记中都可以看到。《淮南子·精神训》云："是故精神天之有也，而骨骸者地之有也。精神入其门，而骨骸反其根。"东汉高诱注："精神无形，故能入天门。骨骸有形，故反其根，归土也。"[①]《说文·匕部》亦云："真，仙人变形而登天也。"[②]《史记·封禅书》中所记武帝封禅泰山的目的也正是希望效法"黄帝已仙上天""能仙登天"[③]。可见，升仙与升天在汉代人的信仰中并不是两个泾渭分明的观念，所以古往今来一直合称为升天成仙。西王母之上应该还有天帝，作为整个宇宙和神仙世界的最高主宰。但在人们的观念中天上的天帝正如人间的帝王一样，并不是每个人随时可以觐见的，人们在墓葬艺术中更为关心的是否能拜见西王母取得仙籍和仙药并进入天门而顺利升天成仙，并不在于最后能否拜见天帝。因此，在墓葬艺术中西王母的图像远比天帝要丰富，由于其图像的丰富性而将其视作升仙信仰和神仙世界的主神的看法，并不符合目前已知的汉代文献和考古材料。

---

① 刘安等著，高诱注：《淮南子注》卷七《精神训》，《诸子集成》本，上海书店出版社1986年版，第7册，第99页。

② 许慎著，段玉裁注：《说文解字注》，上海古籍出版社1981年版，第384页。

③ 《史记》卷二八《封禅书》，中华书局1959年版，第1393、1396页。

马王堆帛画中双龙构成的“壶形空间”考*

朱　磊**

1972年至1974年发掘的长沙马王堆三座汉墓，出土了保存完好的文物3000多件，对我国汉代的历史文化研究提供了丰富而珍贵的实物资料。其中1号墓和3号墓内棺上的彩绘T形帛画，色彩鲜艳，内容丰富，保存完整，是不可多得的艺术珍品。众多学者著书撰文，尝试解读帛画所绘内容之意义。利用古代文献，考古资料、葬俗实例和民族、民俗学资料等各种材料，从不同的角度引以为证。各种解法众说纷纭、莫衷一是。而唯一的共同点便是将帛画内容分裂肢解成若干单元，然后逐一寻找文献，解释研究。近四十年来，鲜有说法能够系统地、合理地将整个帛画内容联系贯穿起来。鲁惟一（Michael Loewe）则干脆认为这副帛画并非反映某一种传统神话，而是吸收了多元的神话传说和哲学思想，因此画中各部分内容并不存在连续性。①

要知道，T形帛画乃是丧葬专用之物，庄严而神圣。画中内容必然严格地代表着特定的宗教象征性符号，从而达到其神学功用。它不是一般意义上供观赏之用的艺术作品。因此，绝不会任由绘者天马行空地创作发挥。画中的每一种构成元素，必有其相应的宗教来源，相互之间也必然有着符合其神学逻辑的连续性。早在20世纪80年代，美国学者谢柏轲（Jerome Silbergld）就曾质疑这种以零散文献附会帛画内容的做法：“我们真能

* 原文刊发于《芳林新叶——历史考古青年论集》（第二辑），2017年。

** 山东大学环境与社会考古国际合作联合实验室、文化遗产研究院副教授。

① Michael Loeve, *Ways To Paradise: The Chinese Quest For Immortality*, SMC Pub., 1994, p. 31.

相信如此精工细作，天衣无缝的画面，是以如此散漫不一的文献材料为背景创作的吗？一个形象来自这个文献，另一个形象来自那个文献？”[①]

汉初，统治者鉴于秦代严刑酷法，胙运短暂，便反其道而行之，推崇清静无为的黄老思想。作为正统的士大夫轪侯家族，不可能摆脱社会环境的影响和制约，对黄老之术必然笃信尤甚[②]。马王堆墓葬中出土大批帛书及简策，其中尤以数术、方术类居多，如《篆书阴阳五行》《隶书阴阳五行》《符箓》《神图》《养生图》《导引图》等，在三号墓中发现有《德道经》《十大经》《经法》等不少黄老经籍。可见墓主人乃是原始道教的虔诚信徒。而此墓中的诸多明器与图像所反映出其宗教意识之核心观念，实为道教文化中的通过“太阴炼形”修炼方式达到尸解升天的神仙信仰。[③]

一 双龙组成的壶形空间

马王堆一号汉墓出土的T形帛画，上宽下狭。在下部细长的画面上，由赤色和白色两条巨龙组成了一正一反的两个底部相交合壶形空间（图1）。这两个壶形结构是绘者无心插柳，妙手偶得？还是刻意为之，内含深意？

分析壶形空间的上部内容，是由凤鸟与华盖构成的壶盖，使中间正立之壶的壶形结构更加完整，显然是绘者精心设计。如此良苦用心，其中必有深意。

“壶”是道教神仙境界的一个象征性符号。《后汉书》和葛洪《神仙传》都有关于神仙壶公和他的弟子费长房的故事。《后汉书·方术列传》载：“费长房者，汝南人也。曾为市掾。市中有一老翁卖药；悬一壶于肆头，及市罢，辄跳入壶中。市人莫之见，唯长房于楼上睹之，异焉，因往再拜奉酒脯。翁知长房之意其神也，谓之曰：子明日可更来。长房旦日复

① Jerome Silbergld, “Mawangdui Excavated Materials And Transmitted Texts”, *Early China*, 8 (1982 – 1983), p. 83. 译文引自［美］巫鸿《礼仪中的美术：马王堆再思》，《礼仪中的美术：巫鸿中国古代美术史文编》上册，生活·读书·新知三联书店2005年版，第101页。

② 李建毛：《马王堆一号汉墓帛画新解》，《南方文物》1992年第3期。

③ 基于汉代的“太阴炼形”信仰对中国古代墓葬及相关问题的最新研究，参见姜生《长沙金盆岭晋墓与太阴炼形——以及墓葬器物群的分布逻辑》，《宗教学研究》2011年第1期。

诣翁，翁乃与俱入壶中。唯见玉堂严丽，旨酒甘肴盈衍其中，共饮毕而出。”①

传说在渤海中的蓬莱、方丈、瀛洲三座神山②，也为壶形，道门称之为“三壶山”。在《列子·汤问篇》中，方丈也称“方壶”，而到六朝的《王子年拾遗记》卷一中“三壶，则海中三山也。一曰方壶，则方丈也；二曰蓬壶，则蓬莱也；三曰瀛壶，则瀛洲也。形如壶器。此三山上广、中狭、下方，皆如工制，犹华山之似削成”③。

蓬莱仙岛不但是传说中“不死之药”的所在，亦是仙人所居之处，时人梦想中的彼岸乐土。先秦两汉的神仙思想中，要想升仙，比较理想的途径是能够得到来自神仙世界的仙药。现藏于西安碑林的汉碑《仙人唐公房碑》记载了唐公房有幸得到“仙药”，居然能够全家拔宅飞升。“仙药”神力如斯，令世人垂涎。但在西汉早期，尚未形成通过炼丹术获取“仙药”的手段，只能从仙人处求得。据《史记·封禅书》的记载，在东海三神山上有仙人及不死之药，而且“其物禽兽尽白，而黄金银为宫阙”④，因此，秦始皇、汉武帝等均遣人赴东海蓬莱仙山，找寻“不死药”。

于是，有学者认为帛画中的这个壶形结构所代表的乃是“蓬莱仙岛”⑤。

然而，分析此帛画的逻辑结构，此处的壶形结构似不大可能是蓬莱仙岛。因为，倘若帛画中表现的是墓主人已经置身于蓬莱仙境之中，那么墓主人的终极关怀已经达成，帛画上部的内容便无从解释。

在帛画上部出现日月、仙官，珍禽、异兽，显然这里才是帛画中所要体现的神仙世界——墓主人成仙后的理想归宿。而此壶形结构在整幅帛画中只代表一个中间过渡阶段，所以不可能是蓬莱仙岛。

（一）蓬莱仙岛：龙尾部分构成的颠倒之壶

帛画下部由龙尾部分构成的颠倒之壶，或可解释为蓬莱。

---

① 《后汉书》卷八二下《方术列传》，中华书局 1965 年版，第 2743 页。

② 《史记》卷二八《封禅书》，中华书局 1959 年版，第 1369 页。

③ （东晋）王嘉撰，（梁）萧绮录，齐治平校注：《拾遗记》卷一《高辛》，中华书局 1981 年版，第 20 页。

④ 《史记》卷二八《封禅书》，第 1370 页。

⑤ Michael Loeve, *Ways To Paradise, The Chinese Quest For Immortality*, p. 59.

图1 马王堆一号汉墓T形帛画中阴阳形

按《史记·秦始皇本纪》中记载：

> 方士徐芾等入海求神药，数岁不得，费多，恐谴，乃诈曰：“蓬莱药可得，然常为大鲛鱼所苦，故不得至，原请善射与俱，见则以连弩射之。”始皇梦与海神战，如人状。问占梦，博士曰：“水神不可见，以大鱼蛟龙为候。今上祷祠备谨，而有此恶神，当除去，而善神可致。”乃令入海者赍捕巨渔具，而自以连弩候大鱼出射之。自琅邪北至荣成山，弗见。至之罘，见巨鱼，射杀一鱼。遂并海西。①

可见，要得到蓬莱仙药，最大的障碍便是大鲛鱼。只有制服鲛鱼，方可得到仙药。在帛画底部绘有两条相互交缠的大鲛鱼，两条大鲛鱼之上站着一个力士，双手高举一案，上置两鼎两壶。以此推测，此处的鲛鱼所象征的乃是蓬莱仙岛。

《史记·封禅书》对海上三神山有这样的描述：“未至，望之如云；及到，三神山反居水下。”② 因此，帛画下部的倒立之“壶”正是“反居水下”的蓬莱。

马王堆三号汉墓出土的T形帛画中也出现了相同的由龙构成的两个壶形空间（图2），并且，在帛画的最下部多了一个巨罐（盛放仙药的容器），使整个帛画的神学逻辑更加清晰：力士双脚踏在两条大鲛鱼之上（力士制服了鲛鱼），双手高举鼎壶（得到了蓬莱仙岛罐中的仙药），以呈献给墓主人。

（二）太阴世界：龙头部分构成的正立之壶

既然龙尾部分构成的颠倒之壶是为蓬莱仙岛，那么龙头部分构成的正立之壶如果不代表神山仙境又能代表什么？

这里要解释一下道教为什么要将神山仙境想象成壶形的世界。据姜生考证，在心理学本质上，道教的壶、葫芦、洞天等仙境概念，其实都是引人回归道之母体的路径，表达着道教独特的“子宫情结”：

在道教中，这个“母体”就是“道”，只是较之道家更为具象化，比

---

① 《史记》卷六《秦始皇本纪》，中华书局1959年标点本，第263页。

② 《史记》卷二八《封禅书》，第1370页。

图2　马王堆三号汉墓T形帛画底部两鲛鱼下有一巨罐，象征蓬莱盛放仙药的容器

资料来源：高至喜、熊传薪主编：《中国音乐文物大系Ⅱ·湖南卷》，大象出版社2006年版，第273页。

如在早期道教的地母崇拜中，大地就是母体，男女“合气”术中，女子就是母体的象征，此外，道教的壶、葫芦、洞天、丹炉及其推重和寻觅的“宝地”，以及道教建筑……都是母体的象征符号，这些象征符号发挥作用的方式虽各有不同，但都是使人回归与道同体的路径。修道者研究天地之学，目的就是把握天门地户开阖之机，以期飞升天门金阙，得道成仙。①

帛画中赤色和白色两条巨龙交缠于玉璧之中，象征阴阳二气交合（雌雄交配），在壶形的子宫（太阴）中孕育生命。因此，帛画龙头部分所构成正立的壶形结构，乃是炼形之宫——太阴世界。

何为太阴世界？要回答这个问题，首先要厘清汉代人神仙思想中的升

① 姜生：《论道教的洞穴信仰》，《文史哲》2003年第5期。

仙逻辑。

二　汉代人的升仙思想

当前许多学者都认为，在先秦至汉初，人们的思想观念中是不存在死后升仙信仰的。

关于马王堆T形帛画表达的主题，起初学界几乎一致认为其所反映的是“引魂升天”。但是不久就遭到一些学者的质疑。俞伟超认为：“在先秦典籍中，升仙思想找不到明显踪迹。它只是到汉武帝以后，尤其是在西汉晚期原始道教发生以后，才日益成为人们普遍的幻想。”①

20世纪90年代，在马王堆T形帛画的解释问题上，“引魂升天”说渐被否定，代之以“灵魂入地”说成为主流的学术观点。其主要依据为宋玉在《楚辞·招魂》中的描述“魂兮归来，君无下此幽都些！土伯九约，其角觺觺些！敦脄血拇，逐人駓駓些。参目虎首，其身若牛些。此皆甘人，归来归来！恐自遗灾些。”以此判断，战国时候楚人的灵魂是要去往地下幽都的。

加之先秦文献中多有人死后到“黄泉”“九泉”的记载，如《左传·郑伯克段于鄢》：庄公将其母姜氏幽禁在今河南省临颍县，发誓说：“不及黄泉，无相见也”。《乐府诗集·孔雀东南飞》中焦仲卿对其新妇说：“吾独向黄泉。”新妇答曰：“同是被逼迫，君尔妾亦然。黄泉下相见，勿违今日言。”从而认为，到了汉代，楚人意识里的亡魂仍旧属于地下黄泉。

再有，汉镇墓文中也提到过许多的“地吏”名称，如：地下三千石，冢丞冢令，丘丞墓伯，伯（陌）上游徼，主墓狱史，陌门卒史，墓皇墓主，墓门亭长，魂云亭长，蒿里君，蒿里父老……乃是汉人灵魂入地观的有力实物证据。于是得出结论：从战国到汉代人们的观念中，死后灵魂将下地府幽冥，而非升入天界。②

---

① 俞伟超：《马王堆一号汉墓帛画内容考》，《先秦两汉考古学论集》，文物出版社1985年版，第156页。

② 颜新元：《长沙马王堆汉墓T形帛画主题思想辩证》，《楚文艺论集》，湖北美术出版社1991年版，第149页。

（一）死后世界观之“灵魂升天”说

俗话说：百里不同风，千里不同俗。在一个多民族杂居的庞大帝国里，其死后世界观必然呈现多元化的面貌。在先秦两汉时期人们的意识中，认为死后“灵魂入地”的信仰虽然存在，但并非独此一说，灵魂升天的观念亦同时存在。东汉时期的早期道经《太平经》中有“人死魂神以归天，骨肉以付地”的记载①，可见在汉代是存在灵魂升天观念的。而具体到此帛画，其主题绝不可能是在描绘墓主人“灵魂下幽冥”的经历。

自从人的“自我意识产生后人类将面临另一种永远不能改变的结局：此后人将是有死的，准确地说，对死亡的意识和恐惧也一起进入了人的自我意识，他再也不能指望返回到原初的前意识的那种无知无忧状态”②。所以，“对死亡的恐惧无疑是最普遍最根深蒂固的人类本能之一”③。虽然先秦两汉时期某些人的观念中认为死后灵魂要到幽冥地府，但总是心有不甘，千方百计寻找方法以逃脱“下幽冥”的命运，断然不会“画幡以引导”，“欣然而往之”。毕竟《楚辞·招魂》中描写的地下情景是非常可怕的。招魂的作用，也是阻止亡魂进入恐怖的“幽都”所做的最后努力。

其实，同样是在《招魂》中，亦有灵魂可以升天的描述：“魂兮归来！君无上天些。虎豹九关，啄害下人些。一夫九首，拔木九千些。豺狼从目，往来侁侁些。悬人以娭，投之深渊些。致命于帝，然后得瞑些。归来归来！往恐危身些。”只不过诗中所描述的天上世界也比较危险恐怖，不像是灵魂理想的归宿。

何以如此？

世界上只有人有修建墓穴埋葬同类的行为。因为“墓葬乃是人运用自我意识对抗生命终结现象的一种方式。墓葬空间和所有器物同死者一起，共同表达着与人类同时产生的超越死亡这个千古梦想”④。丧葬过程就是将死者之灵魂转化、发送到彼岸世界的通过仪式。各个步骤必须严格符合其

---

① 王明：《太平经合校》，中华书局1960年版，第53页。

② 姜生、汤伟侠主编：《中国道教科学技术史·汉魏两晋卷》，科学出版社2002年版，第65页。

③ ［德］恩斯特·卡西尔：《人论》，甘阳译，上海译文出版社1985年版，第111页。

④ 姜生：《长沙金盆岭晋墓与太阴炼形——以及墓葬器物群的分布逻辑》，《宗教学研究》2011年第1期。

宗教逻辑要求方可达成其“终极关怀”的实现。在先秦两汉的神仙思想中，凡人想要升天成仙，不是件容易的事情，除了要修习道术，亦需要适当的机缘、完备的条件和繁复的程序。

《招魂》曾被认为是宋玉的作品，后经学者多方考证，基本可以确定是屈原为楚怀王招魂所作[①]。怀王由于被秦所囚，最后客死于秦国，属“凶死”之人。死后未经巫觋的超度，仪式的发送，在时人的宗教逻辑中，此类死于非命者之灵魂是为游魂厉鬼[②]，不能转化成仙。天国不纳，四方不收，虎豹燸狼啄害驱赶。故而屈原要将楚怀王之游魂招回楚国故土以安顿之。

（二）“太阴炼形”：不死升仙的道门途径

原始道教思想中，有一种可以通往不死成仙之路的修炼方式——“太阴炼形”。

关于升仙的理想，按《史记·封禅书》中记载：“黄帝采首山铜，铸鼎于荆山下。鼎既成，有龙垂胡髯下迎黄帝。黄帝上骑，群臣后宫从上者七十余人，龙乃上去。”[③] 黄帝应该是史书所载第一位由凡人通过封禅，成功登龙升仙之人。无奈仅此一例。其后之秦皇汉武亦想步其后尘，通过封禅白日飞升，然不可得。只好另寻其他升仙途径。

秦始皇时期的方士“宋毋忌、正伯侨、充尚、羡门高最后皆燕人，为方仙道，形解销化，依于鬼神之事”[④]。汉武帝时方士李少君通长生之道，“居久之，李少君病死。天子以为化去不死也”[⑤]。《抱朴子·论仙》引《汉禁中起居注》云，武帝对人说他梦见有天帝的使者乘龙持节请少君，少君将离他而去了，“数日，而少君称病死。久之，帝令人发其棺，无尸。

① 王逸《楚辞章句》、朱熹《楚辞集注》曾认为《招魂》系宋玉所作，为屈原招魂。郭沫若《屈原研究》认为《招魂》系屈原所作，为楚怀王招魂。今之学者多从此说。

② 陕西长安县二里村曾出土一件汉代朱书陶瓶，上绘北斗七星，图下朱书四行文字：“主乳死咎鬼，主白死咎鬼，主币死咎鬼，主星死咎鬼。”乳死咎鬼为年幼夭折之鬼；白死（应为“自死”）咎鬼为自杀身死之鬼；币死（应为“师死”）咎鬼为在军事冲突中死去之鬼；星死（应为“刑死”）咎鬼为受过肉刑，形体亏损者死后所成之鬼。（参见王育成《南李王陶瓶朱书与相关宗教文化问题研究》，《考古与文物》1996 年第 2 期。）

③ 《史记》卷二八《封禅书》，第 1394 页。

④ 《史记》卷二八《封禅书》，第 1368、1369 页。

⑤ 《史记》卷一二《孝武本纪》，第 455 页。

唯衣冠在焉”。方士能够通过方术形解销化，即死后尸解成仙。这种方法的可操作性无疑再次点燃了时人渴望成仙之梦想。

马王堆墓葬中除帛画的图像内容外，其他诸多随葬器物中亦表现出浓厚的升仙文化。如马王堆一号汉墓中出土的素纱蝉衣“薄如蝉翼”“轻若烟雾”，既不能保暖，又不能遮羞，绝非墓主生前日常衣物，或是为墓主人升仙之后所准备的“霓裳羽衣”。

死后升仙的宗教理论依据便是以“太阴炼形”为基础的“形解之术”（尸解）。马王堆三号汉墓出土帛医书《十问》中亦论及“刑（形）解”：“坡（彼）生之多，尚（上）察于天，下播于地，能者必神，故能刑（形）解”①。足见马王堆墓葬是在原始道教“形解”的方术理论支配下建造完成的，在其丧葬仪式及随葬器物等墓葬文化中必然会对这种信仰有所体现。

东汉五斗米道首领张修所撰《老子想尔注》②，较为详细地介绍了这一能够达到老子所说的“没身不殆”“死而不亡”要求的“太阴炼形”理论：

> 太阴道积，练形之宫也。世有不可处，贤者避去，托死过太阴中，而复一边生像，没而不殆也。俗人不能积善行，死便真死，属地官去也。③
>
> 道人行备，道神归之，避世托死过太阴中，复生去为不亡，故寿也。俗人无善功，死者属地官，便为亡矣。④

可见，由于“俗人不能积善行”，所以“死便真死，属地官去也”。而轪侯母子皆修道之人，岂能甘心“真死”进入幽冥地府“属地官去”？他们进入坟墓只不过是“托死”过太阴中炼形，终将炼成而复生，变形而仙，修得“死而不亡”之彼世仙寿。

---

① 马王堆汉墓帛书整理小组编：《马王堆汉墓帛书》（肆），文物出版社 1985 年版，第 148 页。

② 姜生：《〈老子想尔注〉三题》，载饶宗颐主编《华学》辑刊，上海古籍出版社 2008 年版，第 9—10 辑合刊，第 4 册，第 1514—1527 页。

③ 饶宗颐：《老子想尔注校证》，上海古籍出版社 1991 年版，第 21 页。

④ 饶宗颐：《老子想尔注校证》，第 43 页。

关于“太阴炼形”的详细过程，更加具体的描述见于晋代《真诰》[①]卷四运象篇：

> 人死，必视其形：如生人，皆尸解也；视足不青，皮不皱者，亦尸解也。要目光不毁，无异生人，亦尸解也。头发尽脱而失形骨者，皆尸解也。白日尸解自是仙，非尸解之例也……
>
> 若其人暂死，适太阴，权过三官者，肉既灰烂，血沉脉散者，而犹五藏自生，白骨如玉，七魄营侍，三魂守宅，三元权息，太神内闭，或三十年二十年，或十年三年，随意而出。当生之时，即更收血育肉，生津成液，复质成形，乃胜于昔未死之容也。真人炼形于太阴，易貌于三官者，此之谓也。天帝曰：“太阴炼身形，胜服九转丹。形容端且严，面色似灵云。上登太极阙，受书为真人。”[②]

可见，要确保死后能够尸解升仙，首先要有保护完好的尸体。以待炼形完成，死而复生。《太平经》中也提到：

> 凡天下人死亡，非小事也，一死，终古不得复见天地日月也，脉骨成涂土。死命，重事也。人居天地之间，人人得一生，不得重生。重生者独得道人，死而复生，尸解者耳。是者，天地所私，万万未有一人也。故凡人一死，不复得生也。[③]

这正是墓葬中对墓主人尸体采取各种各样防腐措施的原因。由河南永城芒山的梁孝王墓，到河北满城刘胜之妻汉墓、江苏徐州狮子山汉墓和北洞山汉墓等，其中的玉棺或玉衣及镶嵌的玉璧“是汉代人相信玉棺与玉衣一样，能使死者尸体不朽，灵魂升天思想的反映”[④]。这也是为什么马王堆汉墓中可以不遗余力，终于通过密封墓室和化学手段，成功实现了尸身千年不腐的奇迹。

---

① 任继愈主编《道藏提要》、朱越利著《道藏分类解题》均认为该经出于晋代。

② 《真诰》卷四《运象篇第四》，《道藏》第20册，第514、515页。

③ 王明：《太平经合校》，第298页。

④ 李银德：《汉代的玉棺与镶玉漆棺》，《两汉文化研究》第三辑，文化艺术出版社2004年版，第48页。

《真诰》还举了一个太阴炼形成功后死而复生的例子："赵成子死后五六年，后人晚山行，见此死尸在石室中，肉朽骨在。又见腹中五藏自生如故，液血缠裹于内，紫包结络于外。"于是可见：

> 夫得道之士，暂游于太阴者，太乙守尸，三魂营骨，七魄卫肉，胎灵〈掾〉[録] 气。
>
> 其用他药得尸解，非是用灵丸之化者，皆不得反故乡，三官执之也。有死而更生者，有头断已死乃从一旁出者，有未敛而失尸骸者，有人形犹在而无复骨者，有衣在形去者，有发脱而失形者。白日去谓之上尸解，夜半去谓之下尸解，向晓向暮之际，而谓之地下主者也。[①]

后来道门则更深信"太阴炼身形，胜服九转丹"，以至形成了汉墓葬文化中的太阴炼形信仰。

（三）面对死亡的抉择

有了上述宗教背景，回头再看考古资料，便会发现在此神仙信仰之下，古人面对死后即将"下幽冥"的命运，通常采取两种应对措施：

1. 贿赂或威慑"地府官员"

此措施多见于中小型墓葬中。春秋战国时期和汉代，只有得道之人有升天的资格。普通民众不具备条件，虽想成仙但登天无门，只好通过贿赂或威慑"地府官员"，期望在阴间能够得到关照，日子好过一些。同时厌镇鬼祟，不去烦扰生人。如一些镇墓文中所见："黄豆，瓜子，死人持给下地赋"；及"传到，约救地吏，勿复烦扰张氏之家"等，便是此种努力，实为无奈之举。

2. 得道成仙，超越生死

此措施多见于大中型墓葬中。长沙陈家大山战国楚墓中出土的《人物龙凤帛画》，画中老妇人上空左龙右凤，所表现的是为龙凤前来接引墓主人升天成仙。同样，长沙子弹库一号楚墓出土的《人物御龙帛画》所表现也是如此。此外，西安理工大学一号西汉墓墓顶上青龙白虎[②]；洛阳的卜

---

① 《真诰》卷四《运象篇第四》，第515页。

② 西安市文物保护考古所：《西安理工大学西汉壁画墓发掘简报》，《文物》2006年第5期。

千秋西汉墓顶绘男女墓主升天的情景①；嘉祥武氏祠左石室室顶前坡东段的祠主升仙图②；以及广州西汉南越王墓壁画③、河南永城西汉梁王墓壁画④、辽宁大连的营城子汉墓壁画等⑤。均有表现墓主人升天成仙的丧葬主题。盖因修道升仙是需要巨大的经济实力支持的奢侈之举，只有王公贵族能够负担，平民百姓是不敢奢望的。

三 结语

综上所述，在春秋战国时期和汉代，人们从来没有停止过对升天成仙的向往和追求。无奈修道升仙不但需要雄厚的经济基础，亦需要适当的机缘、完备的条件和繁复的程序。仅少数王公贵族勉强能以负担，平民百姓自然不敢奢望。轪侯家族富甲一方，钟鸣鼎食。使得轪侯母子得有修道之条件，成仙之资本。马王堆墓葬文化中多处体现了原始道教通过“太阴炼形”达到尸解升天的神仙信仰。T形帛画中由巨龙构成了一正一反底部相连的两个壶形空间，正者代表墓主所处的“太阴世界”；反者，则象征拥有不死仙药的“蓬莱仙岛”。帛画所要表现的主题，乃是墓主人得到了蓬莱仙岛的不死仙药，在墓葬中暂死“太阴炼形”，之后变形而仙⑥，往升天界的道教神仙理想。

---

① 洛阳博物馆：《洛阳西汉卜千秋壁画墓发掘简报》，《文物》1977年第6期。

② 蒋英炬、杨爱国：《汉画像石的题材内容》，《汉代画像石与画像砖》，文物出版社2001年版，第63页。

③ 广州市文物管理委员会：《西汉南越王墓》，文物出版社1991年版。

④ 河南省商丘市文物管理委员会、河南省文物考古研究所、河南省永城市文物管理委员会：《芒砀山西汉梁王墓地》，文物出版社2001年版。

⑤ ［日］森修：《營城子：前牧城驛附近の漢代壁畫甎墓》，《東方考古學叢刊》甲种第四册，1934年，第二号墓，图版36。

⑥ “变形而仙”之说参见姜生《马王堆帛画与汉初“道者”的信仰》，《中国社会科学》2014年第12期。

没有城市的城市空间

——沈周《东庄图》及其图像传统

吴雪杉[*]

大约在15世纪下半叶，沈周为吴宽绘制了一套《东庄图》册页（现存南京博物院，图1），描绘苏州东城内的一处园林。这套册页是现存明代最早的园林图像之一。通过考察东庄及其图像的空间位置、功能转换和观看视角，可以讨论明代以来“城市山林”的再现方式这一图像传统如何被塑造成形。

图1 沈周《东庄图》之《折桂桥》，南京博物院藏

一 一座消失的桥

沈周《东庄图》册现存21幅，不仅是沈周代表作，也是讨论明代园

* 中央美术学院人文学院教授。

林的重要图像证据。东庄的地理位置一直备受关注。关于这一点，很多学者都做过梳理。他们主要是通过东庄的一处景点——折桂桥——在古地图中的位置来判断。根据南宋《平江图》、明崇祯《苏州府城内水道图》和清乾隆《姑苏城图》，可以推测出东庄大约位于现今苏州大学本部所在地。[①] 这个判断是确切的，但通过地图的细致排比，还可以更加精确地指出东庄所在地点，并以此为基础，讨论东庄诸景。

正德《姑苏志》卷十九提到苏州东南隅有桥七十二，折桂桥是其中之一，并标注为"东城下，绍兴二十七年建"[②]。在明代，这也算是一座历史悠久的古桥，称得上一景。关于折桂桥的位置问题，梅静有一个很有趣的发现。在南宋《平江图》、明崇祯《苏州府城内水道图》和清乾隆《姑苏城图》中虽然都出现了折桂桥，但位置有偏差："宋、明两图中'折桂桥'位置相同，位于清乾隆《城图》中'折桂桥'的北面，即清图中'永福桥'所在的位置。也就是说，三张不同时期的历史图纸中，'折桂桥'位置出现了偏差。宋、明两代相同，清代位置偏南。这种位置偏差，有可能是清乾隆《城图》对其位置的标注错误；也可能是由明入清'折桂桥'的位置确实有变迁。"[③] 这一观察就这三幅地图而言是准确的，不过作者没有考虑到古代地图的制图惯例及制图技术的发展，过于信任宋、明地图的可靠性和准确性。

最理想的方式自然是在今天的苏州找到这座折桂桥。然而，尽管苏州有大量古桥保存到现在，但折桂桥今已不存，对于折桂桥的位置只能借助存世历代地图来进行确认。

比较南宋《平江图》[④]、明崇祯《苏州府城内水道图》[⑤] 和清乾隆《姑

---

① 魏嘉瓒：《苏州古典园林史》，上海三联书店 2005 年版，第 206—209 页；顾凯：《明代江南园林研究》，东南大学出版社 2010 年版，第 38—40 页。

② 林世远等：《（正德）姑苏志》，书目文献出版社 1998 年版，第 291 页。

③ 梅静：《明清苏州园林基址规模变化及其与城市变迁之关系研究》，硕士学位论文，清华大学，2009 年，第 53 页。

④ 南宋《平江图》的绘制时间一般认为是南宋绍定二年（1229），见汪前进《〈平江图〉的地图学研究》，《自然科学史研究》1989 年第 4 期。

⑤ 《苏州府城内水道图》是《吴中水利全书》的插图，刊于明崇祯十一年（1638），见曹婉如等编《中国古代地图（明代）》，文物出版社 1994 年版，"图版说明"第 19 页。

苏城图》[①]（图2），南宋《平江图》将所有地点都安置在一个由垂直线和水平线串联起来的矩形空间里，它对于城市空间的展示带有明显的几何化和理想化色彩。所有河流也都在横平竖直的矩形框架内流动，因而南宋《平江图》对于桥梁位置的标识最不可信。明代《苏州府城内水道图》重视河道的相对位置，但河道本身在城市空间里的确切位置并不是特别准确。相对来说，乾隆《姑苏城图》对于地理位置的标识比较接近现代地图，将乾隆《姑苏城图》与20世纪制作的地图对照，可以发现图中场所景物的位置关系大体接近。所以在宋、明、清的这三幅地图中，乾隆《姑苏城图》提供的位置信息相对来说是最可信的。

再来看这三幅地图中“三座”折桂桥的关系。南宋《平江图》中折桂桥的西边连着营桥，水流向南再折向西边流经望信桥，望信桥再往南是迎葑桥，这两座桥在营桥的正下方。而在营桥的北边，则是佐家桥。佐家桥至望信桥之间，只有一条横贯东西的水道，折桂桥就在这条水道上。明《苏州府城内水道图》里这几座桥梁的关系大致相同，折桂桥西是营桥，迎桥往南是百狮子桥，再往南是望信桥，距望信桥不远是迎封桥（宋代“迎葑桥”在此处作“迎封桥”）。与宋代地图相比，营桥与望信桥中间多了一个百狮子桥，折桂桥跨过的那条东西向的小河位于营桥和百狮子桥之间，这也是营桥至望信桥之间唯一一条东西向的水道。而在乾隆《姑苏城图》里，折桂桥西出现的是百狮子桥。百狮子桥的北边是寿星桥和祖家桥。祖家桥大约是南宋的左家桥；而寿星桥就是宋、明地图中的营桥[②]。在百狮子桥的下方，则是望信桥和迎风桥（宋代的“葑”和明代的“封”在清代变成了“风”）。须注意的是，在寿星桥（即营桥）至望信桥之间，依然只有一条东西向的水道，折桂桥就在这条水道上。如果不考虑三个地图中折桂桥在整个城图里所处的位置（以整个城图为参照，宋、明的折桂桥靠北，而清代折桂桥偏南），而是比照折桂桥及其所在水道与周边桥梁的相对位置，可以确认，不仅宋、明时期折桂桥的位置是同一的，清代折桂桥的位置也没有变化。折桂桥的西边是百狮子桥，西北边是营桥（寿星

① 清乾隆《姑苏城图》1745年绘制，1783年重刻。见曹婉如等编《中国古代地图（清代）》，文物出版社1997年版，“图版说明”第18页。

② 苏州市沧浪区编史修志领导小组：《苏州市沧浪区志·文物古迹卷》（初稿），内部资料，1988年，第74页。

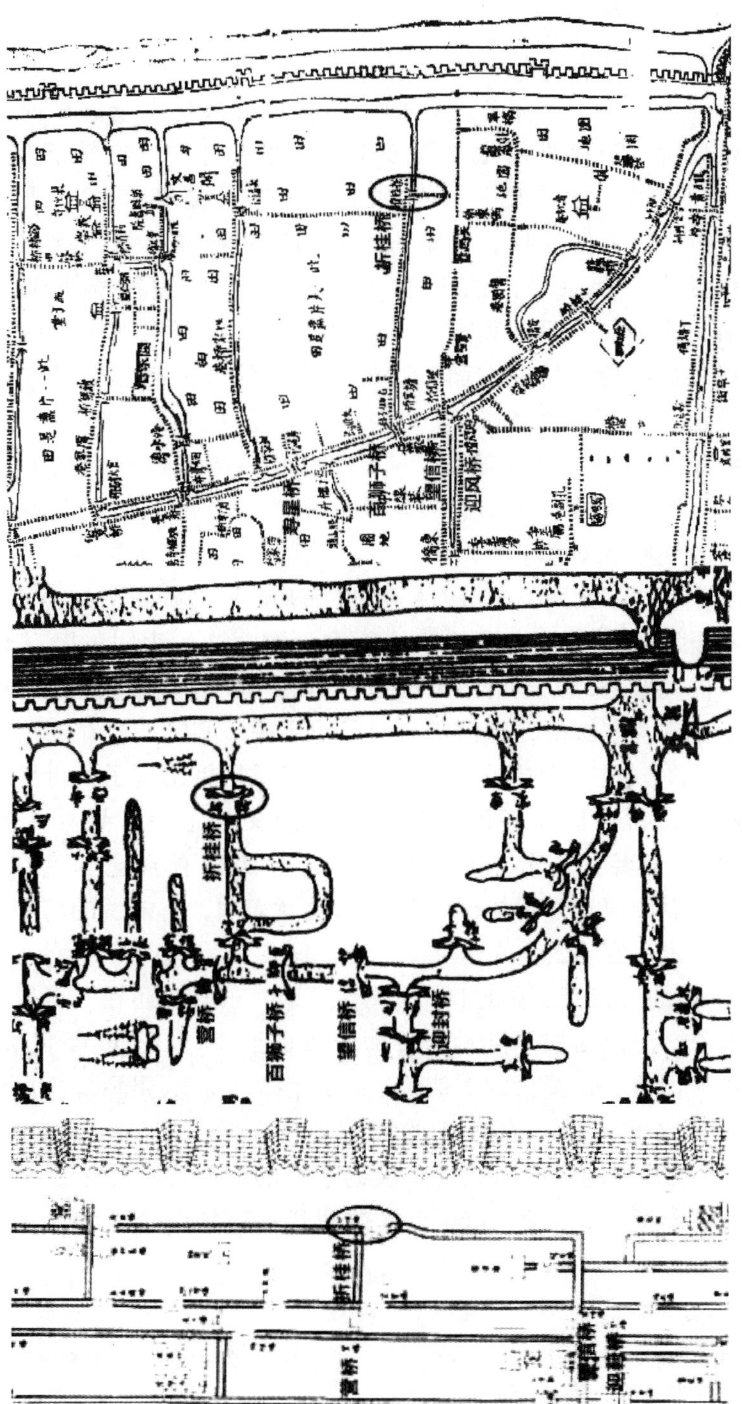

图 2　南宋《平江图》、明崇祯《苏州府城内水道图》和清乾隆《姑苏城图》中的折桂桥

桥），西南方向是望信桥。

折桂桥在不同时代地图中出现偏差的一个原因，缘于制图者对于河道方向的理解。在南宋《平江图》中，所有河流都是完全的东西向或南北向，也就是所有河道都由水平线或垂直线来表达，所有转折都呈90°角。明《苏州府城内水道图》同样如此，所有河流都呈水平或垂直方向，只在转折处以弧线连接，比南宋的直角转折略显自然。这两幅地图里的河流仿佛今日北京城内的街道一般，几乎完全遵循横平竖直的原则。一方面，这种“水平—垂直”式的处理方式体现出由宋至明延续下来的制图理念及技巧；另一方面，这种图式化的城图必然会极大地扭曲河流走向及河上桥梁的实际位置。这是一种重图式而轻事实的制图方式。反观乾隆时期的《姑苏城图》，几乎没有一条河道在走向上完全水平或垂直，制图者更尊重图形符号与实际地理位置的对应，而不追求制图形式本身的规整和对称。

比较乾隆《姑苏城图》与1914年的《新测苏州城厢明细全图》（图3），两者对于河流位置和走向的描绘基本一致。这也表明乾隆《姑苏城图》的可靠性。但是，乾隆地图里的折桂桥在1914年《新测苏州城厢明细全图》里变成了东城桥，望信桥变成了望星桥。实际上，在同治时期制作的《姑苏城图》里，折桂桥就已经消失，东城桥就出现了。折桂桥什么时候更名为东城桥？目前还没有找到明确的文献记录。吴县人潘世璜（1764—1829）于嘉庆二十三年（1818）三月四日看到这套《东庄图》时，还提到画中景物“惟折桂桥尚存”[①]，这就表明，折桂桥的名字在嘉庆年间还没有更改，变动发生在道光与同治之间。

到1949年的《最新苏州地图》（图4）里，东城桥还在。再后来，东城桥就消失了，河流变成了陆地。百狮子桥也于20世纪50年代被拆除。好在望星桥（即早先地图里的望信桥）还保存至今。从望星桥所在地点可以推测折桂桥（东城桥）在今天的大致方位。据李东阳（1447—1516）《东庄记》所载，折桂桥（东城桥）接近东庄的最南边；而东庄又位于苏州东城城墙下不远处，面积约60亩（按明代一亩约合今天的614.4平方

① 潘世璜：《须静斋云烟过眼录》，中国书画全书编纂委员会编《中国书画全书》第14册，上海书画出版社2000年版，第269页。

米，60 亩即 36864 平方米）①，大致相当于一个 200×200（平方米）的空间范围（我们无法确定东庄的外形，它也可以是类似圆形、长方形或者别的什么形状，而且明代东庄及其周边的水域远比现在多，不过这里不妨假定它是一个东边临近苏州城墙、南面包含折桂桥的方形，便于理解），这就可以判断，明代宣宗、孝宗年间（约 15 世纪下半叶、16 世纪初）的东庄，大约位于今天苏州的钟楼路、东吴路交会处，涵盖苏州大学本部图书馆、冬瑞楼、逸夫楼、崇远楼、蕴秀楼一带区域（图 5）。

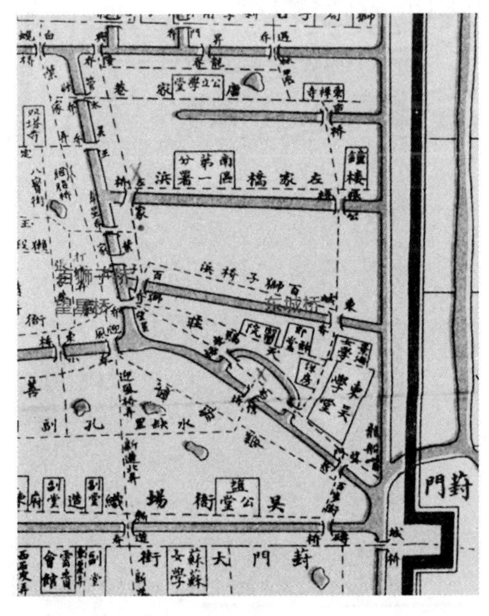

图 3　1914 年《新测苏州城厢明细全图》里的东城桥

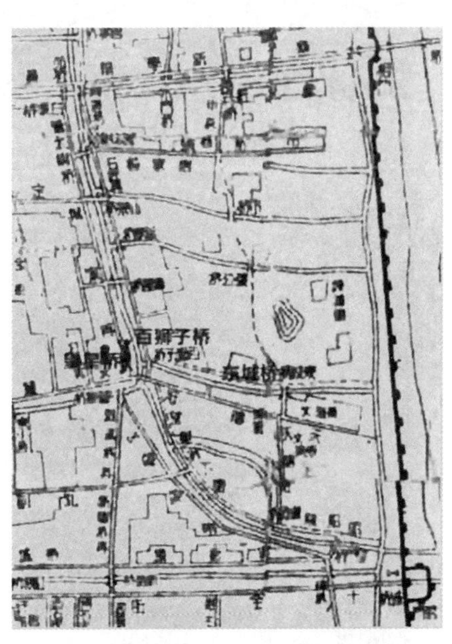

图 4　1949 年《最新苏州地图》里的东城桥

潘世璜看到《东庄图》时感慨道："今其地为天赐庄，惟折桂桥尚存，

① 明代一亩地应该折合为多少平方米，目前尚无定论，一方面存在大、小亩的问题，另一方面也有究竟按营造尺还是量地尺计算的问题，如果依营造尺计算，营造尺又合多少厘米。陈梦家以 1 尺 =31.8 厘米计算，得出明代营造亩相当于 607.744 平方米的结论，见陈梦家《亩制与里制》，《考古》1966 年第 1 期。丘光明等的《中国科学技术史·度量衡卷》以为明代 1 尺合 32 厘米更可取（科学出版社 2001 年版，第 407 页）。本文采用这个数据，按 1 营造尺合 32 厘米、240 步 1 亩来计算，如此则 1 亩为 614.4 平方米，60 亩就是 36864 平方米。这个面积不一定和吴宽、李东阳理解的完全一致，好在对于我们认识东庄而言，有一个约略的数字就已经足够了。

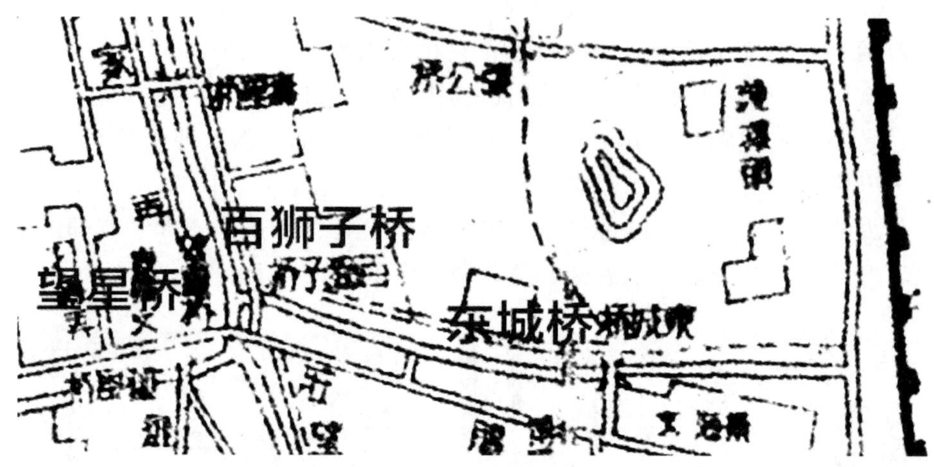

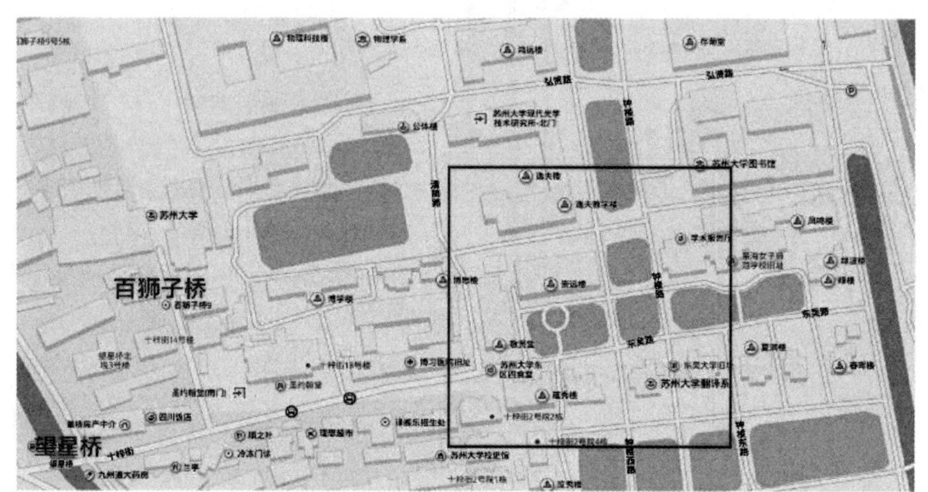

图5 1949年《最新苏州地图》里的东城桥、百狮子桥、望星桥及其在今天对应的位置

余皆俱湮没为田庐民舍，云烟变灭，直一刹那耳。而名人翰墨流传不朽。”① 虽然东庄最后的遗留——折桂桥——最终也消失不见，但东庄的视觉形象却通过沈周《东庄图》得到保存。而通过对折桂桥位置及其变迁的考察，也可以把“东庄”放置在一个更清晰的历史及地理空间中来认识。

---

① 潘世璜：《须静斋云烟过眼录》，中国书画全书编纂委员会编《中国书画全书》第14册，第269页。

二 从纪念到展示

《东庄图》第一帧画《东城》(图6)。《东庄图》其余二十开册页所绘均为东庄景点，唯独这一开不属东庄，而是绘制的苏州东城。“东城”对于吴宽父子来说有什么特别的含义呢？沈周又是如何呈现一座城市的“东”部？

吴宽父亲吴融建造东庄的理由，是为了不忘“旧业”。据吴宽《先考封儒林郎翰林院修撰府君墓志》所言，吴融十四岁（永乐十年，1412）时，“所居城东遭世多故，邻之死徙者殆尽，既荒落不可居，乃徙今集祥里”。后来，“府君既以勤俭谨畏拓其家以大，而城东旧业然未尝一日敢忘而不经理之。晚岁益种树结屋为终老之图，因自号东庄翁”[①]。“城东”在这里两次出现。吴宽在成化十三年（1477）所作《东庄奉安先考画象祝文》里再次强调了这一点：“东城之下，先世所基。嗟嗟府君，实生于斯。迨长西徙，独持门户，每念旧业，东望兴悲，乃修乃复，有年于兹。”[②] 对于吴宽的父亲来说，“东城”是“旧业”所在，回到东城，建立东庄，是与祖先建立联系的方式。

于吴宽而言，东城和东庄又有别的意义。成化十一年（1475），吴宽请他的朋友李东阳为吴融作《东庄记》。《东庄记》第一句话交代东庄所在的地理位置，然后罗列东庄景点，再往后讲述他从吴宽那里了解到的“东庄翁”吴融的操守人品。记文主旨很明显，就是为了通过“东庄”来歌颂吴宽的父亲吴融。而李东阳本人并没有见过吴融，此前也没有去过苏州，他只能是在吴宽请托之下，才去作文颂扬一个素未谋面的陌生人。[③]

此后，吴宽（或吴宽的兄弟子侄）又请吴宽的朋友沈周作了一组《东庄图》。据晚明董其昌在册页后所作跋文的说法，这套册页最初应有24

---

① 吴宽：《先考封儒林郎翰林院修撰府君墓志》，见吴宽《匏翁家藏集》卷六一，上海书店出版社1989年版，第3页。

② 吴宽：《东庄奉安先考画象祝文》，见吴宽《匏翁家藏集》卷五六，第12页。

③ 李东阳在成化十一年（1475）以前没有去过苏州，他和吴宽相识大约是在成化八年（1472），见钱振民《李东阳年谱》，复旦大学出版社1995年版，第12—61页。

图6　沈周《东庄图》第1帧《东城》

开，在董其昌看到的时候，就只剩下21开，而这21开一直保存到今天。①虽然不确定沈周作这套册页的具体原委，但是这套册页的第一幅就是《东城》，吴氏家族“旧业”所在。画中的东城并没有真的去呈现整个苏州东部，而是截取了几个元素：一大段城墙连带城楼的四分之一，一条小河，一座桥梁，一片土地，以及少量树木、芦苇和房舍。这个画面与其说是一个古城的“东”部，不如说更像一小块乡野之地。不过，这也正是明清时期苏州东南城的特点，一直到乾隆时期，这一带都以农田为主。沈周应该

① 吴刚毅证明了这一点，存世《东庄图》就是董其昌所看到的那一套册页。见吴刚毅《沈周山水绘画的风格与题材之研究》，博士学位论文，中央美术学院，2002年，第212页。

是用一种概括的手法，将苏州“东城”的某些元素择其要者，组合成一座关于“东城”的印象。而画面中的小半座城楼，可能就是在东庄中眺望东北方向可以看到的苏州相门。

《东庄图》中还有一幅画像也能与吴宽的祖先联系到一起，那就是《续古堂》中悬挂的老者像。关于这个画像的来历，吴宽在文集中有所记述。在成化十三年（1477）十二月，吴宽在东庄“奉安先考画象”。因此，这一套册页的绘制时间，就应该在1478年以后。[①] 在这幅画作里，大门敞开的续古堂位于画面正中心，而吴融像又位于门内的中心。“续古堂”之名在吴融身前就已经有了，联结着吴融和他的先辈；而在《东庄图》中，“续古堂”所联结的则是吴宽与他的父亲吴融。因而，东庄与东城、《东庄图》与《东庄记》，都带有某种纪念性，纪念吴氏先祖，以及一个特定对象：吴宽的父亲（图7）。

图7　沈周《东庄图》之《续古堂》

除“旧业”外，东庄自然还有它的实用功能，既能供吴氏家族居住，也能生产各种农作物。同样，无论是李东阳《东庄记》还是沈周《东庄图》，于纪念性之外，也都衍生出新的价值。

李东阳在1475年可能不仅作了一篇《东庄记》，还曾经手书过一份，由吴宽带回苏州后裱在一座屏风上。大约二十多年后，在弘治十五年

① 高居翰、黄晓、刘珊珊合著的《不朽的林泉：中国古代园林绘画》（生活·读书·新知三联书店2012年版）指出了这一点，见该书第157页。不过，该书将1479年吴宽丁忧期满作为沈周《东庄图》绘制的最后期限，这一点还可以再做讨论，正如吴宽不在苏州时沈周也可以去东庄赏玩，吴宽不在苏州时沈周也可以作《东庄图》。故本文支持吴刚毅的判断，以《东庄图》每开右半页上作篆书题名的李应祯卒年（1493）为《东庄图》绘制的下限。见吴刚毅《沈周山水绘画的风格与题材之研究》，第211页。

(1502)，屏风上的字迹“岁久漫灭”，吴宽的侄子吴奕（吴宽弟吴宣之子）又请文徵明用隶书抄写一遍后刻石，希望能够“以传永久”。无论是李东阳的屏风，还是文徵明的刻石，大概都是要给人观看的。

现存李东阳《东庄记》有两个版本：一是正德年间编撰的《姑苏志》(钱穀所编《吴都文粹续集》与其文句一致)；二是正德年间李东阳本人参与审定的《怀麓堂稿》(《四库全书》收录的《怀麓堂集》源于此)。这两个版本有两处不同。

一是关于东庄景物。下文以正德《姑苏志》为底本，《姑苏志》与《怀麓堂稿》不同的地方用黑体字标出，《怀麓堂稿》对应的文字则放在括号内做参照：

> 苏之地多水，葑门之内，吴翁之东庄在焉。菱濠汇其东，西溪带其西，两港旁达，皆可舟而至也。由凳桥而入则为稻畦，**折而南为桑园，又西为果园，又南为菜圃**（《怀麓堂稿》作“折而南为果林，又南西为菜圃”），**又东为振衣台，又南西为折桂桥。由艇子浜而入则为麦丘，由荷花湾而入则为竹田**（《怀麓堂稿》作“又东为振衣冈，又南为鹤峒，由艇子浜而入则为麦丘，由竹田而入则为折桂桥”），区分络贯，其广六十亩，而作堂其中，曰“续古之堂”，庵曰“拙修之庵”，轩曰“耕息之轩”。**又作亭于南池**（《怀麓堂稿》作“又作亭于桃花池”），曰“知乐之亭”。亭成而庄之事始备，总名之曰东庄，因自号曰东庄翁。庄之为吴氏居数世矣。①

两者在景物上略有出入。《姑苏志》有“桑园”“荷花湾”而《怀麓堂稿》无。《怀麓堂稿》有“鹤峒”而《姑苏志》无。《姑苏志》的“南池”在《怀麓堂稿》里是“桃花池”。此外，《姑苏志》作“果园”“振衣台”，在《怀麓堂稿》里则是“果林”和“振衣冈”。

第二个差别在文章的末尾。正德《姑苏志》在记文最末有一句“成化己未秋七月既望，翰林院侍讲李东阳书”。(“己未”当为“乙未”之误。)而《怀麓堂稿》并没有这一句。

---

① 林世远等：《(正德）姑苏志》，第498页。李东阳：《怀麓堂稿》，学生书局1975年版，第1161—1162页。

正德《姑苏志》所收《东庄记》是由吴宽带回苏州的版本；而《怀麓堂稿》则出自李东阳“自辑其诗文”。两个版本有一个源头，却有不同出处。关于两种版本的第一个差别，可以用文句传抄错讹来解释，而第二个差别，则可以从正德《姑苏志》中最后的一个关键词“李东阳书”看出端倪。吴宽带回苏州的是一份由李东阳亲笔“书”就的《东庄记》。在誊写正文之后，书写者录下书写时间、书写者身份和姓名作为落款乃是明人惯例。而在书写者本人编录文集时，自然会略去此类带有酬应性质的落款。

这也表明，李东阳当时不仅送给吴宽一篇记文，还有一份由他本人手书的墨迹。这份墨迹后来被吴宽或吴宽家人装裱成屏风，吴宽在弘治十五年（1502）写了一篇《题东庄记石刻后》，记述李东阳墨迹来到苏州27年之后的情形：

> 先侍郎府君治东庄时，吾弟原辉实往助之。府君既不幸即世，而原辉继亡，幸有子奕，稍长，能守旧业。以今宫保长沙李公所作记书屏间，岁久漫灭，请其友文徵明为隶古，刻石以传永久。其于先志可谓能继矣。盖府君之治兹庄，固思续古之人，然陶靖节不求自安之意，至老不衰。若原辉所以结屋种树，勤力于此，又岂李卫公爱惜草木以供玩好耶。凡为吴氏子孙，皆当知之。石刻成，书其后以示。壬戌五月十六日。①

这段文字里所说的“以今宫保长沙李公所作记书屏间”可能存在歧义，既可以是指李东阳本人所书记文，也可以是吴宽的侄子吴奕另行抄录的记文。但如果是吴奕手书，即便“岁久漫灭”，再行抄录一份重新裱成屏风即可，不必以此为理由来请文徵明抄录。所以这一位于“屏间”的记文，应该就是李东阳的亲笔。

李东阳的墨宝放在屏风上，大约是为了供“东庄”主人和朋友们观摩赏玩，而且是时常观赏。如果平日收入库房好好保存，不至于27年就模糊毁损。从这个角度来看，李东阳的《东庄记》本身就成为展示吴氏家族身份地位的象征物。一篇具有纪念性的“文本”，通过制成屏风的方式转

① 吴宽：《题东庄记石刻后》，见吴宽《匏翁家藏集》卷五五，第6页。

化为一个具有展示性的“物品”。当这一物品毁坏之后，吴奕请文徵明用隶书抄写一遍后刻成石刻，是为了将易于毁坏的纸质屏风，变成坚固的石头，而目的也非常明确，就是为了“以传永久”。从此以后，《东庄记》获得了一个更坚固的“身体”，既可以更好地保存，又可以更好地展示。

作为绘画的《东庄图》，从一开始就兼具纪念和展示这双重价值。最开始，在吴宽手中，《东庄图》的纪念价值可能要更突出。如果参照《东庄记》由屏风转为石刻的过程，《东庄图》的展示价值及其作为文化资本的象征功能可能在后来变得越来越重要。不过，《东庄图》最吸引人的部分，终归还是它的笔墨与景致。

三　不存在的山水

沈周的《东庄图》画了什么？除了一个概括性的“东城”，沈周还绘制了至少20处景点。对这些景点的描绘不仅提供了东庄本身的某些信息，还流露出沈周作为一个绘画者和观察者的目光。

柯律格在讨论文徵明的《拙政园记》时，曾经提出观察者的视角问题，他认为虽然观看视角不是很稳定，但无论是在社会意义上还是身体意义上，记文的写作者和观察者都是站在园林内部①。但在绘画里，视角就不一定在内部，而且观察的位置也易于识别。在《东庄图》里，大致可以区分出三种观看视角：自庄外看庄内；自庄内看庄外；以及庄院内部的特写，目光不触及园林之外。

先说庄院内部的特写，这种情况最多，以现存册页的编号顺序排列②，第3帧《拙修庵》、第5帧《朱樱径》、第8帧《果林》、第10帧《桑州》、第13帧《南港》、第14帧《曲池》、第15帧《折桂桥》、第16帧《稻畦》、第17帧《耕息轩》、第19帧《续古堂》、第20帧《鹤洞》、第21帧《知乐亭》，共有12幅。这些景点都位于东庄内部，画家或者以俯

① Craig Clunas: *Fruitful Sites: Garden Culture in Ming Dynasty China* (London: Reaktion Books, 1996), p. 142.

② 至少在清代，就已经存在这个排列顺序。见庞元济《虚斋名画录》，中国书画全书编纂委员会编：《中国书画全书》第12册，上海书画出版社2000年版，第531—532页；中国古代书画鉴定组编《中国古代书画图目》（七），文物出版社1989年版，第22—27页。

视视角从上而下地观察，只描绘地上景致；或者描绘园林中某一座建筑，两者都不涉及园林之外的景象，观察者/画家的立足点和观看对象都在园林之内（图8）。

图8　沈周《东庄图》第20帧《鹤洞》

自庄外看庄内的画作有第2帧《西溪》、第4帧《北港》、第7帧《艇子浜》、第12帧《菱濠》（需要补充的是，由于《北港》和《艇子浜》在东庄的位置不那么明晰，此处对画中景物的判断或许还可以商榷），共有4件。东庄的特点是四面环水，这几处景点恰好都位于水边，大约是为了更好地呈现这一特征，沈周站在庄园之外来观察和描绘，用水流间隔出两岸，其中一边有东庄景物（如竹林）以及东庄建筑（房舍），而另一边只画出低缓的地面和少许植物（图9）。

自庄内看向庄外的也有4幅，分别是第6帧《麦山》、第9帧《振衣冈》、第11帧《全真馆》、第18帧《竹田》。"麦山"位于东庄的东部，与菱濠相近，沈周画出一处台地，上有麦田，远处则一片空无，以这种方式暗示出东庄的边界。而在《振衣冈》《竹田》和《全真馆》里，沈周就采取了一种截然不同的处理方式，在三处景致的背后，画出层层叠叠的远山（图10）。

即如前文所言，东庄位于苏州相门与葑门之间的城墙脚下，占地六十亩，以田地为主。视野所及，不能出东城城墙之外。苏州地势平缓，城外也没有崇山峻岭，站在城市之内，无论如何看不到真正意义上的山峦。邵宝（1460—1527）在《匏翁东庄杂咏》之《东城》里亦写道：

图9　沈周《东庄图》第2帧《西溪》

图10　沈周《东庄图》第18帧《竹田》

有圃城东偏，石梁度幽径。隐然见东城，不见东山胜。①

邵宝是无锡人，可能曾去苏州拜访过吴宽。所谓“隐然见东城，不见东山胜”或许只是一种修辞，意味东城亦佳，不必非有东山。这也可以看出，东庄往东看不到“山”是无疑的。

沈周画出不存在的远山，只能是有意识地创造，用错落起伏的山峦营造某种自然悠远的氛围。以《振衣冈》为例，此间应为东庄最高处，大概

① 邵宝：《容春堂集》，《景印文渊阁四库全书》第1258册，第45页。

高过吴宽家的院墙，但也不会比城墙更高。[①] 而明代苏州城墙的高度是“二丈三尺”，城上女墙又高“六尺”[②]，合起来就应该是二丈九尺，按明尺转换过来[③]，大约是9.28米。振衣冈的高度应该不会超过9米。如此来看，沈周画中的振衣冈虽作山形，但在体量上并没有太过夸大，大约是山冈下两株树的高度。一位文士在山上右向遥望，他面向的可能是东方，也就是城墙的方位。在他身前身后，都用淡淡的蓝色染出连绵的山头，间或有奇峰突起，一直延伸到画面两侧之外。现实中的苏州东城墙并没有在画中出现，取而代之的是真实中不存在的重峦叠嶂，这些虚构的远山令作品增添出许多意境，画中那位文士仿佛正于群山环绕的最高处静居独处，怀天地之悠悠（图11）。

在振衣冈上凭空画出山峦，或许还不完全是沈周的个人趣味，而是在吴宽授意下有意为之。吴宽拥有的《东庄图》不止一套，王世贞说他曾经看到过一套由13帧册页构成的《东庄图》，作者还是沈周。此外，有可能和李东阳一样没有亲临东庄的石珤（1464—1528）也曾为吴宽作过《题吴匏翁东庄诸景二十首》，诗名里的“题”字表明，这组诗更可能是在一套“东庄诸景图”上的题诗，而非来自面对实景的感受。这套“东庄二十景”依次是：东城、菱濠、南港、北港、双井、方田、果林、曲池、桑洲、振衣冈、朱樱径、鹤峒、芝丘、艇子浜、折桂桥、白云馆、知乐亭、耕息轩、续古堂、拙修庵。[④] 从画幅数量和景物名目就可以判断出这是存世沈周《东庄图》之外的另一套册页，作者不详。但在《振衣冈》的描绘上，这套册页所绘的内容却与沈周颇为相似：

---

① 到东庄的游客在记录东庄景致时，最多也只说能看到“城头”，如果振衣冈高于城墙，那就能看到城外了。从文徵明之父文林《与二弟泛舟游吴氏东庄因寄匏翁》一诗可以了解振衣冈的高度：“小亭面高冈，萝径隐可扪。青山出墙头，白云宿篱根”。(《吴都文萃续集》卷五二）这里的“高冈”和“青山”可能都指振衣冈，而振衣冈只比吴宽家的墙头略高一点。

② 林世远等：《(正德）姑苏志》，第257页。

③ 明营造尺1尺约合32厘米。见丘光明等《中国科学技术史：度量衡卷》，科学出版社2001年版，第407页。

④ 其中双井和白云馆不见于沈周《东庄图》；“方田”并非“竹田”之误，从诗句“方田若棋局，水暖稻先熟”来看，似为“稻畦”的别名；“芝田”亦非“麦田”之误，而是“麦田”的另一个名字，诗里说得清楚：“种麦不种芝，芝生在中阿。至今芟麦人，兼唱采芝歌”。石珤：《熊峰集》，《景印文渊阁四库全书》第1259册，第647—648页。

图 11　沈周《东庄图》第 9 帧《振衣冈》

振衣复振衣，高冈出林杪。下见红尘飞，西望青山小。①

石瑶在振衣冈上能够西望“青山”，大约所题图画也与沈周画里的振衣冈相仿，在画面背景或边缘出现了远山，也只有远山才会达到“西望青山”却觉“小”。这座在西方出现的“青山”只能是画家添加上去的，而在不同《振衣冈》图画里都出现了并不存在的山水，可能表达出的恰恰是

① 石瑶：《熊峰集》，《景印文渊阁四库全书》第 1259 册，第 647 页。

吴宽渴望能够在东庄里看到“青山”的愿望。

无论出于何种意愿，画家运用他于画中“造物”的特权，凭空描绘出东庄绝不可能出现的山水。在城市之中，为农田环绕的一处庄园，在沈周笔下仿若世外桃源般宁静、安详与悠远。如果套用西方艺术史术语，我们可以视之为画家与赞助人协作的产物。而我更相信，画中这些不存在的山水，乃是明代文人雅士面对园林时所共同的期待，一如园林在明代的别称：“城市山林”。

四 两种目光

在东庄究竟会看到什么？在李东阳作《东庄记》的前一年（1474），沈周前往东庄，并为吴宽的父亲吴融作《东庄为吴匏庵尊翁赋》，记述他眼中所见的东庄景色：

> 东庄水木有清辉，地静人闲与世违。瓜圃熟时供路渴，稻畦收后问邻饥。城头日出啼鸦散，堂上春深乳燕飞。更羡贤郎今玉署，对恩早晚著朝衣。①

在城内东庄见“城头日出”，那自然是“东城”。而城头日出，飞鸦啼鸣，似乎也成为东庄一景。

很多年以后，文徵明也来到东庄看望吴宽，作了一首《过吴文定公东庄》，也特别提到“东城”：

> 相君不见岁频更，落日平泉自怆情。径草都迷新辙迹，园翁能识老门生。空余列榭依流水，独上寒原眺古城。匝地绿荫三十亩，游人归去乱禽鸣。②

对于文徵明来说，东庄在列榭、流水之外，眺望古城依然是一道主要

① 沈周著，张修龄、韩星婴点校：《沈周集》，上海古籍出版社2013年版，第400页。

② 《文徵明集》，第255页。

风景。这道风景不在东庄之内，却又是东庄最具有观赏价值的景色，至少是最能打动沈周和文徵明的地方。

虽然中国古代城市最核心的要素——城墙——是东庄的必看之景，但是沈周和文徵明还在东庄获得一种身处城市却又如入山林的感受。在写出“城头日出啼鸦散”四年后的成化十四年（1478），沈周应吴宽之邀前往东庄话旧，在《雨夜宿吴匏庵宅》诗里记下抵达东庄后的感想：“开门山林在城市，湿绿如云亚群竹。”[①] 这种城市里看到山林的体会也见于文徵明的《游吴氏东庄题赠嗣业》：

> 渺然城郭见江乡，十里清阴护草堂。知乐漫追池上迹，振衣还上竹边冈（中有知乐亭、振衣冈）。东郊春色初啼鸟，前辈风流几夕阳。有约明朝汎新水，菱濠堪着野人航。[②]

“城市”与“山林”或“城郭”与“江乡”的对立在沈、文二人的诗文里非常明显。他们来到东庄，却恍如置身乡野，不在城市之内。这种对立可能也是吴宽本人对于东庄的理解。在作于1469年的一首《闻原辉弟东庄种树结屋二首》里，吴宽提到“城市”与“田家”的不同：

> 旧业城东水四围，同游踪迹近来稀。结庐不必如城市，只学田家白板扉。[③]

这也是沈周《东庄图》的基本特征。在21开《东庄图》册里，除第1帧《东城》外，其余作品里完全看不到城市生活的任何痕迹；即便在东庄之内，绝大部分世俗活动也都被排除了。如果没有《东城》里的那一段城墙，东庄与城市的空间关系将无从判断。

类似的处理方式又见于稍晚时候文徵明的《拙政园三十一景》图册。在册页第一帧《若墅堂》的后面露出一截城墙，显示出拙政园和城市的关联，而此外的30幅画面完全看不到城市痕迹。拙政园坐落于苏州城北，

① 沈周著，张修龄、韩星婴点校：《沈周集》，第46页。

② 文徵明：《文徵明集》，第205页。

③ 吴宽：《闻原辉弟东庄种树结屋二首》，见吴宽《匏翁家藏集》，卷二，第1页。

紧邻北城。城墙几乎构成拙政园北门的屏障。《若墅堂》呈现了这段在现实中不可忽视的苏州北城墙，却是采用极简略的方式，只画出一根蜿蜒的曲线，以及7个半垛口。文徵明在为《若墅堂》所作的图咏里解释了这堵墙的意义：

> 若墅堂在拙政园之中，园为唐陆鲁望故宅，虽在城市，而有山林深寂之趣。昔皮袭美尝称鲁望所居不出郛郭，旷若郊墅，故以为名。
>
> 会心何必在郊坰，近圃分明见远情。流水断桥春草色，槿篱茅屋午鸡声。绝怜人境无车马，信有山林在市城。不负昔贤高隐地，手携书卷课耕童。

这段短短的文字分三次提到了两组对立：“城市”与“山林”，“郛郭”与“郊墅”，“山林”与“市城”。郛郭即一座城市的外城，同样也是城市的边界。《若墅堂》里出现的城墙不仅是为了描绘拙政园以北的苏州城城墙，还是用一堵城墙“再现”一座站在山林对立面上的“城市”（图12）。

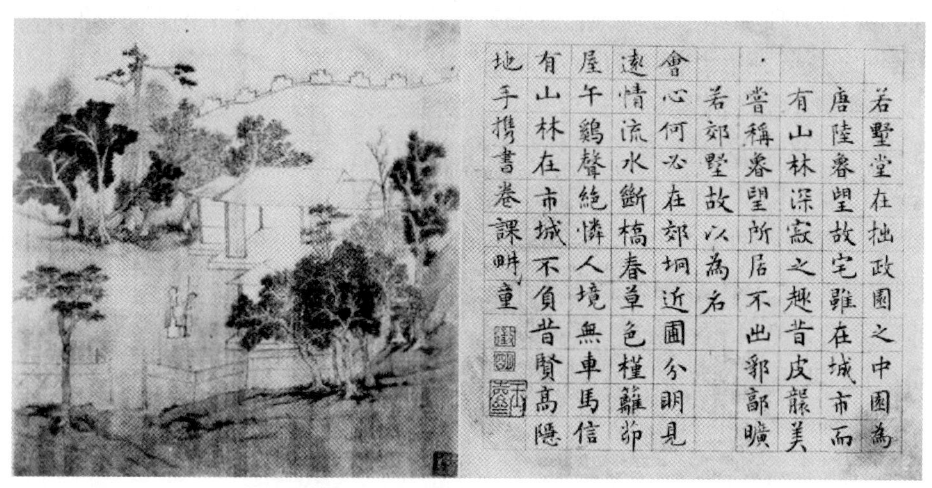

图12　文徵明《拙政园三十一景》之《若墅堂》

值得一提的是，为什么将若墅堂放在《拙政园三十一景》的第一幅？这与文徵明那一篇著名的《王氏拙政园记》所记录的顺序并不一致。《王氏拙政园记》最先提到的是梦隐楼，梦隐楼是拙政园最初建成时最高也是最重要的建筑物，文徵明在《拙政园三十一景》图咏中说梦隐楼“南直若墅堂，其高可望郭外”，他也曾经在梦隐楼上与拙政园主人酣饮终日。但在象征层面上，若墅堂比梦隐楼更能展现拙政园作为一座园林的特点和意义。“若墅堂”不仅能将拙政园的历史渊源追溯到唐代，告诉人们，这里乃是“唐陆鲁望故宅”；更能点明拙政园建立的主旨，所谓“虽在城市，而有山林深寂之趣”。从这个角度看，将“若墅堂”作为拙政园的第一景来描绘，应是文徵明有意为之。在《拙政园三十一景》图册的起始处，城市与山林的对立就通过画面和文字明白无误地呈现出来。

文徵明《拙政园三十一景》与《东庄图》有明显承接关系，这种联系首先体现在《王氏拙政园记》对《东庄记》的模仿上。《东庄记》的结构可以归纳为五个部分：地点、罗列景点、园主的事迹与品德、作记缘由、作记时间。同样的结构在文徵明《王氏拙政园记》里完全体现出来。《王氏拙政园记》的第一句是“槐雨先生王君敬止所居在郡城东北，界齐、娄门之间”。其后就开始铺陈景点，从“梦隐楼”“若墅堂”一直到“玉泉”，总结是为“堂一，楼一，亭六，轩槛池台坞之属二十三，总三十有一，名曰‘拙政园’”。之后，文徵明就开始论述王敬止的品格和操守，“虽古之高贤胜士，抑或有所不逮也”以及自己对王敬止能以园林寄托自己“栖逸之志”的羡慕。最后是“而复为之记。嘉靖十二年岁在癸巳五月既望。”[①] 虽然园林记有一个悠久的文体传统，不过文徵明《王氏拙政园记》和李东阳《东庄记》在结构上的高度相似，尤其是在文徵明很早就熟知《东庄记》的前提下，就很难排除其中模仿的可能性。同样，文徵明《拙政园三十一景》对沈周的《东庄图》册同样也有所借鉴，其中最明显的部分已为学者们所指出，《拙政园三十一景》中有两帧（《芙蓉隈》《深净亭》）几乎完全复制了沈周《东庄图》（《曲池》《北港》）。[②]

沈周和文徵明都是15世纪、16世纪中国最有影响力的画家，门人及追随者众多，他们对于“城市山林”的刻画方式在后来不断出现。这种刻画方式体现出一种从城内看向城外的目光，园林与城墙紧密连接在一起，

---

① 文徵明：《王氏拙政园记》，见李瑾选编《苏州历代名园记·苏州园林重修记》，中国林业出版社2004年版，第90—92页。

② 郭明友：《明代苏州园林史》，博士学位论文，苏州大学，2011年，第93页。

延伸在一个连续的空间里。由于城市与园林的关系极为紧密，这种目光所看到的“城”往往只是一段城墙。

但大约在同一时间里，还出现了另一种观看城市的目光。文士（或文士所居住的房舍）出现在画面前景，而在画面远处的一角有一个很小的城楼（有时也连带着城墙），中间则是大片水面。最典型的作品是明代宫廷画家王谔的《江阁远眺图》（图 13），这位画家活动于 15 世纪末 16 世纪初，约略与沈周同时。一位文士在右下角的楼阁中向外眺望，在他前方有一片湖泊、连绵的远山，以及山下一座城池。

图 13　王谔《江阁远眺图》，15 世纪末 16 世纪初，故宫博物院藏

类似的画面结构在传为仇英的《人物故事图册》，以及文徵明《一川图》（图 14）里也曾出现。通过一道大河，文士与城市遥遥相对。文徵明《一川图》是张一川的“别号图”。据文徵明作的《张一川小传》（图 15），张一川“家居西阊之濠上”，应该就是苏州西面的阊门外不远。按小传所记，张一川“构层楼与濠水之上，吟风弄月，座无虚客，一时名公巨彦，达官显者，冠盖云集，莫不知有一川子”。而在《一川图》里，苏州西门外的城壕水道被夸大为一条烟波浩渺的大河，张一川就在河边“层楼”之上，与仿佛远在天边的苏州西城隔河相望。文徵明在绘画中略去张

图 14　文徵明《一川图》里的城门及城外“江水”，台北“故宫博物院”藏

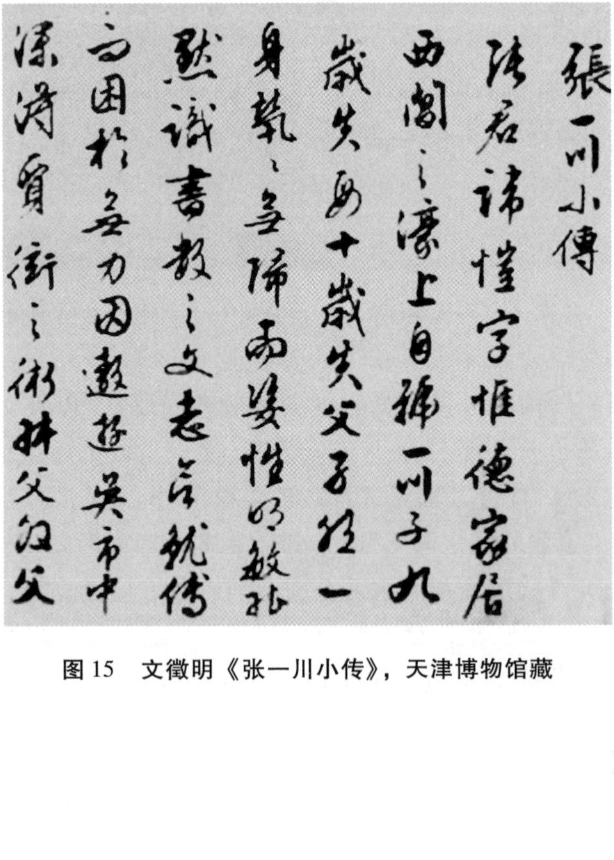

图 15　文徵明《张一川小传》，天津博物馆藏

家"冠盖云集"的一面，却利用并不存在的大面积水面区隔开城市与山林，突出张一川"吟风弄月"的文士风雅。

来自城外的目光总是远离城市，它要面对一个城市的外部。就城市的表达而言，就需要展现出城市"向外"的一面。在画面上，也就更倾向于描绘最能体现城市视觉特征的城楼和城门。值得注意的是，画中文士本身也在面对这个城市，两者间隔着一道半真半假、辽阔无边的湖泊或河流，不仅构成一个观看与被观看的关系，还隐藏着一种山林与城市之间的疏离感，而这正是来自城市内部的目光所不具备的含义。

五 结论

园林在明代开始成为文人绘画的主题，而园林又常在城市之内，至少就苏州而言，明清两代的大半园林都位于城中。[①] 描绘这类城市内的园林就要面对一个问题：既要点明园林与城市的关系，又要让它看起来像是一座"山林"。在沈周《东庄图》里，"东城"具有特别的纪念性和象征意味，被格外突出地描绘出来；而在后继者文徵明那里，"城市"就由房舍树木之前或之后的一段城墙来表达。这段城墙与其说是对实景的描绘[②]，不如说是象征着一个抽象化的城市，既象征了城市，又将城市的繁华喧嚣遮挡在这堵墙壁之后，反衬出城市里最不具有城市特征的"城市"空间。

无论是沈周的《东庄图》还是文徵明的《拙政园三十一景》，都选取从城市内部观看城市的视角，而这一由内而外的目光与另一种从城市之外观看城市的再现方式同时出现在明代。在后一种图像类型里，山林中隐居或游乐的文士以城市为背景，以此暗示或衬托他们已经远离喧嚣繁华的尘世。这两种视角都源于同一个观念背景，无论是来自城市内部还是城市外部的目光，都需要借助"城市/山林"的对立才能实现。在这两种目光之

---

① 巫仁恕：《优游坊厢：明清江南城市的休闲消费与空间变迁》，"中研院"近代史研究所，2013 年，第 137—192 页。

② 《不朽的林泉：中国古代园林绘画》一书提到，园林画里的城墙可以"点明园林的位置"，"城墙像寺庙一样，也是很受欢迎的园林借景对象"。见高居翰、黄晓、刘珊珊《不朽的林泉：中国古代园林绘画》，第 215 页。这个判断是正确的，不过如本文所示，城墙在园林图像里的功能和意味远不止于此。

下，城市生活本身的丰富多彩成为遭到排斥的对象。正因为城市生活的繁华与庸俗，才需要在城市中建立一个至少看起来不在城市之中的“山林”。这一“城市山林”的理想在现实中只能靠园林来部分地实现，而在图像中，则可以通过对山林的夸大来完全地“创造”出来。拥有园林的明代文人一边享受城市带来的各种便利与快乐，一边又积极营造一个没有“城市”的城市空间，借此展现自己身为文人的趣味和身份，以及在城市中拥有园林所象征的财富与权力。无论是现实中的园林，还是绘画再现出的“城市山林”，用明人自己的话说，都在实现他们“以明得志”[①] 的意图。

① 谢肇淛：《五杂组》，上海书店出版社 2001 年版，第 58 页。

画土分疆与王朝治理

西汉桂阳郡阳山侯国、阴山侯国考辨

马孟龙*

《汉书·地理志》（以下简称《汉志》）桂阳郡有阳山侯国、阴山侯国。《汉书·王子侯表》载录长沙王子刘宗于初元元年（前48）封为阳山侯，且《侯表》“阳山节侯宗”栏下注“桂阳”①。依据《王子侯表》，刘宗之封国显然是《汉志》桂阳郡阳山侯国，这也成为清代以前的主流观点，为学者普遍所接受。②

乾嘉时期，文献考辨风气大兴，这一局面发生变化，陆续有学者质疑“阳山说”。这之中以王念孙最具代表，其在《读书杂志》中系统阐发了自己的观点：

> 阳山侯国。应劭曰：“今阴山也。”师古曰：“下自有阴山，应说非也。”念孙案：《水经》曰：“洣水西北过阴山县南。”注云：“县本阳山县，即长沙孝王子宗之邑也（见《王子侯表》），形家言其势王，故堑山堙谷，改为阴山县。”是后汉之阴山，即前汉之阳山。故应云：“今阴山也。”师古自未之考耳。③

王念孙留意到应劭和郦道元都提及阳山改为阴山之事，因而提出刘宗

* 复旦大学历史学系副教授。

① 《汉书》卷一五《王子侯表·下》，中华书局1962年版，第500页。

② 如全祖望、钱大昕均将桂阳郡阳山侯国考订为刘宗封国。分见（清）全祖望《汉书地理志稽疑》卷五，朱铸禹《全祖望集汇校集注》本，上海古籍出版社2000年版，第2590页；（清）钱大昕《廿二史考异》卷九《侯国考》，上海古籍出版社2004年版，第181页。不过，受后来学界争论的影响，钱大昕的观点有所动摇，认为传统的看法仍需深考。见（清）钱大昕《三史拾遗》卷三，收入《廿二史考异》，第1424页。

③ （清）王念孙：《读书杂志》卷六，江苏古籍出版社2000年版。

之封国实为桂阳郡阴山侯国的新观点。王念孙的“阴山说”影响很大，钱坫在此基础上，进一步指出《汉志》阳山下注“侯国”为衍文。[①] 自此，传统观点受到严重动摇，学界出现或持“阳山说”，或持“阴山说”的众讼纷纭的态势。直到20世纪80年代，这一局面才再度发生改观。

20世纪80年代，周振鹤围绕“西汉郡国级政区演变”进行一系列研究，其研究思路之一是通过复原西汉诸侯王国裂分王子侯国的过程，揭示王国疆域变化的基本特征。而在复原长沙国疆域时，周先生注意到阳山侯国问题。在比较前人各种说法后，周先生相信“阴山说”，同时举出一条强有力的证据：西汉的阳山县位于今广东省阳山县境，阴山县位于今湖南省攸县境。根据西汉王子侯国分封之“推恩法”，王子侯国皆裂王国地分封，阳山县地处桂阳郡南部边境，远离长沙国，而阴山县恰在桂阳郡、长沙国交界，因而可以排除阳山县是刘宗封国的可能。最后，周先生阐述了刘宗封国的隶属沿革：初元元年长沙国裂阳山县分封刘宗，别属桂阳郡，而此时桂阳郡已有阳山县，为了避免地名重复，汉廷更阳山侯国之名为阴山侯国，这便是应劭、郦道元称阳山改为阴山的由来。其最终结论是，《汉志》桂阳郡阴山侯国为刘宗封国，阳山之“侯国”为衍文。[②]

周振鹤的观点充分考虑到王子侯国的空间分布特征，同时合理地解释了传世文献“阳山改为阴山”的记载，其结论一经刊布，立刻为学术界以及地方文史爱好者所接受。[③] 时至今日，“阴山说”俨然成为定论，而“阳山说”则被学界彻底摒弃，仅仅作为“学术早期发展的错误认知”被偶尔提及。

然而，正如辛德勇所言：“学术研究的历程，往往是在不断的循环往

① （清）钱坫：《新斠注地理志集释》，《二十五史补编》第一册，开明书店1936年版，第1118页。

② 周振鹤：《西汉政区地理》，人民出版社1987年版，第125—126页；《汉书地理志汇释》，安徽教育出版社2006年版，第286—287页。

③ 学术界的接受状况略举以下两例，胡阿祥《宋书州郡志汇释》，安徽教育出版社2006年版，第199页；张修桂《阳山关与阳山县》，收入氏著《龚江集》，上海人民出版社2014年版，第330—338页。地方文史爱好者接受状况略举一例。欧阳峻峰《试解“后汉并阳山入阴山”之谜》，《广东史志》2014年第2期。各类历史地名辞典也采纳了周先生的考证结论。如中国历史大辞典编纂委员会《中国历史大辞典》“阴山县”“阳山县”条，上海辞书出版社2000年版。

复中向前演进。”[①] 有关阳山侯国、阴山侯国的讨论似乎也在验证这一规律。笔者在通读传世文献后，发现“阴山说”仍然存在缺陷，而“阳山说”更合乎历史文献的记载，就目前的研究现状而言，还不能轻易摒弃。

一 岭南阳山县的始置年代

在先前的研究中，阳山县因地理方位偏远而被排除作为刘宗封国的可能性。的确，地处岭南的阳山县不仅距离长沙国十分遥远，而且又在阳山关以南，在西汉初年是南越国领地。因此若从空间视角，这个阳山县无论如何也不可能成为长沙王子侯的封地。不过，这一认识是基于西汉桂阳郡阳山县地处今广东省阳山县境的地理定位，也就是《中国历史地图集》（以下简称《图集》）所标绘的西汉桂阳郡阳山县的方位（图1）。[②] 我们不禁要问，《图集》对西汉阳山县的定位可靠吗？

在正式进入讨论之前，我们先来看《后汉书·循吏传》的一段记载：

> （卫飒）政有名迹，迁桂阳太守。郡与交州接境，颇染其俗，不知礼则。……先是，含洭、浈阳、曲江三县，越之故地，武帝平之，内属桂阳。[③]

这段文字记载了汉代桂阳郡南部的含洭、浈阳、曲江三县本属南越国，于武帝平定南越国后，内属桂阳郡的史实。该记载不仅验证了周振鹤“（西汉初）桂阳郡与南越以阳山关为界”的论断，[④] 也与马王堆三号汉墓出土“驻军图”所示西汉初年长沙国南界相符，具有很高的史料价值。[⑤]

卫飒出任桂阳太守在建武十五年至二十五年。刘宋时代的范晔何以对

① 辛德勇：《秦始皇三十六郡新考》，初刊《文史》2006年第1辑、第2辑，后收入氏著《秦汉政区与边界地理研究》，中华书局2009年版。

② 谭其骧主编：《中国历史地图集》第二册《荆州刺史部》，中国地图出版社1982年版，第22—23页。

③ 《后汉书》卷七六，中华书局1965年版，第2459页。

④ 周振鹤：《西汉政区地理》，第127页。

⑤ 辛德勇：《〈后汉书〉对研究西汉以前政区地理的史料价值及相关文献学问题》，《中国历史地理论丛》2012年第4期。

东汉初年桂阳郡的情况如此明晰？笔者认为，范晔此语可能直接继承自《东观汉记》。根据吴树平所作的辑佚工作，《东观汉记》也有《卫飒传》。而且就目前保留的两条逸文来看，《后汉书·卫飒传》的文字与《东观汉记·卫飒传》十分接近。① 因此，《后汉书·卫飒传》有关桂阳郡南部三县本属南越国的记述应当是东汉史家之语，所以具有极为可贵的史料价值。②

这段文字值得注意的还有一点。即《卫飒传》在叙述桂阳郡内的南越故地时，只提到含洭、浈阳、曲江三县。而根据《图集》定位，阳山县与含洭、浈阳、曲江三县一样，也在阳山关以南，同属于南越国故地。（图1）那么东汉史家在列举桂阳郡内的南越故地时，为何唯独遗漏了阳山县？

当然我们需要考虑这样的可能。《续汉书·郡国志》桂阳郡并没有阳山县，而且《后汉书·光武帝纪》有建武六年六月辛卯“条奏并省四百余县”的记载③。在卫飒出任桂阳太守的建武十五年，阳山县可能已被省并。不过，笔者更倾向于另外一种可能。《图集》对西汉桂阳郡阳山县的定点有误，当时的阳山县并不在阳山关以南，所以东汉史家在提及桂阳郡内的南越故地时，才会没有出现阳山县。

先来分析今广东省阳山县境内的古阳山县始置时代。检阅史籍，若除去《汉志》，这个阳山县最早见于《宋书·州郡志》（《晋书·地理志》因成书于唐代，暂且不论）。《宋书·州郡志》（以下简称《宋志》）“广兴公相”下见有“阳山侯相”，自注：“汉旧县，后汉曰阴山，属桂阳。吴始兴郡无此县，当是晋后立”④。这段注文中，“汉旧县，后汉曰阴山，属桂阳”其实是与《汉志》的简单比对，稍后还会作细致分析，这里暂且不论。从“吴始兴郡无此县，当是晋后立”的注文来看，至迟到孙吴时期，还没有设置阳山县。沈约在《宋志》序例中明确讲到，他编纂《州郡志》利用了晋代的《太康地志》、王隐《晋书·地道记》。沈约注阳山侯相“当是晋后立”，说明在《太康地志》《晋书·地道记》两书中，至少有一种已经出现阳山县。而《太平寰宇记》引《太康地志》则有“阳山县属

① 吴树平：《东观汉记校注》卷一八，中华书局2008年版，第798页。

② （晋）华峤：《后汉书》亦有《卫飒传》，应当也取自《东观汉记》。周天游：《八家后汉书辑注》，上海古籍出版社1986年版，第588页。

③ 《后汉书》卷一，第49页。

④ 《宋书》卷三七，中华书局1974年版，第1133页。

始兴郡”的记载。[①] 根据顾江龙的研究，《太康地志》载录西晋政区年代断限是太康十年（289）。[②] 沈约注文及《太康地志》表明，至迟晋武帝太康十年已经设置了阳山县。那么阳山县的设置年代应当在孙吴设置始兴郡之后，太康十年之前。另据《宋志》广兴公相自注：“吴孙皓甘露元年，分桂阳郡南部都尉，立为始兴郡。”[③] 则阳山县的设置，当在孙皓宝鼎元年（266）至晋武帝太康十年之间。[④]

关于岭南之阳山县的设置时代，《水经注》保留有一段非常重要的记载。《水经·洭水注》曰：“洭水又径阳山县南，县故含洭县之桃乡，孙皓分立为县也。”[⑤]《水经注》这段记载提供了两点重要信息。一是阳山县本来是含洭县的桃乡。二是阳山县在东吴孙皓在位时期设置成县。郦道元此处对阳山县的由来和设置时代记载非常详细，而且可以与《宋志》相互印证。综合《水经注》和《宋志》的记述，岭南阳山县是在孙皓甘露元年始兴郡建置之后设置的，[⑥] 其前身乃含洭县的桃乡，与西汉桂阳郡的阳山县并没有关系。[⑦]

原本与西汉桂阳郡阳山县没有关系的孙吴阳山县，又是如何与之扯上瓜葛的呢？笔者以为，将两者混为一谈的始作俑者是沈约。沈约编纂《宋志》的基本做法，是以何承天、徐爰的两部《宋书·州郡志》为基础，附注前代地志的各类记载。[⑧] 即《宋志》序例中所说的“参伍异同，用相征

---

① （宋）乐史：《太平寰宇记》卷一一七《江南西道·连州·阳山县》，中华书局 2007 年版，第 2368 页。此条为毕沅所辑《太康地记》遗漏。见（清）毕沅《晋太康三年地志·王隐晋书地道记》，收入《丛书集成初编·史地类》，第 3059 册，中华书局 1985 年版。

② 顾江龙：《〈太康地记书〉考》，《文史》2018 年第 4 期。

③ 《三国志·吴志·孙皓传》亦载，甘露元年十一月以“桂阳郡南部为始兴郡”。

④ 《宋志》注阳山侯相“吴始兴郡无此县”，说明沈约见到的孙吴始兴郡资料没有阳山县。现在无法明确沈约所见始兴郡资料反映的是哪一年的建置，只能保守地推断阳山县设置于始兴郡设立后的某一年，故取始兴郡设置后的第二年，即宝鼎元年为上限。

⑤ （清）杨守敬、熊会贞疏，段熙仲点校，陈桥驿复校：《水经注疏》卷三九，江苏古籍出版社 1989 年版，第 3200 页。

⑥ 这样一来，阳山县的始置时代可以进一步限定为孙皓宝鼎元年（266）至天纪四年（280）。《中国行政区划通史·三国两晋南朝卷》忽视了《水经注》的记载，仅依据《宋志》，定阳山县设置于西晋太康元年，其结论并不准确。见胡阿祥、孔祥军、徐成《中国行政区划通史·三国两晋南朝卷》第四编第一章“广州始兴郡沿革”，复旦大学出版社 2014 年版，第 765 页。

⑦ 张修桂已经注意到《洭水注》对阳山县始置年代的记述。但是由于取信周振鹤的考证结论，张先生将此处记载判定为郦道元的误记。见《阳山关与阳山县》。

⑧ 胡阿祥：《宋书州郡志汇释》之《代序》。

验。自汉至宋，郡县无移改者，则注云‘汉旧’”①。然而，由于汉宋之间相距六七百年，沈约对许多汉县的对应，并不准确。试以《宋志》误注汉代轪县为例。《宋志》郢州刺史西阳太守下有孝宁侯相，自注：“本轪县，汉旧县。孝武自此伐逆，即位改名。”② 刘宋轪县地处今湖北省浠水县境，而两汉轪县地处今河南省光山县。③ 沈约乃误注刘宋轪县为“汉旧县”。究其原因，是东晋时在今湖北省浠水县境侨置轪县，这个侨置轪县所属的西阳郡是曹魏时期从江夏郡分置而来。而原本地处今河南省光山县的汉代轪县也隶属于江夏郡。沈约不察，误以为西阳郡的轪县与汉代江夏郡轪县是一个地方，所以误把东晋侨置的轪县指认为汉代的轪县。

沈约注释广兴公国阳山县的思路与前述轪县极为相似。沈约在注释广兴公国阳山县时，见到《汉志》桂阳郡有阳山县，而广兴公国的前身始兴郡恰好是孙吴时期从桂阳郡分置而来。沈约想当然地认为两个阳山县是同一地，所以在广兴公国阳山县下注释“汉旧县，后汉曰阴山，属桂阳”。殊不知这个阳山县是孙吴末年才由含洭县桃乡改置而来，与西汉的阳山县没有任何关系。

受到沈约注释的误导，之后的地志大多相信岭南之阳山县即是汉代阳山县的说法，特别是对后世影响较大的《元和郡县志》和《太平寰宇记》都言之凿凿地称岭南阳山县为“汉县”，为了弥合《宋志》和《水经注》有关孙吴、西晋设置阳山县的记述，又衍生出“后汉省入含洭，晋平吴，又分含洭复置”的说法。④ 到了清代，《读史方舆纪要》和《大清一统志》在岭南阳山县均列有阳山故城，并称“汉县治此”⑤。而以二书为主要古城定点依据的《图集》，把西汉阳山县错标在今广东省阳山县也就不足为奇了。

---

① 《宋书》卷三七，第 1028 页。

② 《宋书》卷三七，第 1128 页。

③ 参见拙文《松柏汉墓 35 号木牍侯国问题初探》之《轪侯国及相关历史地理问题》，《中国史研究》2011 年第 2 期（该文后作修订，收录于余欣主编《存思集：中古中国共同研究班论文萃编》，上海古籍出版社 2013 年版）。

④ （唐）李吉甫：《元和郡县志》卷二九《江南道 · 连州 · 阳山县》，中华书局 1983 年版，第 711—712 页；乐史：《太平寰宇记》卷一一七《江南西道 · 连州 · 阳山县》，第 2367—2368 页。

⑤ （清）顾祖禹：《读史方舆纪要》卷一〇一《广东 · 广州府》，中华书局 2005 年版，第 4625 页。（清）穆彰阿、潘锡恩等纂修《大清一统志》卷四五五《广东统部 · 连州》，上海古籍出版社 2008 年版。

如果仔细分析《水经注》有关岭南阳山县建置由来的记述，不难发现后世地志混淆了汉代阳山县和孙吴阳山县，清人杨守敬及今人曲英杰都已注意到这一点。杨守敬在为《水经注》作疏证时特别强调："吴之阳山县，即因秦之阳山关而名，与汉封长沙孝王子之阳山无涉。乃《元和志》、宋本《寰宇记》并移汉之阳山于此，失之"①。而曲英杰则针对历代地志对岭南阳山县的记载指出："《元和志》及《寰宇记》均以此阳山县相沿于西汉时期之阳山县，不确。其城当兴筑于孙吴分立阳山县之时。"② 上述意见与本文考证结论非常接近，足见二人读史之精审。

二 汉代桂阳郡阳山县之方位

前面提到，岭南之阳山县乃孙吴末年析含洭县桃乡设置，因秦汉阳山关而得名，与西汉桂阳郡之阳山县（侯国）并无关联。那么西汉时代的阳山县又在何处？

同样是《水经注》为我们保留了寻找汉代阳山县方位的宝贵线索。郦道元在为《水经》"（洣水）又西北过阴山县南"作注时称：

> （阴山）县本阳山县也。县东北犹有阳山故城，即长沙孝王子宗之邑也。言其势王，故堑山堙谷，改为阴山县。③

这条记载便是清代乾嘉以来学者们用来证明"阴山说"的重要资料。然而诸家在使用这条记载时，大多强调阳山改为阴山的记述，却忽视了郦道元提及的另一条重要信息：在汉代阴山县东北，还有一座阳山故城，而这座阳山故城正是西汉长沙王子刘宗的封邑。郦道元在此阳山故城标明为刘宗封邑，而在注释岭南阳山县时却不言及分封长沙王子之事，也从侧面验证了郦道元未将岭南阳山县视作汉代桂阳郡阳山县的事实。

郦道元对汉代阳山县方位的叙述并非孤证。汉代阳山县位于洣水流域

① （清）杨守敬、熊会贞疏，段熙仲点校，陈桥驿复校：《水经注疏》卷三九，第3200页。

② 曲英杰：《水经注城邑考》，中国社会科学出版社2013年版，第587页。

③ （清）杨守敬、熊会贞疏，段熙仲点校，陈桥驿复校：《水经注疏》卷三九，第3222页。

的历史，直到唐代还留有印迹。《通典·州郡典》衡阳郡湘潭县自注曰："有南岳衡山。汉阳山县"[①]。唐代的湘潭县位于今湖南省衡山县，恰好位于洣水流域，与《水经注》的记载可以相互印证。汉代的阳山县应当大致位于今洣水下游地区。

要想对汉代阳山县作更为精确的定位，首先需要搞清阴山县的方位。历代对阴山县的定位主要依据《水经》"洣水出茶陵县上乡，西北过其县西，又西北过攸县南，又西北过阴山县南，又西北入于湘"[②]。《水经》记载的郡县信息基本反映的是东汉时代的行政建制。从中可知，荼陵、攸、阴山三县均位于洣水沿岸，荼陵、攸位于阴山上游，而阴山县接近洣水与湘水的交汇之处。另外，汉代的容陵县也位于洣水流域。郦道元注曰："（阴山）县上有容水，自侯昙山下注洣水，谓之容口。"历代舆地学者均认为《汉志》长沙国容陵县即在容水附近，其说可以信从。但是对于容陵的具体方位，却没有清晰的认识。《图集》根据《水经注》，将容陵大致确定在"今攸县西南，洣水北侧一带"[③]，将其标绘在今攸县南部。从《图集》释文来看，当时的工作者似乎把容水认定为洣水北岸某水。但是这种理解并不符合实际，因为传世史籍对容水发源之"侯昙山"有清晰明确的记载。此山位于今安仁、耒阳两县交界，主峰在安仁县境，土语称"侯昙仙"[④]。《舆地纪胜》荆湖南路衡州"景物下"载有"侯堂山"，注曰："在安仁县西南"；又载有"侯昙山"，注曰："在耒阳县东南百余里"[⑤]。此二山实为一山。"昙""堂"音近，王象之误将其析而为二。《大明一统志》衡州府山川载有侯昙山，注曰："在耒阳县东南八十里，一名侯堂山，跨安仁县界。"[⑥] 同治《安仁县志》载："侯昙仙，在县南二十

① （唐）杜佑：《通典》卷一八三《古荆州》，中华书局1988年版，第4877页。

② （清）杨守敬、熊会贞疏，段熙仲点校，陈桥驿复校：《水经注疏》卷三九，第3220—3224页。

③ 参见复旦大学历史地理研究中心CHGIS系统"容陵侯国""容陵县"地名词条。该系统地名词条均来自《图集》释文。

④ 湖南省地图集编纂委员会：《湖南省地图集》，湖南地图出版社2000年版，第164页。

⑤ （宋）王象之撰，李勇先点校：《舆地纪胜》卷五五《衡州》，四川大学出版社2005年版，第2094页。

⑥ （明）李贤等撰：《大明一统志》卷六四《衡州府》，三秦出版社1990年版，第988页。

里”[①]。发源于此山，且流注于洣水的容水，显然就是今安仁县的永乐江。[②] 永乐江是洣水第一大支流，流域面积广，汉代在此设容陵县合情合理。在今安仁县县城西南部，永乐江西岸的清溪镇，是一片较为宽阔的冲积盆地，分布有密集的汉魏墓葬、遗存，[③] 此地极有可能是汉代容陵县城所在。

最后让我们来看汉代阴山县的地理方位。《水经》曰：“（洣水）又西北过阴山县南。”依据此记载，阴山县显然位于洣水以北，而在今攸县西南的洣水以北恰好有一条叫作阴山港的小河。《图集》于是将汉代阴山县定于“湖南省攸县城关镇驻地西北阴山港一带”。不过，这一定位仔细分析起来还是有问题的。第一，根据《汉志》《续汉书·郡国志》（以下简称《续汉志》），西汉晚期至东汉，阴山县隶属桂阳郡，而容陵、攸、茶陵三县隶属长沙国（郡）。通过前面对容陵、攸、茶陵地理方位的描述，三县均位于洣水上游，长沙国显然是通过洣水对三县实施管辖的。而如果阴山县地处洣水北岸，则桂阳郡已将洣水拦腰截断（图 1），那么长沙国又如何对容陵、攸、茶陵进行管理？第二，郦道元记述：“（阴山）县上有容水，自侯昙山下注洣水，谓之容口。”这说明，洣水是先与容水交汇，再流经阴山县的。而今天的阴山港却在容口之上，与郦注相违。[④] 而且若阴山县在容口之上，则容口当在桂阳郡境内，这样桂阳郡就把容陵县的交通出口死死堵住，容陵县又如何与长沙国沟通呢？第三，洣水源出万洋山后，呈西北流向，在流经今攸县县城后，转为西南流向，至容口（今衡东县草市镇）复转为西北流向。阴山港所在的洣水河道乃呈西南流向，与《水经》“（洣水）西北过阴山县”的描述不符。综合以上三点，《图集》

---

① 《安仁县志》卷之二《地舆志·山川》，《中国地方志集成·湖南府县志辑》第 23 册，江苏古籍出版社 2002 年版，第 455 页。

② 杨守敬已经意识到这一点，所以在其编绘的《水经注图》，把永乐江标注为容水。见《水经注图》，《杨守敬集》第 5 册，湖北人民出版社 1988 年版，第 268 页。需要指出的是，《水经注》称容水发源于侯昙山，盖受当时认识水平所限，以永乐江支流为其正源。实则永乐江正源发源于今湖南省资兴市毛鸡山。《大明一统志》已认识及此，该书卷六四载：“永乐水，在安仁县南，源出郴州清溪，流经县境，北流至衡山县义塘江，北合洣水，入于湘。”（上揭本，第 989 页。）

③ 国家文物局主编：《中国文物地图集湖南分册·安仁县文物图》，湖南地图出版社 1997 年版，第 94—95 页。

④ 汪士铎和杨守敬均根据《水经注》文意，将阴山定位于容口之下。分见（清）汪士铎《水经注图》图本，山东画报出版社，第 126 页；（清）杨守敬《水经注图》，第 257 页。

对汉代阴山县的定位应当也存在问题。

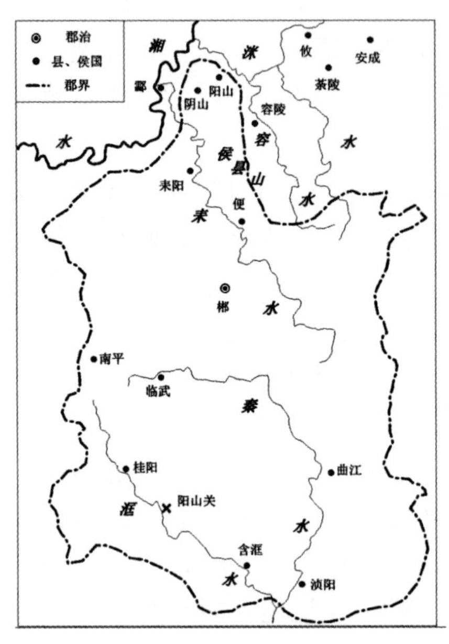

图 1　《中国历史地图集》西汉桂阳郡　　**图 2　初元四年至新莽时期的桂阳郡**

以往学界在对阴山县定位时，过于偏重《水经》的记述，却忽视了郦道元的注文。郦道元注释《水经》“（洣水）又西北过阴山县南”时写道：“洣水又西北径其（阴山）县东。”杨守敬曰：“《经》言过县南，《注》无辨语，南字必不误。此言径县东，不合，东当南之讹。”[①] 杨守敬敏锐地注意到注文与经文之间的差异，但所作结论却显草率。首先，《水经注》常有注文与经文不符，而郦道元未指出经文有误的状况。[②] 这种状况的出现，不可能都是字讹造成，恐怕与郦道元注释《水经》的方式有关。郦道元注释《水经》，主要摘抄各类文献，只要引用的文献与《水经》不存在明显抵牾，便不会进行考辨。因此，郦道元未对“南”“东”二字进行考

① （清）杨守敬、熊会贞疏，段熙仲点校，陈桥驿复校：《水经注疏》卷三九，第 3222—3223 页。

② 如《水经·河水》：“又东北过卫国县南，又东北过濮县北。”郦注：“河水东北流而径濮阳县……又东北径卫国县南。”经、注所记河水流经二县次第相违，而郦氏不辨；又如《水经·澧水》：“又东过作唐县北。”郦注：“（澧水）东转径作唐县南。”澧水与作唐县相对方位，经、注相违而郦氏不辨。此处蒙黄学超博士告之。

辨，并不意味注文的“东”是误字。其次，就算两者有一个是误字，杨守敬焉知经文“南”字不是“東”字的讹误？所谓我们还不能轻易下“某字为误字”的判断。

从郦道元的注文来看，至少说明他所引录的文献，有“洣水西北径阴山县东”的记载。郦道元注释湘水，主要依据晋人罗含的《湘中记》。[①]罗含为耒阳人，耒阳又与阴山相邻。因此，若“洣水西北径阴山县东”出自《湘中记》，其可信度自然较高，可以反过来纠正《水经》记载之疏误。

如果明确洣水“西北过阴山县东”，则前述文献与史实不合之处，皆能迎刃而解。洣水在流经容口后，转为西北流向，这时流经阴山县东境，说明阴山县在洣水的西南岸。西汉末年至东汉的桂阳郡北界应在洣水以南，并未将洣水截断，长沙国可以畅通无阻地通过洣水管理上游的容陵、攸、荼陵三县。容口则位于阴山县之上，容口以下的河道呈西北流向，与注文“（阴山）县上有容水”“西北过阴山县东”皆能相合。因此汉代的阴山县应当位于容口以下的洣水西南岸，约在今湖南省衡东县境。

汉代阴山县的方位约在洣水南岸、湘水东岸的两水交汇之处。《水经》中有“（湘水）又东北过阴山县西，洣水从东南注之”的记载也与笔者所判定的阴山县方位大致相合。而这一区域在唐代属衡山县境。《元和郡县志》记载衡州衡山县“本汉阴山县”可资验证。[②]今衡东县洣水南岸的岭茶附近有较为密集的汉文化遗存，[③]汉代阴山县应当位于这一地区。而地处阴山县东北的阳山侯国故地则应当在今衡东县洣水南岸的吴集镇一带。[④]

笔者所考订的西汉阳山县方位，恰好在长沙国、桂阳郡的交界地带，其上游的容陵、攸、荼陵以及安城都曾作为长沙王子侯国封地。据《王子

---

① 鲍远航：《罗含〈湘中记〉考》，《东南大学学报》（哲学社会科学版）2006年第2期。

② （唐）李吉甫：《元和郡县志》卷二九，第706页。

③ 国家文物局主编：《中国文物地图集湖南分册·衡东县文物图》，第86—87页。

④ 王恢论及西汉阳山侯国方位为“湖南今县南二里阳山镇。洣水注以为阴山县。与汉志、表所注相去甚远，盖误”。（《汉王国与侯国之演变》，“国立”编译馆中华丛书委员会，1984年，第310页）似乎将阳山侯国定位于湖南省阳山县。但查清代、民国行政建制，湖南省未曾设置阳山县。细析王恢原文，“今县南二里阳山镇”显然源自《清一统志》“阳山故城”条，所指乃广东省阳山县，而非湖南省阳山县，“湖南”二字乃笔误。王恢仍取信阳山侯国为广东省阳山县的旧说，并无新解。其所谓“与汉志、表所注相去甚远”应是把《王子侯表》“阳山节侯宗”栏下注“桂阳”误解为桂阳郡之桂阳县。至于与“《汉志》相去甚远”之语，不知依据为何。王恢此条错误迭出，不足凭信。

侯表》，武帝元光六年分封安城、容陵两长沙王子侯国，恰好是洣水流域最边缘的两个县。元朔四年分封的荼陵、攸两长沙王子侯国则地处洣水中游。元帝初元元年分封的阳山王子侯国则已地处洣水下游。这种长沙王子侯国由洣水上游至下游渐次分封的态势，与西汉王子侯国由王国外围向核心地带逐渐迫近的空间分布规律也是吻合的。所以，《汉志》桂阳郡阳山侯国当为长沙王子刘宗之封国，“侯国”二字并非衍文。

三 试析“阳山改为阴山”说法的由来

在进行西汉桂阳郡阳山侯国、阴山侯国考辨时，后世流传的“阳山改为阴山”的说法是不可回避的问题。而这一说法，也恰恰是清儒用以证明“阴山说”的坚实证据。若不能对这一说法做出合理的解释，则本文的考辨结论仍有令人难以信服之处。

“阳山改为阴山”的说法，最早见于东汉末年的应劭。颜师古在注释《汉志》桂阳郡阳山侯国引述应劭之说“今阴山也”。应劭此语似乎是说西汉的阳山侯国就是东汉的阴山县。因应劭是东汉人，其说法自然引起后世的重视。《宋志》注岭南阳山县“后汉曰阴山”当由此而来。到了郦道元注释《水经》时，此事变得更为具体，不仅明确说“（阴山）县本阳山县也”，还对更名的原因作以叙述，其“言其势王，故堑山堙谷，改为阴山县”更是绘声绘色。虽然这种更名的说法与其所叙述“县东北犹有阳山故城，即长沙孝王子宗之邑也”自相矛盾，但是由于这里明确讲出了阳山改为阴山的原因，清儒还是普遍认为郦道元是支持应劭说法的。所以在证明阴山即刘宗封国时，都要以应劭、郦道元的说法为证据。不过，这种说法显然与《汉志》桂阳郡兼有阳山、阴山两侯国的记载相冲突，所以颜师古才会驳斥《汉志》“下自有阴山，应说非也”。本文也可以依据《汉志》以及《水经注》“（阴山）县东北犹有阳山故城”把应劭的说法归为“不实之说”。但笔者却更有兴趣追索应劭说法致误的缘由，这样才能对“阳山改为阴山”之说的产生给出合理的解说。

笔者在进行汉魏地名考证工作时，常常留意到传世史籍中某些“A县更为B县”的沿革叙述存在不实之处。这里举三个例子：

《汉志》右扶风槐里县，班固自注：“周曰犬丘，懿王都之。秦更名废丘。高祖三年更名。”据此，槐里乃废丘之更名，历代地志均从此说。但是《史记·绛侯周勃世家》载“攻槐里、好畤，最。……围章邯废丘。”①同书《樊哙列传》载：“攻赵贲，下郿、槐里、柳中、咸阳；灌废丘，最。”② 周勃、樊哙还定三秦皆在高祖二年，在班固所注废丘更名槐里之前，两处记载不仅提到了槐里，还提到了废丘，显然槐里和废丘是两座城。《史记》的记载可以得到出土文物的验证。传世秦代官印、秦铜器，以及新出相家巷秦封泥、秦代陶文、睡虎地秦简常见“废丘”③。而西北大学历史博物馆收藏的一件秦代陶蒜头壶则有“槐里市久”戳印。另外秦代“萯阳鼎”也有“槐里”的刻铭。④ 显然秦代分别设置废丘、槐里两县，槐里并非废丘的更名。正如后晓荣所说：“秦末，废丘城因灌水而废，故汉合秦槐里、废丘二县为槐里县。”班固所注“高祖三年更名（槐里）”并不符合实际。

《汉志》颍川郡长社县，颜师古注引应劭曰：“宋人围长葛是也。其社中树暴长，更名长社。”按照应劭的说法，长社县乃长葛县更名而来，此说多为后世地志所承。但是《续汉志》颍川郡长社县却注“有长葛城”。另外应劭所提及“宋人围长葛”乃《春秋·隐公五年》“宋人伐郑，围长葛”之事，而晋人杜预注长葛曰：“颍川长社北有长葛。”⑤ 可见长社、长葛本为两地，应劭“长葛更名为长社”之说并不准确。

《续汉志》东郡乐平侯国自注“故清，章帝更名。”又颜师古注《汉志》东郡清县引应劭曰“章帝更名乐平”，可见《续汉志》自注也源于应劭。后人据此以为汉代乐平县、清县为一地。但是高帝八年封室中同为清侯，高后四年封冯无择为乐平侯，说明西汉初年东郡同时存在乐平、清两县。汉代乐平县约在今山东省聊城市东昌府区张炉集镇。⑥ 而汉代清县，应该就是《水经·济水注》记载的“清亭”。《济水注》曰：“济水自鱼山北，迳清亭东。《春秋·隐公四年》，公及宋公遇于清。京相璠云：今济北

---

① 《史记》卷五七，中华书局1959年版，第2067页。

② 《史记》卷九五，第2655页。

③ 后晓荣：《秦代政区地理》，社会科学文献出版社2009年版，第131页。

④ 后晓荣：《秦代政区地理》，第139页；周晓：《萯阳鼎跋》，《文物》1995年第11期。

⑤ 杜预：《左传（春秋左传集解）》，上海古籍出版社1997年版，第30页。

⑥ 王汝涛等点注：《续山东考古录》，山东文艺出版社1997年版，第150页。

东阿东北四十里有故清亭，即《春秋》所谓清者也。”[①] 据此，清县约在今山东省东阿县顾官屯镇西程铺村附近。乐平、清两县并不在一地，应劭“清县，章帝更名乐平”之说不准确。

传世史籍在记载汉魏县邑沿革时，错将两地认为同地更名的例证还有许多，这里不再列举。史籍中此类现象的大量出现，恐怕还不能简单以注释者的失误一概而论，其中一定存在某种共同的原因。这里，笔者尝试对此类现象的产生作以解释。

笔者此前在研究《汉书》“侯表”下注县名体例时注意到，班昭在“侯表”各侯国条目下标注的县名，其实是这些西汉侯国在东汉的具体方位。也就是说，班昭是在使用东汉的县邑给西汉的侯国标注方位。[②] 例如《景武昭宣元成功臣表》“平陵侯苏建”栏下注“武当”。此处之“武当”意为西汉平陵侯国地处当时的武当县境。[③] 此用法与后世标注历史地名时常称“故某地，位于今某县境”的做法类似。由此可知，东汉时代已存在利用当时的地名标注古代地名的做法。以《说文》为例，“邘，周武王子所封，今河内野王是也”，“鄎，姬姓之国，在淮北，从邑息声，今汝南新息是也”[④]。而在应劭的注释中也能轻易找到这样的例证。如《汉志》汝南郡平舆县，应劭注：“故沈子国，今沈亭是也。”《汉书·扬雄传》“扬在河、汾之间”，应劭注曰：“扬。今河东扬县。”[⑤] 这些可以说明东汉使用当时地名标注古地名的做法较为普遍。

像废丘、长葛、清这类已经省并、撤销的县邑名称，东汉时期若要标注其方位，自然会以这些故地当时所在的县邑来说明。即如“废丘，今槐里”“长葛，今长社”“清，今乐平”。而这种地名标注形式，稍不留意，便会误解为“某县改为某县”。例如当班固见到“废丘，今槐里”的注记，又见到高祖三年撤销废丘的记载，很容易理解为高祖三年将废丘更名为槐里。而像长葛、长社这样，既名称相近，又存在省并关系的

---

① （清）杨守敬、熊会贞疏，段熙仲点校，陈桥驿复校：《水经注疏》卷八，第730页。

② 参见拙著《西汉侯国地理》上编第一章《〈汉书〉侯表下注“郡县名”体例疏正》，上海古籍出版社2013年版，第31—43页。

③ 据《旧唐书·地理志》记载，隋代义宁二年析武当县置平陵县，可知西汉平陵侯国废除后，其地并入武当县，隋代又重新立县。见（清）梁玉绳《史记志疑》卷一三，中华书局1981年版，第656—657页。

④ （清）段玉裁：《说文解字注》，上海古籍出版社1988年版，第285、291页。

⑤ 《汉书》卷八七，第3513页。

县邑，当人们看到“长葛，今长社”的记载，很容易误解两者为同地更名的关系。

理解了上述现象，我们再返回来看应劭“（阳山）今阴山也”的注释，也应是类似的误解。阳山侯国在废除之后，并入邻近的阴山县，成为阴山县的乡聚。当东汉时代标注西汉阳山侯国方位时，若采用当时的行政建制，就会出现“阳山，今阴山”的记录。应劭在看到这条记录后，直接将“今阴山”录入注文。或许当时应劭还没有“阳山改为阴山”的理解，而仅仅照录所见到的资料。但是后人却将此误解为“阳山改为阴山”。像沈约就将此信息误读为“（阳山）后汉曰阴山”，而到了北魏这种误解流传更广，以致衍生出“言其势王，故堑山堙谷，改为阴山县”的故事，这与应劭误传“（长葛）其社中树暴长，更名长社”何其相似。

总而言之，后世所理解的“阳山改为阴山”应是对东汉时代“以今地注古地”注释方式的误读，实际并不存在阳山县改名阴山县之事。

四　结论

经过上述考辨，我们可以重新复原汉代阳山县（侯国）的行政隶属沿革，以及后世史籍相关记载致误的缘由。

西汉时代的阳山县位于洣水下游，约在今湖南省衡东县洣水南岸，西汉初年隶属长沙国管辖。汉元帝初元元年，长沙炀王刘旦以阳山县分封兄长刘宗为侯国，[①] 别属桂阳郡管辖。东汉时期，阳山县废除，其地并入邻近的阴山县。

东汉时代，由于西汉阳山侯国故地位于当时的阴山县境内，当史家标注阳山方位时，出现了“阳山，今阴山”的记录。而东汉末年的应劭在注释《汉志》桂阳郡阳山侯国时，将“今阴山”直接录入。刘宋沈约不明此注释体例，径称“（阳山）后汉改曰阴山”。受此误读的影响，后世又衍生出“言其势王，故堑山堙谷，改为阴山县”的改名故事，并被郦道元录入《水经注》。

---

① 《王子侯表》记刘宗为长沙孝王子，有误，应为长沙剌王子。详见周振鹤《西汉政区地理》，第126—127页。

而在孙吴甘露元年，孙皓析分桂阳郡南部设置始兴郡，此后又升含洭县桃乡为阳山县，以秦汉阳山关为名。沈约编纂《宋志》时，误以为始兴郡阳山县就是《汉志》桂阳郡阳山侯国。所以在广兴公国阳山侯国下注释："汉旧县"，从而造成西汉阳山县和孙吴阳山县的混淆。这种误解被后世地志承袭，最终被标绘入《图集》，从而误导学者将汉代阳山县排除为长沙国王子侯封国。

若根据以上梳理，《汉志》桂阳郡阳山标注"侯国"并无衍误，似乎阴山标注的"侯国"才是衍文。但笔者还想指出另外一种可能。汉代的阴山县地处洣水与湘水的交汇处，同属于西汉长沙国和桂阳郡的交界。因此就地理方位而言，阴山也非常符合分封长沙王子侯国的条件。而我们今天所见到的《汉书》"侯表"存在漏载侯国的现象。例如《汉书·楚孝王嚣传》载阳朔二年："成帝复立文弟平陆侯衍，是为思王"①。平陆侯刘衍在"侯表"中就没有任何记载。当然，这或许并非"侯表"漏载，因为"表"这类文献，在传抄过程中，极易发生条目脱漏。例如文帝四年分封之杨丘侯,② 不见于《史记·惠景间侯者年表》，当是后世传抄《史表》出现整栏脱漏的现象。《史记·齐悼惠王世家》载文帝四年："孝文帝尽封齐悼惠王子罢军等十人皆为列侯。"③ 而《惠景间侯者年表》仅载录九侯即是明证。结合这些现象，笔者认为不能排除今本《王子侯表》脱漏阴山侯国条目的可能。如果西汉确实存在长沙王子阴山侯国，结合阳山侯国的分封情况，阴山侯的封置年代应当在汉元帝初元元年前后。所以《汉志》桂阳郡阴山侯国的记载有其合理性，还不能轻易下"侯国"二字为衍文的结论。

附记：本文于论坛宣读后，发表于《文史》2017 年第 3 辑。后作增补，收入《西汉侯国地理（修订本）》（上海古籍出版社 2021 年版）。此次收入论文集又略作文字校订。又 2021 年复旦大学历史地理研究中心举办"多尺度、多时空与多样性——2021 年中国历史地理学国际学术研讨

---

① 《汉书》卷八〇，第 3319 页。

② 《汉书》卷一五《王子侯表》，第 431 页。

③ 《史记》卷五二，第 2005 页。原文作"七人"。古书"十""七"极易讹混。原书应作"十人"，此处梁玉绳、王先谦均已指出。分见梁玉绳《史记志疑》卷二六，第 1156 页。（清）王先谦《汉书补注》，第 975 页。

会”，参会青年学者冯博文告知笔者。湖南省文物部门第三次文物普查在衡东县茶岭附近的大浦镇堰桥村发现一座汉代城址，当地称“堰城”，占地面积 12 万平方米，现被列为湖南省文物保护单位。今按，“堰城”与“阴城”读音相近，当即本文所考订的汉代阴山县。

初唐都督府的置废

罗　凯*

自曹魏创设都督府，迄于唐朝中叶，其在地方军政管理中，都有着极其重要的作用。虽然学界一般认为，隋文帝开皇三年（583）罢郡之后，隋至唐朝盛期，实行的是州、县两级制的地方行政区划（隋炀帝大业年间、唐玄宗天宝年间、唐肃宗至德年间则为郡、县两级制），但是，此期的都督府（总管府），也是考察地方管理时，不可忽视的一股重要力量。

关于唐代都督府的研究，早期成果主要有岑仲勉《〈括地志序略〉新诠》[①]、严耕望《括地志序略都督府管州考》[②] 等；20 世纪八九十年代，该问题曾引起学界的广泛兴趣，柳元迪[③]、苏基朗[④]、牟发松[⑤]、王寿南[⑥]、桂齐逊[⑦]等学者都曾对此做过探讨；世纪之交，艾冲曾发表、出版过一系

---

* 四川大学历史文化学院副教授。

① 岑仲勉：《〈括地志序略〉新诠》，初刊于《中山大学史学专刊》1935 年第 1 期；后收入《岑仲勉史学论文集》，中华书局 1990 年版。

② 严耕望：《括地志序略都督府管州考》，初刊于《史语所集刊》第 35 辑，“中研院”，1964 年；后收入《唐史研究丛稿》，新亚研究所，1969 年；收入《严耕望史学论文选集》，中华书局 2006 年版；收入《严耕望史学论文集》，上海古籍出版社 2009 年版。

③ 柳元迪：《唐前半期都督府、州的总数及其关系》，《边太燮博士华甲纪念史学论丛》，三英出版社 1982 年版；《唐前半期都督府与州的统属关系》，《东洋史学研究》第 22 辑，1985 年。

④ 苏基朗：《唐代前期的都督制度及其渊源》，初刊于《食货月刊》1985 年第 11、12 期；后收入氏著《唐宋法制史研究》，香港中文大学出版社 1996 年版。

⑤ 牟发松：《唐代都督府的置废》，《魏晋南北朝隋唐史资料》第 8 辑，1986 年。

⑥ 王寿南：《唐代都督府之研究》，《庆祝欧阳泽民先生七秩华诞人文社会科学论文集》，欧阳泽民先生七秩华诞学术论文集编辑委员会，1988 年。

⑦ 桂齐逊：《唐代都督、都护及军镇制度与节度体制创建之关系》，《大陆杂志》第 89 卷第 4 期，1994 年。

列关于唐代都督府的研究成果①，而后李青淼②、郭声波③也就此有过针锋相对的学术争鸣。

本文试图通过系统梳理唐代初期高祖、太宗、高宗三朝都督府的设置与罢废，来考察彼时唐帝国地方治理的宏观逻辑。唐代的都督府由总管府演变而来，且与都护府有密切的关系，但限于主题和篇幅，本文将不对总管府和都护府展开论述。

一 武德晚期至贞观中叶的都督府置废

自北周改革都督府制度，创设总管府以来，隋文帝朝和唐高祖武德前中期，地方军政都以总管府为主。武德六年（623）春季，唐朝的总管府达到极盛，全国共有近80个总管府，其与行台尚书省一起，构成唐初地方军事管治的主体力量。

武德七年，唐朝改总管府为都督府。这并非名称的简单改易，此点牟发松先生《唐代都督府的置废》④一文已有精辟论证，此不赘述。

武德八年，都督府相对来说比较稳定，较大的变化来自东南道行台的撤销，于是改设扬州大都督府（此时“扬州”在今南京市，次年才迁到今扬州市），以管理大唐的东南沿海地区。

武德九年夏，“玄武门之变”发生，李世民取代身亡的李建成成为皇太子，其原来所兼任的一切职务遂无存在之必要，于是益州道行台、陕东道大行台被罢废，分别改设益州大都督府、洛州都督府等，同时蒲州都督府也撤销，同于该年罢废的都督府，还有相州、苏州、南康州等。

贞观元年（627），唐太宗在全国掀起了一场改革地方行政管理的大风暴，省并了一大批的州、县，不但如此，还一举罢废了30个都督府

① 艾冲：《唐代都督府政区的发展与衰落》，《陕西师大成教学院学报》1999年第4期；《论唐代前期“河曲”地域的都督府政区》，《中国历史地理论丛》2002年第1辑；《唐代河西地区都督府建制的置废》，《敦煌研究》2003年第3期；《唐前期东突厥羁縻都督府的置废与因革》，《中国历史地理论丛》2003年第2辑；《唐代都督府研究》，西安地图出版社2005年版。

② 李青淼：《唐代前期都督府探讨》，《中国历史地理论丛》2006年第4辑。

③ 郭声波：《唐代前期都督府为州一级行政机构吗？——对〈唐代前期都督府探讨〉的商榷》，《中国历史地理论丛》2006年第4辑。

④ 牟发松：《唐代都督府的置废》，《魏晋南北朝隋唐史资料》第8辑，1986年。

（表 1）。

表 1 贞观元年唐朝罢废的都督府

诸道	罢废的都督府
关内道	丹州都督府、庆州都督府①、延州都督府②
河南道	陕州都督府、郓州都督府、海州都督府、亳州都督府、豫州都督府、汴州都督府③、齐州都督府④、青州都督府
河东道	潞州都督府⑤
河北道	怀州都督府、魏州都督府、冀州都督府、德州都督府、景州都督府、燕州都督府
陇右道	肃州都督府
山南道	显州都督府
淮南道	舒州都督府、黄州都督府、光州都督府、寿州都督府
江南道	宣州都督府、歙州都督府、括州都督府、江州都督府
剑南道	遂州都督府⑥
岭南道	钦州都督府

数据来源：《旧唐书·地理志》《元和郡县图志》《太平寰宇记》等。

在贞观元年这一场声势浩大的并省政区运动中，全国有 43 个都督府被保留下来。

武德九年至贞观元年唐太宗的罢废都督府，其性质与此前唐高祖主政时偶尔的废府是不同的，此前的罢废都督府或总管府，要么是该府被敌方攻占被迫罢府，如武德四年定州、冀州、魏州等总管府被刘黑闼攻占而省，五年代府被突厥攻占而废；要么是罢府之后，其所管之地被其他总管府（都督府）接管，如武德四年延州总管府接管原丹府之地，七年原南昌

---

① 开元四年复置。

② 开元二年复置。

③ 《旧志》不言废汴府，或为夺逸。后文云："废开封、小黄、新里三县入浚仪，复以废杞州之雍丘、陈留，管州之中牟，洧州之尉氏来属。"揆诸舆地形势，杞州、管州、洧州等之存废，以及贞观元年大规模废府的大环境，可知必为贞观元年废府无疑。而且此后史籍中不见有汴州都督府的记载，《括地志序略》亦仅云汴州。

④ 七年又置，十七年罢。

⑤ 八年复置。

⑥ 疑此年罢，十年复置，十七年复罢。

府辖区全被并入洪府等。但贞观元年所废都督府原来所管之州，一部分被省并，仍存之州，大多数并没有被划归别的都督府，而是直接收归中央，这是地方管理层级的大变动，造成了一片片不属于任何都督府的中央直辖地带，如陕州、汴州、郓州、豫州、冀州、魏州等地，从而使得中央直属州从京畿所在的关中地区向其他地方迅速扩张。

贞观年间，这种罢废都督府，改由中央直接管理州的行动，陆续进行，当然，在此期间，也有新置都督府的情况；而且曾经被废的一些都督府，也有部分复置的，这都说明当时朝廷在不断对都督府进行调整。

贞观元年，宁州新置都督府。崖州亦置都督府。

二年，废循州、石州都督府。绥州都督府罢，改于附近新取得的夏州置都督府。鄜州复置都督府。松州新置都督府。该年所有大都督府均改为都督府，权力急剧缩小。

三年，废隰州都督府。复置石州都督府。

四年，宁州都督府罢，改于庆州复置都督府。该年润州曾为都督府。

五年，废定州、通州都督府。庆州都督府罢，改于原州新置都督府，此后恒置。

六年，废晋州、石州、梁州、利州、金州①、襄州、安州都督府。罢南宁府，改设戎府。该年洺州曾为都督府②。或于本年复置大都督府。

七年，罢南尹州都督府，改于其东北置龚州都督府。齐州、安州复置都督府。

八年，梁州、潞州复置都督府。

十年，复置相州、遂州都督府。大都督府复改为都督府。

十二年，废岷州都督府。罢安州都督府，旋复置。

十三年，叠州、许州新置都督府。

十四年，兖州复置都督府。西州置安西都护府。

由于《括地志序略》记载有都督府，故关于贞观十三年的都督府设置情况，曾是学界探讨的一大热点。孙星衍虽作过《括地志》的辑佚、校

① 《旧志》不言何时废金州都督府，然观山南及其附近地区其他都督府的罢废，可知当废于贞观前期：贞观五年，废通府；贞观六年，废梁、利、襄、安等府。很可能，金府亦废于贞观六年。

② 不详何年复置府，可能贞观十年罢府。

订，但不了解当时都督府管州的真实情形，故而将都督府提行别书，经岑仲勉先生的考订，已纠正过来。但岑先生认为崖州都督府为“邕州都督府”，又将邕州改为富州[①]，不免失察。严耕望先生对该年都督府管州考述颇详，基本恢复了当时的原貌，但智者千虑难免一失，严先生将“家”州改为丰州，并认为其是都督府[②]，与岑先生所犯相类，而潘州之失，已为张伟然先生所指出[③]。翁俊雄先生《唐初政区与人口》号称考证精审，但对以上错误均两存之，且没有意识到汴州都督府早已罢废，又将云中、定襄两个侨置的羁縻都督府列在正州里面[④]，实误上加误。

二 贞观十七年罢废的都督府

在有唐一代近三百年的历史中，贞观十七年是一个特殊年份。这一年，由于魏王泰等争储，太子承乾被废，以及齐州都督齐王祐等谋反，引发了一场政治大地震，不但皇储改易，地方政治区域也有不小变动，12 个州被废，更严重的是，一举罢废了 9 个都督府：齐州都督府、相州都督府、洛州都督府、徐州都督府、遂州都督府、梁州都督府、鄜州都督府、潞州都督府、许州都督府。其中明文记载罢废的有齐府、徐府、梁府、遂府，其余五府必须进行一番考证才能知晓。

相府：该府贞观十年前屡有反复，此处不详述。《旧志》[⑤] 载贞观十年复置都督府，又谓：“（贞观）十六年，罢（相州）都督府。”[⑥] 然据《通鉴》，则十七年四月癸巳，方“诏解魏王泰雍州牧、相州都督、左武侯大将军，降爵为东莱郡王”[⑦]。《旧唐书·濮王泰传》存此诏[⑧]，足证《通鉴》

---

① 岑仲勉：《〈括地志序略〉新诠》，《岑仲勉史学论文集》，中华书局 1990 年版。

② 严耕望：《括地志序略都督府管州考》，《严耕望史学论文集》，上海古籍出版社 2009 年版。

③ 张伟然：《唐代岭南潘州的迁徙与牢禺二州的由来》，《岭南文史》1996 年第 3 期。

④ 翁俊雄：《唐初政区与人口》，北京师范学院出版社 1990 年版，第 34、114、123 页。

⑤ 《旧唐书·地理志》的简称。为行文简洁，下文《元和郡县图志》简称《元和志》，《太平寰宇记》简称《寰宇记》，《资治通鉴》简称《通鉴》，《新唐书·地理志》简称《新志》。

⑥ 《旧唐书》卷三九《地理志二》，中华书局 1975 年版，第 1491 页。

⑦ 《资治通鉴》卷一九七《唐纪十三》太宗贞观十七年，中华书局 1956 年版，第 6198 页。

⑧ 《旧唐书》卷七六《太宗诸子·濮王泰传》，第 2656 页。

之可信据。又，十七年魏徵死时，赠相州都督①，若此时相州都督府已废，是不可能赠此官的。故废相州都督府，必在贞观十七年。

洛府：洛州自武德九年撤销陕东道大行台，即置都督府。但洛州都督府之罢，《旧志》《元和志》《寰宇记》等皆谓贞观十八年，而《通典·职官典》却云："大唐武德四年置洛州都督，贞观十七年改为刺史。"② 按：武德四年所置洛州都督，寻因改置陕东道大行台而废，武德九年废行台，却置洛州都督府，杜氏省之也。然贞观十七年改洛州都督为刺史，可能得其实。《会要》卷六八亦云："（贞观）十七年五月十三日，废都督府，复为洛州。"十七年因齐王祐谋反，既罢齐州等都督府，洛府同年罢的可能性极大。据严耕望《唐仆尚丞郎表》，十七年四月后，洛州都督张亮入朝为工部尚书③，很可能此后即不再任命都督。

鄜府：《括地志序略》有鄜州都督府。《通鉴》云，贞观十三年二月庚辰，尉迟敬德拜鄜州都督。《尉迟敬德墓志》云："又拜光禄大夫、行鄜州都督鄜坊丹延四州诸军事、鄜州刺史，十六年以本官检校夏州都督夏绥银三州诸军事、夏州刺史。"④ 此后，据《唐刺史考全编》卷七，贞观末年李元景，高宗时李福、李上金、李元祥等均是鄜州刺史，不再是鄜州都督。故《唐刺史考全编》谓贞观十六年罢府⑤，基本符合史实。

但笔者认为，与其将废都督之年定在贞观十六年，不如定在次年更确切。《通鉴》贞观十七年二月，"鄜州都督尉迟敬德表乞骸骨；乙巳，以敬德为开府仪同三司"。若《通鉴》所书无误，则十七年初尉迟敬德尚在鄜督任上，前一年之夏督，只是临时兼任而已。而从当时情势来看，其十七年乞求致仕，也更符合情理，因为该年正月代州都督刘兰谋反，被腰斩，同为都督的尉迟恭此时主动要求退休，既是明哲保身的做法，也符合唐太宗的利益。但即使这样，十七年二月，鄜州当依然置有都督，真正废督，还在此后。三月齐州都督齐王祐谋反，伏诛；四月，太子承乾被废，梁州都督汉王元昌等牵扯其中，加上相州都督魏王泰

---

① 《旧唐书》卷七一《魏徵传》，第2561页。

② 《通典》卷三三《职官十五·州郡下》河南尹条，中华书局1988年版，第903页。

③ 严耕望：《唐仆尚丞郎表》，中华书局1986年版，第977页。

④ 《大唐故开府仪同三司鄂国公尉迟君（敬德）墓志并序》，吴钢主编《全唐文补遗》第二辑，三秦出版社1995年版，第155页。

⑤ 郁贤皓：《唐刺史考全编》，安徽大学出版社2000年版，第207页。

被贬，才真正掀起这场府、州、县改革的大风暴。正因为不少掌握地方实权的皇弟皇子都督，牵扯到这场皇位继承权的大斗争中来，所以唐太宗要大力加以整顿，边境地区的都督府担负着固守疆场的重任，必须维持，但内地战略要地的都督府，则大批废除，以免此类事件的再发生。

窃以为，不但有明文记载的齐州、梁州、遂州（时都督当为彭王元则）、徐州（都督为徐王元礼）都督府废于贞观十七年，相州、洛州都督府可考订为此年，即便没有记载的鄜州都督府也当废于此时，同时被废的还可能有潞州都督府、许州都督府。

潞府：贞观八年，潞州置大都督府。十年，改为都督府。时都督为韩王元嘉，《旧唐书》卷六四《韩王元嘉传》及《荆王元景传》等均有记载。贞观十七年，废韩州，以所管襄垣等五县属潞州。同时，很可能罢潞州都督府。该年齐州、徐州、梁州、遂州等均罢府，同样地处腹心的潞州都督府，当亦罢。检《唐刺史考全编》，韩王李元嘉之后，直到开元中，潞州长官，均为刺史，无称都督者。接替韩王的郑王元懿，已是“历郑、潞二州刺史”[①]。《大唐圣帝感舍利之铭》载“使持节潞州诸军事守潞州刺史上骑都尉贺拔正”，时为唐仪凤三年（678），胡聘之认为“仪凤时潞为中都督府”[②]，乃属误判，以铭文之具衔，仪凤年间潞州无疑非都督府，只是普通州而已。李隆基中宗景龙中为潞州别驾，诸史皆然[③]，并无书“潞府别驾”者。这种情况直至开元前期均无改变，由《千唐志》藏碑“大唐故中散大夫使持节潞州诸军事守潞州刺史上柱国李怀让（下泐）”之题衔（时在开元十二年）等可知。其后，韦虚心、崔日知、皇甫翼等人，官衔已是潞州大都督府长史了。因此，可以得出结论，贞观十七年，因为高层政治大风暴，原来趋向于终身制的诸王固定出镇制度，遽然变革，所有亲王均从原职调往他处，伴随着的是大批腹地都督府的罢废，潞府亦在此列。

---

① 《旧唐书》卷六四《高祖二十二子·郑王元懿传》，第2429页。

② （清）胡聘之《山右石刻丛编》卷四《梵境寺舍利铭·大唐圣帝感舍利之铭》。亦可参见《唐刺史考全编》卷八六，第1233页。

③ 参见（唐）李濬《松窗杂录》（明顾氏文房小说本）；（唐）刘餗《隋唐嘉话》（明顾氏文房小说本）上；（唐）马总《通纪》（清嘉庆宛委别藏本）卷四；《旧唐书》卷八《玄宗纪上》，第165页；《太平御览》卷一〇一、七二八；《册府元龟》卷二〇、二一；《新唐书》卷五《玄宗纪》，中华书局1975年版，第121页；《资治通鉴》卷二〇九、二四六等。

许府：该府置于贞观十三年，《旧志》云贞观十六年罢，但该府既然三年前才置，若没有大的变故，何以突然又罢废呢？而且该府都督乃是位高权重的长孙无忌，更没有理由随便罢废。只有在当时政坛大地震的情形下，坐镇地方的重臣皇戚，纷纷因此或被动或主动地调职，废府才顺理成章。笔者推测，其罢废的时间很可能与相州都督府是一样的，相府《旧志》亦载为贞观十六年罢，但实际上却是次年魏王泰争储失败，才被废的。

在以上9个内地的都督府被废之后，唐朝腹地一时大空，只有兖州都督府一个得以保留。这是因为整个黄淮海大平原，地势极为平坦，只有以泰山为首的鲁中丘陵拔地而起，影响着黄河的流向，泰山为五岳之首，具有极高的政治意义，兼且邹鲁乃礼乐之邦、孔府所在，因此兖州都督府作为政治象征继续存在。再者从并、益、荆、扬四府的控制线来看，兖府大致处在并、扬二府的连线上，偌大的中原腹心之地，完全不设武备也是不行的，有兖府坐镇山东高地，可与并、扬二府南、北呼应，具有一定的震慑作用。

行文至此，有必要对《唐代都督府研究》① 一书稍作商榷。该书是迄今为止，最全面最系统探讨唐代都督府的专著，华林甫先生对此已给了相当高的评价②。但其中存在的问题，毋庸讳言，是不少的。比如对于贞观年间都督府的情形，其不但将京畿当作都督府级政区看待，而且对《旧志》明确记载的原府、洛府、许府、齐府、梁府等辖区，凭空增加若干州，难免有不尊重史实的嫌疑；至于冀州、汴州、金州、瓜州等，作者对《旧志》《括地志序略》的明确记载视而不见，且没有认识到汴府贞观元年、金府贞观前期已废的事实，而瓜州虽云贞观中复置，但贞观中不乏置而寻废的都督府，故贞观十四年、二十三年并不一定存在。又，其认为齐府废而寻复立，依据是齐王裕曾任齐府都督，但中华书局点校本《旧唐书》校勘记早已指出“裕”字乃传世本之讹，本为“祐”，即齐王祐。又，其所据《全唐文》卷六《荆王元景等子孙代袭刺史诏》，在《唐大诏令集》卷三五中作《荆王元景等子孙世袭刺史制》，宋敏求所标时间为贞观十一年六月，可知“齐府存在到唐代后期”，乃作者之误读。至于冀府、

---

① 艾冲：《唐代都督府研究》，西安地图出版社2005年版。

② 华林甫：《隋唐五代政区研究述评》，《中国史研究动态》2008年第8期。

魏府等的复置，则完全没有任何史料依据。

作者还将当时不存在都督府的地区冠以“晋蒲区”“苏杭区”等名，意指可能存在都督府，只是史无明文，而京畿、都畿亦被看作两都“实管”的都督府级行政区，并将完全无记载的情况作种种涉及具体年份的大胆猜测，实在让人无法苟同。

究其实，在于作者有一个唐代都督府是高层政区的基本预设，以为全国所有州均隶属都督府（两畿则谓分别由两都“实管”），这实际上是作者基于西北边疆地区都督府管州经验的一种无限推广。殊不知，都督府及其所继承的总管府的特殊性在于，它本是一个因地制宜的机构与灵活性颇大的政治区域，并不像正式政区一样，具有绝对的普适性，因而，并非所有地区均置有都督府。北周、隋、唐在边远地区固然置府管州，但内地则不然。武德三年以后，唐高祖因为当时混乱的局势，故除京畿外，曾在全国普遍设置总管府（都督府），但是李世民当政后，即量加裁撤，故此后内地并非全部置有都督府。这种情况，隋文帝朝已然，关中属京畿固不论；河南地区开皇初年起也已基本上不置总管府，青州总管府亦于开皇十四年（594）罢废；河北地区除了北部边疆的幽州、营州等少数总管府，亦不置府，只是后来曾由并州大总管府兼统而已。而往前推，北周不但畿内不置府，而且畿内附近地区也不恒置总管府，而是因时因事常有调整，故北周武帝时屡有罢废总管府的记载。到了唐太宗朝，经过贞观元年、六年、十七年等几次大规模废府之后，内地不置府的范围，达到周、隋以来的最大值①。

三 唐高宗时期都督府的变迁

自从贞观十七年，唐太宗将兖府之外的腹地都督府尽数废除之后，此后数十年间，除了显庆元年（656）复置梁州都督府②，龙朔二年（662）

---

① 大业年间不设总管府（都督府），另当别论。

② 梁州复置都督府，与废太子李忠封梁王有直接关系。《唐大诏令集》卷三一《降太子忠为梁王诏》曰：“可封梁王，食邑二万户。使持节都督梁、洋、集、璧四州诸军事梁州刺史，仍别食二千户，赐物二万段，甲第一区。梁州仍置都督府。（显庆元年正月。）”

到咸亨三年（672）曾短暂复置冀州大都督府[1]（实为魏州），内地的都督府格局并未有过大的变化。这一时期，关内、河东、河北三道南部，河南道的绝大部分，山南道和淮南道大部，剑南道东部，江南道的极小部分，是不设都督府的。

但是，除此之外的唐皇朝边远地方，不论是否为战略要地，均属都督府管辖。其中包括陇右道和岭南道的全部，关内、河东、河北三道的北部，剑南道的西部和南部，江南道的绝大部分，以及山南道、淮南道和河南道的一部分区域。

唐高宗时期，这些边远地区的都督府，有置有废，但无论置废与否，其实均是都督府体系内的调整，即其所管地域，一直处于都督府的管辖范围之内，仅表现为其隶属关系的“平移”，而非像太宗时期内地州那样的上下调整——从都督府所管，变为中央政府直辖。

唐高宗时期，这样的边地都督府调整，主要有：

贞观二十三年[2]，置丰府。武德元年即置丰州总管府，张长逊以地归唐，故授其丰州总管以赏功也。然武德四年张长逊入朝，丰州总管府亦废。贞观四年，置丰州都督府，唯领蕃户，十一年废，二十三年复置丰州。故严耕望《管州考》以“家州”为丰州之讹，遂以为贞观十三年有丰州都督府，误。但贞观二十三年复置的，不仅是丰州，都督府当亦同时置矣。此后，丰府恒置，迄于唐亡。

贞观末永徽初，废高州都督府。该府始置于武德五年，其所管初为高、春、罗、辩、雷、崖、儋、振（此径书贞观八年统一改名后之州名），武德七年割雷、崖、儋、振属广府，贞观元年雷州复来属。《旧志》云贞观二十三年废府，并分置恩州。但缪荃孙辑《元和郡县图志阙卷逸文》卷三高州条云：“贞观二十三年，［冯］盎卒，子智戣又为刺史。永徽元年，敕遣太常丞薛宝积析高州所管县为恩、潘二州，分盎诸子为刺史，以抚其人。”[3]《全唐文》卷二三一张说《赠潘州刺史冯君（君衡）墓志铭》曰：“祖盎，持节总管高州都督、耿国公，薨，赠左骁卫大将军、荆州大都督。

---

① 此期，都督府制度本身，其实有重大变化，即龙朔二年复置大都督府，上、中、下三级都督府制被废弃，重回大、中、下都督府制度。

② 唐太宗崩于该年农历五月己巳，此后即进入唐高宗统治时期。为便于行文，此处姑且将丰州都督府之复置，放在唐高宗时期论述。

③ （唐）李吉甫撰，贺次君点校：《元和郡县图志》，中华书局1983年版，第1088页。

恩命分府为三州，授君三子，子智戣高州刺史，子智玳恩州刺史，犹子子猷潘州刺史。”而同书卷九九三《唐故开府仪同三司赠扬州大都督高公神道碑》谓：“（冯盎）子智戣为高州刺史、智戴为恩州刺史、智玳为潘州刺史。”《高力士残碑》亦云：“公本姓冯，讳元一……耿公有三子：智戣为高州刺史，智戴为恩州刺史，智玳为潘州刺史。”① 由此可知，高州都督府原为笼络冯盎所置，盎死，府废，然为安抚冯氏家族，遂分原高州之地为三州，分授盎之三子，于是有潘州②、恩州之设。至于其确切的时间，《旧志》记为贞观二十三年，《元和志》则为次年即永徽元年，限于史料，难以确知，姑且模糊处理。

永徽元年（650），罢叠州都督府，置洮州都督府。叠府，贞观十三年置，督叠、岷、洮、宕、津、序、壹、枯、嶂、王、盖、立、桥等州。二十三年，叠州都督李勣离任。永徽元年，罢府。乃改于附近的洮州置都督府。《宣州刺史陶府君德政之碑》云：“至咸亨元年，授使持节都督十五州诸军事守洮州刺史。”

显庆元年，罢兰州都督府，置鄯州都督府。兰府，据《旧志》，武德八年，置都督府，督兰、河、鄯、廓四州。贞观六年，又督西盐州。十二年，又督凉州。考《新志》羁縻州条，庆府所属有儒州，本西盐州，贞观五年以拓跋部置，八年更名。凉州当作淳州，《新志》羁縻州条，灵府所属有淳州，贞观十二年，以降户置于洮州之境。《旧志》又云“今督兰、鄯、儒、淳四州”。然据《寰宇记》，此处少河、廓二州，实际上应为六州。显庆元年，罢府。

鄯府，《旧志》云：“贞观中，置都督府。”其实当为显庆元年。《唐大诏令集》卷六二《册张允恭鄯州都督文》谓：“维显庆元年……惟兰州都督、安陆县开国公张允恭……命尔为使持节、都督鄯、兰、河、儒、廓、淳、蒙七州诸军事、鄯州刺史……”③ 按：《旧志》明言显庆元年罢兰州都督府，而兰府原督鄯州。据该册文，则张允恭即第一任鄯州都督也。灵廓《宣州刺史陶府君德政之碑》亦云：“至咸亨元年，授使持节都

① 参见陶仲云、白心莹《陕西省蒲城县发现高力士残碑》，《考古与文物》1983年第2期。

② 关于潘州，可参见谭其骧《自汉至唐海南岛历史政治地理——附论梁隋间高凉冼夫人功业及隋唐高凉冯氏地方势力》，《长水集续编》，第114页；张伟然《唐代岭南潘州的迁徙与牢禺二州的由来》，《岭南文史》1996年第3期。

③ 参见（宋）宋敏求编《唐大诏令集》，中华书局2008年版，第338页。

督十五州诸军事守洮州刺史……摄官方镇，载彰抚驭之才……六（?）年，转授使持节都督七州诸军事鄯州刺史……至咸亨五年，授中散大夫使持节都督四州诸军事守秦州都督……至仪凤四年，授中大夫使持节都督四州诸军事守梁州刺史。"① 则咸亨中，鄯州都督府仍督七州。然儒、淳、蒙三州当为党项部落之羁縻州，前二州分别见于《新志》羁縻党项之安化州都督府、静边州都督府②，蒙州无考，然亦是此类州无疑。故实际上鄯府所督，乃鄯、兰、河、廓四州也，这应该是鄯府之经制。

显庆三年，改安西都护府，置西州都督府。贞观十四年，平高昌，置西州，又置安西都护府，显庆三年，改为西州都督府。后其都督府当常置，然安西都护府回撤西州之时，很可能不同置都督府，详情待考。

麟德元年（664），置姚州都督府。《旧志》不言姚州置都督府，然谓："武德四年，安抚大使李英，以此州内人多姓姚，故置姚州，管州三十二。麟德元年，移姚州治于弄栋川。自是朝贡不绝。"此 32 州，必是羁縻州无疑。"麟德元年，移姚州治于弄栋川"者，当即《旧唐书》卷四《高宗纪上》所谓"（五月）乙卯，于昆明之弄栋川置姚州都督府"。《会要》亦载："麟德元年五月八日，于昆明之弄栋川置姚州都督府，每年差兵募五百人镇守。"③ 此当与《旧志》移治所为同一件事，即移治所之同时，置都督府。虽然都督府是否此时始置，并不能据此下定论，但此后姚州置有都督府可无疑也。然从陈子昂的奏言亦可知，姚府其实并不稳定。

乾封二年（667），废龚州都督府，置容州、邕州都督府。在此之前，废崖州都督府。

关于邕州都督府，《旧志》云："邕州都督府 隋郁林郡之宣化县。武德五年，置南晋州，领宣化一县。贞观六年，改为邕州都督府。"④ 似乎贞观六年即已存在邕府，但此处实有夺逸。因为南尹州都督府贞观七年才

---

① 陈尚君辑校：《全唐文补编》卷十九，中华书局 2005 年版，第 228—230 页。该碑《全唐文补遗》第七辑作《宣州刺史陶大举德政碑》（吴钢主编《全唐文补遗》，三秦出版社 2000 年版，第 231 页）。

② 《旧志》前者亦有，后者无。

③ 《唐会要》卷七三《姚州都督府》，上海古籍出版社 1991 年版，第 1576 页。《旧唐书·高宗纪上》亦云：该年五月"乙卯，于昆明之弄栋川置姚州都督府"。

④ 《旧唐书》卷四一《地理志四》，第 1737 页。

废，此前尚督邕州。桂州都督府则此后督之，《旧志》桂州叙“今督”句表明至贞观十三年不变[①]。艾冲、郭声波等已指出，邕州都督府实置于高宗乾封二年[②]。《寰宇记》卷一六六“邕州”条载：“贞观六年改为邕州[③]，近邕溪，因名。乾封二年置都督府。”[④]《寰宇记》此段当因袭《旧志》原文。《元和志》亦曰：“乾封二年置都督府。”[⑤]

至于容州都督府的设置，要复杂得多。艾冲依据《大唐赠卫尉卿并州大都督淮阳郡王京兆韦府君墓志铭》，以中宗韦皇后之弟韦泂于如意元年（692）“薨于容府”，从而判定容府始置于天授年间（690—692）[⑥]。台湾学者廖幼华据《景星寺碑铭》，判定高宗时容州已置都督府，经略使最晚开元初年已存在[⑦]，其说甚是。事实上，根据卢藏用所撰《景星寺碑铭》，容府之始置时间，可以进一步精确。该铭曰：

> 容州都督府景星寺者，高宗天皇大帝所建也。高宗继文嗣武……增封东岱，有景星乘象，制诸州置寺，仍景星为名……时都督乐处元，以式遏为心，未遑经始；后长史陈善宏，以熏修为念，颇加薙翦。[⑧]

铭文表明景星寺始建于高宗乾封年间（666—668），时容州已有都督，则容府之设，不应晚于乾封二年邕府之置[⑨]。

---

① 参见严耕望《括地志序略都督府管州考》文中关于“今督”的考证和辨析。

② 参见艾冲《论唐代“岭南五府”建制的创置与演替——兼论唐后期岭南地域节度使司建制》，《唐都学刊》2011 年第 6 期；郭声波：《中国行政区划通史 · 唐代卷》上编第十章《岭南道》第四节《朗宁郡（邕州）都督府》，复旦大学出版社 2012 年版，第 688 页。

③ 改南晋州为邕州，据《旧唐志》桂州叙、《新唐志》，乃贞观八年（634）事。按：贞观八年唐朝对全国州名统一进行了整饬，当是。

④ （宋）乐史撰，王文楚等点校：《太平寰宇记》卷一六六《岭南道十》，中华书局 2007 年版，第 3171 页。

⑤ 《元和郡县图志》卷三八《岭南道五》，第 945 页。

⑥ 参见艾冲《论唐代“岭南五府”建制的创置与演替——兼论唐后期岭南地域节度使司建制》，《唐都学刊》2011 年第 6 期。

⑦ 廖幼华：《从唐代容州形势看容州经略台的始建年代》，《中国历史地理论丛》1999 年第 3 期。

⑧ 参见《全唐文》卷二三八，山西教育出版社 2002 年版，第 1432—1433 页。

⑨ 详情参见拙文《唐代容府的设置与岭南五府格局的形成》，《中国边疆史地研究》2015 年第 2 期。

需要指出的是，史籍未载龚州、崖州都督府罢废于何时。但龚府原管龚、蒙、浔、宾、澄等州，其中浔、宾、澄三州后为邕府所辖，二者有重合，则龚府之废，不晚于乾封二年，否则邕府的设立就缺乏逻辑。参照南尹府与龚府的交替，最可能的情况，就是在乾封二年邕府设立之时，龚府被废。艾冲推测该府天授中被容府取代，[①] 时间过晚，且未注意到龚府与容府的辖境其实没有交集[②]。郭声波认为废于贞观十五年前后[③]，未免过早，其论据是《李道素墓志》所载李弘节“桂州都督廿七州诸军事”，以为龚府废后，其所管州改隶桂府，桂府才有可能都督廿七州。但严耕望早就指出，“廿”乃“十”之伪[④]，所谓“廿七州”实际上就是《旧志》桂州叙“今督”之十七州。否则，即便此时龚府所管 6 州[⑤]全部改隶桂府，也凑不足“廿七”之数。

至于崖府罢废的时间，亦在乾封之前。艾冲以为该都督府贞观元年至贞元五年（789）一直存在，但《唐六典·尚书户部》和敦煌石室写本唐天宝初年《郡县公廨本钱簿》均无崖府，故其所论显然欠妥。《册府》云：“贞元五年，（李）复奏收复琼州，表曰：‘琼州本隶广府管内，乾封中，山洞草贼翻叛，都督李孝逸抚驭失所，遂致沦陷，已经一百余年。’”[⑥]据《新唐书·高宗纪》，乾封二年“岭南洞獠陷琼州”[⑦]。琼州之陷，缘于主管的广府都督李孝逸措置失当，而非更接近琼州的崖府都督，可知崖府至迟此时已被罢废无疑，但具体时间难以确知。郭声波将该府之废定于贞观二十三年，理由是“《旧唐志》广州条谓贞观中崖州都督府与南康州都

① 参见艾冲《论唐代“岭南五府”建制的创置与演替——兼论唐后期岭南地域节度使司建制》，《唐都学刊》2011 年第 6 期。

② 当然，艾先生径改《旧唐志》等史籍的原文，使得龚府辖州面目全非，自然就有交集了。实则容府所管诸州，尽管藤州和后来的绣州与龚府相邻，却刚好不在龚府辖境。龚府辖区反而与较远的邕府有共同之处，因为二者有水路直通之便。

③ 郭声波：《中国行政区划通史·唐代卷》，第 748 页。

④ 参见严耕望《隋代总管府管州考》，《严耕望史学论文选集》，中华书局 2006 年版，第 148 页。

⑤ 据《元和志》等史籍记载，浔州贞观十二年废，长寿元年（692）才重置。

⑥ 《册府元龟》卷三五九《将帅部·立功第十二》，中华书局 1960 年版，第 4261 页。另，《全唐文》卷六二〇李复《收复琼州表》《唐会要》卷七一《州县改置下》略同，惟“李孝逸”皆作“李逸”。

⑦ 《新唐书》卷三《高宗纪》，第 66 页。

督府并废隶广府”,[①] 显属误读。因为《旧志》原文是“以南康州及崖州都督，并隶广州”[②]，此为贞观元年之事[③]，崖州都督府该年始置，怎可能就“废隶广府”？盖因崖府级别较低，故如之前的南康、高、循等府一样，需隶属地位更高的广府，这是唐初边远地区层层统辖体制的常态。若废崖府，当是崖州和其所管州全都改隶广州，而非“崖州都督”。至于《旧志》此处之南康州，不可与“崖州”等量齐观。崖州原即是州，该年新置都督府，然由广府督辖。但南康州前一年（武德九）与南康府同时罢废，贞观元年复置南康州，并未复置南康府，该年隶属广州都督府的只是“南康州”而已，而非“南康州都督府”。

咸亨元年（670），置翼州都督府，仪凤二年（677），府罢。《旧志》翼州条谓：“咸亨三年，置都督府，移就悉州城内。上元二年（675），罢都督，移还旧治。”静州条却谓：“显庆元年，于县置悉州。咸亨元年，于悉州置翼州都督府，移悉州理左封置。仪凤二年，罢都督府，翼州却还治于翼针县，于悉唐县置南和州。天授二年，改为静州。”据郭声波先生考证，当为咸亨元年置翼州都督府，仪凤二年罢翼州都督府[④]。

永隆二年（681），改交州都督府为安南都护府。《旧志》云：“调露元年（679），改交州都督府为安南都护府。”《新志》《会要》《寰宇记》亦皆曰调露元年改交府为安南府。然据《旧唐书·高宗纪》，应该是永隆二年八月辛卯（二十五日）。宋人李上交所撰《近事会元》卷四“安南都护府”条亦载：“唐高宗永隆二年八月，改交州为安南都护府。”《元和志》则云：“武德四年又改为交州总管府，永徽二年改为安南都督（护）府，至德二年改为镇南都护府，兼置节度，大历三年罢节度置经略使，仍改镇南为安南都护府，贞元六年又加招讨处置使。”其中的“永徽”亦很可能为“永隆”之讹。

在此之前，罢驩州都督府。驩府之废，艾冲主张在贞观十六年[⑤]。但

① 郭声波：《中国行政区划通史·唐代卷》，第619页。

② 《旧唐书》卷四一《地理志四》，第1711页。

③ 《旧唐志》“贞观改中都督府”一句，脱“元年”或“初”字。因为“以南康州及崖州都督，并隶广州”，后文紧接着就书“二年，省循州都督”。

④ 参见郭声波《唐弱水西山羁縻州及保宁都护府考》，《中国史研究》1999年第4期。

⑤ 参见艾冲《论唐代“岭南五府”建制的创置与演替——兼论唐后期岭南地域节度使司建制》，《唐都学刊》2011年第6期。

《李爽墓志》曰："显庆之初，书归京洛……蒙授朝请大夫、守思州刺史。丹帷未驾，紫渥复及。授中大夫、使持节、都督交峰爱三州驩州都督府等诸军事、交州刺史……"[①] 则显庆年间驩州都督府尚在。又据《旧志》福禄州条，龙朔三年，尚有智州刺史，则该年智州尚存[②]。智州等驩府所辖州的存废，当直接关系到驩府是否存在。故龙朔三年驩府当仍存，距离乾封二年不过四年时间，彼时是否罢废颇有疑问。但可以确认的是，在永隆二年交州都督府改为安南都护府之时，驩府必定已废[③]，且罢废已有一段时间，否则以唐朝北疆诸都护府之例，安南都护府应该设置于国境的最边缘，即都护府不必再管正州，而只管羁縻府州即可。若当时驩州仍是都督府，则安南都护府大可由国境最南的驩府改置，而不该由交府所改。

综上，唐高宗统治时期，边州都督府的调整力度，远远大于内地的要州都督府，涉及关内、陇右、剑南、岭南等沿边四道，其中既有新置或复置的都督府，也有替代型都督府，还有都督府改都护府或都护府改都督府的情况。同时，我们也要看到，河北、河东道的沿边地区，这一时期都督府没有变化，关内道北部，也只有丰州复置都督府，尽管此期这一地带都护府变化颇剧，但还是反映出高宗时期的北部边疆局势相对较为安宁。

四 结语

唐初三帝统治时期，都督府在地方管理中具有重要作用。自高祖武德七年改总管府为都督府，终唐一代，都督府皆存在，但前、后期性质迥异，初唐则是其功能最显著的时期，即便如此，这一时期都督府也有许多变化。这些变化主要变现为几个方面：一是都督府制度的变革，这一时期，尤以大都督府的改革最为引人注目。二是部分都督府的罢废，在武德

① 拓本《大唐故银青光禄大夫守司刑太常伯李公（爽）墓志铭》，转引自郁贤皓《唐刺史考全编》卷三一〇《岭南道·安南都护府》，第3341页。

② 《新志》云总章二年（669），实乃合《旧志》前后文而书之，意在总章二年福禄州之置。属删削过甚，不取。

③ 郭声波以为驩府即罢废于该年，笔者认为应该至少要早上数年。

九年至贞观年间，省罢都督府是一场断断续续的持久战，直到贞观十七年达到极点。三是都督府的新置，相较于罢废而言，其规模要小得多，这一时期不是主流。四是都督府空间分布的变化，从最初的遍布全国，到逐渐从内地腹心地区退出，从而将唐帝国从空间上划分为内、外两个大不相同的区域。

“属州视县，直隶州视府”：明清州制新解*

李大海**

明清时期的州作为地域行政单位维持和运转的机制，大致可以从行政区划和地方政治制度的层面来分别加以解读。前者体现州作为地理单元，在行政区划体系中的层级、隶属、幅员、边界等要素的组成与变动，后者则注重依托于州的官僚系统，在政治生活中的权力分配、运作以及上下级关系的表达与互动。

行政区划层级的变迁是以往古代行政区划体系研究的重要内容，它集中体现了中央集权与地方分权之间此长彼消的过程。元以降至民国时期的地方行政区层级，经历了由多级制向二级制简化的历史进程，是所谓“二千年三循环”演变中的最后一个轮回。明清时期作为其中一段，实现了将复式三、四级政区层次简化为单式的三级制。① 然而，在改变行政区建置的具体操作之中，这一宏观结论背后的实践到底如何在国家的版图内部得以展开，事实上直到近来随着清初属州问题被逐渐揭示和解决，方使得我们具有了澄清这一问题的可能。②

明承元制，改高层政区行省曰承宣布政使司。同时又改路为府，从而

---

* 原文刊发于《清史研究》2017 年第 2 期。

** 中山大学历史学系（珠海）副教授。

① 周振鹤：《中国地方行政制度史》，上海人民出版社 2005 年版，第 58—84 页。

② ［日］真水康树：《雍正年间的直隶州政策》，《历史档案》1995 年第 3 期；后收入氏著《明清地方行政制度研究——明两京十三布政使司与清十八省行政系统的整顿》，北京燕山出版社 1997 年版，第 85—101 页；林涓：《清代统县政区的改革——以直隶州为中心》，《中国历史地理论丛》2000 年第 4 辑；傅林祥：《清初直隶州的推广与行政层级的简化》，《历史档案》2010 年第 4 期；华林甫：《清前期“属州”考》，收入刘凤云、董建中、刘文鹏编《清代政治与国家认同》上册，社会科学文献出版社 2012 年版，第 169—214 页。

形成布政使司“统府州县，州县俱隶府，县或又隶州，州或直隶省”[①] 的格局。及至清代雍正年间以后，这种兼有三、四级政区层次的复式体系方转变为省—府（直隶州）—（州）县单式的三级制。显然，实现这一由繁入简的关键，就是明代隶府领县的“属州”这一层级的消亡。总之，州在明清地方行政区划体系中扮演重要的角色：从静态建置的角度，发挥着部分承上启下的作用；从动态演变的角度，则是分析行政区层级简化的突破口。

以往从行政区划层面考察明清时期州制问题时，《明史·职官志》所载“知州掌一州之政。凡州二：有属州，有直隶州。属州视县，直隶州视府，而品秩则同”的说法，[②] 亦常常作为基本史料而广被史家征引，成为透视明清州制的重要依据之一。以往学界对此的释读，特别是“属州视县，直隶州视府”一句的理解，不仅存在诸多不同的看法，而且似乎也多未能切中肯綮，以致有研究者甚至对志文本身的叙述是否符合历史事实产生了怀疑。鉴于此，笔者不揣陋塞，尝试在前人探索的基础上，重新寻找解析这条基本史料的途径，希望借此对深化明清两代州制问题的认识能够有所助益。

一 “属州视县，直隶州视府”旧解与质疑

《明史》卷七五《志第五一·职官四》“州”条曰：

> 知州一人，从五品，同知，从六品，判官无定员，从七品。里不及三十而无属县，裁同知、判官。有属县，裁同知。其属，吏目一人，从九品。所辖别见。
>
> 知州掌一州之政。凡州二：有属州，有直隶州。属州视县，直隶州视府，而品秩则同。同知、判官，俱视其州事之繁简，以供厥职。

---

① （明）申时行等修：万历《明会典》卷一五《户部二·州县一》，中华书局 1989 年版，第 90 页。

② 《明史》卷七五《职官志四》，中华书局 1974 年版，第 1850 页。

这段志文首先描述了明代知州及其佐贰官、属官建置以及品秩状况，然后就知州所掌州政，从属州与直隶州的不同出发，进行了一番区分。其中，最易令人产生分歧和困惑之处，就在于“属州视县，直隶州视府”一句。余者则因语意明确，甚少异说。为了进一步引申分析，这里姑且将以往对“属州视县，直隶州视府”的各种释读，稍加梳理总结归纳如下：

第一种，照搬原文而置之不论者。例如，有研究者认为：“州分属州与直隶州。‘属县视县，直隶州视府’。直隶州知州，从五品。属官有同知，从六品，判官，从七品，无定员。吏目一人，从九品。属州与县相同。”① 又如“州有两种，即直隶州和属州，直隶州视府，属州视县。直、属州知州品秩相同，均为从五品”②。再如“州在明清两代一般而言也就是县……与明代相同，清代的州也是有直隶州与属州两种。直隶州等同于府，属州等同于县”③。复如，州在“明朝则分为散州（亦称属州）、直隶州。‘属州视县，直隶州视府，而品秩则同’……州官职掌与府或县相同”④。

第二种，属州与直隶州（知州）地位（待遇）不同说。例如，有研究认为：“州分为两种：一种是直接隶属于布政使司的州，称为直隶州，其地位大体上相当于府；另一种是隶属于府的州，称为府属州，简称属州，其地位大体上相当于县。”⑤ 又如“州有二种，即属州和直隶州。属州的待遇与县同等，直隶州的待遇与府同等，但品秩相同。知州有两种：一为直隶州知州，其地位稍低于知府；另一为散州的知州，其地位与知县相同”⑥。又如“直统于布政司的州为第二级行政区划，地位相当于府而略低；隶属于府的州为第三级行政区划，地位相当于县而略高”⑦。再如“州分为直隶州、散州（属州）两种，《明史·职官志》云直隶州地位视府，散州视县……州的地位介于府县之间，分为直隶州和属州（又称散州）。直隶州由省直辖，地位视府；属州下辖于府，地位视县。实际上属州也多

① 孔令纪、曲万法等主编：《中国历代官制》，齐鲁书社 1993 年版，第 309 页。

② 李治安主编：《唐宋元明清中央与地方关系研究》，南开大学出版社 1996 年版，第264 页。

③ 万昌华、赵兴彬：《秦汉以来基层行政研究》，齐鲁书社 2008 年版，第 175、179 页。

④ 王天有：《明代国家机构研究》，故宫出版社 2014 年版，第 249、251 页。

⑤ 程幸超：《中国地方行政制度史》，四川人民出版社 1992 年版，第 221 页。

⑥ 陈茂同：《历代职官沿革史》，华东师范大学出版社 1988 年版，第 492、683 页。

⑦ 柏桦：《明清州县官群体》，天津人民出版社 2003 年版，第 45 页；柏桦：《明代州县政治体制研究》，中国社会科学出版社 2003 年版，第 56 页。

辖县，地位略高于县”[①]。复如“州在明朝分为直隶州和属州两种，但不成为一级行政机关。从级别来说，直隶州直辖于布政司，管辖一县或数县，地位相当于府而低于府；属州则辖于府，地位相当于县而略高于县”[②]。最后，则如“明代的州分为两种：一是直隶于京师或者是布政使司的，称为直隶州，地位与府大体相同，其下或者辖县，或者不辖县；一种是隶属于府的，称为属州，地位与县大体相同。但多数属州也领有县，实际上这种属州的地位介于府与县之间。”[③]

第三种，属州与直隶州知州品秩有别说。例如，有研究者认为：“州有二种：散州与直隶州是也。散州属于府，而直隶州则直属于布政使司，此其大别也。州置知州，散州之知州其品秩视县，直隶州则视府。州与府之区别，在知州于治县事外兼辖其旁之县，而府则仅辖散州与诸县，不直接治县事，故府之附郭有县而州则否。”[④]

在上述三种说法中，第一种只是照抄史籍原文，并不能成为后人针对“属州视县、直隶州视府”一句的解说。第三种则将此句解作知州的品秩各自视如府县，与志文“品秩则同”的说法明显有所矛盾。因此，目前较为通行的理解和做法，多以第二种处理为代表。然而，即便是抛开诸说中一些类似“州就是县”“州不成为一级行政机关”这样的极端表达不谈，[⑤]只需稍加考究仍可察觉，无论是从属州、直隶州正印官待遇和地位的不同，还是两种州行政等级具有高下之分的说法，都无法合理地解释将它们各自视如府县的根本原因。

就正印官待遇而言，明朝品官薪俸中禄米和俸钞的发放，都是严格按照官员品秩高低区别对待。按照洪武二十五年（1392）“更定百官禄”的规定，正四品知府的月俸米是二十四石，从五品直隶州、属州知州同为十四石，而正七品知县只有七石五斗。也就是说，知府的月禄米几乎是知州的一倍，而知县的月禄米又仅约为知州的一半。同样，俸钞也按照类似的

---

① 何朝晖：《明代县政研究》，北京大学出版社 2006 年版，第 7、11 页。

② 方志远：《明代国家权力结构及运行机制》，科学出版社 2008 年版，第 327 页。

③ 李晓杰：《疆域与政区》，江苏人民出版社 2010 年版，第 185 页。

④ 顾颉刚、史念海：《中国疆域沿革史》，商务印书馆 1999 年版，第 193 页。

⑤ 案笔者同意李新峰的观点：“明代州的级别、职权、涵盖疆域，皆与布政使司、府、县属同类性质，应视为单独一级行政区划”。（参氏著《明代卫所政区研究》，北京大学出版社 2016 年版，第 206—208 页）

原则按级发给。[1] 显然，将"属州视县、直隶州视府"解作州的正印官所受待遇犹如府县之别，既不符合明代官员薪俸制度的规定，也不合常理。由此而说直隶州知州地位稍低于知府、属州知州地位等同于知县，亦令人匪夷所思。就官阶品秩而言，知府的正四品远高于知州的从五品，同样知县的品级也远低于知州。由此可见，第二种解释不免有似是而非之嫌，缺乏基本的史实依据。

另一方面，从直隶州、属州所处行政层级高低的角度来解析上述志文，也会遇到无法自圆其说的尴尬。将"直隶州视府"说成直隶州地位相当于府而略低，从两者同隶于布政使司和下领有县的角度来看，尚且通畅；而将"属州视县"解释为属州地位相当于县而略高，则断然无法弥合其与如下事实之间的矛盾：属州与其所领县之间至少存在名义上明确的上下级隶属关系。正因如此，无怪乎有学者指出："明代的州有两种：一直隶于布政司，为直隶州；一隶于府，为属州。绝大部分直隶州与属州都辖县，少数不辖县。故明代的州应视为统县政区。《明史·职官志》说'属州视县，直隶州视府'，无论从领县的角度看还是从官阶的角度看都不大符合事实。"[2] 又如有学者认为："《明史》以明代'直隶州视府'，或说地位介于府与散州之间，尚未允当"，"清修《明史》详载明代各州统县的情况，却又称'属州视县'，与同样管理实土的直隶州强行区分开来，不免以今拟古之嫌"[3]。

鉴于《明史·职官志》中如此习以为常的记载，迄今仍无令人信服的可靠结论，郭润涛撰以长文全面探讨明朝州的建置来源与历史特点，专就如何解读"属州视县"提出了不同于以往的新认识。他通过对志文中"视"字的理解，将明朝府、直隶州、属州及县之间的关系分解为相同与不同两个层面来展开分析。他认为，直隶州视府是说两者上下隶属的行政体制（上隶布政司，下领县）或者行政层级（皆介于省与县之间）相同，而在行政建置的类型上，一为府一为州，并不相同。至于属州视县，因属州领县，所以两者的差别不言自明，关键是如何阐发属州与县之间到底具有怎样的相似性。而这也恰恰应是志文使用"视"字来表达直隶州与属州

---

① 《明史》卷八二《食货志六》，第 2002 页。

② 周振鹤：《中国地方行政制度史》，第 189 页。

③ 李新峰：《明代卫所政区研究》，第 208、209 页。

特征的用意所在。就此，郭润涛提出两种新的理解。其一，他套用直隶州视府所体现出来的直隶州与府皆直隶于布政使司的相同特点，认为“与此一致，‘属州视县’，意指属州与县为（隶于府的——引者按）同一行政层级”。在此基础上，他进一步指出，明代属州存在“无所属县分者”，也就是有不领县的属州。在这种情况下，地方行政体系可以形成“司—府—州”的层级结构。如此一来，与明代大量存在的“司—府—县”结构相对应，便可以认为“属州视县”了。其二，不论直隶州、属州，也不论其是否领县，它们都拥有“本州”这一亲领编户的直辖区域。在此范围内，从直接面对民众成为基层政府的角度而言，属州与县一样，都是一级基层政权的设置。[①]

毫无疑问，郭润涛建立在实证分析基础上的研究结论，特别是有关理解“属州视县”的新观点，是目前针对这一问题最为全面而可靠的学术回应。然而，疑问却似乎并未因此完全得到消解。忖之《明史・职官志》中“属州视县，直隶州视府”的描述，理应是指一种普遍状况，或是通行的看法与惯例。而郭润涛在第一种新的解释中，恰恰指出的是一种少数特例。也就是说，明代隶府却不领县的属州固然存在，但数量不多且分布集中。笔者根据《明史・地理志》的记载，在两京十三布政使司的范围内统计得到216个属州，[②] 其中领县属州135个，占比达到62.50%。换言之，明代后期在除福建以外的14个省直约建置有81个不领县的属州。不过，这些不领县的属州仅在云南、广西就有63个之多。进言之，其他12个省直一共只设有18个无领县属州。如果将分布在云南、广西的12个领县属州从全国合计的135个领县属州中去掉，再从216个属州中减去上述两布政司所全部拥有的75个（63+12）属州，那么可以看到，在占据全国绝大部分疆土的12个省直范畴内，领县属州将占到全部属州数量的87.23%（123/141）以上。[③] 显然，郭润涛所谓的“司—府—州”这种层级结构，

① 郭润涛：《明朝“州”的建设与特点》，王天有、徐凯主编《纪念许大龄教授诞辰八十五周年学术论文集》，北京大学出版社2007年版，第120、141、142页。案下文所引郭氏观点，皆出此文，不再注明。

② 按，福建布政司没有属州建置。

③ 按，在12个省直中不领县的10余个属州包括诸如：凤阳府亳州、太原府保德州、平阳府霍州、大同府浑源州、凤翔府陇州、临光府河州、平凉府固原州、庆阳府宁州、南昌府宁州、襄阳府均州、长沙府茶陵州、遵义府会理州等。

其实在明代绝大部分疆土的"司—府—州—县"体系中所占有的比例，不过十分之一略多而已。很难想象，志文属州视县一语，乃是有特别针对这些属州而言的可能性。至于第二种理解，若果真是因为属州拥有亲领编户的本州辖区，故才称属州视县的话，那么为何直隶州亦有本州亲领编户却要视之如府呢？这似乎是在同一逻辑下，仍然不易解释清楚的问题。

由此可见，虽然以往对《明史·职官志》"直隶州、属州"一条的解读，为我们提供了进一步理解其本意的诸多可能，但也仍存在这样或那样难以令人信服的困惑。一般来说，通过辨明府、直隶州、属州及县四种建置类型所处层级的异同，解析所谓"属州视县，直隶州视府"的做法较为通行。然而，也有学者注意到上述记载乃是出自《职官志》"知州掌一州之政"的客观事实，尝试从正印官职掌的角度对其加以解释。例如，王天有在征引志文原文后，就认为："州官职掌与府或县相同。"① 可惜的是，他并未就此展开论述。显然，同样立足于职官层面，从职掌的角度，无疑要比从待遇、地位等方面更加具有说服力，也更符合《职官志》记述内容的文本属性。

二　从雍正时期的属州调整看州政实践的制度缺陷

在现有的明人著述中，并不易找到能够更加清楚明白地解释类似《明史·职官志》"知州掌一州之政"含义的记载。明末人鲁论在其所撰《仕学全书》中曰："凡州务，直隶州上视府，府属州下视县。若州属于府而所属又有县，则在府视县而在县。"② 这与后来《明史》的说法已十分接近。不过，其中可能有助于理解各州视如府县背后真相的后一句话，特别是"在府视县而在县"一语，却同样不易索解。郭润涛认为，此句当有手民误植的嫌疑，正作应为"在府视县而在州"，即"意思是属州所领之县，在府看来也是本府的属县，但归属于所属之州领辖"。这样的校正和解读

① 王天有：《明代国家机构研究》，第 251 页。

② （明）鲁论撰：《仕学全书》下编卷十《各省文官考·省直府州县》，《四库全书存目丛书》第 262 册《史部·职官类》，齐鲁书社 1997 年版，第 208 页下。

本身似乎无可指摘，但若将其还原回鲁论“凡州务”条的全句来看，语境前后则有明显的突兀之感——本来全句所述的对象是指向正印官执掌的州务，却为何要在其后补缀州领之县亦属于其上之府的话呢？如果说“直隶州上视府，府属州下视县”，是因不同于一般意义上的理解而需要重点强调，那么又说那些隶府而领县的属州所领之县也隶属于府而归州辖，难道不显得晦涩而繁复吗？由此可见，这种从政区层级隶属关系的角度，试图分析有关州政或者州务的相关记载，事实上很难做出令人满意的通畅解读。可以料想，对于明代官场之人而言，事关州务的所谓属州视县、直隶州视府，可能无须过多解释，因此在史料中才不会留下相关的记载。

明末清初人顾炎武在《日知录》中言：“县之隶于州者，则既带府名，又带州名，而其实未尝管摄于州（原文注曰：惟到任缴凭必由州转府，尚有饩羊之意）。体统乖而名实淆矣。”[①] 这种明代属州对其领县徒有其名的管摄方式，应该与清初方志提及的“虚辖”状态相近。据华林甫的研究结论，明代行政区划体系中大量存在的隶府领县之州，事实上在清初绝大部分都得以延续，尚有“饩羊”名义的州县关系仍以虚辖的方式继续存在。[②] 及至雍正时期，清廷调整地方行政区划，大规模将继承自前明的属州进行裁撤。所采取的方式主要有两种。其一，彻底剥离属州与其领县之间的虚辖关系，使属州成为仅有本州辖区的基层政区，与原领县同时直接隶属于府。其二，反其道而行之，将属州与其领县之间的上下统辖关系彻底坐实，使属州成为脱离先前所隶之府，而与以往隶属于布政使司的直隶州相同的新直隶州。在此期间，虽然有些新升的直隶州又降为府属之州，但同时便会成为彻底不再领县的基层政区。而有些直隶州则进一步得到升级为府的机遇，成为一批新设之府的前身。至乾隆初年，清朝基本将承自明代的属州层级裁撤殆尽，整个地方行政区划体系从而实现了从复试三、四级制向单式三级制的转变。

以往释读《明史·职官志》的州政部分，主要是对制度条文的生搬硬解，缺乏政区实践层面的动态分析，所以无法深入挖掘州政运作的具体状况。前述针对属州的第一种改制途径，即剥离属州与县原有虚辖关系的历

① （清）顾炎武著，黄汝成集释，栾保群、吕宗力校点：《日知录集释》（全校本·第一册）卷八《府》，上海古籍出版社2006年版，第467、470页。

② 华林甫：《清前期“属州”考》，刘凤云等编《清代政治与国家认同》上册，第171页。

史过程，在文献中几乎没有留下任何记载，难以对其展开分析讨论。而在雍正年间将属州升格为直隶州的大规模调整中，却留下了不少详细论述改制前因后果的珍贵史料，适可揭示明清州制的某些重要制度面相。

清廷大规模升格属州，肇始于山西。康熙末年，山西全省州县的钱粮亏空现象已颇为严重。雍正皇帝即位后，派遣诺岷担任巡抚，大力稽查钱粮亏空，力图扭转恶化的地方财政状况。雍正元年（1723）五月诺岷到任后，限期追缴各州县亏空，撤换欠银严重的州县官员，甚以参拿治罪。① 他一面采取措施，提出改革地方财政制度的具体建议；一面实地巡查部分府州县，酝酿进一步杜绝钱粮亏空的有效手段。雍正二年二月，诺岷在给雍正皇帝的奏折中说道：

> 山西省九十余州县内，平阳府统管三十四州县，太原府统管二十五州县。因州县太多，地方辽阔，原任知府等不能亲临详查州县仓库，是以州县均有亏空。今钱粮银虽封于柜内，不令州县官员私自开启，但天长日久，又另生弊端难以预料，且仓粮均皆收储于州县地方易生弊端。臣之愚意，既然钱粮关系重大，不可不敢定分别查看之例。臣看得地方志，先前，州县或与府一并兼管，或分别归直隶州另行管辖，均届时为裨益事务酌情而办。历代定例不同。今既然分别查看仓库钱粮甚是重要，则照分县归直隶州另行管辖之例办理外，另无可行之例。
>
> 臣看得地方情形，平阳府所属襄陵、太平、稷山、河津、万泉五县地方，与绛州临近；安邑、夏县、平陆、芮城四县地方与解州临近；临晋、荣河、万泉、猗氏四县地方与蒲州临近；蒲县、乡宁二县地方与吉州临近；大宁、永和、汾西三县地方与隰州临近，既然如此，将此十八州县由平阳府分开，分归绛州、解州、蒲州、吉州、隰州管辖，就近易于不时查看仓库钱粮。太原府所属繁峙、五台、崞县三县地方与代州临近；定襄、静乐两县地方与忻州临近；乐平、盂县、寿阳三县地方与平定州临近；兴县、河曲两县地方与保德州临近。既然如此，将此十县与太原府分开，分归代州、忻州、平定州、

① 《山西巡抚诺岷奏报赔补亏欠未完钱粮人员暂缓参革缘由折》（雍正元年七月二十七日），中国第一历史档案馆译编《雍正朝满文朱批奏折全译》上册，黄山书社1998年版，第256页。

保德州管辖，以便就近不时查看仓库钱粮。如此，平阳、太原两府均余十一州县，亦便于查看仓库钱粮。

但管县之直隶州亦各有仓库、刑罚事务，原本因无专查之上司，有亏空钱粮之弊亦难预料，是以，将由平阳府分出之绛州等五直隶州仓库之钱粮，就近交付河东道员不时查看。将太原府分出之代州等四直隶州之仓库钱粮，交付雁平道员不时往查，将原有泽州、辽州、沁州三直隶州之仓库钱粮交付粮台道员不时查看。倘若失察，照知府议罪新例治罪。如此，无需增补官员糜费钱粮，而且各州县仓库钱粮各自不时往查，免生亏空之弊。①

事实上，诺珉发现了一个导致亏空频发的重要地方制度性缺陷，这就是太原、平阳两府所辖州县太多，作为知府分身乏术，无法对州县官员进行有效监管。他由此提出唯一可行的解决方案是将先前的九个属州升格为直隶州。于是各直隶州知州便可就近督查属县的仓库钱粮，以前知府无法做到县县兼顾的困局顿时得到缓解。他又指出，直隶州知州本身也有直接面对百姓收缴仓库钱粮的责任，在加强知州巡查属县力度的前提下，也应该安排知州的上司道员，对其加以专查。最后，诺岷强调无论是新升还是原有的直隶州知州，如果对属县亏空负有失察之责，会参照知府巡查不力之罪加以惩治。

诺岷的出发点，是希望通过加强吏治和上级官员的监管，来防范和杜绝贪污亏空现象的滋生。他提出将属州改设直隶州的方案，应该是为实现上述目的而采取的一种制度性保障。从他的奏陈中，可以清晰地辨明直隶州知州在履行查看仓库钱粮这一“州政”时，所表现出来的两个特点。首先，知州须如知府一般，不时巡查属县仓库钱粮的征缴情况，监督属县官员不得私自开启钱粮柜。其次，由于直隶州知州掌管亲领编户的本州，所以在不能保证知州绝对廉洁自律的前提下，只能安排上司官员再对他们施以巡查。在这两个直隶州知州施政过程所体现出来的特点之中，诺岷更为看重或者说他的初衷，是希望这些知州发挥犹如知府一般巡查监督属县官员的职能。至于增派道员巡查各直隶州之本州，则是在此基础上的完善

① 《山西巡抚诺岷奏陈加强地方防务分查仓库钱粮折》（雍正二年二月初一），中国第一历史档案馆译编《雍正朝满文朱批奏折全译》上册，第638页。

措施。

清朝诺岷同时计划升格九个属州为直隶州，如此大规模针对属州所进行的调整，清朝入关以来几乎前所未有。他如此看重直隶州所带来的制度性保障作用，从一个侧面深刻地反映出类似诉求，正是以往设置的属州远远无法满足之处。换言之，直隶州知州具备的以巡查属县之责为重的施政特点，恰是属州知州明显缺失的。这一由直隶州之设而反向推及的结论，无疑与清初顾炎武谈到的属州领县只是形式上的管辖，以及方志所谓的虚辖，若合符契。对山西太原、平阳两府进行过实地考察的诺岷，必然发现了属州知州与其属县之间早已形成的这种“微弱”的隶属关系。一方面府境辽阔，知府无法面面俱到、处处关照；另一方面，名义上领县的属州知州，却又几乎没有巡查属县的制度规定。在缺乏上级有效监管的制度弊端之下，属州之县的官员发生侵挪钱粮、贪污亏空的可能性自然大大增加。可以说，不将这些游离于体制之外的县级官员有效纳入地方政府的监管体系中，诺岷在山西展开的大规模地方财政改革，就难以保证顺利实施。

诺岷先以奏折的形式单独向雍正帝提出上述建议，在得到“著拟本具奏”的朱批后，正式向朝廷提出改设直隶州的方案。清人蒋良骐在《东华录》中，对此留有比编入《清世宗实录》相应内容更显丰富的记载：

> 三月，山西巡抚诺岷疏言：太原、平阳二府所辖州县，居通省三分之二，地方辽阔，经年不能周其地，是以从前亏空，知州毫无觉查。今细察舆图，莫若照直隶州之制分辖，请将太原府属之乐平、盂县、寿阳分隶平定州，定襄、静乐分隶忻州，五台、崞县、繁峙分隶代州，河曲、兴县分隶保德州。平阳府属之临晋、荣河、万泉、猗氏分隶蒲州，安邑、夏县、平陆、芮城、垣曲分隶解州，太平、襄陵、稷山、河津分隶绛州，蒲县、乡宁分隶吉州，大宁、汾西、永和分隶隰州。一经分理，则太原、平阳所隶州县各止十一，地近则易周，粮少则易核，不惟亏空之弊可杜，即刑名词讼亦简而易理。至直隶州各有仓库，向无专责，恐致侵挪。请将蒲州、解州、绛州、吉州、隰州钱粮，就近令河东道盘查，平定、忻州、代州、保德州钱粮，令雁平道盘查。其旧设之泽州、辽州、沁州钱粮，令粮驿道盘查。如通同隐

匿失察，照议处知府例处分。①

诺岷在上疏中，进一步表达了改设直隶州的起因与缘由。如果说府境辽阔属于客观原因，那么“知州毫无觉查”以致“亏空”，就是制度出了问题。诺岷提到知州和引起亏空的对象，是“从前”发生的，所以毫无疑问是指属州知州以及本该由他们虚辖统领的各县官员。属州知州在“管辖”属县官员时，竟然呈现“毫无觉查”的状态，完全可以印证他们已不将巡查下属作为州政实践的主要内容。这应该就是清初方志称之为虚辖的关键原因。

雍正时期，不仅在山西发生了大规模升格直隶州的行为，在直隶、河南、山东、陕西、江南等地也有类似行政区划大量调整的案例，对此学界已有系统地讨论，本文不拟赘述。② 需要提及的是，在《清世宗实录》留下的有关改设直隶州的记载中，往往都会提及府境辽阔，统辖动辄即有二三十余州县的情形，也会有“知府实有鞭长莫及之虞”，“直隶知州，照知府之例”以及“直隶州稽查各县钱粮案件，俱照知府之例处分”等几乎完全近似的用语。这都表明，至少在北方地区，从顺应地方财政制度改革的角度出发，从辖境较大而统摄州县较多的府，分设出直隶州的现象，基本与山西的情形类似。从分析直隶州、属州知州职能的角度而言，或许还有更多的史料可以说明前文得出的初步认识，但山西作为最早掀起改设直隶州浪潮的发源地，无疑更具有鲜明的典型性。

三　结论：以州政之别再释“属州视县，直隶州视府”

通过前文对雍正年间山西太原、平阳二府改设直隶州的个案讨论可知，从知州所要面对的州政角度，可以很容易理解诺岷改设直隶州的原

① （清）蒋良骐撰，鲍思陶、西原点校：《东华录》卷二五雍正二年三月，齐鲁书社2005年版，第387—388页。案《清世宗实录》卷一九将“户部等衙门议覆”的诺岷上奏，系于雍正二年闰四月己卯。引文中加注重号的部分为实录所失载。

② 林涓：《清代统县政区的改革——以直隶州为中心》，《中国历史地理论丛》2000年第4辑。

因，即发挥直隶州知州几乎完全等同于知府的具有巡查属县、监督下属的职责。这也是所谓"直隶州视府"所要试图表达的主要内涵。当然，直隶州毕竟领有本州，正如前引顾颉刚等所言"于治县事外兼辖其旁之县"。在本州范围内，知州亲领编户，作为亲民之官，构成了他与知府在职责任务上的最大区别。

而关于对属州领县的认识，以往多来自《明史·地理志》、各种地理总志、《大明一统文武诸司衙门官制》《大明清类天文分野之书》以及类似前文提及的《明会典》这类文献。它们都明确地将属州隶府，其下领县的状态以一种几乎可称为政区层级体系的方式分别记载在各自的内容之中。这种主要来自地理类文献所造成的印象，对今人的影响不宜低估。而面对明人鲁论在《仕学全书》中提到的州务和《明史·职官志》谈到的知州掌一州之政时，所涉府、直隶州、属州及县的关系，往往就很容易被人从政区层级的角度来加以释读。

事实上，"属州视县，直隶州视府"为今人提供了认识明清州制及其演变的另一个侧面。尽管从政区层级角度理解的州制，与这种从官僚职掌角度所呈现出来的州制之间，具有息息相关的联系，但毕竟因为地理与职官的微妙差异而显示出彼此的不同。作为领县之州，在同为统县政区的地理层面无法显示的差异，却可以通过直隶州、属州职官所掌州政的不同，得到具体呈现。而两种知州所掌州政的不同，同样可以反映府与直隶州皆隶于布政司的层级特征。总之，正是地理与职官层面所反映出来的既有联系又有区别的明清州制双重面相，使得以往单纯沿用政区层级体系的视野分析两种州视如府县的问题，总是若即若离，始终不得要领。

属州虽然从"层级"的角度领有属县，但本文提供的史实，可以进一步证明这种被称为虚辖的状态，在职官所掌州政的层面具体表现为几乎丧失作为上司巡查、监督属县知县的职能。然而，与直隶州相同，属州毕竟也拥有亲领编户的本州。在其境内，知州直接亲民，履行一切犹如知县的刑名钱谷之责。由此来看，属州视县一语绝非妄言，它正是属州知州为官一任进行州政实践的基本原则。姑且用"视"字来表达其中的曲折，可能还是与顾炎武所说："到任缴凭必由州转府，尚有饩羊之意"有关。

如果一定要将《明史·职官志》知州所掌州政一段中的"属州视县，直隶州视府"一句，用更加直白的语言来加以描述，或许可以这样认为：属州（知州）虽领有（知）县，但因尚隶于（知）府，故其所掌州政主要面向本州内“亲领编户”，从牧民之官的角度可视与知县相埒。而直隶州（知州）因径隶于布政司（布政使），故其州政主要是对所领各（知）县的（巡查）管辖，从牧官之官的角度可视与知府相仿。正是直隶州与属州知州，各自兼有知府和知县之政务的缘故，所以在《明史·职官志》的原文中才会出现详于一府、一县之政，却几乎只字未提一州之政的特殊现象。[①] 而明人鲁论“若州属于府而所属又有县，则在府视县而在县”的说法，完全可以从不改动其现有原文的前提下，做出大致通畅的解释：属州之县的管理已非所在州的正印官职责能够涵盖，上司知府纵有巡查之责，但往往因境阔僚众、分身乏术、鞭长莫及，故一切县政只能任由这些属州之县自行裁决、即万事尽皆“在县”而已。要言之，鲁论之言反映的正是明代属州领县制度所存在的弊端与问题。

可以引为思索的是，在厘清《明史·职官志》知州掌一州之政的真相后，又该如何理解《清史稿·职官志》中所谓“知州掌一州治理。属州视县，直隶州视府。唯无附郭县”的记载。显然，在经历了雍正时期的政区调整后，同样的“属州视县，直隶州视府”，语境已与明代及清初有所不同。清代中期政区层级的单式三级制确立后，属州已完全不再领县，变为纯粹的所谓“实土”性质的基层政区，与亲民之县本质相同。而直隶州之制，则继承延续明代的传统，层级上直隶省部，职官施政亦需遍及属县。由此而言，《清史稿·职官志》的说法理应更为接近清代中期以降的历史事实，而之所以仍旧沿用前志所谓“视”者，大概更多的是强调州与县在建置类型和正印官品秩上的直观差异。[②] 有趣的是，前后相继载于史籍的“属州视县，直隶州视府”一句，虽然经历了明清地方行政制度的重大变革，但仍能大致如实反映所对应各自时代州政运作的基本职能与状态，同时亦能如实对此间明显不同的行政区划体系层级与结构有所体现。不得不承认，在不同的历史阶段下，即使是相同的文献记载，也会展现出完全不同的历史事实。

---

① 《明史》卷七五《职官志四》，第1849—1850页。

② 类似看法参见李新峰《明代卫所政区研究》，第216—217页。

信息流动、话语表达与权力空间

政治的表达与实践

——田氏魏博的个案研究*

仇鹿鸣**

如果对中古政治史研究的学术史作一概观性的回溯，不难发现围绕着某一政治事件的缘起、经过及其影响展开的考据性研究一直占据着主导地位，这在某种意义上甚至可以被视为中文世界学者所特有的关怀，或许也可以算作现代学术与传统史学不多的接榫点之一。① 这种对政治事件细节的研究偏好使得精彩的政治史论文如侦探小说一般引人入胜，② 但多少也不自觉地局限了政治史研究的范围，使其有意无意地被等同于对政治事件“真相”的探求。③ 本文则尝试援引“表达—实践”这一对概念，将政治

* 原文刊发于《中古中国史研究》第1辑，2017年。

** 复旦大学历史学系教授。

① 尽管中古史研究早已是一门世界性的学问，但各国学者根据自身的学术传统所选择、关怀的论题多少仍有“区域特征”，讨论的对象尽管都是中国，提问的出发点则往往受制于学者所在国当时流行的理论及本国史研究中的经验。就笔者粗浅的观察，即使以对中古史研究范围广泛而深入著称的日本汉学，对具体政治事件进行研究的论文也不多见，而日本学者的政治史研究重点并不在于辨析具体的事件，更多关心的是政治变化背后所反映的社会构造、时代分期，中国学者则似乎对于事件本身着墨更多，这多少承续了传统读书人读史的趣味。

② 胡宝国曾评价田余庆的研究有“细节的嗜好”，《读〈东晋门阀政治〉》，收入《虚实之间》，社会科学文献出版社2011年版，第3页。稍可引申的是陈寅恪、田余庆等学者对于历史细节的详密考订，往往是为申说其对时代构造的整体性理解服务的，并不是单纯的细节偏好，关注事件，但更关怀事件背后所反映的结构。对于具体事件的精妙考证，不自觉地强化了其所揭橥时代特质的说服力，或是这些著作读之引人入胜，超越时流的关键所在。

③ 如果说前辈学者尚能自信历史学家的天职是在矛盾的陈述中清理出历史的事实，那么对成长在后现代语境中的年青一代来说，一方面面临着展现更加精致而规范性学术的自觉与压力，另一方面则对历史的真相是否可以“抵达”并没有那么自信。

行动归入实践的层面，而将构筑意识形态合法性的政治话语定义为“表达”①，以田氏主政时期唐廷与魏博之间的政治互动为个案，② 作一拓展政治史研究范畴的尝试。

根据笔者初步的分疏，政治权力争夺的过程，可以被归入“政治实践”的范畴，这些居于暗室之中的血腥争斗，尽管是权力的真正来源，却不能被公开展示。我们不难注意到中古时期执掌国柄的权臣往往必须借助某种政治话语的产生与传播来掩饰权力转移的实质，曹操、曹丕父子“是儿欲踞吾著炉火上耶”，“尧舜之事，吾知之矣”这两句相反相成的妙语，无不暗示了在皇权移易的过程中，如何恰当地表达与呈现天命有归的正当性，其意义并不下于对实际权力的操控。政治话语的构建或许只是对于权力的缘饰，但丧失道德合法性的政治权力无法长期维系，如果仅有合法性，而缺少支撑它的权力，则会瓦解。因而政治的表达与实践，尽管对于秉国者而言是一虚一实，但在政治观看者眼中却又是一显一隐，两者表里相依，但又互有张力，进而推动我们思考在传统帝国体制下，合法性叙事所承负的政治功能，以及观察这种叙事通过何种途径得到有效的传播并获得普通吏民的认同。③

① 较早在史学研究中使用这一概念是黄宗智《清代的法律、社会与文化：民法的表达与实践》一书，用以分疏法律的实际运作与官方表述及条文之间的巨大落差，上海书店出版社 2001 年版。笔者虽受此启发，但对于“实践”与“表达”的界定与之有所不同，望读者留意。

② 作为河朔三镇中最强大的藩镇，关于魏博的个案研究并不少见，较有代表性的研究便可举出毛汉光《魏博二百年史论》，《中国中古政治史论》，上海书店出版社 2002 年版，第 349—417 页；对于魏博牙军构造的研究，则有堀敏一《藩镇亲卫军的权力结构》，《日本学者研究中国史论著选译》第 4 卷，中华书局 1992 年版，第 585—648 页；渡辺孝《魏博と成德——河朔三鎮の権力構造についての再検討》，通过对成德与魏博的比较，指出牙军在魏博政治中起到了主导作用，《東洋史研究》54 卷 2 号，第 96—139 页；新近的综合性讨论可以参读李碧妍《危机与重构：唐帝国及其地方诸侯》，第 313—335 页。尽管表面看上去已题无剩义，但正如本文所欲揭示的那样，通过对史料的发掘与细读，在更加微观的研究尺度下，仍有可能大大丰富我们对于魏博内部与外部的认识。

③ 或许有人会认为古代民众对于高层政治的变化并不甚敏感且所知甚少，但侯旭东已依据北朝造像记材料指出，除了皇帝、文武百僚，执掌国柄的权臣宇文泰（大丞相）、高澄（大丞相）、宇文护（晋国公、大冢宰）都会成为民众祝福的对象，显示出对朝廷权力结构变化的清晰认知，氏著《造像记所见民众的国家观念与国家认同》，《北朝村民的生活世界》，商务印书馆 2005 年版，第 275—285 页。

一 长安与魏州：政治景观的建造

尽管在理想的帝国图景中，皇帝的权威可以借助制度、仪式、空间等诸方面的尊卑差序得以呈现，[①] 并且理论上政治的表达与实践应当是统一的。可是一旦皇权衰弱，政治行动与话语之间的张力便趋于明显，笔者曾以唐代德政碑制度的运作为中心，检视中晚唐渐趋衰弱的朝廷如何利用德政碑的颁授来界定、调整中央与藩镇之间的关系，并揭示纪念碑作为一种政治景观在权威塑造与传播过程中的作用。在中国古代的社会环境中，作为政治权威象征物的巨型碑石无疑是政治话语展示及传布的重要媒介，尽管一般不过将此类的政治表述视为堆砌辞藻的具文，但须知在中国漫长的文字书写传统中，早已铸就了一套微言大义的语言符码。如何透过看似格套化的文字与行为，发现言词之外的真意，直到当下都是探究中国政治所必备的“知识炼金术”。事实上，隐藏在辞藻背后的蕴意与行动或许才是更关键的历史信息，因此，文本的本意、言外之意和立碑这一政治活动共同构成了一个互有关联的研究主体。[②] 本文则尝试以田氏魏博时期一系列政治景观的兴废为中心，[③] 分疏政治表达与实践之间的张力及互动。

元和七年末，田弘正举魏博归朝无疑成为宪宗开启中兴之路的锁钥。[④]

---

① 古人的世界中虽没有现代化的传播手段，但烦琐的礼仪典章无疑是在官僚阶层中将尊卑差序加以视觉化的重要手段，另一方面树立于全国各地的德政、纪功之碑乃至于避讳更名、皇帝诞节、国忌行香等手段都使得一般的庶民得以感知皇帝权威的存在。

② 值得注意的是石刻的景观效应或许比文辞更早受到重视，而且在更广泛的人群中被使用，《魏书》中的两个例子值得玩味，卷一《序记》云：“桓帝与腾盟于汾东而还。乃使辅相卫雄、段繁，于参合陂西累石为亭，树碑以记行焉”，中华书局 1975 年版，第 5 页；卷二四《张衮传》：“又从破贺讷，遂命群官登勿居山，游宴终日。从官及诸部大人请聚石为峰，以记功德，命衮为文”，第 613 页。尽管这两个例子都旁及立碑，但“累石为亭”“聚石为峰”恐怕才是草原上的习惯。因此，游牧人并不缺乏建立纪念性石刻的传统，但将石刻景观与典雅的文词相结合，无疑是复杂政治体发育后的产物。

③ 卢建荣在《飞燕惊龙记：大唐帝国文化工程师与没有历史的人（763—873）》一书中对田氏家族的几方碑志有简略的讨论，但资料收集仍尚欠完备，时英出版社 2007 年版。

④ 对此当时人便已有充分认识，元稹《招讨镇州制》云：“然而田弘正首以六州之众，归于朝廷，开先帝之雄图，变河朔之旧俗”，周相录校注《元稹集校注》，上海古籍出版社 2011 年版，第 1022 页。

在此之前，尽管宪宗甫继位便先后平定西川刘辟、镇海李锜之乱，[①] 成功抑制了德宗晚年以来藩镇节帅私相授受之风在内地的蔓延，但至元和四年，当宪宗意欲阻止成德王承宗承袭节度使之位时，不出意外地遭受了挫折，朝廷虽大兴讨伐之师，却最终苦战无果，横亘其间的关键人物便是跋扈的魏博节度使田季安。[②] 宪宗最初的计划是想趁着田季安及幽州刘济病重的机会，料其无力外顾，一举控制成德，而王承宗为获致节钺，亦自请献德、棣二州以输诚款，[③] 但最终却为田季安所沮，宪宗之谋功败垂成。[④] 这一失败精确地映射出安史乱后唐王朝一系列中兴努力的边界所在，即在根本上无力撼动河朔故事，也正是这一力量边界的存在底定了中晚唐朝廷与藩镇之间互相制衡又互相依赖的政治格局。

田弘正的主动归附，一反“不入版籍、不输贡赋、自择官吏”的河朔故事，[⑤]“乃奏管内州县官二百五十三员，内一百六十三员见差官，假摄九十员，请有司注拟”[⑥]，更重要的意义则在于彻底改变了朝廷与河朔之间的

---

① 关于刘辟、李锜之乱的平定及宪宗继位之初藩镇政策的转向，陆扬的《西川和浙西事件与元和政治格局的形成》《从新出墓志再论9世纪初剑南西川刘辟事件》两文有精彩而细腻的分析，《清流文化与唐帝国》，北京大学出版社2016年版，第19—86页。

② 秦中亮、陈勇：《从两次兴兵成德看元和政治规范的形成》一文对成德之役有所讨论，《厦门大学学报》2016年第4期。

③ 张遵墓志透露了成德内部围绕此事产生的矛盾，最终主张归顺唐廷的张遵借为母归葬洛阳的机会归阙，而其滞留在镇州的家属一度被扣为人质，周绍良编：《唐代墓志汇编续集》大和032，上海古籍出版社2001年版，第905页。

④ 《通鉴》卷二三八，中华书局1956年版，第7663—7665页。事实上，宪宗在精疲力竭后，仍不得不与成德妥协，承认河朔故事，并采取怀柔的举措。如宪宗本因王承宗之叛，不欲赐王士真谥号，但在冯宿的规谏下，最终仍加以美谥，《旧唐书》卷一六八《冯宿传》，中华书局1975年版，第4389页。

⑤ 韩愈《魏博节度观察使沂国公先庙碑铭》中便指出：“弘正籍其军之众与六州之人还之朝廷，悉除河北故事，比诸州，故得用为帅”，刘真伦、岳珍校注：《韩愈文集汇校笺注》，中华书局2010年版，第1827页；而元稹《故中书令赠太尉沂国公墓志铭》从反面胪列了河朔故事的主要内容：“公乃献地图，编口籍，修职贡，上吏员。凡魏之废置，不关于有司者悉罢，军司马已下，皆请命于廷”，《元稹集校注》，第1316页。

⑥ 《册府元龟》卷三七四，中华书局1960年版，第4451页。我们不难找到田弘正积极将唐廷官吏引入魏博，协助其控制局势的案例，如上请朝廷除节度副使，“田弘正以魏博内属，请除副贰，乃兼御史中丞，充魏博节度副使，仍兼左庶子”，《旧唐书》卷一六三《胡证传》，第4259页，另下文所引韩愈《答魏博田弘正仆射书》中提及“尝承仆射眷私，猥辱荐闻，待之上介，事虽不允，受赐实多”，似田弘正曾有意荐举韩愈为节度副使，而韩、胡二人分别是《魏博节度观察使沂国公先庙碑铭》撰者与书丹者，恐非巧合；又如“元和八年，田弘正以魏博奉朝旨，辟宪为从事，授卫州刺史”，《旧唐书》卷一三三《李宪传》，第3685页；又辟杨巨源为掌书记，按韩愈《答魏博田弘正仆射书》中提及的杨书记，沈钦韩考其为杨巨源，《韩愈文集汇校笺注》，第959页。

均势，李绛以为此举“刳河朔之腹心，倾叛乱之巢穴”[①]，诚非虚语。[②] 因而，田弘正此举虽然招致其他割据藩镇的强烈不满，甚至意欲启衅战端：

> 郓、蔡、恒遣游客间说百方，（田）兴终不听。李师道使人谓宣武节度使韩弘曰：“我世与田氏约相保援，今兴非田氏族，又首变两河事，亦公之所恶也！我将与成德合军讨之。”弘曰：“我不知利害，知奉诏行事耳。若兵北渡河，我则以兵东取曹州！”师道惧，不敢动。[③]

但强藩间合纵之局已破，终无所成。在此后的七年中，朝廷与魏博以连横之势，密切配合，先后平定淮西、淄青等跋扈骄藩，幽州刘总、成德王承元被迫束身归阙，河朔重归王化，隐约再现了盛唐图景，最终底定了“自古中兴之君莫有及者”的洪业。[④]

因此在田弘正归朝之初，唐廷已意识到亟须抓住这一难得的战略机遇，李绛明确提出“不有重赏过其所望，则无以慰士卒之心，使四邻劝慕”，一改需先由亲王暂时遥领的故事，立刻正授田弘正节旌，并“发内库钱百五十万缗以赐之”[⑤]，犒赏魏博军士。对于田弘正本人更是优礼有加，元和八年（813）正月，赐名弘正，稍后追赠其父田庭玠工部尚书、

① 《通鉴》卷二三九，第 7696 页。王夫之则认为：“田弘正之输忱于王室，非忠贞之果挚也，畏众之不服，而倚朝廷以自固也”，《读通鉴论》卷二六，中华书局 1975 年版，第 776 页。无论如何，田弘正的归附改变了唐廷与河北之间的实力对比。

② 杜牧《罪言》对魏博的地理区位及其重要性有简要的归纳：“魏于山东最重，于河南亦最重。何者？魏在山东，以其能遮赵也，既不可越魏以取赵，固不可越赵以取燕，是燕、赵常取重于魏，魏常操燕、赵之性命也。故魏在山东最重”，吴在庆校注：《杜牧集系年校注》，中华书局 2008 年版，第 634 页。

③ 《通鉴》卷二三九，第 7697 页。按此事当源出韩愈：《唐故司徒兼侍中中书令赠太尉许国公神道碑铭》，《韩愈文集汇校笺注》，第 2365 页。但韩弘为人、事功皆无可称，而韩愈与他关系近密，故韩弘在此事中的作用或有被夸大的嫌疑，参读黄楼《〈平淮西碑〉再探讨》，《碑志与唐代政治史论稿》，科学出版社 2017 年版，第 67—70 页。

④ 李翱：《百官行状奏》，《李文公集》卷十，四部丛刊本。因为宪宗建中兴之业，在中晚唐备受推重，如《唐大诏令集》卷一《文宗即位册文》：“永惟高祖太宗之翦定隋乱，玄宗之寖渍利泽，宪宗之坚拔蠹孽。艰难险阻，勖乃负荷”，已将其与太宗、玄宗并提，第 3 页。而武宗会昌元年三月，宰相李德裕、陈夷行、崔珙、李绅等奏：“宪宗皇帝有恢复中兴之功，请为百代不迁之庙”，《旧唐书》卷一八上《武宗纪》，第 586 页。

⑤ 《通鉴》卷二三九，第 7696 页。

母郑氏梁国太夫人，进而在长安为其营建家庙，并诏史馆修撰韩愈为撰《魏博节度观察使沂国公先庙碑铭》。[①] 唐代规定五品以上官员有立庙的资格，立庙于两京是士大夫宦途成功及门第清贵的重要标志，故为时人所重，[②] 但至中晚唐，稍有变化的是朝廷在长安赐立藩镇节帅家庙，鼓励他们积极入觐，将其作为恭顺朝命的一种象征，另一方面则禁止节度使立庙于地方，[③] 使得家庙这一标识官僚身份等级的礼制建筑被纳入皇权主导下的等差秩序之中，兼具“公”“私”两种属性。权德舆在为薛苹撰写先庙碑时对其中关节有清晰的阐述：

> 古诸侯五庙，大夫三庙，庙在其国。圣朝以官品制室数，侯伯理外，而庙在京师。其或觐于明庭，入为孤卿，则吉蠲悫信，展敬受福。[④]

因此不难想见，立庙虽然名义上是官僚家族的私务，并于礼令中有明文可循，但一般亦需事先上请，取得朝廷允准后方可实施。[⑤] 循此线索可知，田弘正归国之后，在长安建立家庙便成为展现魏博重沾王化的一个契机，[⑥] 朝廷恰可借机显示对其特别的恩遇，以示怀柔。因而与惯例有所不同，在田弘正家庙营建的过程中，朝廷居于更加主动的地位，“已而复赠其父故沧州刺史兵部尚书，母夫人郑氏梁国太夫人，得立庙祭三代”。从目前传世的唐代家庙碑文透露的信息来看，中晚唐部分节度使的家庙可能

---

① 《韩愈文集汇校笺注》，第 1825 页。

② 甘怀真：《唐代家庙礼制研究》，台湾商务印书馆 1991 年版，第 102—108 页；游自勇：《礼展奉先之敬——唐代长安的私家庙祀》，《唐研究》第 15 卷，北京大学出版社 2009 年版，第 435—474 页。

③ 王静：《唐长安城中的节度使宅第——中晚唐中央与方镇关系的一个侧面》，《人文杂志》2006 年第 2 期。

④ 权德舆：《大唐浙江西道都团练观察等使润州刺史兼御史大夫河东郡公薛公先庙碑铭》，《权德舆诗文集》，上海古籍出版社 2008 年版，第 203 页。

⑤ 甘怀真：《唐代家庙礼制研究》，第 44—45 页。

⑥ 游自勇曾述及家庙作为纪念性建筑在都城长安的分布对士大夫门第及塑造礼制秩序的意义，参读《礼展奉先之敬——唐代长安的私家庙祀》，《唐研究》第 15 卷，2009 年，第 464—474 页。

由朝廷追赠其父母官爵时连带所赐，未必曾事先上请，[①] 如与田弘正家庙同年营建的乌重胤家庙碑叙立庙经过甚详：

诏赠其父工部尚书。且曰“以其庙享”。以其年营庙于京师崇化里。军佐窃议曰：“先公既位常伯，而先夫人无加命，号名差卑，于配不宜。”语闻，诏赠先夫人刘氏沛国太夫人。八年八月，庙成，三室同宇，祀自左领府君而下，作主于第。乙巳，升于庙。[②]

此时朝廷的赐庙与更常见的赐宅一样，都已变成笼络藩镇节帅的一种手段，由于田弘正时并未亲入长安朝觐，故其家庙营造之事皆由朝廷代为操办，可谓化“私情”为“公务”：

元和八年十一月壬子，上命丞相（武）元衡、丞相（李）吉甫、丞相（李）绛，召太史尚书比部郎中韩愈，至政事堂传诏曰：“田弘正始有庙京师，朕维弘正先祖、父，厥心靡不向帝室，讫不得施，乃以教付厥子。维弘正衔训事嗣，朝夕不怠，以能迎天之休，显有丕功。维父子继忠孝，予维宠嘉之。是以命汝愈铭。钦哉。”惟时臣愈承命悸恐。明日，诣东上阁门拜疏辞谢，不报。退，伏念昔者鲁僖公能遵其祖伯禽之烈，周天子实命其史臣克，作为《駉》《駜》《泮》《閟》之诗，使声于其庙，以假鲁灵。今天子嘉田侯服父训不违，用康靖我国家，盖宠铭之，所以休宁田氏之祖考。而臣适执笔隶太史，奉明命，其可以辞？[③]

---

① 游自勇教授提示即使在碑文中未提及曾经上请，在实际操作中仍会经过上请这一程序，但笔者考虑后，暂仍保留这段论述，主要基于三点理由，（1）唐初王珪因家贫不立庙，太宗特为立庙，以愧其心，知有未经上请，朝廷下诏立庙的先例，事见《唐会要》卷十九，上海古籍出版社 2006 年版，第 449 页。（2）晚唐李涪《刊误》“士大夫立私庙不合奏请”条，批评立家庙乃私务，不当奏请，可知奏请只是惯例，而非制度，见《苏氏演义（外三种）》，中华书局 2012 年版，第 237 页。（3）中晚唐追赠和立庙有结合在一起的趋势，这点游自勇《礼展奉先之敬——唐代长安的私家庙祀》中已有论述，而从传世家庙碑文提供的信息来看，有些家庙因追赠父母而连带所赐，或因此未经上请，至少在程序上有简化的倾向。

② 韩愈：《乌氏庙碑铭》，《韩愈文集汇校笺注》，第 1784 页。

③ 韩愈：《魏博节度观察使沂国公先庙碑铭》，《韩愈文集汇校笺注》，第 1825 页。

与褒奖人臣功业的神道碑、德政碑碑文多由朝廷颁赐不同，由于家庙碑具有自重门第、确定宗支的功能，碑文例由人臣私下请托亲故或名家撰书，故田弘正家庙碑由宪宗下诏命韩愈撰文，实属特例。① 素来于君臣之间分际有所执的韩愈之所以最初欲辞此命，非其不愿撰文，② 而是对于是否能以史官的身份撰述私家之碑颂颇感踌躇，故在碑文中援引周天子命史克作《鲁颂》之典以自明。但在另一方面，尽管整个营建家庙的过程中，朝廷居于主动地位，给予田弘正种种礼遇，以示优宠，但在礼制上严格遵循了三品官立庙三室的规定，并无逾制之处，③ 这也奠定了整个田弘正时代朝廷处理与魏博间关系的原则，“优礼而不逾制”。

我们再将视线从长安移至河北，如果说长安的田氏家庙作为新建的政治景观象征着魏博被重新纳入帝国的秩序之中，而在魏博当地，田弘正亦需借助一些公开的政治表演，让六十年来不沾王化的骄兵悍将们感受政治风气的移易：

> 宪宗遣（裴）度使魏州宣谕，（田）兴承僭侈之后，车服垣屋有逾制度，视事斋阁尤加宏敞。兴恶之，乃治旧采访使厅居之，请度为壁记，述兴谦降奉法，魏人深德之。④

田弘正主动从前任僭越礼制的宏大府邸移至旧日采访使厅中视事，通过政治空间的转移呈现出魏博从跋扈到恭顺的变化，并请裴度撰写壁记。厅壁记是唐代流行的文体，时人封演云：“朝廷百司诸厅皆有壁记，叙官秩创置及迁授始末。原其作意，盖欲著前政履历，而发将来健羡焉”，这

① 韩愈元和九年所撰《答魏博田弘正仆射书》云其与田弘正“未获拜识”，可知两人之间此前并不相识，《韩愈文集汇校笺注》，第954页。

② 韩愈生平为公卿大臣撰作碑铭、墓志甚多，甚至有“谀墓”之讥，如韩愈为袁公滋所撰《袁氏先庙碑》，便是受本人请托，故其绝非排斥撰写此类文字，《韩愈文集汇校笺注》卷一七，第1890页。

③ 韩愈在《魏博节度观察使沂国公先庙碑铭》中称田弘正为田侯，并将魏博与朝廷之间比拟为周天子与诸侯的关系，虽有用典的需要，但亦反映出当时对河北藩镇普遍的看法。不过田弘正家庙并未按照诸侯五庙或三公四庙之制，而是严格与官品相对应。按唐代藩镇节帅立四庙者亦不罕见，如韦皋、于頔皆立四庙，但皆符合准其官品的原则，时田弘正继任魏博节度使不久，所带检校官尚未升至可立四庙的品级。

④ 《册府元龟》卷六五八，第7877页。

一风尚“始自台省，遂流郡邑”[①]，由于厅壁记多记载地方沿革风土，并叙前后历官名氏及治绩，“将以彰善识恶，而劝戒存焉”[②]，因此具有诫勉地方官吏、教化民众的功用。[③] 唐人素有将重要文献书写于厅壁的习惯，“律令格式，内外官人退食之暇，各宜寻览。仍以当司格令，书于厅事之壁，俯仰观瞻，庶免遗忘”[④]，将其作为指导日常行政的准则与备忘录。裴度所撰的壁记，大力表彰田弘正恪守朝廷法度的举动，无疑要借助这一公开传播的文本，[⑤] 教化桀骜不驯的魏博将吏改弦易辙，尽忠朝廷。另可指出的是，由于壁记文末附载历任官员授受年月，因而对于以父子兄弟间自相承袭为故事的魏博而言，亦具有改世袭为流官的象征意味。

有意思的是当元和十四年唐廷最终平定淄青李师道，三分其地，负责处理善后的新任郓濮曹等州观察使马总亲撰的《郓州刺史厅壁记》同样也成为当地重归王化的重要象征：

> 自逆帅攘据，罔率训典，改易升降，名称溷淆，盖无取焉。今以平寇之初，魏博田公奉诏权兼勾当，则位伺正牧，宜书为首，亦《春秋》始鲁隐公，贤之也。[⑥]

中国古人素来相信可以借助历史书写中的微言大义来塑造并呈现政治正统，其中一大关节便是在史书编纂的过程中通过确定或改易历史时间的

---

① 《封氏闻见记校注》卷五，中华书局2008年版，第41页。

② 马总：《郓州刺史厅壁记》，《唐文粹》卷七三，四部丛刊本。

③ 刘兴超：《论唐代厅壁记》，《四川大学学报》2008年第3期。杨俊峰进而指出唐代地方官员多借助厅壁记彰显自己的治绩，成为一种变形的“德政碑”，参读《我曹之春秋：盛唐至北宋官厅壁记的刊刻》，《政治大学历史学报》第44期，2005年。

④ 《通典》卷一六五引文明元年四月敕文，另据注文所引贞元二年敕，可知这一传统一直延续到唐后期，中华书局1988年版，第4244页。这种做法，其源流或可上溯秦汉，1992年在敦煌悬泉置遗址发现的泥墙壁书《使者和中所督察四时月令五十条》，与之功用类似。

⑤ 《旧唐书》卷九八《卢奂传》：“二十四年，玄宗幸京师，次陕城顿，审其能政，于厅事题赞而去，曰：‘专城之重，分陕之雄。人多惠爱，性实谦冲。亦既利物，在乎匪躬。斯为国宝，不坠家风’。”第3069页；韩愈《徐泗豪三州节度掌书记厅壁记》，“愈乐是宾主之相得也，故请刻石以纪。而陷置于壁间，俾来者得以览观焉”，《韩愈文集汇校笺注》，第348页；两例皆可证壁记具有一定的公共性。

⑥ 马总：《郓州刺史厅壁记》，《唐文粹》卷七三，四部丛刊本。

起点来隐喻褒贬,[①] 因此《春秋》“王正月”之义才被历代注疏家奉为圭臬，而马总在文中所郑重记下的“时圣历元和纪号已亥直岁十二月己卯”，无疑是在向公众宣示郓州历史时间的重新开始，因而尽管“国初已来，刺史名氏及迁改之次，既遭蔑弃，难以究详”，但亦必须“访诸史官，异日备于东壁”，李师道割据时代的诸任刺史则被摒弃不载，以便在新的时间秩序下建构符合王朝正统观念的地方记忆。尽管裴度所撰壁记已亡佚，但比照《郓州刺史厅壁记》的文本，我们不难得出所谓“述兴谦降奉法”的实质，无疑是要将田弘正的归顺表述为魏博新时代的开端。[②]

如果说厅壁记的读者尚局限在节度府衙中的文武僚佐的话，那么田弘正与唐廷都需要寻找一个更具公众性的场合，向魏博的普通兵士民众传递同样的政治信号，重修狄仁杰祠，便提供了这样的一个舞台。狄仁杰在武后时曾任魏州刺史，因德政为民所怀，立祠纪念。祠堂在安史之乱中遭到损毁,[③] 而田弘正归顺朝廷之后，便立刻着手重建祠堂，至元和八年十月五日功成，并立碑纪念：

> 洎胡起幽陵，毒痡中邦，腥膻遗余，渐渍氓俗，六十年于兹矣。战血满野，忠魂归天，阶陀之容，隐嶙犹在。元和壬辰岁，我天子恢拓千古之不庭，凡在率土，罔不来服。维元侯保和一心之有众，举兹列城，表正多方。归职贡而奉官司，尊汉仪而秉周礼，凤鸣而枭音革，兰芳而棘刺死，甘醴涌而盗泉竭，庆云飞而浊祲消，四郊廓清，万方丕变，然后辨正封疆，咨谋耋老，得是旧址，作为新祠。[④]

---

① 这种通过对于时间起点的移动，重塑历史记忆的传统，使得在王朝历史的编纂中，“起元”便成一个重要而富有争议的话题，参读徐冲《中古时代的历史书写与皇帝权力起源》，上海古籍出版社 2012 年版，第 5—43 页。这种传统的影响某种意义上甚至存续到了当代，胡风 1949 年 11 月 20 日在《人民日报》发表的著名诗篇《时间开始了》，其实表达出了同样的意味。

② “谨始”，即哪一任地方官员列于壁记之首，本身便是壁记写作中关注的焦点之一，见刘兴超《论唐代厅壁记》,《四川大学学报》2008 年第 3 期，然而正如下文讨论的狄仁杰这个例子所展现的那样，将谁塑造为地方官吏的榜样，也关系到如何呈现与编织地方记忆。

③ 雷闻:《郊庙之外：隋唐国家祭祀与宗教》，生活 · 读书 · 新知三联书店 2009 年版，第 235—240 页。

④ 冯宿:《魏府狄梁公祠堂碑》,《文苑英华》卷八七七，中华书局 1966 年版，第 4627 页。宋人著录有两方狄仁杰祠堂碑，一方是开元十年李邕撰《唐魏州刺史狄仁杰生祠碑》，另一方便是元和七年冯宿所撰，《宝刻丛编》卷六，丛书集成初编，中华书局 1985 年版，第 128—130 页。按，此碑至今犹存，现位于大名县孔庄村北。

这是一篇极富政治宣传意味的文字，有意识地将狄仁杰祠的兴废与魏博叛顺中央的历史密切勾连。[①] 狄仁杰祠因安史之乱而遭毁弃，河朔之地也随之不沾王化达六十余年，当田弘正决心重奉王化时，选择通过重建狄仁杰祠、刻石纪念并举行祀典这样一个公开的政治仪式来向朝廷及魏博军民展现其归顺的决心。[②] 因此，此刻狄仁杰祠的兴废不再是一个单纯的国家祀典或民间信仰层面的问题，而成为魏博表达对朝廷不同政治态度的"公共剧场"[③]。须知在大历八年（773），田承嗣还曾经公开为安禄山、史思明父子营立祠堂，谓之"四圣"，朝廷无奈之下，不得不以加同平章事衔利诱其拆毁了事。[④] 因而碑文中对"胡起幽陵，毒痡中邦，腥膻遗余，渐渍氓俗"强烈而公开的批判，[⑤] 不但与河北俗谓安禄山、史思明为"二圣"的社会心理不容，[⑥] 更意味着对魏博此前自立历史的彻底弃绝与否定，转而决心"归职贡而奉官司，尊汉仪而秉周礼"。田弘正并"请护军迨宾僚、将校、虎貔之群，撰吉而致飨焉"，将素来被视为河朔动乱之源的骄兵悍将们纳入这一表彰忠臣义士的儒家祀典中去，意在重建魏博上下对于唐廷的政治认同，因而碑文中对狄仁杰的表彰也更多地集中于"扶即倾，系将绝"的中兴之功，并将田弘正与之相比拟，[⑦] 反倒对狄仁杰霑霖魏州百姓的具体治绩着墨无几。

---

① 《宝刻丛编》卷六记载此碑由冯宿撰、胡证书并篆额，据《旧唐书》卷一六八《冯宿传》及《金石萃编》卷一一三《冯宿碑》，冯宿时为朝官，可知此碑多是由朝廷颁赐，而胡证更是唐廷新命的魏博节度副使，这二人都谙熟河朔情势，碑文大约是唐廷与田弘正共同商议后的产物。

② 唐廷亦以善意回报田弘正的恭顺，次年李吉甫奏，"河阳宿兵，本以制魏博，今弘正归顺，则河阳为内镇，不应屯重兵以示猜阻"，于是徙理汝州，《通鉴》卷二三九，第7706页。

③ 《旧唐书》卷八九《狄仁杰传》，"及去职，其子景晖为魏州司功参军，颇贪暴，为人所恶，乃毁仁杰之祠"，将狄仁杰祠的毁坏，归因于其子狄景晖的失政，第2895页。按，《狄仁杰传》的记载本自韦述国史，大约更近于历史的真实，但在元和中田弘正重修祠堂的特殊背景下，这一"事实"缺乏"戏剧性"，或因此被另一种历史记忆所取代。

④ 《通鉴》卷二二四，第7221页。陈磊《唐长庆元年幽州的军变——从史料撰写的层面看》（《兴大历史学报》第25期，2012年）一文对田承嗣为安史父子营建祠堂的背景有较为细致的分析。

⑤ 这一对安史之乱的定性，承袭的是唐廷方面的话语体系，类似表达可见出自《旧唐书》卷一二〇《郭子仪传》史臣曰，"天宝之季，盗起幽陵"，第3474页；《文苑英华》卷八〇〇《邠州节度使厅记》，"洎逆胡勃起幽朔"，第4231页。按，安史乱后，唐代官方文献中习称安史为"逆胡"。

⑥ 《新唐书》卷一二七《张弘靖传》，中华书局1975年版，第4448页。

⑦ 《文苑英华》卷八七七《魏府狄梁公祠堂碑》，"物不可以终否，必继起邦杰，钦往绩，懋来功，兹沂国田公是已"，第4627页。

二 纪念碑中的政治：田氏魏博时代刻石表微

在此后的七八年中，田弘正与朝廷勠力一心，共同成就了元和中兴的事业，唐廷亦不吝高官厚禄以酬报之，先后于元和九年、十三年（818）分别加检校右仆射、检校司空，十四年二月，因平淄青李师道之功，宪宗亲御兴安门，接受田弘正献俘，并加检校司徒、同中书门下平章事，八月田弘正入朝，“丁亥，宴田弘正与大将判官二百人于麟德殿，赐物有差”，九月赐实封三百户，① 十五年二月进一步追崇其父母，② 可谓备极恩宠。但总体而言，田弘正与朝廷的关系依然恪守“优礼而不逾制”的政治默契，③ 这在穆宗即位之初，命田弘正改镇成德，并选择在此时赐其德政碑一事上显得颇为典型。

尽管在唐中后期，随着藩镇势力的崛起，中央对地方控制力的渐趋下降，德政碑的颁授逐渐从朝廷表彰循吏的“政绩激励”工具，转变为中央赋予藩镇节帅统治合法性的象征，但朝廷依然坚守“去任请碑”的基本原则。纵观整个唐代，在任内获致德政碑的强藩屈指可数，因而“去任请碑”还是“在任请碑”可以被视为识别强藩与顺地的标志之一。强悍跋扈的魏博节度使田承嗣是安史乱后第一个打破成例，在任内获致德政碑的藩镇节帅。

> 魏自六雄升为五府，拜公为魏州大都督府长史，仍加实封一千户，以陟明也。而缁黄、耋耆诣阙陈乞，请颂德褒政，列于金石，帝曰：“俞”。以命先臣门下侍郎王缙撰纪功烈，锡魏人以碑之。其明

---

① 《旧唐书》卷一五《宪宗纪》，第450、463页。

② 元稹：《赠田弘正等父制》《赠田弘正等母制》，《元稹集校注》卷五〇，第1246—1248、1254—1255页。

③ 这种“优礼而不逾制”的政治默契体现在很多方面，除了本文具体讨论的两个例子，田弘正尽管有使相等头衔，但并未像当时强藩节帅一样获得郡王的封爵，如田承嗣三代世袭雁门郡王，田弘正仅封沂国公，食封数量亦在正常范围之内，可知其身份定位是人臣，而非诸侯。事实上，安史之乱后，唐廷对于藩镇节帅、武将封爵猥滥，如润州牙将张子良仅以擒李锜功便被封为南阳郡王，《旧唐书》卷一四《宪宗纪》，第423页，另参见赵翼《陔余丛考》卷一七《唐时王爵之滥》，第336—339页。但在文官系统依然维持了旧有的秩序。若套用册封体制区分内臣、外臣的观念，不无将藩镇视为化外的意味。

年，请立生祠而尸祝之，公执谦冲，抑而勿许。①

由于田承嗣德政碑碑文未能流传后世，现仅能据裴抗所撰《田承嗣神道碑》中的记载知其大概。② 此碑循德政碑颁赐的惯例，碑文自朝中出，这与神道碑文常由藩镇自撰不同，敕命门下侍郎王缙撰写，王缙大历三年（768）出为河东节度使，“二岁，罢河东归朝，授门下侍郎、中书门下平章事”③，则田承嗣德政碑当立于大历五年（770）四月之后，而神道碑于此事后复记田承嗣先后加检校太尉、同中书门下平章，田承嗣于大历八年十月加同平章事，④ 加检校太尉当在其前，则立碑的时间大约在大历五年至七年。时战乱甫定，“代宗以黎元久罹寇虐，姑务优容”⑤，加之吐蕃频岁入寇，给长安及西北边境的防务施加了巨大的压力，朝廷对于河朔藩镇不得不多采取绥靖的策略。⑥ 另一方面，由于平定安史之乱的需要，唐廷渐次于内地普立节镇，面对迅速膨胀的地方势力，如何在中央与藩镇之间建立新的、稳定的政治关系与默契，双方无疑都处于一个互相试探的时期。因而，田承嗣德政碑的获立，可以被视为在藩镇割据之初，魏博利用朝廷的虚弱所取得的一个胜利，但根据笔者对中晚唐德政碑制度运作的考察，田承嗣德政碑之立大约只能被视为制度转型期的一个特例。即使此时，唐廷亦未进一步应允田承嗣自立生祠的请求，⑦ 据《田承嗣神道碑》透露的信息，直至二十余年后，贞元十二年（796）田绪去世之后，由其孙田季安再次上请，方得获允，并命礼部侍郎吕渭撰写碑文。⑧

---

① 裴抗：《魏博节度使田公神道碑》，《文苑英华》卷九一五，第4816页。

② 据欧阳修《集古录跋尾》卷七著录裴抗撰《唐魏博节度使雁门郡王田承嗣碑》，此碑即田承嗣神道碑，见《集古录跋尾》，人民美术出版社2010年版，第173—174页。《宝刻丛编》《宝刻类编》皆误著录此碑为田承嗣德政碑，田承嗣德政碑大约宋人已不得见。

③ 《旧唐书》卷一一八《王缙传》，第3416—3417页。

④ 《旧唐书》卷一一《代宗纪》，第303页。

⑤ 《旧唐书》卷一四一《田承嗣传》，第3838页。

⑥ 《旧唐书》卷一四三《李怀仙传》，“既而怀恩叛逆，西蕃入寇，朝廷多故，怀仙等四将各招合遗孽，治兵缮邑，部下各数万劲兵，文武将吏，擅自署置，贡赋不入于朝廷，虽称藩臣，实非王臣也。朝廷初集，姑务怀安，以是不能制”，第3895—3896页。

⑦ 与德政碑一样，生祠的建立亦需事先上请，雷闻：《郊庙之外：隋唐国家祭祀与宗教》，第232—235页。因此代宗时同华节度使周智光自立生祠，成为其一大罪状，《旧唐书》卷一一四《周智光传》，第3370页。

⑧ 裴抗：《魏博节度使田公神道碑》，《文苑英华》卷九一五，第4817页。

其实，贞元十二年所立的这块田承嗣神道碑本身便有一番值得探究的故事，首先据碑文可知，此碑并非立于田承嗣去世的大历十三年，而是贞元十二年田绪去世后，由其孙田季安所立。大历十三年田承嗣去世之后，被追赠为太保。如无意外，当时继承魏博节度使之位的其侄田悦便已为他营立了神道碑，按照惯例，碑文中亦当有不少颂美田悦的文字。但至兴元元年（784），田绪弑兄夺位之后，这块由田悦所立的神道碑对于田绪这位魏博的新主人而言便显得不合时宜了，因此借着唐廷加赠田承嗣太傅、允立祠堂的机会，另立新碑，进而强化田绪、田季安父子统治魏博的合法性，不失为摆脱尴尬的良策，[①] 这点下文还将详论。

其次，碑文中对于田承嗣死亡时间的记载暗藏玄机。在正史中，两《唐书》本纪、《新唐书》本传皆记其卒于大历十四年（779）二月，仅《旧唐书》本传云其卒于大历十三年九月，两者相差有半年之久。推考其史源，《旧唐书》本传大历十三年九月说本自田承嗣神道碑，至于两《唐书》本纪大历十四年二月说则当出于实录，司马光编纂《通鉴》时，尚能见到唐代实录，于此处照录两《唐书》，未出考异辨析；而宋人撰《新唐书·田承嗣传》，亦未因袭《旧唐书》本传，反而是据本纪将田承嗣去世的时间统一为十四年二月，可知此事在宋人所见传世文献中并无异词。比较两种记录，田承嗣神道碑详细记载了其自大历十三年二月构疾，到九月甲午卒，以及其后唐廷派遣谏议大夫蒋镇册赠吊唁，最终至十二月十四日下葬这一系列事件，连续而有条贯，显得相当可靠，但要说实录记错了这样一位重要人物去世的时间似乎也有些说不过去。较为合理的解释是在田承嗣身后的安排上唐廷与魏博之间曾发生过某些不为人知的暗斗，以至于朝廷方面迁延至次年二月才正式公布田承嗣的死讯，连带着任命其侄田悦为节度留后，从此默认了魏博节度使自相承袭的特权。所谓河朔故事的核心便是节度使之位的私相授受，迫使朝廷扮演事后追认、承认其合法地位的“橡皮图章”角色，[②] 但这一故事的形成绝非一蹴而就的，而是经过双

---

① 除了另立田承嗣神道碑，下文论及的贞元十年田绪请立田承嗣遗爱碑其实也有同样的目的。

② 或有学者强调节帅世袭是河朔故事的核心，参读张天虹《“河朔故事”再认识：社会流动视野下的考察——以中晚唐五代初期为中心》，收入严耀中编《唐代国家与地域社会研究》，上海古籍出版社 2008 年版，第 196—203 页，但笔者更赞成彼得森稍作扩大的解释，即由藩镇自行推举节帅，事后报唐廷承认，《剑桥中国隋唐史》，中国社会科学出版社 1990 年版，第 559 页。

方反复试探、博弈之后，才形成的政治惯例。[①] 检索相关史料，不难发现唐廷在最初一任藩镇节度使欲传位时，往往不予认可，甚至不惜诉诸武力，直至无力改变既成事实后，方才承认故事的有效，这在代宗、德宗两朝尤为常见，构成藩镇与唐廷之间争斗的主线。对于魏博亦不例外：

> 初，（李）宝臣与李正己、田承嗣、梁崇义相结，期以土地传之子孙。故承嗣之死，宝臣力为之请于朝，使以节授田悦，代宗从之。悦初袭位，事朝廷礼甚恭。[②]

可知田悦的袭位得益于成德李宝臣的支持与上请，断非出于朝廷本意，而维持这一自相承袭的特权也是河北藩镇合纵结盟最重要的政治目标，因此才会有之后田悦积极支持李惟岳、李纳袭位，不惜为此与唐廷重启战端。[③] 唐廷应对这类请求颇见成效的办法是有意迁延，迟迟不正式授予节钺，借此削弱藩镇中自称留后者的合法性，激起藩镇内部的变乱，[④] 无论谁是政变的胜利者，都亟须获得唐廷的支持，于是对朝廷的态度变得更为恭顺。关于田承嗣去世时间记载的半年之差，或许便是这种拖延战略的副产品。[⑤]

---

① 对于河朔故事形成过程中的博弈，已有学者加以讨论，参读孟彦弘《“姑息”与“用兵”——朝廷藩镇政策的确立及其实施》，《唐史论丛》第12辑，三秦出版社2010年版，第115—145页；李碧妍《危机与重构：唐帝国及其地方诸侯》，北京师范大学出版社2015年版，第356—371页。

② 《通鉴》卷二二六，第7292页。

③ 对其间的利害关系，田悦本人有非常明确的表述，“然悦所以坚拒天诛者，特以淄青、恒冀二大人在日，为悦保荐于先朝，方获承袭。今二帅云亡，子弟求袭，悦既不能报效，以至兴师”，《旧唐书》卷一四一《田悦传》，第3842页。

④ 本文第一节论及元和四年成德王承宗欲袭位，“朝廷伺其变，累月不问。承宗惧，累上表陈谢”，便是典型的例子，《旧唐书》卷一四二《王承宗传》，第3878页。事实上，田弘正之所以能够取代田怀谏，为众所拥立，“军中以朝廷久无命，众情不固”也是一个相当关键的因素，《册府元龟》卷一七七，第2128页。

⑤ 权德舆《起复吴少阳状》中对这种拖延战略的运用有所描述，“少阳丁忧，已近五十日，未有恩命起复除官。比来诸道节将，每有起复，皆不如此淹久……至如今日起复，即恐不可过迟……今若议除替，即须准拟兴师”，《权德舆诗文集》，第723页。李德裕也曾论及，“先是河朔诸镇有自立者，朝廷必先有吊祭使，次册赠使、宣慰使继往商度军情。必不可与节，则别除一官；俟军中不听出，然后始用兵。故常及半岁，军中得缮完为备”，《通鉴》卷二四七，第7984页。因此在双方博弈中，拖延战略虽然使唐廷在名义上占据了主动，但同时也给藩镇提供了备战的喘息之机。

另一方面，揆诸当时的政治形势，田悦以侄子的身份袭位，在魏博内部亦面临着一定的挑战。田承嗣去世时尽管享寿七十五岁，且有子十一人，但本传云其除了田维、田朝、田华三位，余子皆幼，不得不安排其侄田悦袭位，暗示田承嗣与唐高祖李渊一样，坐上魏博节度使的高位之后，便过上了安逸享乐的生活，直接的成果便是这八位年幼的子嗣。① 不过为何田维、田朝、田华三位已成年者皆未能袭位？从早年的情形来看，田维曾任魏州刺史，② 本颇有接班的可能，可惜他在与成德节度使李宝臣之弟李宝正打马球时，李宝正的马受惊冲撞，误杀了田维。③ 此事导致成德与魏博一度交恶，这也是大历十年（775），田承嗣与唐廷因争夺相卫开战时，成德最初站在朝廷一边，协助讨伐魏博的原因。田朝后来曾任淄青治下的齐州刺史，④ 并未仕于魏博。田华的身份则较为特殊，他是大历九年（774）代宗为永乐公主选定的驸马，⑤ 推测代宗之所以选其为驸马，大约也是注意到田维死后，田承嗣继位人选产生变数，有意在田氏诸子中扶持亲唐的力量。但大历十年战争爆发之后，这桩婚事被推迟，田华的失宠变得理所当然。⑥

田承嗣晚年魏博的权力结构，大约可以从以下两篇文献中窥见一斑，一是大历十二年（777）七月《复田承嗣官爵制》，依次提及田庭琳、田悦、田绾、田绪、田纶，并记载田悦时为魏博节度中军兵马使、银青光禄大夫、检校右散骑常侍兼魏州大都督府左司马、御史中丞，田绾为检校尚书驾部郎中兼御史中丞，田绪为试京兆府参军，田纶为试大理评事，⑦ 另一篇则是大历十三年封演所撰《魏州开元寺新建三门楼碑》，碑文对田氏

---

① 从目前发现的墓志来看，唐高祖称帝后育有多位子女，他们与太宗诸子虽名为叔侄，其实年龄相仿，同长宫掖，这可以为齐王元昌为何会参与李承乾谋反提供了一特别的注脚。按李元昌武德三年生，墓志拓本刊《长安新出墓志》，第46页。

② 裴抗：《魏博节度使田公神道碑》，《文苑英华》卷九一五，第4817页。

③ 《通鉴》卷二二五，第7230页。

④ 《新唐书》卷二一〇《田绪传》，第5933页。

⑤ 《通鉴》卷二二五，第7226页。

⑥ 《新唐书》卷二一〇《田承嗣传》："仍以其子华尚永乐公主，冀以结固其心，庶其悛革；而生于朔野，志性凶逆，每王人慰安，言词不逊。"第3838页。

⑦ 《册府元龟》卷一七六，第2118页。按，田绪、田纶，《册府元龟》宋、明本皆误作"田渚""田沦"，今据《旧唐书》卷一四一《田承嗣传》改正，第3840页。

家族诸人地位有颇为详尽的描述：[①]

> 公令弟御史大夫兼贝州刺史北平郡王（田）庭琳，雅量冲远，天姿颖出。内安黎庶，绍龚黄之名；外镇封疆，弘鲁卫之政。公爱子左散骑常侍兼御史中丞（田）悦，驾部郎中兼御史中丞（田）绾，从子太子宾客兼御史中丞（田）昂等，皆才杰而妙，器周而敏。卓然自立，克茂家声。[②]

综合这两份名单，大约可以观察到以下几个问题：一是田朝、田华都未出现在其中，可知这两位此时都已被排除出魏博权力的核心；二是田承嗣之弟田庭琳地位崇重，封爵北平郡王，特别是在《魏州开元寺新建三门楼碑》中被单独表出颂扬，地位在田氏子侄之上，俨然也是左右魏博走向的重要人物；三是田悦在田承嗣的子侄辈中地位最高，虽说其是田承嗣之侄，但实际上已经过继给田承嗣，故得以位列田绾之前，在宗法身份上已与田昂之辈不同，这也是他得以最终承袭节度使之位的重要原因。

不管背后究竟有何争夺，最终田承嗣将卒，“命悦知军事，而诸子佐之”，田悦得以顺利袭位。田悦行事风格颇类田承嗣，本传称其“骁勇有膂力，性残忍好乱，而能外饰行义，倾财散施，人多附之，故得兵柄”[③]。不久之后，随着代宗去世，德宗新立，唐廷与藩镇的矛盾再次激化。德宗

---

① 据《金石录》卷八著录，此碑立于大历十三年七月，《金石录校证》，广西师范大学出版社2005年版，第146页，赵贞信在《封氏闻见记校注》附录中据碑文中“自宝应以至于兹十有三年”一句，推算碑可能立于大历十一年，或十有三年之“三”系“五”之讹，按大历十一年，魏博与唐廷尚在交战中，而碑文中提及，“时大军之后，良材一罄，龙门上游，下栰仍阻。公乃使河中府以营建之旨咨于台臣，精诚内驰，万里潜契”，则时魏博与唐廷已和解，修开元寺之举，并碑文所云，“开元者，在中宗时草创则曰‘中兴’；在玄宗时革故则曰‘开元’”，皆有示好唐廷之意，则碑当立于大历十三年，“三”或为“五”之讹。另考时驻节河中者乃郭子仪，此事所体现的郭子仪斡旋于唐廷与河朔之间的作用颇值得进一步探究，亦可为“子仪尝遣使至，承嗣西望拜之，指其膝谓使者曰：‘兹膝不屈于人若干岁矣，今为公拜’”一说提供一注脚，《旧唐书》卷一二〇《郭子仪传》，第3467页。

② 封演：《魏州开元寺新建三门楼碑》，《文苑英华》卷八六三，第4554页。“北平郡王庭琳”原作“北平郡王廷琳”，据傅增湘《文苑英华校记》改，第9册，北京图书馆出版社2006年版，第546页。按，田承嗣诸弟似名皆从“广”，田弘正父名庭玠。

③ 《旧唐书》卷一四一《田悦传》，第3841页。

少年时代曾饱尝安史乱中的流离之痛，[①] 故当其继位之初，锐意进取，意欲重致太平，恰好在其即位次年，成德李宝臣、淄青李正已先后去世，德宗拒绝了李惟岳、李纳两人袭位的请求，试图更易河朔故事。此事虽与魏博无涉，但田悦为回报李宝臣此前的支持，维护河朔藩镇自相承袭的特权，主动与两人结盟，共同起兵反叛。这场大战历时四年，幽州、成德、魏博、淄青四镇节度使曾一度各自称王，结盟对抗唐廷。唐廷虽迭经苦战，也未能底定乱局，反而引起后院失火，泾师哗变，德宗仓皇出奔奉天，这是安史乱后藩镇与朝廷对抗最激烈的一役。受此挫折，不但德宗一改初衷，晚年一味姑息，即使在宪宗元和中兴全盛的时代，亦不敢完全废止河朔故事。可以说，这场战争的失利，迫使唐廷认清其力量的边界所在，即已无力仅凭武力重建统一的局面。[②]

但田悦也为自己的刚愎与骄横付出了代价，长期战争带来伤亡及负担使得魏博军民不胜其苦，此时田承嗣立嗣时埋下的隐患便显露出来。田承嗣之子田绪利用上下离心的机会，发动政变，诛杀田悦，自立为留后。自此之后，朝廷与魏博之间的关系进入一段相对平稳的时期，贞元十年（794）获赐的田承嗣遗爱碑便是这段缓和期的重要象征。[③]

德宗自奉天之难后，转而姑息藩镇，改用公主降嫁方式以羁縻之。[④] 贞元元年（785）册其妹武清公主为嘉诚长公主，赐婚于田绪。[⑤] 德宗对这场婚事似乎抱有不小的期待，郑重其事，“幸望春亭临饯。厌翟敝不可乘，以金根代之。公主出降，乘金根车，自主始”[⑥]。这一手段也收到了一时之

① 德宗的生母沈氏便因安史之乱而下落不明，继位后多年寻访未果，成为其生平宿憾，《旧唐书》卷五二《睿贞皇后沈氏传》，第2188—2190页。

② 参读孟彦弘《“姑息”与“用兵”——朝廷藩镇政策的确立及其实施》，《唐史论丛》第12辑，第120—128页。

③ 此碑碑文不传，宋人亦未见著录，仅《陆贽集》卷二〇《请还田绪所寄撰碑文马绢状》中提及，尽管陆贽本人推辞了撰写碑文的诏命，但此碑由于是朝廷颁赐，后当另选朝臣撰文刻石，此文系时暂依江榕《年谱集略》，《陆贽集》，中华书局2006年版，第641—642、811页。

④ 安史之乱后，唐廷以公主下嫁藩镇节帅的案例并不少见，对相关史料的钩稽见王寿南《唐代公主之婚姻》，收入《唐代研究论集》第1辑，新文丰出版社1992年版，第185—187页。但稍不同的是，德宗贞元初是有计划借助公主下嫁笼络河朔藩镇，又在贞元二年、三年分别嫁义阳公主于成德王士平，义章公主于义武张茂宗。另参新見まどか《唐代河北藩鎮に対する公主降嫁とウイグル》，《待兼山論叢》47卷，第25—51页。

⑤ 陆贽：《册嘉诚公主文》，《陆贽集》卷六，第170—174页。

⑥ 《新唐书》卷八三《赵国庄懿公主传》，第3663页。

效，嘉诚公主收养田绪少子田季安为嫡，“季安母微贱，嘉诚公主蓄为己子，故宠异诸兄”，由于田季安子凭母贵，故继位之后“惧嘉诚之严，虽无他才能，亦粗修礼法”①，恪守朝廷法度。丘绛撰文的《田绪神道碑》亦将平定朱滔、恭顺朝廷、得降公主等作为田绪生平的重要事迹在碑文中加以呈现，塑造了其与朝廷关系密切的政治形象，并将田季安“奉贵主慈严之训，光阐前烈”作为其以少子身份继位的重要合法性依据特为表出。②在此背景下，朝廷除了按照惯例辍朝三日，追赠田绪为司空，命职方员外郎房挺申赙襚之恩等常规礼遇，更下诏允立田承嗣祠堂，并差朝官撰文，以示优宠，加赠田承嗣太傅、魏州大都督、相国，这一系列举措都旨在帮助年仅十五岁的田季安稳定魏博局势，强化其继统的合法性。于是，田季安借机重建田承嗣神道碑，并于碑文中特别强调其承续祖、父之遗烈，“继踵象贤，克荷丕构”，故得以承袭节度使之位。然碑文未叙及田悦一字，完全抹去了田悦主政魏博的这段历史。③

事实上，田绪谋杀从兄田悦过程中株连甚广，并连及亲兄田纶及二弟等田氏骨肉，“自河北诸盗残害骨肉，无酷于绪者”。因而在政变之初，“惧众不附，奔出北门”，继位之后“颇纵豪侈，酒色无度”④，已无田承嗣、田悦时代与朝廷争衡的雄心，实为田氏魏博由盛转衰的关键。田绪本人的酷毒与骄奢，加剧了田氏家族内部及军将阶层的离心倾向，从长远来看日后牙军转而拥立田弘正或肇因于此。故当他壮年暴卒之后，年少的田季安是否能成功稳住局面，顺利登上节度使之位，实存变数，而唐廷通过褒赠田承嗣、田绪父子，并允立魏博始建者田承嗣祠堂，重新确认了田承嗣—田绪—田季安一系世代相袭的合法性，强化了田季安执掌魏博的政治

① 《旧唐书》卷一四一《田季安传》，第3846—3847页。

② 丘绛：《常山郡王田绪神道碑》，《文苑英华》卷八九一，第4690—4693页。按，丘绛，原作“丘降”，据傅增湘《文苑英华校记》第9册改，第711页。《旧唐书》卷一四一《田绪传》有丘绛。

③ 田悦被杀后，德宗为息事宁人，一方面承认田绪承袭节度使之位，另一方面又追赠田悦为太尉，并未以叛臣目之，《旧唐书》卷一二《德宗纪》，第342页。因而田悦并未排除出魏博节帅的合法谱系之中，但在新立的田承嗣神道碑中，已完全抹除田悦的痕迹，裴抗本人亦只云“宾事戎麾，出入三世”，未将田悦计算在内，《文苑英华》卷九一五，第4817页，而《田绪神道碑》中则以“无何太尉寝疾，以或措置故事，不归于公”一语含糊带过，《文苑英华》卷八九一，第4691页，这与罗让碑中对同样被杀的乐彦祯的表述颇有差异。

④ 《旧唐书》卷一四一《田绪传》，第3846页。

权威，故史称“季安，代宗女嘉诚公主子也，德宗优之，比河朔诸镇为厚”[①]。

可惜好景不长，嘉诚公主去世后，田季安逐渐变得骄横难驯，[②] 特别是他在元和四年支持王承宗承袭成德节度使之位，魏博与朝廷的政治蜜月期至迟在此时便已宣告结束。[③] 不过在《金石录》中著录有元和六年（811）四月唐魏博田绪遗爱碑，并记裴垍撰，张弘靖书，[④] 碑文现已不传。[⑤] 田季安与朝廷关系恶化后，宗宪复赐田绪遗爱碑，有悖于常理。然细考其事，《金石录》著录的年份恐有讹误，裴垍永贞元年十二月以考功员外郎充翰林学士，宪宗继位后，深披信任，故于元和三年（810）四月出院拜户部侍郎后，九月为中书侍郎、同平章事，[⑥] 唐中后期重臣的德政碑、遗爱碑按惯例多由翰林学士这样的词臣撰写，[⑦] 如非特例，裴垍入相后亲撰碑文的可能性并不大，特别是其在元和五年（812）十一月，便因中风罢为兵部尚书，六年四月改为太子宾客，七月便病卒，从职任及身体状况而言几无可能在元和六年为田绪遗爱碑撰文。而碑文的书丹者张弘靖，元和四年十二月，出为陕府长史、陕虢观察陆运等使，六年二月检校礼部尚书、河中尹、晋绛慈等州节度使，则其元和四年末，便出京赴外任，更无可能为此碑书丹。因而，综合以上考论，田绪遗爱碑大约立于元和初，是上文所述田季安与朝廷政治蜜月期的产物之一。与笔者曾讨论过的张孝忠遗爱碑这一案例相似，朝廷借助田绪遗爱碑的建立，一方面了嘉奖了田季安对朝廷的恭顺态度，另一方面也恪守了“去任请碑”的朝廷法度，避免田承嗣“在任请碑”尴尬故事的重演。

---

① 《册府元龟》卷三〇三，第3575页。

② 《旧唐书》卷一四一《田季安传》，第3847页。

③ 在此之后，田季安也采取过一些行动，改良与唐廷的关系，如元和七年，进绢五千匹，充助修开业寺，为崔群所谏止，《旧唐书》卷一五九《崔群传》，第4188页。

④ 《金石录校证》，第163页。

⑤ 此碑北宋尚存，陆游《老学庵笔记》卷九，“北都有魏博节度使田绪遗爱碑，张弘靖书；何进滔德政碑，柳公权书，皆石刻之杰也。政和中，梁左丞子美为尹，皆毁之，以其石刻新颁《五礼新仪》”，中华书局1979年版，第122页。

⑥ 傅璇琮：《唐代翰林学士传论》，辽海出版社2005年版，第418—419页。

⑦ 杜牧：《唐故银青光禄大夫检校礼部尚书御史大夫充浙江西道都团练观察处置等使上柱国清河郡开国公食邑二千户赠吏部尚书崔公行状》：“高承简罢郑滑节度使，滑人叩阙，乞为承简树德政碑。内官进曰：‘翰林故事，职由掌诏学士’。”《杜牧集系年校注》，第915页。另参见毛蕾《唐代翰林学士》，社会科学文献出版社2000年版，第91—93页。

正因如此，尽管田弘正归附之后，唐廷不吝高官厚赏，为其建造家庙，追赠父、祖，优宠有加，但一直谨守“去任请碑”之法度，未尝颁赐德政碑。直至穆宗继位之初，成德节度使王承宗卒，弟王承元上表归附，河朔三镇全部重归王化，从表面上来看元和中兴之业达到顶点。但盛世之下所埋藏的危机，朝野上下都已有所察觉，穆宗斟酌再三之后，命田弘正自魏博移镇成德，移镇的成败关系到元和中兴的局面能否维系，于是穆宗下诏在魏博建立田弘正德政碑，并亲择元稹撰文，[①] 希望通过对田弘正的表彰，巩固河朔军民向化之心。因此，关于碑文的表述，君臣之间曾往复探讨，颇费斟酌：

> 右，前件碑文，伏蒙御笔朱书，遣臣撰述。恩生望外，事出宸衷，铭镂骨肌，难酬雨露。然臣伏以陛下所以令臣与（田）弘正立碑，盖欲遣魏博及镇州将吏等，并知弘正首怀忠义，以致功勋。臣若苟务文章，广征经典，非唯将吏不会，亦恐弘正未详，虽临四达之衢，难记万人之口。臣所以效马迁史体，叙事直书；约李斯碑文，勒铭称制。使弘正见铭而戒逸，将吏观叙而爱忠，不隐实功，不为溢美，文虽朴野，事颇彰明。伏乞天慈，特留宸鉴其。碑文谨随状封进，谨具奏闻，伏候敕旨。[②]

元稹已注意到魏博与长安不同的文化特质，因而在碑文撰写时特别考虑到如何叙事才能达到穆宗所期待的政治宣传效果，“若苟务文章，广征经典，非唯将吏不会，亦恐弘正未详，虽临四达之衢，难记万人之口”[③]。

---

① 元稹：《谢准朱书撰田弘正碑文状》，“陛下所宜外诏台席，内委翰林，妙选雄文，式扬丕绩，岂谓天光曲照，御札特书，猥付微臣，实非常例”，《元稹集校注》，第947页，按元稹元和十四年冬，方自贬所入朝，时以祠部郎中、知制诰。穆宗继位后，深披信任，但旋即因卷入党争而招致攻讦，“自去年九月已后，横遭谤毁，无因再睹天颜”，因此选择其撰写田弘正德政碑文，实出穆宗本人之意。据《旧唐书》卷一六六《元稹传》：“穆宗皇帝在东宫，有妃嫔左右尝诵稹歌诗以为乐曲者，知稹所为，尝称其善”，可知穆宗早就赏识其才华，第4333页。另参见周相录《元稹年谱新编》，上海古籍出版社2004年版，第180—196页。

② 元稹：《进田弘正碑状文》，《元稹集校注》，第953页。

③ 卢建荣对此问题也有注意，比较了同为元稹所撰田弘正德政碑、田弘正墓志对说服魏博将士归唐场景描述的差异，认为与面对不同的读者有关，《沂国公魏博德政碑》云：“乃大言曰：‘尔辈即欲用吾语，能不杀副大使，且许吾取天子恩泽，洗汝痕秽，使千万众知君臣父子之道，从我乎？’”《故中书令赠太尉沂国公墓志铭》云，“天子未命敢有言吾麾节者死，讫吾世敢有不从吾忠孝者死，汝辈可乎”，《飞燕惊龙记》，第122—123页。另可资参照的是李德裕在主持平定昭义刘稹之乱时所作《代卢钧与昭义大将书》云：“钧所以不引古事，不饰虚词，直指目前，易于取信”，反映了同样的倾向，《李德裕文集校笺》，河北教育出版社2000年版，第155页。

指出德政碑作为重要的政治景观，虽然将会矗立在魏州的城市中心，堆砌典故、辞藻虚美的华美文词，虽契合长安士大夫的审美趣味，却与河北的社会风尚格格不入，因而行文需追求“文虽朴野，事颇彰明”①，才有可能收到良好的宣传效应，进而达到“遣魏博及镇州将吏等，并知弘正首怀忠义，以致功勋”的目的，稳定魏博、成德二镇的局势。

遗憾的是，这篇君臣双方反复斟酌撰就的德政碑文，并未收到预期的效果，从某种程度而言，这座严格按照德政碑的颁授程序，由后任节度使李愬“状其德政”上请获立的德政碑，② 所呈现的是唐廷所欲塑造的田弘正在魏博军民心中的政治形象以及理想中的藩镇秩序，只是这种形象与河朔社会实际情况是分裂的，这也最终铸就了田弘正本人悲剧的命运。

> 十一月甲寅，成德献状曰：“（田）弘正自去魏，魏人哭之，镇人歌之。奉宣诏条，除去僭异，犹魏政也。且臣闻之，德之至者有二，政之大者有三。三政：一曰仁，为惠政。二曰法，为善政。三曰谦，为和政。二德：一曰忠，为令德。二曰孝，为基德。今弘正献魏博六州之地，平淄青四代之寇，入镇冀不测之泉，可以为忠矣；祖考食宗庙，父子分土疆，兄弟罗轩冕，可以为孝矣。始初，山东键闭束缚，泳而游之，歌而舞之，可以为仁矣；始初，山东逼越废怠，裁而制之，举而用之，可以为法矣；始初，山东傲狠侵取，地以让之，功以助之，可以为谦矣。谦、法、仁、孝，资之以忠，不曰德政，谓之何哉？”臣请奉制以一百九十二字付守臣愬，铭之石，用申约束。③

田弘正移镇成德仅半年多，便被部将王廷凑所杀，“家属、参佐、将

① 陆扬教授曾提示笔者元稹对朴质文章的追求及反对堆砌辞藻的写作方式，可能与他在文学上的偏好有关。例如元稹《制诰序》云，“然而余所宣行者，文不能自足其意，率皆浅近，无以变例。追而序之，盖所以表明天子之复古，而张后来者之趣尚耳”，《元稹集校注》，第1007—1008页；而白居易《唐故武昌军节度处置等使正议大夫检校户部尚书鄂州刺史兼御史大夫赐紫金鱼袋尚书右仆射河南元公墓志铭并序》也提及，“既至，转祠部郎中，赐绯鱼袋，知制诰。制诰，王言也。近代相沿，多失于巧俗。自公下笔，俗一变至于雅，三变至于典谟”，谢思炜校注：《白居易文集校注》，中华书局2000年版，第1928页。

② 较之田承嗣德政碑由“缁黄、耋耆诣阙陈乞”获致，田弘正德政碑由后任节度使李愬“状其德政”请立，更符合中晚唐顺地藩镇的惯例，而至宋初，更明文规定禁止吏民诣阙上请。

③ 元稹：《沂国公魏博德政碑》，《元稹集校注》，第1295—1296页。

史等三百余口并遇害”①，穆宗虽然起复其子田布出任魏博节度使，进讨成德，但具有鲜明自利取向，意欲恢复河朔故事的魏博牙军已非田布所能驱动。长庆二年（822）正月，田布被迫自尽，牙军拥立史宪诚为节度使，河朔三镇重归故辙，元和中兴之业瞬间土崩瓦解，历史的钟摆又回到了原点。

史宪诚执掌魏博数年之后，有一意味深长的举动，恰好可以被视为田氏魏博时代一系列政治景观随着形势变易而兴废的遗响。史宪诚在敬宗继位之后不久，上表请为田季安立神道碑：②

> 居数月，魏博节度使史宪诚拜章为故帅田季安树神道碑，内官执请亦如前辞。上曰：“魏北燕、赵，南控成皋，天下形胜地也。吾以师臣之辞，且慰安焉。”③

对以父子相袭为故事的河朔三镇而言，唐廷授予继任节度使旌节与赐予去世的节度使神道碑，本是一体二面，唐廷通过对生者地位的肯定与对逝者功业的褒扬，在每一次河朔权力更迭之际，完成了对君臣关系的重新确认，而河朔的世袭政治也借助神道碑、旌节这些媒介被纳入唐王朝的天下秩序中去，获取统治当地的合法性，这是一出公开的政治情景剧。但神道碑毕竟是褒扬先世功业的纪念性建筑，本质上具有“私”的性质，一般而言当由子嗣主其事，而由外姓请立，实为罕见的特例。④ 田季安之子田怀谏，元和七年田弘正执掌魏博后，被送往长安，“为右监门卫将军，赐宅一区”⑤，当时年仅十一岁，揆其年龄，至宝历初，尚不到二十五岁，若

---

① 《旧唐书》卷一四一《田弘正传》，第3851页。

② 下文所引杜牧撰《崔郾行状》先叙崔郾为高承简撰德政碑事，宝历元年闰七月，以李听为义成节度使，则高承简离任入为右金吾大将军当在其前，崔郾《唐义成军节度郑滑颍等州观察处置等使金紫光禄大夫检校尚书右仆射持节滑州诸军事兼滑州刺史御史大夫上柱国袭封密国公食邑三千户高公德政碑并序》仅提及监军使宋守义，未及李听，则德政碑立时，李听可能尚未到任，《全唐文》卷七二四，第7448页，行状云居数月，撰田季安德政碑，则当在宝历元年秋冬。

③ 杜牧：《银青光禄大夫检校礼部尚书兼御史大夫充浙江西道都团练观察处置等使上柱国清河郡开国公食邑三千户赠吏部尚书崔公行状》，《杜牧集系年校注》，第915页。

④ 目前所见少数先例都有特殊的渊源，如杜如晦在隋受高孝基赏识，入唐位至宰相后“为其树神道碑以纪其德”，《旧唐书》卷六六《杜如晦传》，第2469页。

⑤ 《旧唐书》卷一五《宪宗纪》，第443页。

无意外，应仍在世，除此之外，田季安另有子怀礼、怀询、怀让等，[①] 若需立碑，当由田氏子孙上请，本无须假借外人之手。因而，史宪诚这一不寻常的举动，实质上与十余年前田弘正重建狄仁杰祠一样，都是借助纪念性建筑的兴建，向公众传递政治风向移易的信号，所不同的是，传递的信息则恰恰相反，史宪诚通过对跋扈田季安的褒扬与纪念，展示的是魏博重归河朔故事的决心。

田弘正之孙田在卞尽管在文宗即位之初，便以功臣之后，诏授河阳怀州武德县尉。但田在卞在会昌五年（845）武宗平定昭义刘稹之叛后，选择回到魏博。时任魏博节度使何弘敬大约慑于会昌伐叛后的形势，问计于他：

> 魏帅何公因问曰：吾近以属郡献天子，版籍只于贡，天下人谓我何？公辟色对曰：天下人为非也。公当气其军、劲其守，横兵以南指则已矣。燕、赵间闻其言，驰风以出仕，爱君亲以恶其后也。[②]

颇有讽刺意味的是，作为一个仅在魏博度过幼年时光的田氏后胤，尽管"九岁入太学，十三诵《易》，十五能言《诗》"，一直接受长安士大夫文化的熏习，但当田在卞成年后，再次返回故乡的时候，选择了与他祖父不同的道路。

三　魏博田氏的双重镜像

田弘正之死标志着元和中兴事业戛然而止，对此传统的史家多指责穆宗君臣的昏聩与失策：

> 穆宗乘章武恢复之余，即位之始，两河廓定，四鄙无虞。而（萧）俛与段文昌屡献太平之策，以为兵以静乱，时已治矣，不宜黩

① 《旧唐书》卷一四一《田季安传》，第 3847 页。

② 田在卞墓志，周绍良编：《唐代墓志汇编》会昌〇四三，上海古籍出版社 1992 年版，第 2242 页。卢建荣：《飞燕惊龙记》中对此方墓志已有讨论，第 189—191 页。

> 武，劝穆宗休兵偃武。又以兵不可顿去，请密诏天下军镇有兵处，每年百人之中，限八人逃死，谓之“消兵”。帝既荒纵，不能深料，遂诏天下，如其策而行之。而藩籍之卒，合而为盗，伏于山林。明年，朱克融、王廷凑复乱河朔，一呼而遗卒皆至。朝廷方征兵诸藩，籍既不充，寻行招募。乌合之徒，动为贼败，由是复失河朔，盖“消兵”之失也。①

不可否认田弘正之死有偶然因素作用其中，若唐廷颁赐成德的一百万贯赏钱能及时运抵，或田弘正带入镇州的两千亲兵不被遣回，悲剧或可避免。② 因而对此负有责任的度支使崔倰遭到了“不知大体”的讥评，但我们检核崔倰的履历，便不难注意到他虽然出自博陵崔氏这样的名门望族，却是一位以善治财赋而著称的能吏。③ 这类“理财型”官员崛起，④ 虽然偏离传统士大夫理想中的“贤臣”形象，却为唐王朝在安史之乱的冲击下仍能维持国家财政的平衡立下了汗马功劳，而主持削兵的萧俛，虽才识平庸，但个人操守尚佳，有“趣尚简洁，不以声利自污”的名声。⑤ 因此，代表清流士大夫萧俛的削兵动议与理财能手崔倰的悭吝之举，虽然表面上看起来并无关联，实际上都暗示唐王朝的财政已无力支持元和以来对于魏博为代表的藩镇的赎买政策。⑥

宪宗时代的成功很大部分缘于李绛所主张的“不有重赏过其所望，则

---

① 《旧唐书》卷一七二《萧俛传》，第4477—4478页。

② 穆宗并非没有给予田弘正支持，如下诏对跟随田弘正前往成德的魏博旧属四十一人皆加官进爵，可惜多口惠而实不至，白居易：《魏博军将吕晃等从弘正到镇州各加御史大夫宾客等制》，《白居易文集校注》，第482页。

③ 《旧唐书》卷一一九《崔倰传》，第3444页。

④ 对此类官员特质的分析，可参读李锦绣《唐代财政史稿》下卷，北京大学出版社2001年版，第1270—1281页；卢建荣《聚敛的迷思：唐代财经技术官僚雏形的出现与文化政治》，五南图书出版股份有限公司2009年版，第163—198页。

⑤ 《旧唐书》卷一七二《萧俛传》，第4478页。

⑥ 财政问题一直是制约唐廷能否与藩镇长期作战的瓶颈，即使仅维系对河北藩镇的赎买政策，亦不容易。田弘正归顺时，宪宗“发内库钱百五十万缗以赐之”，已被宦官目为过多，移镇成德时，穆宗原本答应“赐镇州三军赏钱一百万贯”，亦出自内库。内库作为唐后期国家财政的后备库，主要收入来自各地的进奉，宪宗为积累削平藩镇的资金，广纳进奉。即便如此，面对不断的大额需索，亦难以长期维系，学者统计宪宗一朝内库供军费用高达缯绢5221万匹、钱416万贯、银5000两，甚至认为宪宗被弑的原因之一，是他和宦官争夺对内库的控制，参读李锦绣《唐代财政史稿》下卷，第1032—1043页。

无以慰士卒之心，使四邻劝慕”的赎买政策，[①] 其实质在于让具有自利倾向的藩镇军队体会到忠于朝廷所能获得回报大于自立于朝廷之外，达成“魏之人相喜曰，归天子乃如是耶”的效果，[②] 借此邀买人心。元和七年以来，魏博对于朝廷的恭顺，便仰赖于田弘正本人的效忠与朝廷给予魏博将士丰厚给赐这两者的合力。但这一政策可否持续，受制于两个要素，一个是唐王朝本身的财政状况，[③] 另一个则是重复赏赐之后无可避免的边际效应递减。因而元和中兴盛世表象之下，早已埋藏着深刻的危机，宪宗虽然在表面上恢复了统一，但无力改变河朔藩镇的基本构造，河北与长安之间的差异并没有得到真正的弥合，唐廷与田弘正虽然试图通过政治景观的改易来强化魏博军将尊奉朝廷的意识，改造河朔地域的文化风习，其长期成效虽难论定，但至少在田弘正执政的近十年中尚未见有明显的改观。[④] 长庆初，“魏、兖二帅以田夷吾、曹璠善属文，贡置阙下”，日试诗百首，“藻思甚敏，文理多通”，两人分署魏州、兖州县尉。[⑤] 此举似乎意在证明教化的效果，不过几个月后，田弘正父子的横死便打碎了这一文质彬彬的幻象。

其实，我们不难留意到朝廷与魏博将吏眼中的田弘正形象并不是同一的。在魏博，田弘正之所以为军士所拥戴，盖缘于“以武艺信厚为众所

---

① 《通鉴》卷二三九，第7696页。

② 《册府元龟》卷一七七：“宜令司封郎中、知制诰裴度往魏博宣慰，亲谕朕意，仍赐钱一百五十万贯，以河阳院诸道合进内库绫绢绵等，支送充赏给将士及州县百姓，差科宜给复一年，使之苏息”，第2128页。

③ 《通鉴》卷二四二：“自宪宗征伐四方，国用已虚，上即位，赏赐左右及宿卫诸军无节，及幽、镇用兵久无功，府藏空竭，势不能支”，第7803页。

④ 田布自杀后，庾承宣在《魏博节度使田布碑》中以颇为沉痛的笔调写道，“宁有一人之忠义，化六万之肝胆；三月之将帅，移六十年之旧风”，《文苑英华》卷九一四，第4814页。但这种以夏变夷的努力似乎也有成功的例子，《旧唐书》卷一六二《曹华传》：“初，李正己盗有青、郓十二州，传袭四世，垂五十年，人俗顽骜，不知礼教。华令将吏曰：‘邹、鲁儒者之乡，不宜忘于礼义。’乃躬礼儒士，习俎豆之容，春秋释奠于孔子庙，立学讲经，儒冠四集。出家财赡给，俾成名入仕，其往者如归”，不过需要警惕的是史籍中描摹的这种成效，与其说反映的是历史实相，不如说是倒推因果的书写，即淄青后未再叛，故风化大行；魏博重回自立的轨道，故教化无成。例如，崔弘礼墓志一方面称，“念以河朔旧事，未可以驯致而变也”，另一方面则云，“其牧相卫也，湔洗旧染，而纳诸轨度。人之向化，如草偃风”，将两种矛盾的书写格套置于同一篇志文中，《唐代墓志汇编》大和〇三九，第2123页。

⑤ 白居易：《日试诗百首田夷吾曹璠等授魏州兖州县尉制》，《白居易文集校注》，第791页。

服”①，他年轻时“尝于军中角射，一军莫及”②。归唐后，协助唐廷讨伐骄藩，亦身先士卒，王建有诗咏其事，“使回高品满城传，亲见沂公在阵前。百里旗幡冲即断，两重衣甲射皆穿”，“去处长将决胜筹，回回身在阵前头。贼城破后先锋入，看着红妆不敢收”③，可知其依旧是凭借“勇”与“信”这两项鲜明的武人特质得以立足于魏博的世界，而长安的史官笔下则塑造了一个恂恂如儒生的田弘正形象：

> （田）弘正乐闻前代忠孝立功之事，于府舍起书楼，聚书万余卷，视事之隙，与宾佐讲论古今言行可否。今河朔有《沂公史例》十卷，弘正客为弘正所著也……颇好儒书，尤通史氏，《左传》、国史，知其大略。④

尽管如此，长安士大夫也并未将其视为同一气类，元稹所谓“非唯将吏不会，亦恐弘正未详”一语，直白地道出田弘正在长安士大夫心中的文化形象，紧接着“尤通史氏”赞词的却是“知其大略”的评语，而《沂公史例》之作亦不过是倩手他人的著述。事实上，正史中对于田弘正“少习儒书”形象的塑造，与其说是为了表彰其学养，不如说为他忠于朝廷的举动寻找文化根源，“乐闻前代忠孝立功之事”，好读《左传》，乃至撰著《沂公史例》，这些描述所指向的本质不过是暗示他知晓《春秋》君臣之义而已，田弘正本人并不能超拔于河北武夫的世界之外。⑤

另一方面，由于与朝廷密切的关系，田弘正家族与河北世界确实已渐行渐远。尽管在唐廷眼中，河北不过是骄横跋扈的化外之地，但武夫世界

---

① 《册府元龟》卷一七七，第2128页。

② 《通鉴》卷二三九，第7699页。

③ 王建：《寄贺田侍中东平功》《田侍中归镇八首》，《王建诗集校注》，巴蜀书社2006年版，第122、396页。

④ 《旧唐书》卷一四一《田弘正传》，第3850页。按元稹《故中书令赠太尉沂国公墓志铭》中亦有类似的描述，“公既故为刺史子，又多才，好读书，识理乱形势，孝友信义，士众多附服”，《元稹集校注》，第1317页。

⑤ 马纾墓志云，“自天宝末，胡羯为乱，虽克剿□□，翻恣骄凶，以故将帅带州连郡，朝贡罕至，而魏博诸田相继立。元和中，上以文德武功定叛乱，虽魏帅诈顺，寻亦如旧”，亦从侧面证明时人不过将田弘正的反正视为河朔割据历史中的一段插曲，《唐代墓志汇编》会昌〇三〇，第2231页。

朴质的一面则在于"河北节度使皆亲冒寒暑，与士卒均劳逸"，于是在河东因"宽简"得众的张弘靖不过"肩舆于万众之中"①，便招致将士哗然，人心离散。而田弘正最初能获得魏博士卒的拥戴，与田绪、田季安父子"颇纵豪侈、酒色无度"以致双双壮岁暴卒，大失军心，恐怕不无关联，因而魏博将士拥立"颇通兵法，善骑射，勇而有礼"的田弘正取而代之，起初的目的或不过是恢复素朴而均质的河北旧俗。②

尽管在唐廷塑造的政治形象中，田弘正集"仁、法、谦"三政及"忠、孝"二德于一身，同时朝廷对田弘正的忠诚给予了丰厚的回报，"兄弟子侄，悉仕于朝，宪宗皆擢居班列，朱紫盈庭，当时荣之"③，视之为强藩向化的典范，但在河北地域之中，田弘正的形象已悄然发生了改变。

> （田）弘正厚于骨肉，兄弟子侄在两都者数十人，竞为侈靡，日费约二十万，弘正辇魏、镇之货以供之，相属于道；河北将士颇不平。④

小说《耳目记》中讲得更为直白："成德军节度田弘正御下稍宽，而冒于财贿，诛求不息，民众怨咨。"⑤ 节帅聚敛，在中晚唐根本算不上什么政治污点，郭子仪甚至故纵奢靡以避免功高震主的猜忌，但这与河北军士所欲追求的均质素朴的风貌并不相容，无疑也与当初深得士心的田弘正形

① 《通鉴》卷二四一，第7793页。事实上，唐廷对于幽州节帅的选择也是经过慎重考虑的，另以先后历任棣州、卫州、相州、魏博节度副使等职，谙熟河北形势的崔弘礼为副使，崔弘礼墓志，《唐代墓志汇编》大和〇三九，第2123页。

② 田季安卒后，田怀谏年幼，母元氏掌握大权，重用私白身蒋士则等，"数以爱憎移易将校"。按元氏系元谊女，昭义节度使李抱真去世后，镇内矛盾激化，元谊率洺州兵五千、民五万家投奔田绪，其非田氏旧部（《旧唐书》卷一三《德宗纪》，第383页），而重用宦者、疏远军将的做法也不符合河朔的政治传统。按私白系唐代藩镇、朝臣自己豢养的宦官，河北强藩多蓄之，《旧五代史》卷一四《罗绍威传》，"先是，河朔三镇司管钥、备洒扫皆有阉人"，第216页。唐长孺较早注意到此问题，参读《唐代宦官籍贯与南口进献》，《山居存稿续编》，中华书局2011年版，第350—362页；近年黄楼利用新出墓志对此有较为深入的探讨，参读《〈唐故颍川韩炼师（孝恭）玄堂铭〉再研究——唐代官僚使用阉侍之一例》，《碑志与唐代政治史论稿》，第89—103页。另元稹《故中书令赠太尉沂国公墓志铭》云："魏之法虐切疑忌，诸将以才多死者"，也透露出田季安末年魏博内部矛盾的日渐激化，《元稹集校注》，第1317页。

③ 《旧唐书》卷一四一《田弘正传》，第3851页。

④ 《通鉴》卷二四二，第7796页。

⑤ 《太平广记》卷二一七引《耳目记》，第1661页。

象迥然有异。既往学者对于元和中兴失败及田弘正之死原因的探讨，多强调“辇魏、镇之货以供之”这一违背河北藩镇自利取向的财政因素，[①] 以及朝廷简择张弘靖等人为节度使的举措失当，但河北武夫世界内在的逻辑恐怕也是一个值得考虑的方面。自从陈寅恪揭示河北与长安不同社会与文化特质以来，[②] 循此脉络，学者对于河北区域的胡化程度、藩镇军队的构造及自利取向等议题已有了相当深入的探讨，似乎较少措意的是，在我们对唐廷的政治逻辑有了相对明晰的了解之后，如何理解河北军士的行动逻辑，仅仅将藩镇内部的向背解释为“喻于利”，恐怕有些失之于简单。事实上，较之于文质彬彬但又等级鲜明的长安士大夫文化，强调将士“均劳逸”的河朔藩镇，[③] 这一相对均质而素朴的武夫世界的形成，恐怕也不乏基于“义”结合的色彩。[④]

其实，谙熟河北情势的田弘正本人及其家族对此危机并非毫无察觉，[⑤] 之所以未有补救的举措，原因便在于按照田弘正本人的政治规划，其家族最终是要完全脱离河朔，迁居两京，因此可以不再恪守河朔藩镇的政治逻辑。[⑥] 除了元和中陆续将家族成员送至长安，最具标志性的事件是元和十

① 这样的事例有不少，如元和十五年九月将河北税盐使改为榷盐使，使盐池之利为朝廷所控制，而裴弘泰以河北榷盐使的身份兼领贝州刺史，亦可见唐廷对魏博控制的加强，参读李锦绣《唐代财政史稿》下卷，第158—159页。

② 陈寅恪：《唐代政治史述论稿》，第34—47页。

③ 田弘正德政碑中有段描述颇有意思，“先是，魏诸宾犹仆役也，将卒无畏避，弘正始求副节度以下于朝，至则迎迓承奉，功虽勋将，莫不乘者避、谒者趋，付授咨度，始用宾礼”，《元稹集校注》，第1294页。泛泛而论这固然可以视为武夫骄横的表现，但也显示出河朔藩镇并无长安那样文武之间的高下区隔与严格的礼仪规范，是一个较为平均的社会。

④ 日本学者对于中晚唐藩镇中义父子、义兄弟这样拟制血缘关系的构建较早就有关注，但由于研究预设往往与时代分期论争有关，强调节帅借助拟制血缘关系建立起对部属的支配，而对类似现象反映的实质为何，解读亦不尽相同，参读栗原益男《唐五代の仮父子的結合の性格——主として藩帥的支配権力との関連において》，收入氏著《唐宋変革期の国家と社会》，汲古書院2014年版，第159—192页；谷川道雄：《北朝末—五代の義兄弟結合について》，《東洋史研究》39卷2号，第38—57页。张天虹近年则指出节帅与将士“比肩同气”，缺乏严格的尊卑关系，也是河朔故事的重要内容，《“河朔故事”再认识：社会流动视野下的考察——以中晚唐五代初期为中心》，《唐代国家与地域社会研究》，第200—203页。

⑤ 除了下文所述田弘正坚请归阙，田弘正被杀后，穆宗起复其子田布继任魏博节度使，田布固辞未果，与妻子宾客诀曰，“吾不还矣”，《新唐书》卷一四八《田布传》，第4785页。

⑥ 即使在此时，田弘正依然维持了河朔三镇间传统的交好关系，平定淄青之后，便进一步追查李师道与武元衡遇刺案的关系，意欲为王承宗洗雪，这缘于“乃田弘正知承宗深以戕贼宰相为耻，尝诉于弘正”，《册府元龟》卷一五三，第1855页，这种复杂性值得注意，故绝不能脱离河北的世界来理解田弘正其人。

四年平定淄青之后，田弘正亲自入朝献俘，“唐史上头功第一，春风双节好朝天”[①]，中兴的事业渐达顶点。在此之前，田弘正先将政治上素来仰仗的兄长相州刺史田融送入朝，[②] 入为检校刑部尚书、兼太子宾客，分司东都，[③] 本人也再三上表乞留阙庭：

> 臣自总魏师，初率归化，当时结念，便誓此心。祈于素诚，非是饰让。匹夫之志，犹不可夺。臣一昨自离本镇，亦以此意明言，陈谕圣恩，勉其忠义。将士等皆怀皇化，尽激丹诚，则一军幸安，且无足虑。[④]

可知田弘正入朝觐见前，便已预作安排，决定不再返回魏博。尽管田弘正入朝后备享尊荣，所谓“朝官叙谒趋门外，恩使宣迎满路中。阊阖晓来铜漏静，身当受册大明宫”，“风动白髯旌节下，过时天子御楼看”[⑤]，君臣相见，分外感慨，“相感君臣总泪流，恩深舞蹈不知休”，并获图形凌烟阁的荣誉，“有诏别图书阁上，先教粉本定风神”，但唐廷最终没有应允田弘正的请求，[⑥] “老臣一表求高卧，边事从今欲问谁”[⑦]。而从上文所引《复田承嗣官爵制》《魏州开元寺新建三门楼碑》中，我们不难注意到田承嗣时代统治魏博的核心是由田氏子弟构成的，这一基于亲族关系凝聚而成的武装集团，成为魏博与唐廷抗衡的基础，但至田弘正晚年，随着田融、田布的先后归朝，田弘正家族的主体已离开河朔，无奈留下的田弘正

---

① 王建：《寄贺田侍中东平功》，《王建诗集校注》，第122页。

② 田融对于田弘正的重要性在于，一方面作为长兄，他早年劝诫田弘正韬光养晦，使其避免了田季安的猜忌；另一方面，在田弘正执掌魏博后，他立即从博州刺史转任相州刺史，相州在魏博的重要性仅次于魏州，《通鉴》卷二三九，第7698页。韩愈《相州刺史御史中丞田公故夫人魏氏墓志铭》则云：“中丞叔氏尚书公奉诏牧魏博六州，人谓元和中第一勋，中丞实与有劳”，《韩愈文集汇校笺注》，第3236页。因此，田弘正送田融入朝，明确释放出无意久任魏博的信号。接替田融者，当是由唐廷任命的崔弘礼。事见崔弘礼墓志，《唐代墓志汇编》大和〇三九，第2123页。

③ 《金石录》卷九记田融神道碑立于元和十五年九月，则田融入朝之后不久便去世，《金石录校证》，第166页。

④ 《代魏博田仆射辞官表》，《文苑英华》卷五八一，第3005页。

⑤ 张籍：《田司空入朝》，《张籍集系年校注》，中华书局2011年版，第567页；王建：《朝天词十首寄上魏博田侍中》，《王建诗集校注》，第348页。

⑥ 《旧唐书》卷一五《宪宗纪》，第470页。

⑦ 王建：《朝天词十首寄上魏博田侍中》，《王建诗集校注》，第348—352页。

则成为坐在军民“怨咨”火山口上的孤家寡人。

事实上，不但是田氏家族成员，由于田弘正积极参与元和中兴之业，屡建功勋，魏博镇内的将领也有因积劳而外任者，新出穆诩墓志提供了一个典型案例。穆诩好勇多谋，曾“摄魏州左司马、知府事，充本州团练使”，本是田弘正手下大将。但平定淄青李师道后，因功拜右金吾卫将军、兼使持节淄州诸军事、淄州刺史，后累转登、密二州刺史，离开了魏博。其弟穆谓倒是继续留任魏博，并随田弘正一起赴任成德，出任镇州左司马兼侍御史、充成德军先锋兵马使，大约是田弘正从魏博带至成德的亲信大将，不幸与田弘正一起死于非命，“太夫人有辞堂之戮，一家尽为鲸鲵。夷族之冤，叛地何诉”。大和初，穆诩将父亲穆景昇从魏州迁祔于洛阳，自己死后也葬在东都，最终整个家族完全与魏博脱离了关系。[①] “不申阙员、自择官吏”本是河朔藩镇自立于唐廷之外的重要表现，但这一特权在阻碍唐廷派遣官吏赴任河北的同时，也堵塞了镇内部官吏的外迁之途，造成河朔藩镇内部的封闭性，这无疑是造成魏博“父子相袭，亲党胶固”局面的重要因素。[②] 而当田弘正归款之后，原有的格局被打破，在河北重沾王化的同时，魏博镇内的将领也获得了升迁外任的机会，不过这一流动本身无疑削弱了田氏魏博统治的基础。[③]

最后我们再回过头来，透过唐廷与魏博两面不同的棱镜观察魏博创建者田承嗣的形象及其变异：

> 初，公之临长魏郊也，属大军之后，民人离落，闾阎之内，十室九空。公体达化源，精洁理道，弘简易，刬烦苛。一年流庸归，二年田莱辟，不十年间，既庶且富，教义兴行。[④]

---

① 穆诩墓志，拓本刊《洛阳新获七朝墓志》，中华书局2012年版，第332页。

② 《旧唐书》卷一八一《罗威传》，第4692页。

③ 另一个可资比较的例子是马纾，马纾于大和初借讨沧景李同捷之乱的机会，自魏博归款于唐。尽管志文将其归唐归因于素怀忠义之心，但考虑到马纾曾祖行琰为妫州刺史，祖父千龙为平州刺史，大约与田承嗣同出于平州，其家族在安史乱后一直仕于魏博。当田氏魏博统治瓦解后，镇内的权力结构发生变化，作为田氏魏博的旧人，马纾离心归唐的原因或可从这一方面索解，《唐代墓志汇编》会昌〇三〇，第2231页。

④ 裴抗：《魏博节度使田公神道碑》，《文苑英华》卷九一五，第4816页。

田季安时代撰写的《田承嗣神道碑》所塑造的无疑是理想中魏博缔造者的政治形象，自然不免有夸饰的成分，但谁也无法否认田承嗣对魏博经营的成功。河朔三镇中，位于最南面的魏博虽然被后世公认为其中实力最强者，但与成德李宝臣、幽州李怀仙、相卫薛嵩等安史降将保有旧地不同，田承嗣降唐时守莫州，[①] “俄迁魏州刺史、贝博沧瀛等州防御使”[②]，在魏博并无根基，而且起初唐廷不过仅于魏博德沧瀛置防御使，[③] 这或许有朝廷不欲在内地建立方镇的考虑，但至少也部分暗示了田承嗣在安置安史降将的四镇中算不上强大。[④] 另一方面，田承嗣本人在安史系统中也算不上核心人物，其曾祖田堪随州从事，祖父田景郑州别驾，都是下层的文官，直到其父田守义仕至安东副都护，[⑤] 才由文入武，移居平卢。田承嗣是长于边塞的勇武少年，高适《营州歌》所描述的“营州少年厌原野，皮裘蒙茸猎城下，虏酒千钟不醉人，胡儿十岁能骑马”的场景，[⑥] 大约便是他成长的环境。陈寅恪认为田承嗣是胡化汉人，[⑦] 不过较之于统领所属部落追随安禄山南下的蕃将而言，他在安史阵营中不过是第二等的角色，《通鉴》曾列举安禄山部下“爪牙”十五人，田承嗣仅名列第十三位。[⑧]

---

① 《新唐书》卷二一〇《田承嗣传》，第5923页。按《旧唐书》卷一四一《田承嗣传》作“郑州”，检裴抗《魏博节度使田公神道碑》云，“即日除户部尚书、御史大夫、莫州刺史。复以莫州地褊，不足安众，特迁魏州刺史、贝博沧瀛等州防御使”，疑“郑州”系“莫州”之讹，《文苑英华》卷九一五，第4816页。

② 《旧唐书》卷一四一《田承嗣传》，第3837页。

③ 《旧唐书》卷一一《代宗纪》，第271页。

④ 《旧唐书》卷一四四《阳惠元传》，“初，大历中，两河平定，事多姑息。李正己有淄、青、齐、海、登、莱、沂、密、德、棣、曹、濮、徐、兖、郓十五州之地，养兵十万；李宝臣有恒、易、深、赵、沧、冀、定七州之地，有兵五万；田承嗣有魏、博、相、卫、洺、贝、澶七州之地，有兵五万；梁崇义有襄、邓、均、房、复、郢六州之地，其众二万”，则田承嗣起初的实力在藩镇中位居中流，第3914页。

⑤ 裴抗：《魏博节度使田公神道碑》，《文苑英华》卷九一五，第4816页。按《通鉴》卷二一六云“承嗣世为卢龙小校”，第6906页，因此碑文中所记田堪、田景两人的官职或为赠官。另田景，《旧唐书》卷一四一《田承嗣传》《元稹集校注》卷五三《故中书令赠太尉沂国公墓志铭》作“田璟”。

⑥ 高适：《营州歌》，刘开扬笺注：《高适诗集编年笺注》，中华书局1981年版，第32页。

⑦ 陈寅恪：《唐代政治史述论稿》，第37页。《旧唐书》卷一四一《田弘正传》亦云，“臣家本边塞，累代唐人”，第3849页。

⑧ 《通鉴》卷二一六，第6906页。

安史乱后，安史旧部中的精锐多归成德，① 而田承嗣所控制的魏博虽然过去称得上富庶，但在战争中因反复拉锯遭受了不小的破坏，传统上又属于文化繁盛之地，山东旧族不少便出身于此，辖下的不少郡县还曾响应过颜杲卿、颜真卿兄弟反抗安史的起义，并不是浸染胡风的区域。因此，作为一个外来者，田承嗣能否在魏博站稳脚跟，割据一方，最初恐怕还真是要打上一个不小的问号。

田承嗣在经营魏博之始便意识到了这种危机，《旧唐书》本传云其“虽外受朝旨，而阴图自固，重加税率，修缮兵甲，计户口之众寡，而老弱事耕稼，丁壮从征役，故数年之间，其众十万”②，利用唐廷因仆固怀恩之乱，无暇东顾之机，迅速扩充军力。③ 正如学者已指出的那样，魏博所依赖的是本地丁壮，因此强烈的乡土意识成为日后魏博军队的重要特质，与接收安史遗产、以骑兵见长的成德相较，魏博的军队多是由步卒构成。④ 自此之后，这位来自北边平州的边塞武夫凭借自己高明的政治手腕，在唐廷与河北藩镇之间纵横捭阖，不但借机分割相卫，扩大了地盘，更塑造了魏博的性格，⑤ 在不长的时间内成功地将一个传统汉文化的核心区改造为抗拒朝廷政治权威的堡垒。⑥ 囿于史料，我们对于其间的细节虽所知无多，

---

① 李宝臣纪功碑碑阴题名提供了考察成德军早期结构的重要史料，渡辺孝：《魏博と成徳——河朔三鎮の権力構造についての再検討》一文已有讨论，《東洋史研究》54 卷 2 号，第 109—114 页；张建宁：《从〈李宝臣纪功碑〉看成德军的早期发育》对此做了更细致的分析，收入李鸿宾编《隋唐对河北地区的经营与双方的互动》，中央民族大学出版社 2008 年版，第 241—325 页。

② 《旧唐书》卷一四一《田承嗣传》，第 3838 页。

③ 《太平广记》卷一九五引《红线》记田承嗣，“募军中武勇十倍者，得三千人，号‘外宅男’，而厚其恤养”，虽出小说家言，但无疑反映了“通性的真实”，第 1460 页。

④ 关于安史乱后成德与魏博不同特征与发展路径，可参读李碧妍《危机与重构：唐帝国及其地方诸侯》，第 298—323 页。森部丰《唐后期至五代的粟特武人》一文则指出，正是由于魏博缺乏骑兵，故田承嗣特别注重从灵州一带招徕粟特部落，充实马军的力量，收入《粟特人在中国——历史、考古、语言的新探索》，中华书局 2005 年版，第 231—232 页。

⑤ 黄永年曾指出田承嗣有做河北地区唯一领袖的雄心，《论安史之乱的平定与河北藩镇的重建》，《文史存稿》，三秦出版社 2004 年版，第 268 页。

⑥ 田承嗣的成功某种意义上也改变了王朝东部的政治地理格局，魏州于大历二年升为大都督府后成为东部最重要的政治、军事中心，这一地位一直延续到北宋的大名府。参读李孝聪《唐代后期华北三个区域中心城市的形成》，收入氏著《中国城市的历史空间》，北京大学出版社 2015 年版，第 54—57 页。魏州位于运河沿线，地理位置优越，城市本身“自禄山反，袁知泰、能元皓等皆缮完之，甚为坚峻”，多方的长期经营为魏州地位的上升奠定了基础，《旧唐书》卷一一一《崔光远传》，第 3319 页。

但无疑田承嗣在乱后安定魏博局势、恢复社会生产方面颇具作为，而其平素行事大约也符合一位“亲冒寒暑，与士卒均劳逸”的理想河朔藩帅形象。

正因如此，田氏家族在魏博前期的政治中具有极强的号召力，这在两次政变的乱局中有充分的体现。首先当兴元元年田绪谋杀田悦之后，“惧众不附，奔出北门”，为邢曹俊、孟希祐等追还，“时绪兄纶居长，为乱兵所杀，遂以绪为留后”，可见节度使之位需在田氏子孙中择立在魏博内部已成为普遍认可的故事，其后当田怀谏失位，能取而代之的依然是田弘正这位田氏家族成员，这与同时期的成德、幽州两镇的情况皆不同。第二次则是田布攻打成德兵溃后，退归魏州，将士欲迫其恢复河朔故事，咸曰：“尚书能行河朔旧事，则死生以之；若使复战，皆不能也”[①]，可知即使在人心涣散的危局下，田氏家族仍具有相当的政治合法性，这与日后魏博牙军“变易主帅，有同儿戏”的骄横之态实不可同日而语。

既往的研究皆将牙军专横目为魏博的重要特征，但李碧妍已指出，田氏家族时代的魏博与成德一样都是由军将阶层所主导的，直到史宪诚以后才逐渐变成受牙军支配，[②] 但如果表述得更精确一些的话，田氏魏博的权力核心基本上由田氏家族成员构成，这与成德大将分立的传统又有所不同，这在上文所引《复田承嗣官爵制》《魏州开元寺新建三门楼碑》中可以看得很清楚。若进一步加以考量，可以注意到牙军日益跋扈的原因未必在魏博之内，宪宗时代厚加赏赐的赎买政策无疑大大刺激了牙军的胃口，推动了魏博的骄兵化，至田布讨伐王廷凑时，“魏军骄侈，怯于格战”，与田承嗣时代的面貌已大有不同。[③]

因此，在田弘正归附之初，唐廷对于如何评价田承嗣祖孙三代在魏博的统治措辞谨慎，并厚抚其子孙：

> 赠太尉（田）季安姻戚旧臣，尝任将相，饰终之典，宜示优崇，其葬事委田兴差官勾当，礼物之间，务从周厚。田怀谏在疚之初，政出群小，因致军府骚然不宁，以其年幼，有足矜悯，待其到京之日，

① 《旧唐书》卷一四一《田布传》，第3846—3853页。

② 李碧妍：《危机与重构：唐帝国及其地方诸侯》，第317—325页。

③ 《旧唐书》卷一四一《田布传》，第3853页。

一门量加存恤。①

至元和八年，田弘正借《魏府狄梁公祠堂碑》已明确地向魏博军民宣示要“归职贡而奉官司，尊汉仪而秉周礼”，一改河北旧俗，因而长庆元年（821）田弘正自魏移镇时，元稹执笔的田弘正德政碑中关于河朔割据历史的叙述不但代表了唐廷的政治立场，也是君臣双方反复斟酌文辞、考虑受众文化特质后，“使弘正见铭而戒逸，将吏观叙而爱忠”，精心构思而成的政治宣传品：

> 始，安禄山以玄宗四十三年盗幽州兵，劫击郡县，逾关据京，天下掉挠。肃宗征之，海内甫定。而夹河五十余州，或服或叛，更立迭夺，废置征伐，朝觐赋入之宜，皆自为意。五纪四宗，容受隐忍。田承嗣始有魏、博、相、卫、贝、澶之地。承嗣卒，以其地传兄子悦，悦传绪，绪传季安。既而季安悍诞淫骄，风勃蛊蠹，发则喜杀左右，渐及于骨肉。②

碑文虽对田承嗣一笔带过，仅叙及田季安本人“悍诞淫骄”以致失位，但所强调者有二，一是与之前的《魏府狄梁公祠堂碑》一样，对安史叛乱以来割据历史的否定；其次则是对河朔藩镇父子兄弟自相承袭故事的严厉批判，不无嘲谑地指出“季安子怀谏始十余岁，众袭故态，名为副大使”，而将“使千万众知君臣父子之道”视为田弘正执掌魏博带来的根本转变。这两条在本质上否定了河朔藩镇成立的合法性，当中兴事业达到顶点时，唐廷欲以此一劳永逸地解决藩镇问题，但在另一方面，过去七八年来作为向化表率的魏博军民正渐渐积聚着不满，意欲寻找重返河朔故事的机会，而身处旋涡之中的魏博田氏成为最后的牺牲品。

① 《册府元龟》卷一七七，第2129页。

② 元稹：《沂国公魏博德政碑》，《元稹集校注》，第1293页。

四 政治默契的形成

藩镇割据一直被视为中晚唐时代的基本特征，如果说天宝十节度是一有意的政治规划，那么随着安史之乱的蔓延，遍置于内地的藩镇则是时势的产物，兴置多有偶然因素作用其中，即使于河朔三镇也不例外。因此所谓藩镇割据的局面绝非一个静态对峙的画面，而是渐次形成，并随着双方政治实力的消长而不断变易的动态过程。如果说唐前期的皇权是均质的，除羁縻府州外，唐王朝对于各州郡有着大致同等的控制力，那么安史乱后随着具有自利取向藩镇及节帅的崛起，唐王朝对地方的控制力受到了挑战，[①] 这种局面无论对于唐廷还是藩镇而言都是全新的。唐王朝最初试图重建统一，而藩镇也不愿意轻易让渡因安史之乱获取的地盘及利益，于是双方关系不得不依据政治、军事实力的对比，重新来加以定义，这种“界定”不免要通过战争的方式来进行。其实，当时不但中央与藩镇关系是不稳定的，藩镇与藩镇之间的关系同样亦不稳定，[②] 田承嗣分割相卫便是一个典型的案例，因而在代宗、德宗两朝，不但中央与藩镇之间多有征战，藩镇之间的冲突亦不稀见。元和中兴的成功大半缘于田弘正的主动归附，改变了河朔与中央的力量对比，但无论是唐宪宗还是田弘正，都无力改变河朔的政治结构，更遑论动摇藩镇这一地方层级的存在，因此唐廷对于河朔的重新控制难免昙花一现，但长期的战争使得双方都更加清楚地认识到力量的边界与相互间的行动逻辑。与唐前期相比，中晚唐政治的运作更加依赖于惯例与默契，而这种惯例与默契的形成，并不是制度的产物，也绝非一蹴而就，而是通过代宗、德宗、宪宗诸朝，双方在不停的战与和的过

---

① 但不应该简单地把这样的挑战视为叛乱，即使在四镇之乱最严重的时候，虽各自称王，但仍强调用“国家正朔，今年号不可改也”，《旧唐书》卷一四一《田承嗣传》，第3844页。藩镇“弱唐”，但并不反唐，绝大多数的骄藩节帅只能视为强臣，而非叛臣，正是这样格局的存在才能形成最终双方都能接受的政治默契。

② 《旧唐书》卷一一一《房式传》，“时河朔节度刘济、王士真、张茂昭皆以兵壮气豪，相持短长，屡以表闻，迭请加罪”，第3325页。可知在河朔藩镇之间亦矛盾重重，在既往的研究中，学者倾向于将河朔藩镇视为一个拥有共同利益的政治联合体，从而忽视了其内部复杂的分合关系。

程中，逐步达成的妥协。[①] 以下举魏博的两个例子来说明政治惯例是如何形成与运作的：

伏准国朝故事，我府凡有更替，即除亲王遥统节度事，或踰数月而后，方降恩命。[②]

节度使自相承袭是河朔故事的核心，但对唐廷而言，无疑是对中央权威的公开挑战，也是安史乱后双方战争不已的关键所在。但当唐廷无奈默认了这一故事之后，双方便有了形成新的政治惯例的可能：由朝廷先除亲王遥领，[③] 数月后才授节钺于藩镇自行推举的继任者，即保全了河朔故事的实质，同时成功维系了朝廷的体面，政治的“实践”与“表达”之间的紧张得到了缓解。

永泰元年七月，以郑王邈为开府仪同三司，充平卢淄青节度度支营田等大使。先是，平卢淄青节度使侯希逸为副将李怀玉所逐，希逸奔于滑州，上疏请罪。特诏赦希逸罪，乃以郑王邈为大使，令怀玉权知留后，姑务息人也。[④]

贞元七年，（张）孝忠卒，德宗以邕王謜为义武军节度大使、易定观察使；以昇云为定州刺史，起复左金吾卫大将军，充节度观察留后，仍赐名茂昭。九年正月，授节度使，累迁检校仆射、司空。[⑤]

事实上，这种借助“遥领”来装点藩镇自相承袭实质的政治表演，并

① 陆扬《西川和浙西事件与元和政治格局的形成》一文对刘闢、李锜叛乱前后与朝廷互动有细密分析，彰显了朝廷与藩镇之间既往形成的政治默契失效后，因误判所引发的战争，也说明了默契与惯例在中晚唐政治中的重要作用，《清流文化与唐帝国》，第20—34页。

② 罗让碑，拓片藏中国国家图书馆。

③ 《白居易文集》中有《除某王魏博节度使制》，此篇当为拟制，但可证明这一故事的存在，《白居易文集校注》，第958—960页。按谢思炜认为此制反映了田弘正归附后曾一度有以亲王遥领魏博的举措，事实上，田弘正归附后，李绛立主“乞明旦即降白麻除兴节度使”，此议为宪宗所接受，借以笼络田弘正，坚定其向化之心，《通鉴》卷二三九，第7696页。故亲王遥领之事并不存在，但之前朝廷中确实曾有真除节度使还是先授予留后的争论，故此制可能是当时的拟制。关于拟制的问题，可参读谢思炜《拟制考》，《文学遗产》2009年第1期。

④ 《宋本册府元龟》卷一七六，第420页。

⑤ 《旧唐书》卷一四一《张茂昭传》，第3858页。

不局限于魏博，也非最早出现在魏博。这一故事的形成本身就是唐廷与藩镇博弈的结果：

> 朝廷不获已，宥之，以河南副元帅、黄门侍郎、同平章事王缙为幽州节度使，授（朱）希彩御史中丞，充幽州节度副使，权知军州事。诏缙赴镇，希彩闻缙之来，搜选卒伍，大陈戎备以逆之。缙晏然建旌节，而希彩迎谒甚恭。缙知终不可制，劳军旬日而还。寻加希彩御史大夫，充幽州节度留后。十二月，加希彩幽州大都督府长史、幽州卢龙军节度使。①

大历三年六月，朱希彩杀李怀仙自立，这是安史乱后河朔藩镇节帅的第一次更替，此举不但遭唐廷侧目，甚至亦为河朔内部所不容，“恒州节度使张忠志以怀仙世旧，无辜覆族，遣将率众讨之”②。朝廷虽无力讨伐，但并未立刻承认现实，而是正授王缙节钺，仅以朱希彩为副使、权知军州事。唐廷最初并不以遥领为满足，王缙尝试前往幽州赴任，不料碰了一个软钉子而还，无奈由“实”变“虚”，闰六月以朱希彩为留后，至十一月即真。③ 这一偶然事件成为故事的起源，之后类似的“遥领”在唐廷与藩镇的角力中反复出现，最终演变成一种公开的“默契”④，“其后有持节为节度、副大使知节度事者，正节度也。诸王拜节度大使者，皆留京师”⑤。而对这些政治惯例不同的认知与实践，成为我们窥测唐与藩镇关系的晴雨表。

如果说“遥领”默契涉及的无疑是唐廷与河朔间的核心问题，那么这一惯例的形成与运作显示出中唐以后，双方已有成熟而稳定的沟通渠道及相当的政治互信，以下所举元和四年的一个小事件则透露出这种政治信任是如何长期积累的：

---

① 《旧唐书》卷一四三《朱希彩传》，第3896页。

② 《旧唐书》卷一四三《朱希彩传》，第3896页。

③ 《旧唐书》卷一一《代宗纪》，第289—291页。

④ 《唐会要》卷七八“亲王遥领节度使”条下枚举中晚唐相关案例十余则，如果我们意识到这一政治默契曾被广泛推行的话，无疑《唐会要》中所列举的只是其中很小的一部分而已，第1697—1698页。

⑤ 《新唐书》卷四九下《百官志》，第1310页。

> 诏（吐突）承璀还师，路出于魏。魏将田季安屈强不顺，亦内与（王）承宗合。承璀不敢以兵出其境，请由夷仪岭趋太原而来。上以王师迂道而过，是有畏于魏也，何以示天下。计未出，公使来京师，上召对以问之。公曰：非独不可以示天下，且魏军心亦不安，而阴结愈固矣。臣愿假天威，将本使命谕季安，使以壶浆迎师。上喜，即日遣之，驻承璀军以须。公乃将袁命至魏，语季安以君臣之礼，陈王师过郊之仪。季安伏其义，且请公告承璀无疑，师遂南辕。①

在此之前不久，吐突承璀刚设计擒下卢从史，帮助唐廷重新控制了昭义军，因此当其欲假道与成德叛军暗地勾结的魏博时，难免让人有假途灭虢的怀疑。另一方面，唐廷亦担心遭到魏军的袭击，若迂道太原，不但有失朝廷颜面，亦使得双方的矛盾暴露于天下。因而柏元封自告奋勇出使魏博，斡旋其间，最终达成了默契，使得唐廷与魏博得以各取所需，至少维持了表面上的君臣合作。这一斡旋的成功，无疑也增进此前互相猜忌双方间的信任，事实上，唐廷与藩镇之间从冲突到稳定关系的形成背后仰赖于无数这样小的政治默契的积累，而如何来发现这些非制度性的、不成文惯例及其背后运作的政治规则，则将成为学者探索中晚唐历史重要的“知识符码”。

表 1　　田氏魏博时代祠堂、碑刻一览

名称	时间	地点	出处
田承嗣德政碑	大历五至八年	魏州	《文苑英华》卷九一五
安史父子祠堂（旋废）	大历八年	魏州	《通鉴》卷二二四
魏州开元寺新建三门楼碑	大历十三年	魏州	《文苑英华》卷八六三（碑文存）
田承嗣神道碑（旧）	大历十三年	魏州	推测
田承嗣遗爱碑	贞元十年	魏州	《陆贽集》卷二〇
田绪神道碑	贞元十二年	魏州	《文苑英华》卷八九一（碑文存）
田承嗣神道碑（新）	贞元十二年	魏州	《文苑英华》卷九一五（碑文存）
田承嗣祠堂	贞元十二年	魏州	《文苑英华》卷九一五
田绪遗爱碑	元和初	魏州	《金石录校证》卷二九

① 柏元封墓志，《唐代墓志汇编续集》大和〇三八，第910页。

续表

名称	时间	地点	出处
田弘正家庙	元和八年	长安	《韩愈文集汇校笺注》卷十六（碑文存）
狄仁杰祠堂（重建）	元和八年	魏州	《文苑英华》卷八七七（碑文存）
田融神道碑	元和十五年	长安	《金石录校证》卷二九
田弘正德政碑	长庆元年	魏州	《元稹集校注》卷五二（碑文存）
田弘正墓志	长庆元年	长安	《元稹集校注》卷五三（志文存）
田布神道碑	长庆二年	长安	《文苑英华》卷九一四（碑文存）
田季安神道碑	宝历元年	魏州	《樊川文集》卷十四

哀　荣

——8世纪中叶一位节度使的丧葬罗生门

李碧妍*

广德元年（763）对唐帝国而言是颇为重要的一年，这一年是新任帝国君主唐代宗即位的第二年。上一年（762），他的祖父玄宗和父亲肃宗相继去世。代宗本人则在当时“久典禁军”①、权势鼎盛的唐廷首宦李辅国，与身任“内射生使”②，即执掌宫廷禁卫军，并党于辅国的另一名重要宦官程元振的推戴下，在宫廷政变中成功胜出，成为新任帝国君主。不过到了广德元年初，由于李辅国的离奇死亡，宫廷斗争的阴影已逐渐在唐廷内部淡去。而外部，与安史叛军的作战也迎来了拨云见日的光明，因为持续了八年的安史之乱终于在这年春天随着史朝义的败亡正式宣告结束。就是在这样一个唐廷与帝国获得重生的年代，长安近郊也迎来了一场隆重的大臣葬礼。

一　盛大的葬礼

这场葬礼是为前任华州刺史，亦是安史之乱爆发后的首任同华节度使李怀让而举行的。有关葬礼宏大场面及隆重规格的描述保存在常衮所作的《华州刺史李公墓志铭》（以下简称《李怀让墓志》）① 中：

* 中西书局副编审。

① 《资治通鉴》（以下简称《通鉴》）卷二二二宝应元年建巳月条，中华书局1956年版。

② 《旧唐书》卷一八四《宦官·程元振传》，中华书局1976年版。亦见《新唐书》卷二〇七《宦者上·程元振传》（中华书局1975年版），《通鉴》卷二二二宝应元年建巳月条。

① 《全唐文》卷四一九，中华书局1983年版。

> 广德元年九月三日，〔李怀让〕薨于华州军府，春秋若干。天子闻之，辍朝兴叹，特优命数，宠赠司空。诏发輤车，即日迎柩，列辟卿士，咸会丧焉。赠赙襚含，有加故事，京兆尹监护，内谒者致以词，即以其年十月四日，陪葬建陵，旌勋臣也。将军卤薄，司空法驾，钲车介士，前后鼓吹。观者称荣，懦夫增气，百官临吊，毕集孔光之门；五校送丧，直至邓宏之墓。君臣之义，厚莫重焉。

墓志提醒我们，李怀让具有陪葬肃宗建陵的“勋臣”身份，因此墓志对其丧葬仪式宏大规模的渲染也就是一种有据可依的铺陈，并不是全然的阿谀之作。由于传世文献对李怀让的记载很少，因此墓志为我们提供了一份极为难得的得以颇为完整地勾勒出这位肃宗朝勋臣生平的资料。墓志首先称：

> 〔李怀让〕以良家子选羽林郎，骑射绝伦，材官入侍，射熊旧馆，戏马前台，百步应弦，两骖如舞。便蕃左右，趋奉阶闼，秺侯笃慎，汉帝裒嘉。

墓志此段辞气颇为丰赡，但关键信息却只有一个，即李怀让在安史乱前即已获得了禁军成员的身份。

李怀让仕途的发展，得益于安禄山叛乱。因为他在乱中，一直担任着离京在外的肃宗警卫军首领这样一个特殊的职务。无论是肃宗登基的灵武（灵州），还是此后临时驻跸的扶风（凤翔府），流亡时期的肃宗一直得到李怀让尽职的扈从与羽卫，这就是墓志说的：

> 属皇室艰难，王师巡狩，侍执羁鞫，扈陪惊舆。节见时危，捧六龙于岐下；口陈天命，从五马于回中。披荆榛而执殳，冒风雨而持盖，中原行在，实掌禁戎。领护钩陈，典司环列，出入警跸，肃清扞陬。羽卫甚严，军容益振，夜合枪累，晓开旌门。拥嘉气于月营，横大风于天仗，始自灵武，至于扶风，险阻屯蒙，未尝离上。

墓志记叙李怀让的第一个职衔为“临彰府折冲，射生供奉”。按“折冲”只是虚衔，负责肃宗宫苑宿卫的“射生供奉”才是实职。当然，肃宗

“巡狩”之际的羽卫工作也同样是由其承担的。[①]

正因着“险阻屯蒙，未尝离上”的这份特殊功绩，在至德二载（757）十二月肃宗还京表彰蜀郡、灵武扈从立功之臣时，李怀让被封为“沂国公，食实封一百户，一子五品官”[②]。《册府元龟》保留了当时的这份表彰名单。从名单中来看，李怀让是地位仅次于两位率兵勤王的蕃部将领论诚节与钳耳大福的人物。[③] 换言之，排位第三的李怀让可能才是肃宗最为信赖的将领。李怀让的这次受封在其墓志中被具体记载为“以佐命功特授镇国大将军、左羽林军大将军、知左神武军事，加特进兼鸿胪卿、左神武军大将军，封汧（沂）国公”。而据《唐会要》卷72《京城诸军》载：

> 至德二年十月十四日，左右神武两军，先取元扈从官子弟充，如不足，任于诸色中简取二千人为定额。其带品人，并同四军例，白身准万骑例，仍赐名“神武天骑”，永为恒式。[④]

这条记载显示，肃宗由临时驻跸的凤翔返回长安前，[⑤] 其已经着手对禁军系统进行规划了。而这支被肃宗特加重视，也无疑将是还京后被寄予重任的禁军就是“先取元扈从官子弟充”，并被赐名为“神武天骑”的左右神武军。而在还京后被任命为首任“左神武军大将军”“知左神武军事”的将领就是李怀让。至此，李怀让由宫苑的禁卫军首领荣升为京城禁军统帅。

李怀让在肃宗朝的第二次转迁发生在上元二年（761）。当年唐廷曾对京东地区的节镇区划进行过一次重要调整，这就是让原本分属于陕州和河中的华、同二州合并为一个节镇。华、同二州以黄河与东面的陕州和河中

---

① 有关“射生军”的情况，可参见《新唐书》卷五〇《兵志》及《通鉴》卷二二二宝应元年建巳月条胡注。

② 《册府元龟》卷一三一《帝王部·延赏第二》，中华书局1960年版。

③ 有关论诚节事，参见《全唐文》卷四七九吕元膺《骠骑大将军论公（惟贤）神道碑铭并序》。关于论氏家族的事迹，亦可参见正文中的相关论述。有关钳耳大福事，可参见两《唐书·哥舒翰传》。

④ 亦可参见《新唐书》卷五〇《兵志》。

⑤ 《旧唐书》卷十《肃宗纪》载：“癸亥（十九日），上自凤翔还京。”《通鉴》卷二二〇至德二载十月条同。

府分界，而在西面，它们则又紧邻长安所在的京兆府，两州均各自拥有一处重要的关隘——潼关和蒲津关，因此可以说是长安的门户。肃宗在上元二年将华、同二州由东面的陕州等地分出，并升级为一个独立的节镇，很可能是针对当年二月唐军遭遇邙山之败，史思明的叛军进逼陕州的一次防御措施。而被任命为首任同华节度使的就是李怀让，这也就是墓志所说的：

> 于是出镇左辅，建牙近关，扼天下之枢，走山东之盗。

关于李怀让被任命的具体职衔，墓志记载为“又加开府仪同三司，充潼关镇国军使、同华等州节度使、华州刺史”。作为长安门户的执掌者，李怀让在这一时刻被肃宗委以此职，是后者对其信任与器重的一种表现，这当然也与怀让曾经的扈从身份以及此时的禁军统帅身份有关。不过，李怀让得以成为同华节度使，也许更要归功于另一位人物的支持，这就是当时的宫廷首宦——李辅国。

李辅国在肃宗一朝的崛起过程与李怀让颇为相似。更确切地应该说是，李怀让与李辅国的仕途发展同行并进，并且彼此关联。作为肃宗的东宫侍宦，李辅国不仅在乱时扈从肃宗，而且对肃宗的即位有匡翊之力，所以《旧唐书·李辅国传》称：

> 肃宗即位，擢为太子家令，判元帅府行军司马事，以心腹委之。仍赐名护国，四方奏事，御前符印军号，一以委之……从幸凤翔，授太子詹事，改名辅国。[①]

又称肃宗还京后，辅国“专掌禁兵”[②]。李辅国肃宗心膂的地位以及此后执掌禁兵的权任，很自然地会将他与在行在中统辖肃宗禁戎，以及此后出任左神武军大将军的李怀让联系起来。甚至在肃宗出巡的那段日子里，两人的接触与互动就可能更为密切和频繁。其实我们确实看到，当肃宗还

---

① 亦可参见《新唐书》卷二〇八《宦者下·李辅国传》，《通鉴》卷二二一乾元二年四月条。

② 《旧唐书》卷一三四《宦官·李辅国传》。又见《通鉴》卷二二一乾元二年四月条。

京、李辅国权势日盛时，李怀让的仕途也在稳步上升。因此当上元年间，李辅国的权势业已达到“节度使皆出其门”① 的地步时，如果李怀让凭借着长期以来与李辅国的良好关系而被推举为首任同华节度使的话，是不会让人感到太多诧异的。

从上元二年开始担任同华节度使的李怀让，其任期一直持续到了广德元年，即代宗即位后的第二年。在这两年左右的时间里，唐廷发生了两次变故，一次就是肃宗去世、代宗登基，另一次则是到广德元年，宫廷的首宦已经从李辅国变成了程元振。不过两起事件似乎都未对尚在华州任职的李怀让产生太大影响。广德元年六月，已外任两年的李怀让与另两位节度使一起入朝觐见：

> 〔六月〕癸未（十一日），以陈郑泽潞节度使李抱玉检校司空，封武威郡王；河中节度使王昂检校刑部尚书，封祁国公；同华节度使李［怀］让检校工部尚书。同日入省，宰相送上。②

这次改迁也就是李怀让墓志中所说的“寻拜御史大夫、检校工部尚书，并兼旧务”。然而不幸的是，就在不久后的九月三日，李怀让“薨于华州军府”，结束了其不算太长的节度生涯。而为了褒奖这位肃宗朝“勋臣”，一个月后的十月四日，一场为李怀让举行的盛大葬礼就在建陵所在的醴泉县上演了。

二 吊诡的墓志

广德元年对唐帝国而言是一个具有戏剧性的年份。就在当年春天，关东的安史叛乱才刚刚结束，而到了秋天，关中却又将面临一波不下于前者的致命威胁。发动这波威胁的是西面的吐蕃，它的入侵长安甚至导致了代宗的出逃陕州。

由吐蕃入侵而给长安带来的震撼发生在广德元年十月。据史书记载，

① 《通鉴》卷二二一上元元年四月条。

② 《旧唐书》卷一一《代宗纪》。

十月二日（辛未）吐蕃已自邠州进寇京畿的奉天。奉天是由邠州逾梁山、经漠谷而到达京畿的第一县。一旦过了当长安西北大道之要的奉天，直达长安的道路就无甚大的阻碍。所以《通鉴》会说吐蕃进军到奉天时，“京师震骇”，而代宗也因此立即诏郭子仪为关内副元帅，“出镇咸阳以御之”①。咸阳紧邻长安西北，既然吐蕃已攻至奉天，其沿奉天—醴泉—咸阳的驿路直捣长安就是最便捷的路径。② 这也正是为什么代宗要任命郭子仪出镇咸阳的原因。但有意思的是，吐蕃的这次入侵恰恰没有沿这条东南下的路线，而是由奉天转向西南的武功，然后渡过渭河，由盩厔东向攻击长安，这样一来，就完全绕过了咸阳。③（图 1）《通鉴》记载：“〔癸酉，〕渭北行营兵马使吕月将将精卒二千，破吐蕃于盩厔之西。乙亥（十月六日），吐蕃寇盩厔，月将复与力战，兵尽，为虏所擒。”④ 丙子（十月七日），代宗出逃。⑤

在这里，我们必须对“癸酉”这个日期特别注意，因为癸酉就是十月四日，也就是《李怀让墓志》记载的李氏下葬的这一天。不过据《通鉴》的记载来看，如果李怀让下葬的时间是十月四日，那么这个时候吐蕃已经攻至盩厔西面，离代宗不久后的出逃也就三天。在这种节骨眼上，唐廷有没有心思和能力办理李怀让规格不低的葬礼是颇让人怀疑的。即便说吐蕃四日的时候还在长安西面，而李怀让陪葬的肃宗建陵则位于长安西北的醴泉县境，⑥ 那他的葬礼也不可能正常举行。因为二日时吐蕃已攻入奉天，而代宗已任命郭子仪出镇咸阳。⑦ 换言之，唐廷原以为吐蕃是要沿奉天—咸阳驿路南下的，而建陵所在的醴泉正介于奉天—咸阳驿路之间，因此四日的时候还想在这里举行功臣的陪葬仪式也很难让人想象。实际上，《唐会要》卷 17《庙灾变》就记载说：

---

① 《通鉴》卷二二三广德元年十月条。

② 参见严耕望《唐代交通图考》第一卷《京都关内区》篇六《长安西北通灵州驿道及灵州四达交通线》，上海古籍出版社 2007 年版，第 182 页；第二卷《河陇碛西区》篇十一《长安西通安西驿道上：长安西通凉州两驿道》，第 385—387 页。

③ 参见史念海《河山集》四集，陕西师范大学出版社 1991 年版，第 213 页。

④ 《通鉴》卷二二三广德元年十月条。

⑤ 《通鉴》卷二二三广德元年十月条，两《唐书·代宗纪》。

⑥ 参见《唐会要》卷一《帝号上》，上海古籍出版社 1991 年版。

⑦ 不管郭子仪在接到诏命时是否在第一时间就赶往咸阳部署军队。

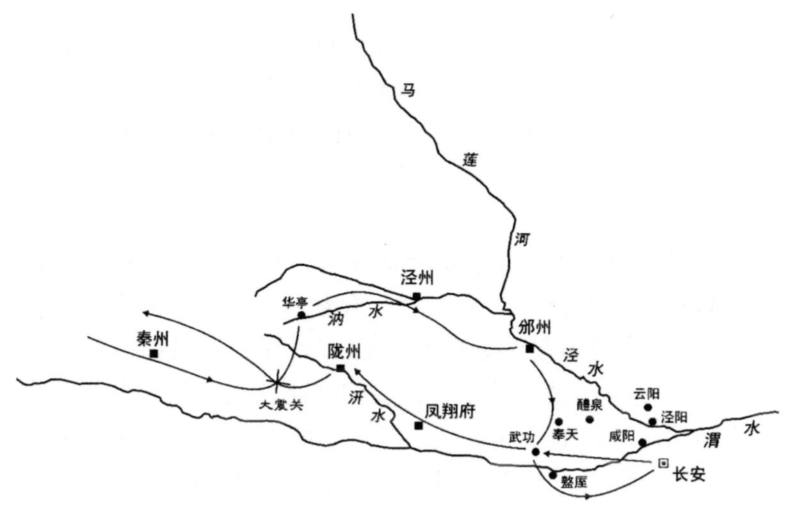

图 1　代宗初年吐蕃进攻长安路线

此图参考史念海《河山集》四集，第 216 页，《唐代吐蕃进攻关中及长安图》绘。

建中二年（781）二月，复肃宗神座于寝宫。初，宝应中（即广德元），西戎犯京师，焚建陵之寝，至是始创复焉。

显然，有部分吐蕃军队在此次入侵长安的过程中到过醴泉，并焚毁了那里的建陵。而此事只可能发生在十月九日（戊寅）吐蕃攻入长安前。[①]

有关李怀让葬礼发生时间的这一“怪戾”记述，促使我们对由常衮所作的这份墓志进行重新审视。实际上，墓志所蕴含的“怪戾”气氛倒并不源于葬礼时间本身的异样之处，因为墓志中记录的下葬日期多半是卜筮后的结果，而墓志的撰写也本来就在墓主落葬之前。换言之，计划中的隆重葬礼由于碰巧遭遇了吐蕃的入侵，只能遗憾地告吹。而我们也只能从留存下来的墓志中，再去拟构与想象它本将举行时的盛大场面。其实，我们之所以要重新审读这份墓志，并不是因为葬礼时间的“怪戾”，而是葬礼规格的“怪戾”。纵然李怀让隆重的葬礼可能因吐蕃的入侵而无法按期举行，但他作为勋臣陪葬建陵的名分，却恐怕不应该因为这次意外的事件而轻易

① 参见《通鉴》卷二二三广德元年十月条，两《唐书·代宗纪》。此事不可能发生在吐蕃不久后退出长安的过程中，因为吐蕃是从西面的凤翔方面撤出的。

抹去。但据《唐会要》卷21《陪陵名位》的记载，陪葬肃宗建陵的只有此后的尚父汾阳王、再造唐室的第一功臣郭子仪一个人，根本没有李怀让。[①] 而如果后者确实没有获得陪葬建陵的资格，那么墓志作者如此煞有介事地去杜撰这一事件就将是一件极危险的事情。因为没有哪一个墓志撰写者敢去犯这样的一个禁忌：为一位没有资格陪葬皇陵的大臣杜撰陪葬一事。

其实，我们不用去猜测墓志作者常衮何以要冒如此大的政治风险去杜撰李怀让"特陪元斗"之事。事实上，常衮的写作根本不存在风险，因为《李怀让墓志》本来就不是常衮因与李氏有私交而为其撰写的。志文最后的"史臣奉诏，谨而志之"数字，让我们知晓这是一篇常衮受代宗之命而执笔为肃宗朝功臣所作的墓志。至于墓志中的"怪戾"之处，其实也还不止上述关于李怀让葬礼的这些。甚至李怀让的死亡时间（或许还有地点）也是错误的。源于《实录》的《旧唐书·代宗纪》就明确记载，[②] 李怀让死亡的时间根本不是九月三日，而是六月二十二日（甲午）前后，也就是李怀让"入省"后的十数天。至于李怀让死亡的原因，旧纪也一并给出了记录："同华节度使李怀让自杀，为程元振所构。"[③]

我想，当我们终于读到这样一段关于李怀让之死令人唏嘘不止的文字时，我们或许已经意识到，常衮所作墓志中关于怀让死亡，甚至下葬时间、地点的错误，关于其丧葬规格和气氛的杜撰及烘托，应该都不是无意为之的结果。而很可能正是为了要掩饰李怀让的"自杀"或其"自杀"的原因，并且，似乎也隐藏着一种意欲回护某位宫廷人物的目的。

三　伪作的意图

墓志想要袒护的那位宫廷人物，当然有可能就是当时的权宦、代宗的

---

① 其实郭子仪墓也很可能只是衣冠冢。且已有学者研究指出，唐陵陪葬墓自盛唐以后已全为皇族陪葬墓。（见沈睿文《唐陵的布局：空间与秩序》，北京大学出版社2009年版，第253—254页。）

② 有关《旧唐书·代宗纪》的史源，可参见［英］杜希德《唐代官修史籍考》，黄宝华译，上海古籍出版社2010年版，第220页。

③ 亦可参见《新唐书》卷六《代宗纪》、卷二〇七《宦者上·程元振传》，《通鉴》卷二二六广德元年六月条。

宠臣，也就是旧纪中说的迫使怀让自杀的程元振。不过，也可能有另外一种假设，就是墓志意欲回护的人物其实不是，或者说不完全是程元振，而是元振背后的代宗。其实，旧纪所谓的“自杀”，真正的含义很可能是“赐死”，这是唐代君主意欲诛杀臣下，却又找不到诛杀理由时惯会使用的一种伎俩。而志文最后“君臣之义，厚莫重焉”几个字也许也不光是要凸显李怀让与曾经的肃宗之间的君臣之义，而更可能暗示着现在的代宗对李氏的君主之义。至于这“君主之义”所含的究竟是代宗的愧疚之情，还是自负的虚情假意，这就恐怕只有代宗自己知道了。

而关于李怀让“自杀”的原因，即其是不是因为可能存在的曾经与李辅国的关系而为程元振“所构”，我们不得而知。但有一点应该是肯定的，就是李怀让的“自杀”必然会对帝国的上层造成负面影响，以至于代宗不得不通过伪造墓志的方式来对李怀让的死亡真相进行掩饰，并且极力渲染其对这位勋臣的“君臣之义”。而我推测，代宗此举的目的，很可能是因为怀让之死确实已经对其他一些勋臣造成了震撼，并且，代宗本人也正深陷于一种因得不到这些元勋支持而导致的困境中，以至于他不得不通过对李怀让及自身形象的再创造来重新挽回朝廷在这些佐命元勋心目中的形象，并再次赢得他们的信任。而代宗所遭遇的困境就是在吐蕃入侵之时，像李光弼这样的平叛功臣的不愿护驾。

关于其时李光弼等人不愿护驾的具体原因，《通鉴》的叙述道出了一部分真相，即：

> 骠骑大将军、判元帅行军司马程元振专权自恣，人畏之甚于李辅国。诸将有大功者，元振皆忌疾欲害之。吐蕃入寇，元振不以时奏，致上狼狈出幸。上发诏征诸道兵，李光弼等皆忌元振居中，莫有至者。①

据传世文献记载，代宗初年为程元振“忌疾”的“诸将有大功者”至少有以下几位，除了在吐蕃入寇之际不愿入关的河南副元帅李光弼，与光

① 《通鉴》卷二二三广德元年十月条。

弼并称的佐命大臣郭子仪,[①] 身为元勋的宰臣裴冕,[②] 可能为元振构陷而“自杀”的李怀让，还有一位则是在广德元年初入朝谢罪而为程元振等所陷、最后为代宗赐死的平叛名将——山南东道节度使来瑱。[③] 而对程元振这样一位基于代宗宠信而“中外咸切齿”却又“莫敢发言”[④] 的权宦来说，只有到了吐蕃入侵、代宗幸陕之际，像太常博士柳伉这样的大臣才敢上疏称：

> 犬戎犯关度（渡）陇，不血刃而入京师，劫宫闱，焚陵寝，武士无一人力战者，此将帅叛陛下也。陛下疏元功，委近习，日引月长，以成大祸，群臣在廷，无一人犯颜回虑者，此公卿叛陛下也……自十月朔召诸道兵，尽四十日，无只轮入关，此四方叛陛下也。[⑤]

并且也只有在这样的局势下，代宗才不得不在十一月“削元振官爵，放归田里”[⑥]。

这样来看，李怀让墓志的撰写时间很可能就是代宗在广德元年底返驾长安后不久。在总算逃过一劫后，代宗需要立即采取措施修复他与功臣之间的关系。而为李怀让撰写墓志就是这些修复措施中的一项。至于墓志的作者常衮，其时正担任翰林学士、知制诰,[⑦] 因此由其来撰写墓志当然是再正常不过的一件事情。而我也怀疑，之所以选择将李怀让下葬的时间放在十月四日，很可能就是想要故意利用吐蕃焚毁建陵一事。既凸显了怀让“勋臣”的地位，也是为其不明不白的死亡，以及根本不可能陪葬建陵的事实寻找一块天然的掩饰牌。而将一场根本不可能举行的葬礼，与规模隆

---

① 参见两《唐书·郭子仪传》。

② 参见《新唐书》卷一四〇《裴冕传》，两《唐书·程元振传》，《通鉴》卷二二二宝应元年九月条。

③ 参见两《唐书·来瑱传》《程元振传》，《通鉴》卷二二二广德元年正月条。

④ 《通鉴》卷二二三广德元年十月条。

⑤ 《通鉴》卷二二三广德元年十月条。

⑥ 《通鉴》卷二二三广德元年十一月条。

⑦ 参见《旧唐书》卷一一九《常衮传》。

重的两汉大臣孔光、邓宏（弘）的葬礼相提并论，[①] 其中掩人耳目的用意也是不难体察的。

而到了《实录》编撰的时代，如果李怀让确是曾因程元振的谗毁而“自杀”的话，那么彼时的史臣应该已经不会像常衮时代那样，对这位虽在广德元年十一月被代宗削夺官爵、放归田里，但其后因代宗感念程氏当年拥立自己即位的旧功（当然还应该包括认真贯彻代宗抑制元勋意图），复令其于江陵安置[②]的宦官再有任何忌讳。这也是我们得从旧纪中一定程度地了解怀让死亡真相及其促成者的原因。当然，如果在李怀让“自杀”事件中，代宗所负责任更大的话（实际情况可能也确是如此），那么到《实录》编撰的时代，由于当事人的全部离世，史臣将促使怀让自杀的罪名扣在程元振头上，既部分地还了怀让的清白，也保住了代宗的名声，也许比起墓志，这倒是更障人耳目的一种方法。[③]

四　宦官与同华

讽刺的是，无论是程元振还是代宗，其实都没有在李怀让“自杀”事件中获得什么收益。而真正渔翁得利的，是在吐蕃入侵之际正于陕州督掌神策军及在陕诸军，同时也是肃、代之际外军系统中权势最显赫的一位宦官——鱼朝恩。代宗一行于十月七日逃离长安，次日（丁丑）至华州，并在那里遇到了前来护驾的鱼朝恩，[④] 这就是《旧唐书·鱼朝恩传》说的：

> 代宗幸陕……比至华阴（华州属县），朝恩大军遽至迎奉。[⑤]

---

① 有关孔光事，参见《汉书》卷八一《孔光传》[（汉）班固撰，（唐）颜师古注，中华书局1962年版]。有关邓弘事，参见《后汉书》卷一六《邓禹附邓弘传》[（宋）范晔撰，（唐）李贤等注，中华书局1965年版]。

② 《通鉴》卷二二三广德二年正月条。

③ 有关《代宗实录》的编撰，可参见杜希德《唐代官修史籍考》，第125—126页。

④ 参见《通鉴》卷二二三广德元年十月条，两《唐书·代宗纪》。

⑤ 《新唐书》卷二〇七《宦者上·鱼朝恩传》略同。代宗是先在华阴得到鱼朝恩军队的迎驾，再一同东趋陕州的。（参见两《唐书·代宗纪》，《通鉴》卷二二三广德元年十月条。）

十月十二日（辛巳），代宗在鱼朝恩的陪护下最终来到陕州。[①] 我们可以设想，如果当时华州方面的统帅还是李怀让的话，那么此后护驾的首功或许就不会记在鱼朝恩头上了。而后者也得借李怀让死后同华节度一职暂时空缺的机会，在十月底吐蕃刚退出长安时，便顺理成章地将自己的部将周智光推上了这一位置。同时鱼朝恩也凭借此次护驾的契机，在广德元年底代宗还京后，成功取代程元振成为代宗朝初年的第三位唐廷首宦。这样来看，李怀让“不当其时”的“自杀”，不免有“为他人作嫁衣裳”的意味。

而审视同华节帅变更的这段公案，也使我们得以睹见肃、代之际宦官势力对于同华一镇的影响。在安史之乱至唐僖宗时代之前的一百多年历史中，以华州为治所设立的节镇（镇国军节度使）只存在于肃、代、德三朝。[②] 而同、华合镇的时间则更短，且只产生过李怀让和周智光两任节帅。到大历二年（767）代宗平定周智光的叛乱后，同州和华州就正式分镇了。而我们本文所谈论的同华初代节帅李怀让，他的任命、死亡、后继者就分别与肃、代之际的三任权宦李辅国、程元振、鱼朝恩有点关系。

如果要说肃、代之际宦官对同华一镇的影响，那么其时与程元振、鱼朝恩并称的另一大宦官骆奉先也不得不提上一句。骆奉先的地位可能略低于鱼朝恩，但他同样是肃、代之际外军系统中权势最显赫的宦官之一，而他所监督的军队就是仆固怀恩所领的朔方军。史料显示，仆固怀恩在广德、永泰之际的“叛乱”也和骆奉先有一定的关系。史称在仆固怀恩事平后，

> 擢奉先军容使，掌畿内兵，权焰炽然。永泰初，以吐蕃数惊京师，始城鄠，以奉先为使……累封江国公，监凤翔军，大历末卒。[③]

这一关于骆奉先生平的简略叙述，无法让我们对他和鱼朝恩的关系有更深入的了解。总的来看，骆、鱼二人之间似乎并没有什么矛盾可言，当鱼朝恩在广德元年底和代宗一起还京，并且不久后因将神策军培养成位在北军之上的禁军主力，[④] 从而成为宫廷首宦后，骆奉先可能更多地是在京

① 参见《通鉴》卷二二三广德元年十月条，两《唐书·代宗纪》。
② 参见《唐方镇年表》卷八《华州》，中华书局1980年版，第1145—1149页。
③ 《新唐书》卷二〇七《宦者上·骆奉先传》。
④ 参见《通鉴》卷二二三永泰元年十月条。

西北担任监军。[①]

骆奉先对同华一镇也有影响，因为他的养子骆元光（即李元谅）其时就担任着地位仅次于镇国军节度使（即同华节度使）的副使一职，[②] 而且他的驻地正在重要的潼关，并且领军屯驻潼关长达十余年。骆元光显达于唐代的政治舞台，当然得益于其在德宗初年“奉天之难”中的表现，他的赐姓李氏、改名元谅，并被任命为华州一地在唐代中后期第三位，也是最后一位节度使（其时镇国军节度使只领华州一州）也由此而来。当然，骆元光作为骆奉先养子驻守潼关长达十余年，这一事件本身可能未必能说明后者对潼关的影响，而且史料也称，实际署奏元光担任镇国军副使的还是当时的节度使李怀让。[③] 但我想指出的是，同李怀让一样，骆元光也是以“宿卫”身份出镇华州的。[④] 我们知道，肃、代之际的三任权宦李辅国、程元振、鱼朝恩，甚至包括骆奉先，他们之所以能左右宫廷及京畿局势的秘密，很大程度上就在于他们都执掌着禁军。[⑤] 而华州的高级将领又多出于禁军系统。[⑥] 换言之，同华地区得因宦官、禁军这些要素大大强化了其与京畿的联系，也强化了其被京畿控制的程度。于是，正因为同华地区与京

---

① 不过我们还不好确认上述史料中所谓的“监凤翔军”，是指监临凤翔陇右节度使的藩镇军队，还是监临同样屯驻在凤翔的神策军。

② 具体职名为“潼关镇国军防御副使”（见《全唐文补遗》第三辑杜确《唐故华州潼关镇国军陇右节度支度营田观察处置临洮军等使开府仪同三司检校尚书左仆射兼华州刺史御史大夫武康郡王赠司空李公（元谅）墓志铭并序》（三秦出版社 1997 年版，第 128 页，以下简称《李元谅墓志》）。

③ 《旧唐书》卷一四四《李元谅传》。亦见《册府元龟》卷七二九《幕府部・辟署第四》。

④ 《李元谅墓志》中称其：“少居幽蓟，历职塞垣。否倾泰授，方归京邑。以才干见推，列在环卫；以将校是选，爰副戎昭。迁太子詹事，充潼关镇国军防御副使。”（第 128 页）亦可参见两《唐书・李元谅传》。

⑤ 参见［日］小畑龍雄《神策軍の成立》，《東洋史研究》1959 年第 2 期。

⑥ 此外在代宗时代，华州应该也驻有神策军。《旧唐书》卷一四五《李忠臣传》曾载，代宗曾于大历初“诏〔淮西节度李〕忠臣与神策将李太清等讨平〔周智光〕”。而此“神策将李太清”者，应该就是在德宗初年“四镇之乱”时，被唐廷委派支援讨伐淮西李希烈的神策同华行营右厢兵马使权秀的表弟。（《全唐文补遗》第二辑冯越《唐故神策军先锋突将兵马使开府仪同三司试太子宾客兼御史中丞洋川郡王权君（秀）墓志铭》最后记有“表弟奉天定难功臣、经略副使、左金吾卫大将军、试鸿胪卿、五原郡王李太清刻字”，三秦出版社 1995 年版，第 32 页）从代宗以神策将领李太清讨平同华周智光的叛乱，而李氏的表兄权秀在德宗朝初又是以神策同华行营将领的身份赴援河南的记载看，有表兄弟关系的李、权二人很可能是出于同一支神策军中，而这支神策军就是驻扎在同华一带的。不过我们现在还不能肯定这支神策军驻屯华州的时间是在周智光叛乱前还是后。又据权秀的墓志，权氏曾经和李怀让一样，也是扈从过肃宗的羽林射生将领。不过对其结束扈从生涯直至讨伐李希烈之间的十多年经历，墓志没有详细交代。

畿之间的这层地缘与亲缘关系，虽然在长安，权宦的人选在不断地变更，但不变的是，宦官势力对同华的渗透，本质上都意味着立国关中的唐帝国对其政权中心渭河谷地的重视和谨慎。我想，这才是我通过对《李怀让墓志》及相关问题的考察真正想阐述的命题。①

① 具体就李怀让墓志撰写的动机和过程而言，其实本文提供的只是类似于“罗生门”事件中的一种解释。在我们尚受制于史料不足的情况下，上文的推论仅仅是一种“说法”，而不一定是“真相”。

从王权政治到君主共和

——苏格兰玛丽女王之死与近代早期英格兰的政权转型*

杜宣莹**

他无法理解，是什么原因使这群身为国政顾问的枢密大臣不应当知晓熟悉与国政密切相关的事务①。

此段证词为 1587 年 3 月 28 日英格兰伊丽莎白一世的副国务大臣（Principal Secretary）威廉·戴维森（William Davison）于星室法庭审讯中的陈述，重申枢密院参闻机密国政的主动权，公然将枢密院从臣属抬升至英格兰共主的地位，得与女王共治。戴维森因向伯利男爵威廉·塞西尔（William Cecil，Baron Burghley）与首席国务大臣弗朗西斯·沃尔辛厄姆（Francis Walsingham）泄露女王已签署苏格兰玛丽女王（Mary Queen of Scots）死刑状却意图取消，使伯利与沃尔辛厄姆紧急指挥枢密院，联手蒙蔽女王，迅速秘密地处死玛丽。伊丽莎白女王在盛怒下以渎职与藐视王权两项罪名将戴维森羁押在伦敦塔，后于 3 月 28 日在星室法庭进行审判。意外的是，此审判却荒腔走板演变成对英格兰政权性质的公开辩论——伊丽莎白女王政权为君主专制还是君主共和制？

自 16 世纪末至今，史家多从党争角度检视伊丽莎白一世的女王统治强弱，始终未曾定论。伊丽莎白晚期史家威廉·卡姆登（William Camden）著《年鉴，或最负盛名之已故英格兰胜利女王伊丽莎白的历史》（*Annales: or the Histories of The Most Renowned and Victorious Princesse ELIZABETH, Late*

---

* 本篇文章已发表于《文史哲》2017 年第 3 期。收入本书时已修订。

** 中国人民大学历史学院讲师。

① Proceedings against Mr. William Davison, March 28, 1587, Harley MS 290 f. 227v, B [ritish] L [ibrary].

Queen of England)，批评女王的女性无能致使决策优柔寡断，易受主战党蛊惑，刻画女王统治在党争中的相对被动与弱势①。曾任詹姆斯一世国务大臣的罗伯特·农顿（Robert Naunton）撰写《碎裂的王徽：对已故伊丽莎白女王、她的时代与宠臣的观察》（*Fragmenta Regalia*：*Observations on the Late Queen Elizabeth*，*Her Times and Favourites*），赞扬伊丽莎白凭借与生俱来的王者“天命”与“幸运”弭平内忧外患，且善用君王的智慧、谋略以及“超出当时普遍认知的学识（根据她的性别和时代）”，操作党争，辅以生杀予夺之权震慑众臣②。现代史家如科尼尔斯·里德（Conyers Read）、约翰·尼尔（J. E. Neale）与纳塔莉·米尔斯（Natalie Mears）等，解释伊丽莎白女王在党争中灵活运用君主的官职任命权或恩惠分配权，压抑特定派系独大，强化君主的政策主导权③。但西门·亚当斯（Simon Adams）主张都铎君权在亨利八世达于鼎盛，后受限于爱德华六世幼主即位，以及优柔寡断的伊丽莎白女王纵容16世纪90年代党争恶化，王权渐被削弱④。1987年，帕特里克·柯林森（Patrick Collinson）以《伊丽莎白一世的君主共和制》一文重新阐释伊丽莎白统治已非个人专制，而步入君主共和制；英格兰虽为世袭君主国，但臣民以议会，尤其枢密院为代表，享有自主决策权利，形成女王与枢密院的双头共治政体⑤。此观点引发现今欧美史学

---

① William Camden, *Annales or the Histories of The Most Renowned and Victorious Princesse ELIZABETH*, *Late Queen of England*, London: [Thomas Harper], 1635, STC 4501, p. 338.

② Robert Naunton, *Fragmenta Regalia*, or *Observations on the Late Queen Elizabeth*, *Her Times and Favourites*, London, 1641, pp. A2v, A3r – A3v, A4r. John Cerovski, ed., *Fragmenta Regalia*, *or*, *Observations on Queen Elizabeth*, *Her Times & Favourites*, Washington: Folger Books, 1985, pp. 38 – 42, 47. Roy E. Schrebier, *The Political Career of Sir Robert Naunton* 1589 – 1635, London: Royal Historical Society, 1981, p. 125.

③ Conyers Read, "Walsingham and Burghley in Queen Elizabeth's Privy Council," *English Historical Review*, vol. 28, No. 109 (January 1913), pp. 34 – 58. Natalie Mears, *Queenship and Political Discourse in the Elizabethan Realms*, Cambridge: Cambridge University Press, 2005, pp. 73 – 103. J. E. Neale, "The Elizabethan Political Scene," *Essays in Elizabethan History*, London: Jonathan Cape, 1958, pp. 59 – 84. Wallace MacCaffrey, "Place and Patronage in Elizabethan Politics," in S. T. Bindoff, J. Hurstfield and C. H. Williams, eds., *Elizabethan Government and Society*, London: Athlone, 1961, pp. 95 – 126.

④ Simon Adams, "Faction, Clientage, and Party: English Politics, 1550 – 1603," *History Today*, vol. 32, No. 12 (December 1982), pp. 33 – 39.

⑤ Patrick Collinson, "The Monarchical Republic of Queen Elizabeth I," in John Guy, ed., *The Tudor Monarchy*, London: Arnold, 1997, pp. 110 – 134. 原刊于 *Bulletin of the John Rylands University Library* 69 (1987), pp. 394 – 424。

界对近代早期英格兰政权如何从王权政治转变为国家政治的关注与讨论。

本文将通过1587年2月苏格兰玛丽女王的死刑执行争议，呼应柯林森主张的伊丽莎白时期的君主共和制理论。传统史学多将玛丽之死视为其悲剧人生的落幕，却忽略其死刑运作与事后的政治余波。然而，玛丽之死实反映了16世纪晚期英格兰从王朝政治迈向国家政治的政权转型，即政权核心正逐渐从王廷转移至官僚主导的政府。本文将通过现存于伦敦大英图书馆与英国国家档案馆的戴维森供词、审判记录与涉案官员书信等原始手稿，还原玛丽的死刑执行与后续的戴维森审讯，检视枢密院如何蒙蔽伊丽莎白女王，径自主导玛丽的死刑，证实女王统治在男性臣僚主导之政府信息系统的相对弱势，进而揭示枢密院此“越权”的动机乃出自对女性统治的忧虑。另外，进一步分析造成枢密院这种忧虑的可能起源：鄙视女性的传统、新教徒对女性统治的抵抗理论，及对伊丽莎白女王优柔寡断习性的不信任感。此三种因素强化男性众臣的神选国臣之自我定位，乃借由他们掌控的政府信息系统影响或弱化女王的决策权，同时，重申英格兰君臣共治的宪政传统，抬升枢密院至共主地位，企图将女性统治“调正”回基督教精神中坚强且正直的男性政治秩序。然而，审判团对枢密院权限的争论，凸显伊丽莎白政权内部对英格兰政体为君主专制或君臣共治的分歧态度，更反映近代早期英格兰政权转型过程中，君臣之间与宫朝之间的权力博弈。

一　苏格兰玛丽之死：伊丽莎白女王的信息孤立

沃尔辛厄姆于1586年侦破巴宾顿阴谋（Babington Plot），终于成功迫使犹豫不决的伊丽莎白女王在1587年2月1日签署在英格兰囚禁19年的苏格兰玛丽的死刑状，以平缓议会对处死玛丽的诉求压力。女王命令戴维森径将死刑状送交御前大臣（Chancellor）托马斯·布罗姆利（Thomas Bromley），加盖国玺①。同时，女王玩笑般地指示戴维森，用印前应先给缠绵病榻的沃尔辛厄姆过目，戏谑称：“这不幸几乎可让沃尔辛厄姆悲痛

① Relation by Mr. William Davison, February 20, 1587, Harley MS 290 f. 222r, BL.

欲绝。"① 不料，隔日女王突然要求暂缓用印，当被告知已完成程序，她抱怨"为何如此匆促?"，随后严禁再以此事烦扰她②。女王不寻常的态度丕变使戴维森警觉到：女王开始准备洗净双手，急切地想从玛丽的死刑案脱身，以便在事后佯装清白无辜。戴维森随即向女王的宠臣兼副宫务大臣（Vice－Chamberlain）克里斯托弗·哈顿（Christopher Hatton）展示死刑状，陈述女王企图卸责的可疑言词。他提醒哈顿，女王曾将1572年诺福克公爵托马斯·霍华德（Thomas Howard，Duke of Norfolk）的死刑推诿于伯利；殷鉴不远，戴维森拒绝以他"单独且虚弱的肩膀"承担所有罪责。他选择上报转移责任，因上司沃尔辛厄姆正值病休，他转而求助于权臣伯利并呈交死刑状，自此由伯利接管全局③。

伯利接手后，随即通知沃尔辛厄姆关于女王可能撤回死刑的意图，后者立刻拟订送递死刑状与行刑时间表，交付伯利补充④。2月2日深夜11时，戴维森秘密知会枢密院书记官罗伯特·比尔（Robert Beale）于隔日早晨在沃尔辛厄姆的伦敦宅邸会面。2月3日上午9时，比尔被沃尔辛厄姆告知，他将被枢密院指派递送死刑状至玛丽的囚禁所佛林盖城堡（Fotheringay Castle）⑤。约10时至11时，比尔与戴维森赶赴格林威治宫参加枢密院密会，十位枢密大臣已集聚于伯利办公室⑥。首先，伯利向众臣展示并宣读此死刑状，随后枢密院正式任命比尔递送死刑状与枢密院公文至佛林盖城堡，监斩官施鲁斯伯里伯爵乔治·塔尔博特（George Talbot，Earl of Shrewsbury）与肯特伯爵亨利·格雷（Henry Grey，Earl of Kent）同行；为

① Discourse by Mr. William Davison，February 20，1587，Harley MS 290 f. 218v，BL.

② Relation by Mr. William Davison，February 20，1587，Harley MS 290 f. 222r，BL.

③ Discourse by Mr. William Davison，February 20，1587，Harley MS 290 f. 219r，BL.

④ Memorial from Secretary Walsingham touching the Execution of the Queen of Scots，February 2，1587，CP 164/9，Hatfield House Library.

⑤ Touching the Commission for the execution of the Scotish Queene，1587，Additional MS 48027 f. 636r，BL.

⑥ 十位枢密大臣为伯利、莱斯特伯爵罗伯特·达德利（Robert Dudley，Earl of Leicester）、德比伯爵亨利·斯坦利（Henry Stanley，Earl of Derby）、海军大臣查理·霍华德（Charles Howard，Lord High Admiral）、科巴姆男爵威廉·布鲁克（William Brooke，Baron Cobham）、汉斯顿男爵乔治·凯里（George Carey，Baron of Hunsdon）、弗朗西斯·比诺利斯（Francis Knollys）、哈顿、约翰·沃力（John Wolley）与戴维森。Letters of the Privy Council issued in connection with Beale's mission to take the death warrant to Fotheringhay，February 3，1587，Additional MS 48027 f. 642r，BL. Mark Taviner，"Robert Beale and the Elizabethan Polity，" Ph. D. thesis，St. Andrew University，2000，pp. 214－243.

隐瞒真实任务，三人需佯装前往赫特佛德郡（Hertfordshire）与贝德福德郡（Bedfordshire）听取民怨。极不寻常的是，与会的众臣皆同意遵从伯利号令，共同起誓对此行动严格保密，尤其不得对女王透露只字片语[①]。同时，卧病在家的沃尔辛厄姆通过门客安东尼·霍尔（Anthony Hall）秘密聘雇刽子手布尔，将由另一位幕僚乔治·迪格比（George Digby）陪同，改取道巴尔德克（Baldock）北上会合行刑。二人持沃尔辛厄姆的密函，原本欲借宿距离佛林盖城堡两英里远的枢密大臣沃尔特·迈尔德梅（Walter Mildmay，未参加枢密院密会）的阿索普宅邸（Apthorpe），但意外被拒。此举或可解释未参与密会的迈尔德梅警觉此为枢密院部分成员的越权行事，更深知此僭越之举恐将引发女王震怒[②]。

1587年2月8日上午10时，苏格兰玛丽终于倒卧于斧头之下。伊丽莎白女王或许沦为伦敦最后一位得知玛丽死讯的人；因在2月9日下午3时，处死玛丽的消息传抵伦敦，“当全城钟声开始响起，庆祝烟火在街道施放，伴随着庆祝的庆典与宴席”，女王已在早晨偕同葡萄牙大使至郊外狩猎[③]。直至傍晚回宫，女王才获悉此讯。伊丽莎白女王被这一信息震惊，也对君威受枢密院蒙蔽与越权而愤怒，她紧急采取一些应对措施。一方面，面对天主教诸国的责难，伊丽莎白推卸责任至枢密院以示清白。她立即致函玛丽之子苏格兰詹姆斯六世，将其母之死归因于意外，辩称她迫于枢密院与议会的压力签下死刑状，绝无意执行，却被胆大妄为的枢密大臣们在未知会她的情况下送出[④]。另一方面，伊丽莎白女王于2月14日以泄密渎职与藐视王权（未获王命擅自送出死刑状）两罪名，关押戴维森在伦敦塔。两主导者伯利与沃尔辛厄姆亦几乎同样锒铛入狱，但女王担忧年迈的伯利死于狱中，也忌惮“顽固”的沃尔辛厄姆在审讯中“泄露一切”，吐露女王曾密令看守官埃米亚斯·波利特（Amias Paulet）与德鲁·德鲁利

---

① Relation by Mr. William Davison, February 20, 1587, Harley MS 290 f. 223r, BL.

② Walsingham to Amias Paulet, February 3, 1587, Additional MS 48027 f. 644v, BL. Touching the Commission for the execution of the Scotish Queene, 1587, Additional MS 48027 f. 636r, BL.

③ Letter to Chateauneuf to Henri Ⅲ, February 27, 1587, in Alexandre Teulet, ed., *Papiers d'État, pièces et documents inédits ou peu connus relatifs à l'histoire de l'Écosse au seizième siècle*, Paris: Typogr Plon Frères, 1851, vol. Ⅱ, pp. 890－899, cited in Mark Taviner, "Robert Beale and the Elizabethan Polity", pp. 221－222.

④ William Camden, *Annales*, pp. 345－349. John Guy, "*My Heart is My Own*": *The Life of Mary Queen of Scots*, London: Harper Perennial, 2004, pp. 494－496.

（Dru Drury）毒杀玛丽。最关键的是，这两位实质掌控行政机器的权臣入狱，恐将导致政务全面停摆。故对两人的收押最终作罢[①]。然伊丽莎白女王对枢密院的震怒仍使政府运作瘫痪数月。

枢密院在伯利与沃尔辛厄姆强势指挥下，联手蒙蔽君主，独立执行玛丽的死刑，此“僭越”行为证实伊丽莎白女王对政府信息系统与枢密院的控制，几乎全然失灵。首先，伊丽莎白对玛丽的死刑执行“一无所知”的声明，尴尬地暴露她在男性官僚主导之信息系统的孤立无能。亨利八世以降，都铎王权凭借内廷“亲密政治”机制——即内廷侍臣受益于近身服侍君主的自然形体，建立私人亲密与“宠信”关系，进而被派“任”宣旨、督军与外交等要务，甚至出“仕”政府——强化君主对外朝官僚的监控。在此权力机制下，虽然国家信息网络多由政府官僚执行，国王仍可通过亲信近臣主导的内廷牢牢掌控。但都铎后期自 1553 年至 1603 年的女主统治导致内廷女性化，原本在内廷服侍君主起居的男性贵族改由女性取代，但内廷女官受限于性别，无法出仕政府或承担政务，导致伊丽莎白对政府信息系统控制的削弱[②]。为遏制外朝官僚（尤其是主战党）对政务信息的垄断，伊丽莎白不仅扶持党争，推动臣僚之间相互制衡，亦善用女性内廷服务女王自然身体的隐蔽性和裙带关系，另辟独立于政府的内廷外交与情报管道[③]。

最显著的运作莫过于 1578 年至 1590 年，伊丽莎白女王先后任命伯利人马亨利·布鲁克（Henry Brooke）和爱德华·斯塔福德（Edward Stafford）为驻法大使，执掌英格兰在欧陆的信息与外交枢纽。此二人均为内廷女官的至亲，通过女性内廷服侍的隐蔽性，回避国务大臣沃尔辛厄姆的

① John Morris, ed., *The Letter - Books of Sir Amias Poulet*: *Keeper of Mary Queen of Scots*, London: Burns and Oates, 1874, pp. 359 - 362. 两位看守官以此密令“不光荣与危险”为由，强调“依法行刑”，拒绝女王命令。Touching the Commission of the Scotish Queene, 1587, Addition MS 48027 f. 639v; Discourse by Mr. William Davison, February 20, 1587, Harley MS 290 f. 220r, BL.

② David Starkey, “Representation through Intimacy: A Study in the Symbolism of Monarchy and Court Office in Early Modern England,” and “Court and Government,” in John Guy, ed., *The Tudor Monarchy*, pp. 42 - 78, 189 - 213. David Starkey, “Intimacy and Innovation: The Rise of the Privy Chamber, 1485 - 1547,” in David Starkey, ed., *The English Court*: *From the Wars of the Roses to the Civil War*, London: Longman, 1987, pp. 71 - 118.

③ Charlotte Isabella Merton, “The Woman who served Queen Mary and Queen Elizabeth: Ladies, Gentlewomen and Maids of the Privy Chamber 1553 - 1603,” Ph. D. thesis, University of Cambridge, 1992, pp. 167 - 168.

公文稽查，为女王与欧陆的天主教权贵互通消息。尤其斯塔福德在驻法期间（1583—1590）频繁以家书渠道，通过任职司袍女官的母亲多萝西（Dorothy Stafford），秘密传递情报给主和党领袖伯利与伊丽莎白女王①。沃尔辛厄姆曾于1583年12月警告斯塔福德降低寄送家书的频率，或将私人信件依循外交公文渠道递送，甚至在次年3月于莱伊港（Rye）拦截其家书②。自1584年起，沃尔辛厄姆的间谍如理查德·哈克路特（Richard Hakluyt）、尼古拉斯·贝登（Nicholas Berden）、沃尔特·威廉斯（Walter Williams）与吉尔伯特·吉福德（Gilbert Gifford）等潜入英驻巴黎使馆，监视斯塔福德与欧陆天主教权贵的互动③。但沃尔辛厄姆的阻挡无效；纳瓦尔国王亨利·波旁（Henri de Bourbon, King of Navarre）在1587年初的信显示，欧陆天主教贵族如吉斯公爵夫人依然通过斯塔福德及其内廷网络，获取机密情报④。由此可见，伊丽莎白女王依凭女性内廷，联结驻外使节与主和党伯利，建构三角的信息网络，制约主战党日益壮大的情报垄断。

然而，伊丽莎白的女性内廷信息服务，相较于男性官僚主持的系统，效率明显低落，主因有三。其一，相较于男性官僚的情报经营主要为职责或任务性质，供应相对强制性且稳定，女性贵族或女官通常仅在为求取王

---

① 斯塔福德的主和党倾向：Stafford to Burghley, June 12, 1583, Harley MS 6993 f. 44, BL; *C* [*alendar*] *S* [*tate*] *P* [*apers*] *Foreign*, *1585 - 1586*, p. 672; *CSP Spanish*, *1587 - 1603*, p. 7。以家书形式传递信息与情报：Stafford to Burghley, March 31, 1588, SP 78/18 f. 108; Stafford to Burghley, October 21, 1583, SP 78/10 f. 58; Stafford to Walsingham, October 21, 1583, SP 78/10 f. 61; Stafford to Walsingham, October 31, 1583, SP 78/10 f. 68; Stafford to Burghley, May 1, 1584, SP 78/11 f. 85, T [he] N [ational] A [rchives], London. W. Murdin, ed., *Collection of State Papers Relating to Affairs in the Reign of Queen Elizabeth from Year* 1571 *to* 1596, London: William Bowyer, 1759, p. 380. David Potter, ed., *Foreign Intelligence and Information in Elizabethan England*: *Two English Treatises on the State of France*, *1580 - 1584*, Camden Fifth Series, vol. 25, Cambridge: Cambridge University Press, 2004, pp. 1 - 8。

② Walsingham to Stafford, December 16, 1583, SP 78/10 f. 107; Walsingham to Stafford, March 27, 1584, SP 78/11 f. 65, TNA. 斯塔福德向伯利抱怨关于沃尔辛厄姆的拦截家书行为，Stafford to Burghley, April 14, 1584, SP 78/11 f. 76, TNA。

③ Alan Haynes, *Walsingham*: *Elizabethan Spymaster & Statesman*, Stroud: Sutton Publishing, 2007, p. 41. Stafford to Burghley, April 14, 1584, SP 78/11 f. 76; [Thomas Rogers] to Francis Mylles, [June], 1586, SP 78/16 f. 50; Stafford to Walsingham, April 24, 1586, SP 78/15 f. 107; Stafford to Burghley, November 6, 1586, SP 78/16 f. 157; Stafford to Burghley, January 8, 1588, SP 78/18 f. 14, TNA. *CSP Foreign*, *1586 - 1588*, p. 485.

④ *CSP Spanish*, *1587 - 1603*, pp. 6 - 9.

室恩典或自我保护时，才贡献情报，供应极不定期且内容狭隘。例如，施鲁斯伯里伯爵夫人伊丽莎白·塔尔伯特（Elizabeth Talbot, Countess of Shrewsbury）汲汲于组织情报系统，且曾安排间谍赫西·拉塞尔斯（Hersey Lassells）监控丈夫施鲁斯伯里伯爵监护下的苏格兰玛丽；但只有当其家族被控涉入玛丽反叛时，她才主动向女王献出相关情报以自清[①]。其二，伊丽莎白女王的吝啬性格与女性无法担任政府要职，使女性内廷信息系统在资金与行政权力两方面极度困窘，不利内廷的情报搜集与传递；如无法掌控可签发出国许可证的御玺处（Privy Seal），直接影响间谍的海外调派。其三，受限于财力与行政权力，内廷女官的政治情报来源多被动仰赖其担任政府要职的男性亲友。男性众臣乐于交好内廷女官，借以固宠或探查君心以利公务推行，故经常交换信息或情报以为互利[②]。然一旦触及枢密院管辖之机密政务，男性重臣如伯利与莱斯特基于对女性干政的抵制，多将情报流通局限于枢密院内部或极少数重臣，严禁政策机密流入女性内廷，即使是自己的亲属也无例外[③]。例如，不在少数的内廷女官均有男性亲友如海军大臣霍华德、科巴姆男爵及汉斯顿男爵等任职枢密院，也参与苏格兰玛丽的死刑策划，却未获知相关情报以提前预警女王。因此，低效能的女性内廷系统无法协助女王独立于男性官僚信息网络，反而加重其依赖性，导致伊丽莎白盛世表象下的君权边缘化危机。

面对男性官僚垄断政府信息与情报系统，女王固然可借由对恩惠资源与官职任免权的掌控，确保君主在党争中获取多元情报；因为沃尔辛厄姆为首的主战党与伯利为首的主和党皆需竞相向女王呈递情报，以争取情报活动资金及女王在派系政策上的支持，如此君主可避免被单一党派的情报

① Examination of Hersey Lassells, October 19, 1571, CP 6/66; The Queen to the Earl of Shrewsbury, December 1, 1571, CP 158/136r, Hatfield House Library. Countess of Shrewsbury to Burghley, October 22, 1571, SP 53/7/54; Queen Elizabeth to the Countess of Shrewsbury, February 1, 1572, SP 53/8/9, TNA. Edmund Lodge, ed., *Illustrations of British History*, London: John Chidley, 1838, vol. I, pp. 528 – 529.

② *CSP Spanish, 1558 – 1567*, p. 627. George R. Morrison, "The Land Family, and Domestic Following of William Cecil, c. 1550 – 1598," Ph. D. thesis, Oxford University, 1990, p. 154. E. Cobham to Burghley, 10 Apr. 1587, SP 12/200/20, TNA.

③ Wallace MacCaffrey, *Queen Elizabeth and the Making of Policy 1572 – 1588*, Princeton: Princeton University Press, 1981, pp. 431 – 432. Christopher Haigh, *Elizabeth I*, London: Longman, 1998, p. 101. Simon Adams, "Eliza Enthroned? The Court and its Politics", in Christopher Haigh, ed., *The Reign of Elizabeth I*, Basingstoke: Macmillan, 1988, pp. 62 – 63.

蒙蔽。然一旦党争基于共同政治目的或利益而暂时和解，双方情报系统极可能合作，共同遮蔽女王的视听，如同1587年枢密院径自主导苏格兰玛丽的死刑执行，内廷情报系统显然完全失灵，无法及时察觉并通告女王关于枢密院的秘密运作，令伊丽莎白女王陷入一个信息真空而被枢密院排挤出政策核心的窘境。

二　戴维森审判之辩：君主专制或君臣共治？

枢密院对玛丽死刑的自主行事，证实伊丽莎白女王在其政权内部之信息网络的弱势，更值得注意的是，显示枢密院日渐平行于君主的独立地位，以及部分重臣将对枢密院体制（或共治传统）的效忠置于对女王的忠诚之上。此二争议使戴维森在3月28日于星室法庭的审判，未能依照女王希冀的脚本行礼如仪，通过定罪戴维森以对外证实女王的清白，同时震慑逾越权力底线的枢密院，反而意外地变调成伊丽莎白政权内部针对英格兰统治形态究竟是君主专制或君臣共治体制的公开辩论。

审判开始，戴维森企图以爱国主义打动陪审大臣，声明其行为出自“对女王与国家安全的热爱，而非基于仇恨或嗜血”。他也否认藐视王权的罪名，归因于其初任国务大臣，尚未熟悉女王的措辞习惯，故误解女王无意处死玛丽的意图①。但戴维森绝非初出茅庐的新手官僚：他以完善的外交履历与干练的行政能力，被委以重任，自1584年至1586年主持诡谲多变的低地国家外交。且他能从女王对死刑状用印迟缓的质疑中，精准警觉到她意向的动摇②。依此推断，戴维森自言的政治能力青涩，仅是脱罪之词。更关键的是，戴维森的辩词透露了为何他（与枢密院）明知此举将触怒女王，仍执意行事的根本原因：对女性统治的忧虑，与承认枢密院为英格兰的另一位共主。他明确地指出，“女王基于性别与天性的胆怯、个人特质，与朋友的怂恿，欲否定或推翻正义之举，这决策令人担忧”；因为

① Proceedings against Mr. William Davison, March 28, 1587, Harley MS 290 f. 226v, BL.

② Simon Adams, "Davison, William (*d.* 1608)," *Oxford Dictionary of National Biography*, September 23, 2004, http://www.oxforddnb.com.ezproxy.york.ac.uk/view/article/7306, 2016年6月4日。

担心女王因性别怯懦而决策错误，他与枢密院先发制人，代行正义之举①。戴维森也企图合理化枢密院的独立决策权，因为“他无法理解，有任何原因是这群身为国政顾问的枢密大臣不应当知晓熟悉与国政密切相关的事务”②。显然，他，或涉案的枢密院众臣，将枢密院的地位从臣属抬升为英格兰的共主，享有等同于君权的自主决策权。换言之，将英格兰政体定位为君臣共治，而非君主专制。

戴维森的辩护之词，公然将其对女王的不信任和盘托出，自我塑造成一个为维护国家利益而置自身富贵生死于不顾之人。面对戴维森的辩护，首席审判官迈尔德梅谴责戴维森被女王委以机密重任，却辜负所托，泄密予枢密院，理当判处“藐视王权与渎职”③。他重申枢密院的臣属角色，强调枢密大臣由君主挑选，非上帝指派，“尽管他们名为枢密大臣，但唯有女王有权召集他们，并指定其中少数，甚至一位知晓国家至高机密……若枢密院的所有成员皆可参与君主的机密事务，将使君主与国家经常陷入危险中。”④ 迈尔德梅借由将枢密院选择（召集）权与政策主导权重新归回君主一人，肯定英格兰为君主专制政体，绝非共治⑤。宫内司主计长詹姆斯·克罗夫特（James Croft，Comptroller of the Household）亦认同枢密院无权也无必要熟悉女王的所有政务，且戴维森应将唯一忠诚优先奉献予女王，而非枢密院⑥。拉姆利男爵约翰·拉姆利（John Lumley，Baron Lumley）的抨击最为严厉，一方面指控戴维森未确认女王最终决策，实为失职；另一方面，痛斥戴维森及枢密院为共犯，竟在女王不知情的情况下合谋递送死刑状；最为匪夷所思的是，“枢密大臣之间的共同誓言”竟可误导女王的大臣们“合谋在她宫廷中的内廷进行叛乱（conspire）”。“这是他

① Discourse by Mr. William Davison，February 20，1587，Harley MS 290 f. 219r，BL.

② Proceedings against Mr. William Davison，March 28，1587，Harley MS 290 f. 227v，BL.

③ Three Accounts of the proceedings and sentence in Star Chamber against William Davison，March 28，1587，Additional MS 48027 f. 669r; Proceedings against Mr. William Davison，March 28，1587，Harley MS 290 f. 229r，BL.

④ Three Accounts of the proceedings and sentence in Star Chamber against William Davison，March 28，1587，Additional MS 48027 f. 669r，BL.

⑤ Edmund Lodge，ed.，*Illustrations of British History*，vol. Ⅱ，pp. 276 – 277. Proceedings against Mr. William Davison，March 28，1587，Harley MS 290 f. 229v，BL.

⑥ Proceedings against Mr. William Davison，March 28，1587，Harley MS 290 f. 234r，BL.

这些年来经历过最骇人听闻的反君主事件。”① 拉姆雷谴责这群枢密大臣的做法无异于谋反，无疑是以英格兰系君主专制政体为前提。

令伊丽莎白女王意想不到的是，其钦定的 17 名审讯大臣（排除涉案的 11 名枢密大臣）对戴维森的供词，尤其对枢密院角色的定义，并非皆如她期望的严惩，反而出现两极化分歧②。不同于迈尔德梅、克罗夫特与拉姆利等人，部分审讯大臣明确地支持戴维森。财税法庭首席法官罗杰·曼伍德肯定枢密院执行死刑实乃正当之举，戴维森转交死刑状的行为并非渎职，仅是不合乎程序③。格雷男爵亚瑟·格雷（Arthur Grey，Baron Grey de Wilton）赞扬戴维森于邪恶的天主教王位觊觎者策划的谋反危机中拯救英格兰，“其企图谋害我们的君主，联合外国势力入侵灭亡我们的国家”，而戴维森冒触逆鳞的风险，行正义之举，将“君主与国家安全置于个人利益之先”④。格雷亦支持戴维森关于枢密院具备知晓国家机密的权力之主张，称“众所周知，[枢密院] 自女王陛下即位以来，已可熟悉女王及国家的最高机密”⑤。换言之，枢密院的权力来源并非君主，而是公众的认可，授权其分享政权，共治国家。约克大主教艾德温·桑迪则主张枢密院权力来自上帝，固然服从君主为美德与义务，反抗为恶行，但“[服从] 首先对上帝奉行，其次才是君主”，意味着肯定戴维森与枢密院的这次行动实为履行对上帝的最高服从义务，捍卫英格兰国家与教会的安全乃是上

① Proceedings against Mr. William Davison，March 28，1587，Harley MS 290 f. 234v，BL.

② 审判团成员：英格兰首席法官克里斯托弗·雷（Christopher Wray，Chief Justice of England）、坎特伯雷大主教约翰·惠特吉夫特、约克大主教艾德温·桑迪（Edwin Sandys，Archbishop of York）、伍斯特伯爵威廉·萨默塞特（William Somerset，Earl of Worcester）、坎伯兰伯爵乔治·克利福德（George Clifford，Earl of Cumberland）、林肯伯爵亨利·克林顿（Henry Clinton，Earl of Lincoln）、格雷男爵亚瑟·格雷（Arthur Grey，Baron Grey de Wilton）、拉姆利男爵约翰·拉姆利、宫内司主计长詹姆斯·克罗夫特、财政大臣（Chancellor of the Exchequer）沃尔特·迈尔德梅、掌卷法官吉尔伯特·杰勒德（Gilbert Gerrard，Master of the Rolls）、民诉法庭首席法官爱德华·安德森（Edward Anderson，Lord Chief Justice of the Common Pleas），与财税法庭首席法官罗杰·曼伍德（Roger Manwood，Lord Chief Baron）——以及 4 位御用法律顾问：弗朗西斯·加迪（Serjeant Francis Gawdy）、约翰·帕克林（Serjeant John Puckering）、总检察长约翰·波帕姆（John Popham，Attorney General），与副总检察长托马斯·埃杰顿（Thomas Egerton，Solicitor General）。

③ Proceedings against Mr. William Davison，March 28，1587，Harley MS 290 ff. 232v，233r，BL.

④ Proceedings against Mr. William Davison，March 28，1587，Harley MS 290 f. 235，BL.

⑤ Three Accounts of the proceedings and sentence in Star Chamber against William Davison，March 28，1587，Additional MS 48027 f. 672r，BL.

帝选臣的首要职责。桑迪大主教的发言暗批伊丽莎白女王的妇人之仁，长久以来将国家、人民与教会置于玛丽挑起的天主教威胁中，辜负上帝委任她守护英格兰与新教教会的重任①。

从长时段的历史角度来看，审判团对戴维森的定罪并不重要，特别重要的是戴维森的辩护与审判团围绕戴维森行为的辩论。这场审判，最大的意义是使伊丽莎白政权内部支持专制君权或强调君臣共治之宪政传统的两派分歧，首度公开浮上台面。这种分歧对于近代早期的英格兰臣民对其政权性质认识之发展当然有助推作用，但就当时英格兰的政治转型这一问题而言，分析为何会出现这种分歧，或许更有意义。简言之，此种分歧根本在于男性众臣对女性统治的鄙视及忧虑。出于对女王的不信任，男性官僚一方面企图以信息控制边缘化女王的决策参与，另一方面重申英格兰君臣共治传统，赋予枢密院平行于君主的独立决策权，以便在女王无能施政或错误决策时，代行决断。

三 鄙视女性的传统与女王统治的危机

男性官僚在执行玛丽死刑和审判戴维森等事情上，拒绝遵从女王旨意行事，凸显他们对伊丽莎白统治能力的质疑。导致臣僚不信任的主要原因有三个：鄙视女性的传统、都铎后期新教徒对女王统治的诠释，以及伊丽莎白的优柔寡断。

其一，鄙视女性的传统奠基于古希腊哲学与医学，以及基督教神学。古希腊哲学与医学主张女性的理性与生理皆劣于男性。柏拉图相信女人的判断力与力量皆次于男人。亚里士多德将男性与勇敢、坚忍与宽容等正向特质联结，强烈对比于女性的脆弱、胆怯及缺乏理性等负面特质，故“无论任何情况下女性掌握统治权，人们势必陷入混乱、过度的骄傲、无节制与虚荣中”②。生理方面，根据希腊医学家希波克拉底与盖仑（Galen）的

① Proceedings against Mr. William Davison, March 28, 1587, Harley MS 290 ff. 236r – 237r, BL.

② Amanda Shephard, *Gender and Authority in the Sixteenth – Century England*, Keele: Ryburn Pub., 1994, pp. 106 – 108, 148. Mary R. Lefkowitz and Maureen B. Fant, eds., *Women's Life in Greece and Rome*, Baltimore: Johns Hopkins University Press, 2005, pp. 226 – 230.

体液理论，男女精液强弱的结合决定性别，女人是由男女体内各自较弱的精液结合而诞生。且男性体内的黄胆汁与血液偏多，使男性体质偏热；女性体内的黑胆汁和湿黏液较多，冷却女性体质。女性身体远较男性“贫乏、冰冷与潮湿”，故缺乏热能而发展迟滞不全①。

基督教对圣经的诠释再度强化男尊女卑，定位女性对身为“头”之男性的次等性、道德原罪及静默服从的绝对天职。圣经《创世记》篇记载上帝以亚当肋骨创造夏娃，女人附属于男人，服从男性乃天经地义。且夏娃在伊甸园受蛇引诱而使人类道德自此沦丧，此原罪不仅使女性遭生育之苦，更当臣服于丈夫的管辖②。使徒教谕亦强调女人的次等性，以及静默和顺从男人的义务。圣保罗申明男性身为神的复制及女性的母体，得以统辖女性；“男人是女人的头……男人本不该蒙着头，因为他是神的性向和荣耀……起初，男人不是由女人而出，女人乃是由男人而出，并且男人不是为女人造的，女人乃是为男人造的。”③ 女性被要求绝对的静默与服从：“妇女在会中要闭口不言，如同在圣徒的众教会，因为不准她们说话，她们总要服从，正如律法所言。她们若要学习，可在家里问自己的丈夫，因为妇女在会中说话原是可耻的”，且“我不许女人讲道，也不许她辖管男人，只要沉静”④。圣彼得亦强调“妳们作为妻子，要服从自己的丈夫”⑤。古希腊哲学及医学，与基督教神学皆认可男性的指挥权，女人应服从男人的管教，自我圈禁于生育与家务的事务，严格被排除于公职之外，或不具备凌驾男性的权力。

其二，英格兰宗教改革期间对女王合法性的调适，潜藏着对女性统治的不信任。1553 年爱德华六世的年少崩殂及玛丽一世的继位被英格兰新教徒视为神谴的象征，归因于英人漠视福音，激怒上帝降下“暴政、战争、饥荒、瘟疫与所有的灾祸”以作惩戒。神谴的政治话语遂成为新教徒诠释

---

① Mary R. Lefkowitz and Maureen B. Fant, eds., *Women's Life in Greece and Rome*, pp. 230 - 232, 243 - 246.

② 《创世记》1：27、2：21—23、3：14—16；《提摩太前书》2：13—15，《中英圣经：新旧约全书和合本新国际版（New International Version）》，圣书书房 1990 年版，第 2—4、1475 页。

③ 《哥林多前书》11：3—9，《中英圣经》，第 1425 页。

④ 《哥林多前书》14：34—35，《提摩太前书》2：11—12，《中英圣经》，第 1429、1475 页。

⑤ 《彼得前书》3：1、3：5、3：7，《中英圣经》，第 1509 页。

或反抗女主统治的基调①。对此神谴说，多数新教徒接受马丁·路德（Martin Luther）与约翰·加尔文（John Calvin）的政治服从理论，即“凡权威者皆为上帝所命，抵抗必自遭天谴”，选择承受苦难以作自我赎罪②。部分激进新教流亡者则以性别为由，重申女性的次等性，笔伐女性统治的正当性，最终建构反对玛丽一世天主教政权的理论基础。

1554年，托马斯·培根（Thomas Becon）出版《致上帝之恳求》（*An Humble Supplication unto God*），引证圣经强调女人服从男人与静默的天职，将玛丽一世的继位与暴政归因于上帝对“违抗、不敬神与固执之［英格兰］人”降下的惩处③。后在1558年，克里斯托福·古德曼（Christopher Goodman）依据亨利八世与阿拉贡的凯瑟琳之无效婚姻，以及上帝要求拣选王者“必从你弟兄中立一人，不可立你弟兄以外的人为王”，否定玛丽一世继承的合法性④。同年，约翰·诺克斯（John Knox）出版《反对女性怪物统治的第一声号角》（*The First Blast of the Trumpet Against the Monstrous Regiment of Women*），开篇即激烈抨击女性统治：“提升一个女人，让她在任何地区、国家，或城市，拥有统治权、至高权、主导权，或帝国之权，均违反自然，也忤逆上帝，是一件最违背上帝昭示的意旨与许可的规范之事。最后，它也是对良好秩序，及一切公平与正义的反叛。”⑤ 他猛烈批评女性统治违反雄性宰制雌性的自然法则，且神意法与罗马法皆剥夺女性担任公职与号令男人的权力；同时引述希腊哲学，指出女性天性软弱、意志虚弱、意见愚蠢，且判断疯狂，缺乏政

---

① John Ponet, *A Shorte Treatise of Politike Power, and of the True Obedience Which Subjectes Owe to Kynges and Other Civile Governours, with an Exbortacion to All True Naturall Englishmen*, Strasbourg, Printed by the Heirs of W. Köpel 1556, *STC* 20178, pp. H6v, K2v.

② 《罗马书》13：1—2，《中英圣经》，第1401页。Luther's Small Catechism, July, 1529, *Dr. Martin Luther's Small Catechism, Explained in Questions and Answers by Johann Conrad Dietrich*, St. Louris, Mo.: Concordia Publishing House, 1902, p. 27. Quentin Skinner, *The Foundations of Modern Political Thought: Vol. 2, The Age of Reformation*, Cambridge: Cambridge University Press, 1978, pp. 15–19, 221–230.

③ Thomas Becon, *An Humble Supplication unto God, for the Restoring of Hys Holye Woorde, unto the Churche of England*, Wesel: printed by J. Lambrecht, 1554, *STC* 1730, pp. A2r, A6r.

④ Christopher Goodman, *How Superior Powers Ought to be Obeyed of Their Subjects*, Geneva: by John Crispin, 1558, *STC* 12020, pp. C8v, F8v–G1v.《申命记》17：15。《中英圣经》，第248页。

⑤ John Knox, *The First Blast of the Trumpet Against the Monstrous Regiment of Women*, Geneva: J. Poullain and A. Rebul, 1558, *STC* 15070, p. B1r. 翻译参照林美香《女人可以治国吗？十六世纪不列颠女性统治之辩》，台湾左岸文化，2007年，第83页。

务处理能力。故女性统治犹如政治体系的各部分错置且无头，犹如怪物，无法长治久安①。新教流亡者以女人天性弱势与圣经规范的静默服从为反抗基础，视玛丽一世统治为神谴，否定女性权威的正当性，实为抵抗其天主教政权。

1558 年，信仰新教的伊丽莎白一世即位，新教徒对女王统治的定位顿时由神谴转向神佑。加尔文于 1559 年重申服从理论："既然某些国家和城邦，依习俗、公众的同意，以及长久的惯例，允许女人拥有［王位］继承权，我就不应当质疑……依我之见，推翻一个由上帝特殊恩准的政府，并不合法。"② 约翰·艾尔默（John Aylmer）著《忠诚子民的港口》（*An Harborowe for Faithfull and Trewe Subiectes*），申明女性依据血统、公众同意、法律与古代习俗，且接受充分的教育与训练，更关键的是具备上帝恩典，即可毫无争议地合法继承先祖的政权。且女性在公领域的统治者身份享有被服从的绝对权力，不容反抗③。但此服从观乃是基于新教信仰对上帝的服从，对性别的鄙视仍未消失。新教徒勉为其难接受女王统治作为神意降临的象征，但提出共治传统与神选幕僚之主张，即恳请女王成为"神圣的底波拉"（Deborah），与臣僚或议会共治，以期降低女王统治的潜在风险。约翰·福克斯（John Foxe）提醒女王必须恢复福音光辉，实践对上帝承诺的唯一途径就是"寻求神选顾问的意见"，这群人是最虔诚的信徒中最聪明的，也是最聪明中最虔诚的一群④。艾尔默质疑女王统治的适切性，尽管她为上帝选择，仍是虚弱、意志不坚与缺乏勇气。不过他也指出，女性统治在英格兰风险极低，因女王在英格兰特殊的混合统治传统下将鲜有作为；"英格兰政权既非君主制，亦非寡头统治，更非民主制，而是混合以

① John Knox, *The First Blast of the Trumpet*, pp. B1r－2r, B3r－4r, C7v, C8r－v, D3r－v, D4r, D6r.

② Letter 15, John Calvin to William Cecil, Geneva, after January 29, 1559, in Hastings Robinson, ed., *The Zurich Letters*, *second series*, 1558－1602, Cambridge: Cambridge University Press, 1845, pp. 34－36.

③ John Aylmer, *An Harborowe for Faithfull and Trewe Subjectes Agaynst the late Blowne Blaste*, London: John Day, 1559, *STC* 1005, pp. B2v, B3r, C3r－v, C4v, D1v, G1r, G4r, G4r－v, M1r－v, N2r－v, Q3v－Q4r.

④ Dale Hoak, "Sir William Cecil, Sir Thomas Smith, and the Monarchical Republic of Tudor England," in John F. McDiarmid, ed., *The Monarchical Republic of Earl Modern England*: *Essays in Response to Patrick Collinson*, Aldershot: Ashgate, 2007, pp. 39－40.

上三种的统治"[①]。因此，君主的性别无碍国家治理，因英格兰由法律和行之有年的制度统治，此为有限王权的理论。换言之，女王统治唯有在神选幕僚团的辅佐监督下始被接受。

其三，伊丽莎白女王执政的优柔寡断等缺点引发男性官僚的不满。首先，女王追求华贵服饰，却对国政支出锱铢必较，多被抨击为缺乏判断，危及国家安全。1581 年，女王下令苏格兰玛丽的监管官施鲁斯伯里伯爵削减监禁费用，由每周 52 英镑减至 30 英镑，并裁撤半数随员。沃尔辛厄姆担心削减预算恐降低看守效率，易于玛丽逃脱，此谏言使女王长达两周拒绝接见沃尔辛厄姆[②]。行政吝啬亦表现在 1583 年年初沃尔辛厄姆劝谏女王以津贴馈赠强化外交，女王怀疑此请求实为觊觎王室私库而拒绝[③]。

另外，伊丽莎白女王极易受情报误导，亦被质疑为欠缺判断力。16 世纪 70 年代初女王与安茹公爵启动联姻谈判，因联姻符合英法联盟防御西班牙阵营的共同动机，且都铎王室得以延嗣，以及胡格诺派可获新教英格兰盟友，故初期谈判进展乐观[④]。时任国务大臣的塞西尔甚至有意允许公爵在其内廷进行有限度的天主教弥撒，确保谈判顺利[⑤]。然而，伊丽莎白女王受到反对派（极可能为莱斯特）的情报误导，坚信若在宗教议题上要求公爵须使用英格兰共同祈祷书，严禁天主教仪式，并强硬施压，法方终会妥协。此坚持使谈判陷入僵局，终

---

① John Aylmer, *An Harborovve for Faithfull and Trevve Subjectes*, pp. H2v - 3v. A. N. McLaren, *Political Culture in the Reign of Elizabeth I: Queen and Commonwealth* 1558 - 1585, Cambridge: Cambridge University Press, 1999, pp. 59 - 69, 73 - 74.

② *Historical Manuscripts Commission*, *Talbot*, Vol. 2, p. 369. Edmund Lodge, *Illustrations of British History*, vol. Ⅱ, pp. 201, 180. Patrick Collinson, *The English Captivity of Mary Queen of Scots*, University of Sheffield, 1987, p. 19. Mary S. Lovell, *Bess of Hardwick: First Lady of Chatsworth* 1527 - 1608, London: Little Brown, 2005, pp. 292 - 293.

③ Walsingham to Robert Bowes, [February 27], 1583, SP 52/31 f. 45, TNA. Conyers Read, *Mr. Secretary Walsingham and the Policy of Queen Elizabeth*, Oxford: Clarendon Press, 1925, vol. Ⅱ, pp. 190 - 191, 253.

④ Susan Doran, *Monarchy & Matrimony: The Courtships of Elizabeth I*, London and New York: Routledge, 1996, pp. 99 - 101. William Cecil to Queen Elizabeth, June 21, 1560, Cotton MS Caligula B/X f. 105, BL.

⑤ Susan Doran, *Monarchy & Matrimony*, p. 107. Reasonable demands to be required from Monsieur for the preservation of the religion of England, 1570, SP 70/115 f. 98, TNA.

至破裂[①]。身为激进新教徒的沃尔辛厄姆固然不喜公爵的天主教信仰，但基于整体国家与新教利益的考虑，深知此联姻的政治必要性值得宗教妥协。他向法国外交官保罗·德·佛克斯（Paul de Foix）申明，若他无法完成谈判，即是他“缺乏判断力与经验”[②]。由此类推，此谈判失败之主因为女王受情报误导而误判，同为欠缺判断力，使沃尔辛厄姆确信女王的天生性别弱化理性，有碍国政。

伊丽莎白女王的男性臣僚多受教于人文主义与圣经神学，对女性能力的质疑本已根深蒂固，女王的诸多行为或决策又与他们的期望距离甚远，导致不满情绪在男性官僚中蔓延。此一时期，批评女王“优柔寡断”（irresolution）与“决策拖延”（delay）的字语频繁出现在大臣们的书信中。曾于16世纪70年代初任国务大臣的托马斯·史密斯（Thomas Smith）反复陷入对女王服务的挫折中，埋怨女王的“优柔寡断与长久等待将使机会与时机快速流逝”[③]。1575年2月，沃尔辛厄姆向女王抗议：“您的决策拖延不仅让我绝望于持续有利政策，使机会流失，更使沮丧的我无心于进行类似政策，我与您其他可悲的忠仆们对于您安危的担忧，根本徒劳无功”[④]。3月，他再度抱怨女王拖延批准与苏格兰的共同防御草案，此犹豫不决不仅严重打击忠诚尽责的枢密院，“更可能导致苏格兰质疑您羞辱他们，使他们转向无可挽回的孤立”[⑤]。同时，沃尔辛厄姆亦抨击女王对待苏格兰玛丽过于妇人之仁，竟反对深入调查玛丽与涉案的伦敦书商亨利·科金（Henry Cockyn）的秘密通信计谋。主持调查的沃尔辛厄姆向莱斯特抱怨：“女王在此案件的诡异处理将使所有忠诚且关切其安危的大臣们沮丧，他们致力于恢复国家，女王却只想掩盖毒瘤而非治愈。”[⑥] 沃尔辛厄姆愤而

① Susan Doran, *Monarchy & Matrimony*, pp. 126 - 127. Stephen Alford, *Burghley: William Cecil at the Court of Elizabeth I*, New Haven & London: Yale University Press, 2008, p. 190. Dudley Digges, ed., *The Compleat Ambassador, or, Two Treaties of the Intended Marriage of Qu. Elizabeth of Glorious Memory Comprised in Letters of Negotiation of Sir Francis Walsingham, Her Resident in France*, London: Thomas Newcomb, 1655, pp. 55, 87 - 88, 96 - 97, 100 - 101.

② *CSP Foreign*, 1569 - *1571*, pp. 436 - 437. Dudley Digges, *The Compleat Ambassador*, pp. 29, 42 - 43, 68, 90, 96. John Cooper, *The Queen's Agent: Francis Walsingham at the Court of Elizabeth I*, London: Faber and Faber, 2011, pp. 66 - 67.

③ Thomas Smith to Burghley, January 31, 1574, Lansdowne MS 19 f. 178, BL.

④ [Walsingham] to Elizabeth I, February 26, 1575, SP 53/10/13, TNA.

⑤ Walsingham to Elizabeth I, March 20, 1575, SP 52/26/2 f. 159, TNA.

⑥ John Cooper, *The Queen's Agent*, pp. 169 - 170.

请告病休，暂离宫廷，以作无声抗议。在戴维森审判中，桑迪大主教亦批评女王的妇人之仁长期以来将英格兰国家、人民，乃至于新教信仰之安危，暴露在天主教威胁之中。

伊丽莎白女王的男性臣僚们常常处于一种煎熬的状态：在他们的心中，对女性的鄙视和质疑早已根深蒂固，但现实中他们必须臣服于一个优柔寡断的“不适任”女王。这让男性臣僚们对英格兰的命运忧虑不安，起而制衡女王统治。

四 君臣博弈

对女王施政的普遍不满坚定男性众臣对女性无能的质疑，促使他们采取政治行动，一方面以信息操控女王的决策权；另一方面，强化神选幕僚的自我定位与抵抗权，实践共治。

由于男性官僚对政府信息与情报系统的垄断，他们通过情报引导或孤立女王决策的策略颇有成效。早在 1572 年 7 月，沃尔辛厄姆指出“若上帝没有唤起奥兰治王子娱乐西班牙，恐怕这把危险战火早已在我们家园燃烧起”，但他在“勃根第计划”中认为，若要说服女王增强对低地国家新教徒的军事援助极其困难，首先面临“女王基于天生性别的恐惧，犹豫不决，犹豫不决伴随恐惧而生”①。沃尔辛厄姆坚信若有证据说服女王对低地国家的用兵，必胜且低风险，将可“淡化恐惧，理性将指导女王果断决策”②。适当的情报操作可增强女王决策的果敢与正确性。故沃尔辛厄姆自 16 世纪 70 年代中期发展情报系统，至 16 世纪 80 年代达到高峰，以反恐与情报筛选强迫女王正视日趋逼近的天主教危机，成就其主战党荣耀上帝的国际新教主义③。

1583 年成功平息思罗克莫顿叛乱（Throckmorton Plot），沃尔辛厄姆选择性隐瞒法国大使米歇尔·德·卡斯泰尔诺（Michel de Castelnau）的涉案，仅呈报西班牙大使伯纳迪诺·德·门多萨（Bernardino De Mendoza）

① The enterprise of Burgundy, July, 1572, Harley MS 168 f. 54r, BL.

② The enterprise of Burgundy, July, 1572, Harley MS 168 ff. 54v-55r, BL.

③ Leicester to Walsingham, September 5, 1582, SP 12/155/42, TNA.

的谋反铁证，成功激怒女王于1584年年初怒逐门多萨，传统英西联盟破局，主和党与女王被迫支持为沃尔辛厄姆属意的联法同盟①。1584年低地国家新教革命陷入危局，帕尔马公爵率西班牙军攻陷佛兰德（Flanders）、布拉班特省（Brabant）与安特卫普（Antwerp）等新教据点；1584年5月代表英格兰援助的安茹公爵病逝；7月新教军领袖奥兰治威廉（William of Orange）被谋刺身亡。沃尔辛厄姆联手驻尼德兰使节戴维森美化情报打动女王，甚至策动伯利的间谍威廉·赫尔勒（William Herle）利诱其主支持军援低地国家，终使英格兰于1585年8月以主战党莱斯特为统帅，军援低地国家②。1586年巴宾顿叛乱的成功操作也终于迫使伊丽莎白女王于1587年签下玛丽的死刑状，英格兰与天主教同盟正式宣战。

宣扬神选幕僚意识与抵抗理论，是伊丽莎白女王时期一些男性臣僚企图削弱女王权力的另一个重要策略。枢密院重臣们认同伊丽莎白即位之初，新教流亡者主张之神选幕僚的理论，声称他们由上帝拣选而生，以辅佐女王为天职；服从为德行，但不适用于暴君或失职的统治者，上帝授权神选大臣抵抗女王滥用王室特权或错误决策，以保护上帝子民、土地，与教会。换言之，这群神选大臣优先效忠上帝，君主次之③。沃尔辛厄姆在1571年宣称："在所有的事情上，我首选荣耀上帝，次为女王安全。"④ 伯利曾于1559年12月反对伊丽莎白女王否决枢密院关于军援苏格兰驱逐法国人之决策，他强势主张枢密大臣若不满女王决策，具备自由离职的权利，借以威胁女王⑤。1596年，伯利对次子罗伯特（Robert Cecil）宣称："若假设她（女王）为上帝首席大臣，依据上帝旨意，我应优先执行身为

---

① John Bossy, *Under the Molehill: An Elizabethan Spy Story*, New Haven & London: Yale University Press, 2002, pp. 95, 100 - 105.

② William Davison to Walsingham, December 5, 1584, SP 83/23 f. 161v; Burghley to William Herle, July 24, 1585, SP 12/180/46, TNA. William Herle to Walsingham, July 25, 1585, Harley MS 286 ff. 68r - 69v, BL.

③ Stephen Alford, "The Political Creed of William Cecil," in John F. McDiarmid, ed., *The Monarchical Republic of Earl Modern England*, p. 85.

④ Walsingham to Leicester, April 1571, SP 70/117 f. 179v, TNA, cited in John Cooper, *The Queen's Agent*, p. 64.

⑤ Sir Wm. Cecill sorrowfully begs the Queen would dismiss him from her service, 1560, Lansdowne MS 102 f. 1, BL.

枢密大臣之责，后才服从女王命令。”[①] 这表明枢密大臣之职乃上帝所授，优先对上帝负责，反抗君主的错误决策。伯利否定都铎统治为君主专制，乃为君主与大枢密院（Great Council 或 Grand Council）共治之混合政府。此设计为伯利于 1584 年至 1585 年针对女王可能突然病故或意外身亡后的紧急王位空窗期，拟定由枢密大臣、部会首长与部分上议院议员为基础组成临时政权。此临时政府被授权弭平攻击君主的暴力、召集议会选举新主，并确保此过渡时期“政府运作如常”[②]。伯利提升枢密院为副手角色。沃尔辛厄姆与伯利的神选幕僚意识彻底实现于 1587 年领导枢密院，强行对玛丽执行死刑。面对女王的震怒，涉案的重臣们否认藐视王权的指控，主张其行为奠基于对上帝的神圣使命感，与对英格兰共治宪政传统的延续，但不可言喻，也掺杂他们对女性统治的极度不信任。

面对限制女王权力的神选幕僚与共治理论，伊丽莎白女王并未轻易就范。她一方面操作女王双体理论，减轻臣民因性别因素而质疑女王执政的合法性。1559 年的首度议会演说中，她指出尽管在自然形体为女性，但上帝的恩典委任给她另一个政治形体，许可她具备君主的统辖能力和权威，所以臣民需服从女王指挥，唯有如此才是对上帝的虔诚效忠，“我以我的统治，你［上议院议员］以你的侍奉，对万能的上帝好好表现。”[③] 1588 年她在台伯里（Tilbury）阅军时亦重申“我虽有一个软弱的女性形体，但也具备着如同国王——英格兰国王——一样的心与胃”[④]。她将中世纪的君主双体论转为女王双体，赋予女性统治者与男性君王同等的权威。另一方面，她压抑任何企图限制女王权力的学说与行动。坎特伯雷大主教埃德蒙·格林德尔（Edmund Grindal）被迫于 1583 年退休，或因他主张英格兰的主教与神职人员，以及枢密大臣不仅只是王室命令的执行者，更是国家主权的持有人，女王须服从他们的建言[⑤]。1582 年，女王向枢密院重申：

---

① Stephen Alford, “The Political Creed of William Cecil,” in John F. McDiarmid, ed., *The Monarchical Republic of Earl Modern England*, pp. 85 – 89.

② Patrick Collinson, “The Monarchical Republic of Queen Elizabeth I,” pp. 127 – 128. Wallace MacCaffrey, *The Shaping of the Elizabethan Regime*, London: Jonathan Cape, 1969, pp. 16, 28.

③ Elizabeth's first speech at Hatfield, November 20, 1558, SP 12/1 f. 12, TNA.

④ Elizabeth I's Tilbury speech, 1588, Harley MS 6798 f. 87, BL.

⑤ Peter Lake, “ ‘The Monarchical Republic of Queen Elizabeth I’ (and the Fall of Archbishop Grindal) revisited,” in John F. McDiarmid, ed., *The Monarchical Republic of Earl Modern England*, pp. 129 – 147.

"他们之所以任职枢密院，乃由君主挑选，而非与生俱来。"① 即枢密院大臣非上帝指派，而是君主的自由意志所挑选，随时可以撤换；伊丽莎白女王借此重申她对枢密院与其政权的至高且唯一主导权。

不过，伊丽莎白女王对制约女王权力之理论的打压似乎未见显著成效。1587 年年初，枢密院仍以担忧女王天性怯懦为由，宣称正当行使上帝与公众赋予的独立决策权，自行主导苏格兰玛丽的死刑。戴维森的审判毫无疑问是女王为捍卫君权的反击，但并未起到杀鸡儆猴的震慑效果。女王不仅无法惩处两位主谋伯利与沃尔辛厄姆，即使是戴维森，也仅关押一年余，于1588 年10 月23 日安静释放。女王试图主导的审判，原本期望借以捍卫女王君权至上，震吓枢密院藐视王权的行为，但女王指派的部分审判官却公然抨击女王的妇人之仁，支持枢密院共治权限，将伊丽莎白政权为君主集权或共治的分歧直接公开，再次损耗女王的威信。

五 结语

近代早期英格兰的新君主制在亨利八世崩殂后，专制王权开始呈衰颓之势。冲龄践位的爱德华六世，无力阻止君权在派系恶斗中被轮流挟持。随后，玛丽一世与伊丽莎白一世长达半世纪的女性统治，更暴露君权于权力转移的内外隐忧中。首先，女性化内廷的政治机制严重弱化。女王无法有效地以内廷直接掌控政府政务与信息系统，实际政务几乎与女性内廷脱节，由男性官僚垄断把持。内廷的政治性淡化，由政治竞技场转型为服务女王"自然形体"的纯家庭场所；官僚政府逐渐取代王廷成为政务决策中枢。再者，鄙视女性无能的传统与伊丽莎白女王的决策习性，强化传统以男性为主导的政治文化。伊丽莎白在位期间，始终无法以施政成效缓和男性官僚对女性统治的先天焦虑，其优柔寡断与妇人之仁等"女性化"决策风格，反而助长男性官僚对神选幕僚的自我意识。男性重臣一方面以政府信息控制，企图"矫正"或边缘化女王的决策；另一方面，积极扶持一个可以"纠正"女性无能统治的男性统治群体，即枢密院或议会；其最终目

① "They are Councellors by choyce, and not by birth," Walsingham to the Earl of Shrewsbury, July 30, 1582, in Edmund Lodge, ed., *Illustrations of British History*, vol. Ⅱ, pp. 276 – 277.

的在将女性统治“调正”回传统基督教精神中坚强且正直的男性政治秩序。固然女王通过恩惠与派系操作以维持君权相对优势，但若派系基于共同动机和解，以男性为主的政府体制即可能架空宫廷。伊丽莎白一世长达半世纪的女性统治，直接或间接推动近代早期英格兰政权的结构转型，政权核心逐渐由宫廷转移至政府。换言之，象征君主专制的王权政治正转化成君主与官僚政府共治的近代国家政治——君主共和。而在此权力移转的过渡阶段中，女王与枢密院为争夺政策主导权，势必无法和谐共处。因此，苏格兰玛丽之死并非其悲剧人生的落幕，反而讽刺地揭露在所谓伊丽莎白统治盛世下，君臣为争夺政权领导权而相互倾轧，更宣告相对弱势君权与宫廷式微的时代来临。

葬域的多重结构

中山王的理想

——兆域图铜版研究*

莫　阳**

首先需要说明的是，在本文中，我尝试将墓葬视为作品来解读。当谈到一件有形的作品时，浮现在人们脑海中的通常是雕塑、绘画、书法、工艺品以及建筑。但却很少有人会把城市或陵墓视为作品来解读。虽然有一些学者也将墓葬的某些层面视为艺术分析的材料，然而将陵墓整体视为独立作品的情况仍然是相当罕见的。

那么，是否可以将墓葬视为一件作品来阅读呢？我想答案是肯定的。如果我们考察墓葬的营建过程，以及建成之后的使用，不难发现多种不同的角色参与其中。不同参与者之间的互动，直到墓葬的最后完成，就是一件作品构思、设计、推敲、定稿，到付诸实施的过程。另外需要注意的是不同墓葬所能动用的资源和参与角色的范围必然有所差异。换言之，不同墓葬消耗的成本有高低之分，因此呈现的效果也就有所不同。当然，成本的投入绝不仅是由拥有资源的多寡而决定的，制度、习俗、观念、文化等因素也从不同的层面影响作品的最终形态。

帝王的陵墓是国家最高礼仪的物质载体之一，它们既用于彰显死者的荣耀，亦供生者祭祀与观瞻。营建君主陵墓必然动用最大量的人力与物力，以保证呈现最高水平的工艺。参与者包括君主（本人或嗣君）、重臣、匠师等。如果我们将君主视为赞助人的话，他们个人的好恶实际上左右了陵墓的设计与建造。大臣们提供了礼仪的诠释与陵墓的规划，匠师则承担具体的营造；前者近似于建筑设计师的角色，后者相当于工程师的角色。

---

* 原文刊发于《美术研究》2016 年第 1 期。

** 中国社会科学院考古研究所助理研究员。

总体的规划理念来自设计者，具体细节则可能为匠师们留出了发挥才能和想象的空间。不同角色的互动与配合才使陵墓营造得以最终完成。由此看来，有理由将君王陵墓视为一件超级复杂的作品。

陵墓营造中哪一部分更多是君主的意志，哪一部分是大臣的谋划，哪一部分是匠师的创造，很难在文献中获得足够详细的信息。当然，即便文献有足够细致的记载，我们也很难断言某一部分全然出于何者的意见，而没有受到他人的启发与影响。即便如此，当我们把陵墓当成作品阅读时，抽绎和剥离不同角色意志对作品呈现的影响仍将是一种有趣的尝试。

更具体到战国中山国国王䜺的墓葬语境中，兆域图铜版的出土，为我们探讨整个陵园的设计规划和营建过程提供了一条明确的路径。

一　中山王的理想——兆域图

1974 年，河北省文物管理处在平山县三汲公社调查一处战国时期古城，并发掘战国墓葬三十座、墓上建筑遗迹二处、车马坑两座、杂殉坑一座、葬船坑一座，出土文物一万九千余件。[①] 这一发现引起了学术界的广泛关注。其后的研究普遍认为，这里就是战国时期中山国的都城与王陵。这批材料后来结集成《䜺墓——战国中山国国王之墓》（以下简称《䜺墓》）和《战国中山国灵寿城：1975—1993 年考古发掘报告》（以下简称《灵寿城》）刊布。[②] 在发掘的墓葬中，M1 规模宏大，封土呈金字塔形，残高 15 米，顶部边长 18 米，底部东西 90 米、南北约 100. 5 米。[③] M1 出土遗物众多，制作精美。随葬器物上的铭文表明，墓主是中山国国王䜺。

在遭盗墓者洗劫的䜺墓椁室中，发现了一块铜版。这块铜版曾为大火焚烧，又被坍塌的卵石压砸，出土时已严重变形碎裂。与䜺墓中其他精美器物相比，它看起来毫不起眼。

① 河北省文物管理处：《河北省平山县战国时期中山国墓葬发掘简报》，《文物》1979 年第 1 期；河北省文物研究所：《䜺墓——战国中山国国王之墓》上册，文物出版社 1995 年版，第 1—2 页。

② 河北省考古文物研究所：《战国中山国灵寿城：1975—1993 年考古发掘报告》，文物出版社 2005 年版，第 7 页。

③ 河北省文物研究所：《䜺墓——战国中山国国王之墓》，第 11 页。

在经过修复后，人们发现铜版的一面显露出规整的图形和文字（图1）。其上所绘、所写构成一份详细的平面图。该图以金、银错嵌而成，铭文称："为逃（兆）乏（窆）阔狭小大之别。"结合图文内容和嚳墓的实际营建情况，学者普遍认为铜版上绘制的就是嚳墓陵园的规划设计图。按《周礼·春官·冢人》称："冢人掌公墓之地，辨其兆域而为之图。"考古报告因此将该铜版命名为"中山王嚳兆域图铜版"。从目前的材料来看，中山王嚳墓兆域图铜版是已知最早的平面规划设计图实物。

图1　嚳墓椁室出土铜版 GSH：29（**摘自《嚳墓》**）

1. 为兆窆阔狭小大之别

兆域图大致分为三个层层嵌套的区域（图2）。最外一层为错银镶嵌的矩形方框，上边正中开一缺口，缺口两侧线条末端明显加粗，缺口处有一"闵"（门）① 字。此外，在矩形方框四边还规律分布着七处注文，内容均为"中宫垣"② 三字，叠压在四边线条之上。如此来看，最外层的矩形错

① 《说文》："吊者在门也"，闵音同门，包含凭吊之意，用于兆域图茔域之门处似更有寄托哀思的意义。

② "中宫垣""内宫垣"中，宫有指示圈定范围的之意。《礼记·祭法》，"王宫祭日也"，注云，"宫，坛营域也"。垣，《说文》云，"垣，墙也"。宫垣连称指陵园垣墙。另外兆域图只绘出中宫垣和内宫垣两重垣墙，推测在兆域图范围外应还有一重外宫垣，而这一重宫垣的建制可能与中山王陵区的设置有关。

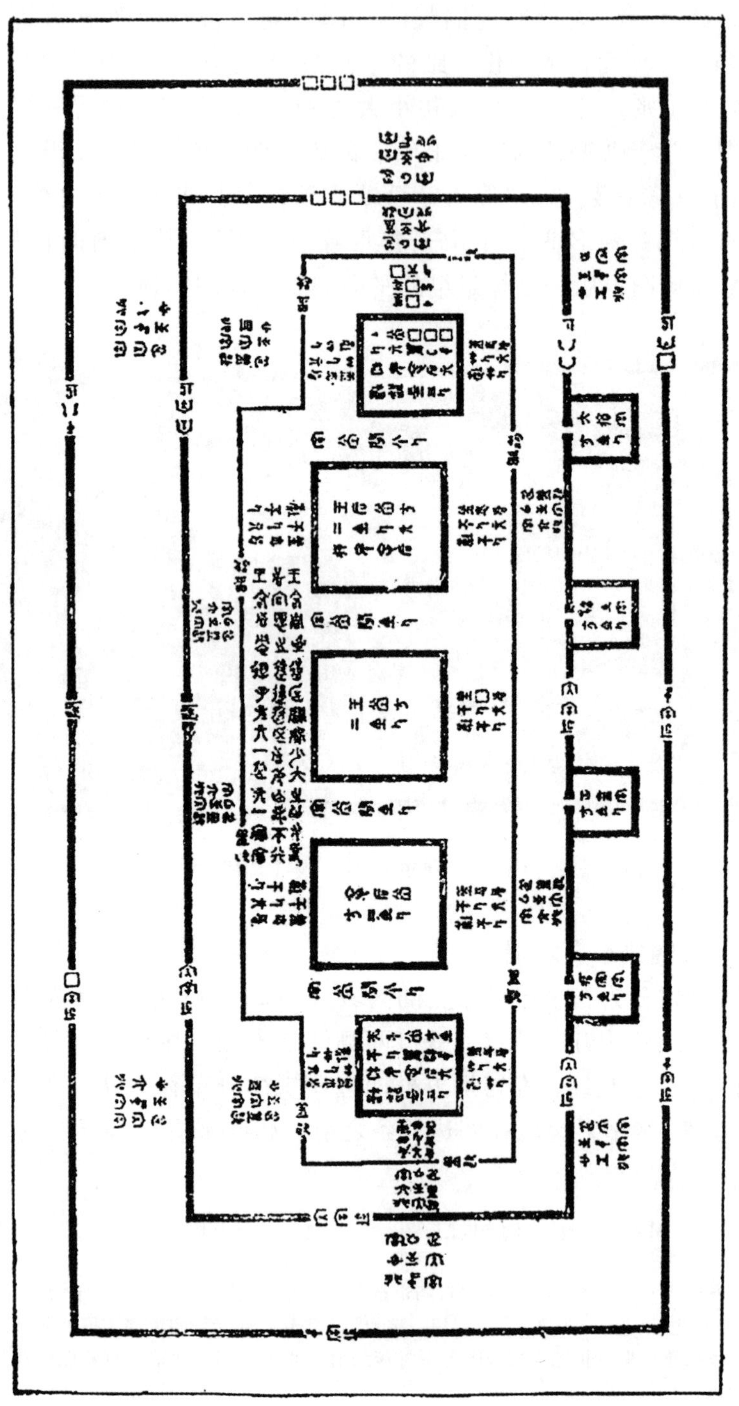

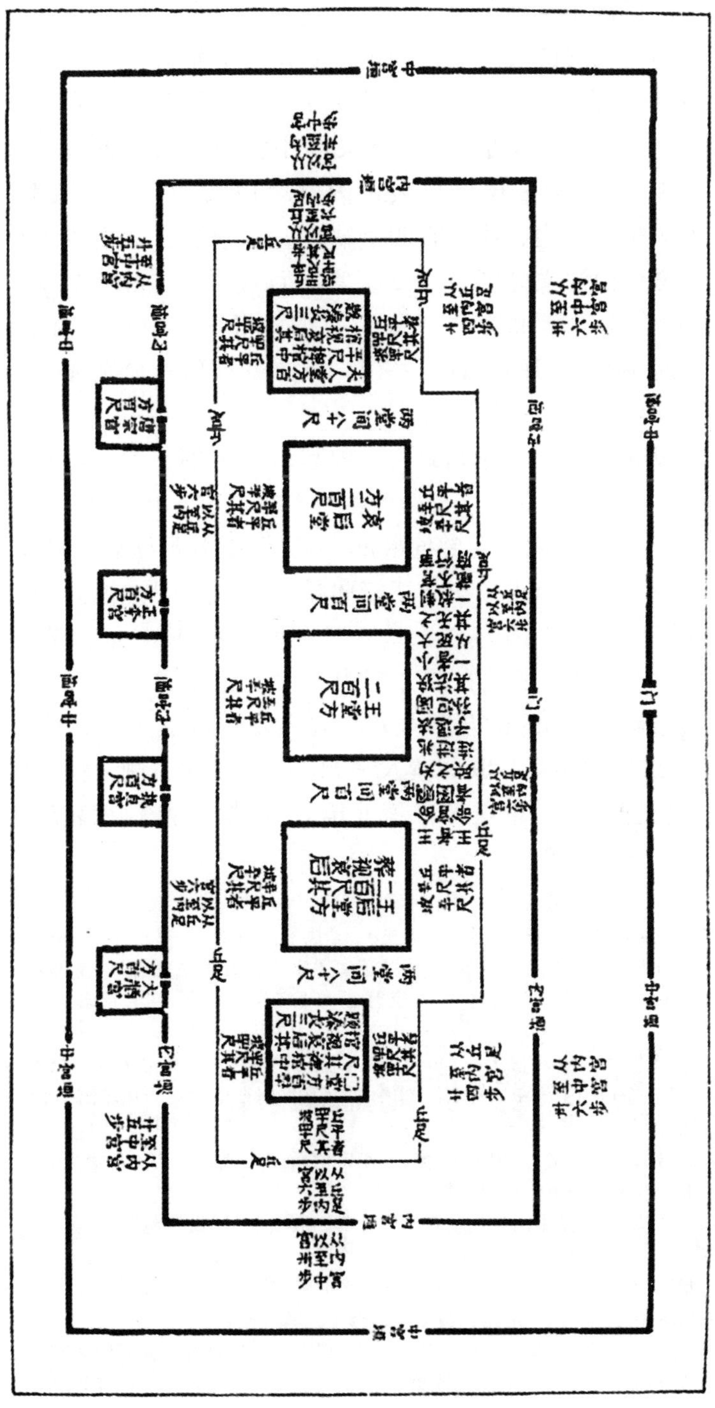

图 2　兆域图线图（原图/释文）（摘自《譽墓》）

银方框应表示陵园的中宫垣，且中宫垣在上方正中开一门。

中宫垣内的第二层区域，同样用错银的矩形方框表现。矩形方框的四边与中宫垣平行，在矩形上边框与中宫垣对应的位置也有一标“闵”（门）字的缺口，且矩形四边的七处注文与中宫垣注文位置一一对应，为“内宫垣”三字，可知第二层区域表示内宫垣垣墙。与中宫垣不同的是，在表示内宫垣的矩形下边，还开有四个缺口，每个缺口下连接大小相同的正方形方框，方框内注文分别为“诏宗宫方百尺”①、“正奎宫方百尺”②、“执帛宫方百尺”③、“大𨟻宫方百尺”④。据此可知，中宫垣内是内宫垣，内宫垣上方正对中宫垣门的位置开一门，下方开四门，分别通往陵园内的四处宫室。

第三层错银的线条较“中宫垣”“内宫垣”更细，大致勾勒出一个呈“凸”字形的闭合空间。在凸字形边线上有八处注文，内容为“丘欧”⑤二字。凸字形闭合空间之内，是错金镶嵌的五个正方形方框，中间三个较大，外侧两个较小。五个正方形方框横向排列，以中间方框为中心呈轴对称分布。位于正中的方框内有“王堂方二百尺”字样，⑥王堂左侧方框内为“哀后堂方二百尺”，王堂右侧方框内为“王后堂方二百尺，其葬视哀后”。哀后堂左侧，稍小的正方形内为“夫人堂方百五十尺，革（椑）桓（棺）、中桓（棺）视哀后，其题凑长三尺”；王后堂右侧，稍小的正方形内为“□□堂□□□尺，革（椑）桓（棺）、中桓（棺）视哀后，其题凑

① 诏宗宫，诏意为告，《周礼・春官・大史》，“执书以诏王”，郑玄注，“诏王，告王以礼事”。宗，《仪礼・士冠礼》，“宗人告事毕”，注云，“宗人，有司主礼者”，《周礼・春官・宗伯》，“乃立春官宗伯，使帅气属而掌礼”，郑玄注云，“宗作主礼之官”。诏宗应为主持祭祀的官员。

② 正奎宫，“奎”为二十八宿之一，正义云，“天之府库”，又有“王者宗祀不洁，则奎动摇”，因此学者认为正奎应为主洁祀之官名。刘来成：《战国时期中山王𰯌兆域图铜版试析》，《文物春秋》1992 年增刊。

③ “执帛”，帛为玉帛之帛，《周礼・春官・小宗伯》，“立大祀，用玉帛牺牲”，可知玉帛为祭祀所需之物。此处执帛应为主管祭祀之物的官名。

④ 大𨟻宫之“𨟻”，又见中山守丘刻石“守丘其臼𨟻曼”，释做“将”，官名。

⑤ 丘欧，即封土。《周礼・春官・冢人》，“以爵等为丘封之度”，郑玄注云，“别尊卑也，王公曰丘，诸臣曰封”。欧，从足，欠声，刘来成认为此字以“足”示其下，“丘欧”即丘之下部边线。笔者认为兆域图中标示“欧”应指丘封以下的夯土台基（陵台）。

⑥ 王即𰯌。《说文》云，“堂，殿也，从土，尚声”。王堂应是在墓葬封闭后在地表建立的祭祀建筑。见刘来成《战国时期中山王𰯌兆域图铜版试析》，《文物春秋》1992 年增刊。

长三尺”。

此外在凸字形闭合空间之内、王堂上方的位置，有三行铭文：“王命赒：为逃（兆）乏（窆）阔狭小大之别，有事者宜图之。律退致窆者，死无若（赦）。不行王命者，殃连子孙。其一从，其一藏府。”

这段铭文共42字，为我们解读兆域图铜版提供了最关键的信息。首先，通过“王命赒”三字，可获知关于设计者的关键信息，即这份陵园规划设计图是中山王嚳委托相邦司马赒所制。①“为兆窆阔狭小大之别，有事者宜图之”意为规划陵墓各区域大小的标准已经确定，可按此（标准）实施，点明铜版的功用；“律退致窆者，死无若（赦）。不行王命者，殃连子孙。”按照律令离开的人若擅入陵园，死罪无赦；不遵从王命令的人，其罪要连坐子孙，这句则申明保护陵园的法令；最后一句“其一从，其一藏府”，则涉及对铜版的保存，可知相同的铜版制作有两件，一件随葬嚳墓，另一件藏于府库。

2. 作为作品的兆域图

据《周礼》可知，古代户籍和土地之图，大多绘制于木板之上保存。版，从半木；板从木，二者互通。书籍插图称图版，地图称“版图”，其称谓均源于此。② 而兆域图被铸造于铜版之上，从所选媒材来看，便显得别有意义。

兆域图铜版面积约5000平方厘米，厚度却仅0.8厘米，保证其铸造得平整已非易事。因其不容易成型，所需技术难度高，尤其铸造对象是比例精准的地图。若通过一次成型的浇铸，对收缩率的把控要比直接绘制图形复杂数倍。铜和金银等贵金属的使用，也使其制作成本大大提高。因此可以说，兆域图铜版是对作为规划设计图的“兆域图”的一种奢华呈现——以青铜铸造、金银错嵌的方式制作。因为金石不朽，铜版显然比之木板、布帛便于长久保存。

铜版的长边恰好为短边的两倍（长95.6厘米、宽48厘米），这种情

① 铭文数次提及的中山国相邦名司马。[illegible]“[illegible]”，一释为“[illegible]”，一释为赒。李学勤征引罗福颐《古玺文字征》、丁佛言《说文古籀补》并对照《说文外编》，认为[illegible]之“[illegible]”，并非用，而是周字的省写。李学勤、李零释此字为“赒”（《平山三器与中山国史的若干问题》，《考古学报》1979年第2期）；张守中释为“貯”（《中山王嚳器文字编》，中华书局1981年版）；《嚳墓》报告释为“[illegible]”。本文从二李说。

② 刘来成：《战国时期中山王嚳兆域图铜版试析》，《文物春秋》1992年增刊。

况也提示我们，也许是出于对兆域图铜版外观规整的需求，兆域图中两重宫垣的比例被压缩了。[①] 因为丘欧范围内的图形严格按照比例尺绘制，这说明在制图的技术层面，对比例的控制并非难以达到，出现这样的“失误”不应是巧合，更可能出于对图和载体美观的双重考虑。

研究者往往因为铜版上所绘“兆域图”的价值，而忽视了兆域图铜版本身所使用的表现手法。将兆域图铜版视为作品（而不仅是工程图）进行细读，不难发现除了其“图”的功能，版式设计也极精美。图注文字的方向、图形线条的颜色和粗细，无不遵循一定的设计原则，而呈现出超越地图意义的美观。

兆域图铜版的主体为青铜，在铜版的正面使用了金银两种材质的贵金属。金和银的使用主次有别，兆域图中不同材质颜色天然的差异，强调出各区域间的差别：线条的粗或细；填充线条使用金或银，各表明不同的功能或重要程度。这种颜色和材质上的细微差异，是仅通过线图难以领会的。

兆域图在绘制时除了自身具备的方向，其图注文字的排布也遵从轴对称的原则，除主要宫室（包括两道垣门、五堂和四宫）图注文字为正向，其他文字皆对称分布，文字方向从四面指向图的中心，即王堂所在的位置，这与陵园整体规划原则是相一致的。尽管这种版式设计的核心是以视觉手段体现等级秩序，却也呈现出一种由极端秩序感带来的形式之美（图3）。

3. 修正的方案

兆域图铜版作为规划设计的最终方案被放置入嚳的椁室之中，对于死者、他的继承人，以及大臣们而言，显然有特殊的意义。纵然放入墓中的物品都可以概称为随葬品，但兆域图的意义绝不仅仅是随葬而已。

以往，人们不论从哪一角度审读兆域图，都只注意到它最终呈现的面貌。然而，我更愿意从另一个视角来观看。铜版上的细节告诉我们，它不是最终的定案，而且还包含多方讨论并敲定的过程。在我看来，最终定案固然重要，方案的讨论和修订过程更有意思。

通过对兆域图铜版实物的观察，我发现了一些报告线图并未呈现的痕迹，并且也是以往学者们没有注意到的（图4）。

① 详见本文第二部分关于比例尺的论述。

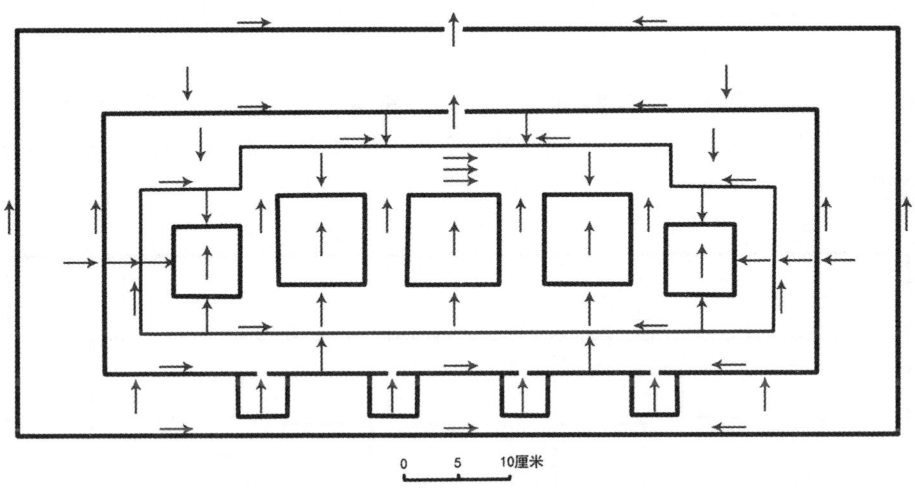

图3　兆域图铜版图注文字朝向示意（莫阳制图）

图4　兆域图铜版的更改痕迹（莫阳拍摄）

根据铜版上残留的痕迹判断，兆域图铜版在最初铸造时，丘欧的形状与外侧的两重垣墙一样为长方形。但在铸造完成之后，错嵌金银填充线条之前，制作者将代表丘欧的长方形边框的左上和右上两角边线空余了出来，又在其下折角的位置重开两道细沟，填入银线，将丘欧的形状由长方形变为了“凸”字形（图5）。因此在铜版上，有两段方折的浅沟未被填以金银线。

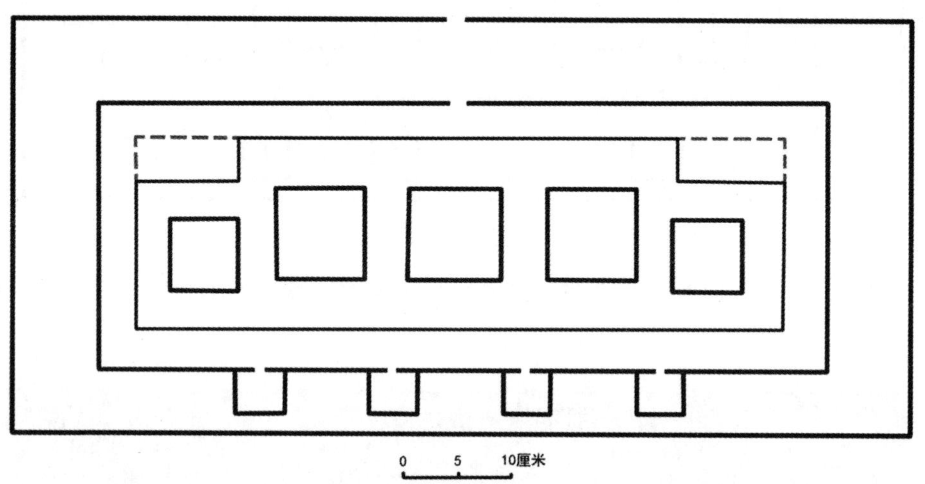

图5 铸造痕迹示意（莫阳制图）

在进一步讨论之前，我们有必要质问：这一痕迹的出现是由制作工艺的需要造成的，还是有意为之呢？我认为答案是后者，也就是说，这是一次事后有意的修改造成的。从中山王墓出土的其他复杂而精美的错金银铜器来看，中山国的错金银工艺无疑已经达到相当高的水平。这一点学界是普遍认同的。处理兆域图上的这些直线条，对于当时高水平的工艺而言，显然并非难事。而且，如果细心观察不难发现图4所示丘欧“凸”字形框线的修正部分与原先长方形框线存在打破关系。换言之，这是二次修改所造成的。

从工程施工角度来看，丘欧形状如此调整确实节省了相当的土方量。[①]

① 根据兆域图的尺寸和比例计算，丘欧形状修改后，凸字形两角可节省约2000平方米面积的土量。

然而，问题在于，这样的修正仅仅是出于节省工程量的考虑，还是另有原由？我们不妨先来看看这样的修改在视觉感受上会有何差异。

根据兆域图的规划，𰯼墓的陵园大致可分为四个部分：两重宫垣、承担祭祀功能的四座宫室、主体建筑下的高台（即丘欧）和作为陵园主体的属于中山王𰯼及其配偶的五座堂。如果按照最初的规划方案，中部五堂建在长方形的台基上。尽管五堂的体量大小有别，但这样的设计即便有主次之别，还是容易给人以等量齐观之感。进行修正之后的方案中，台基平面呈“凸”字形，暗示了居中部分的主体地位，而这里恰恰是王堂和两后堂所在。

既然兆域图是中山王命令相邦司马赒所做的规划设计，那么司马赒就是方案的提供者，而𰯼则是方案的审定者。我们可以设想，中山王陵园布局的设计一定是经过多次往复讨论和修改的。并且只有商讨完成的“兆域图”才会被铸刻在铜版之上。而兆域图铜版上的修正痕迹说明，司马赒提供的设计方案即使在敲定并付铸版之后，还是没能达到𰯼理想中的效果。因此才有铸版之后的二次修正。这一方案才最终满足了𰯼对其王陵的想象。反复推敲的过程无疑表明𰯼对陵园规划的高度重视。

二　兆域图的图绘与尺度

1. 兆域图中的关键因素

针对兆域图的解读前人已有较为成熟的成果，其中最重要的是建筑史领域中傅熹年和杨鸿勋进行的研究和复原工作。① 这些工作基本解决了兆域图阅读中的技术问题，将之转译为符合今天建筑规范的规划图。但是在建筑复原细节等方面，学界仍然存在不同意见。

（1）尺度②与复原

兆域图作为𰯼墓陵园的设计规划图，其上除去图形、与图形对应的名

① 傅熹年：《战国中山王𰯼墓出土的〈兆域图〉及其陵园规制的研究》，《考古学报》1980年第1期；杨鸿勋：《战国中山王陵及兆域图研究》，《考古学报》1980年第1期。

② 在建筑研究中，尺度主要指建筑物整体或局部构件与人或人熟悉的物体之间的比例关系，及其这种关系给人的感受。

称外，还包含部分图形的实际尺寸和相对距离的数据。这对复原䂂墓陵园是极为难得的材料。

方位 古称“准望”，是地图的基本要素之一。尽管兆域图中注文朝向不一，但通过王堂等主体文字的方向，仍可判断兆域图绘制的方向，即两重宫垣垣门所在的方位为上。䂂墓为南北向中字形大墓，主墓道南向。另外，在䂂墓陵台最南一级底边外的中部，发现有瓦片堆积，发掘者推测此处曾建有门阙。由此可知兆域图正向为南向。那么兆域图的方位即为上南下北，左东右西。东库出土的墨书木条 DK：84 一面墨书“宝重椁石”，两侧各书一“左”字，（图 6）若如兆域图以南为正向，东库确为椁室之左，是为印证。另外时代稍晚的马王堆三号墓出土《驻军图》标示方向亦为上南下北。

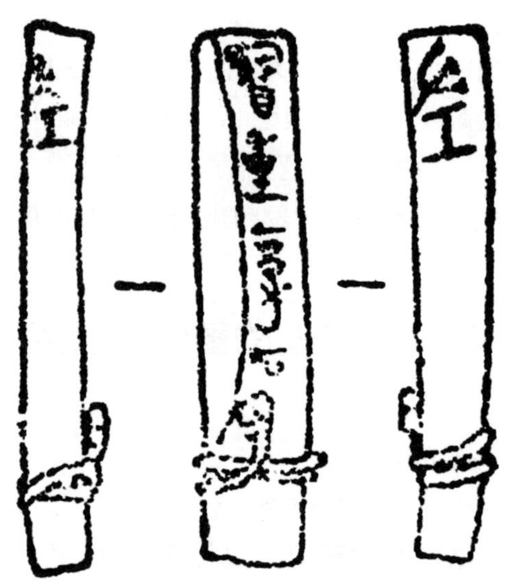

图 6 墨书木条 DK：84（摘自《䂂墓》）

单位 兆域图中的图注标明了图形间的距离和建筑的尺寸，在全部 38 处距离的标注中，以“尺”为单位计量的 24 处，以“步”为单位计量的 14 处。有学者认为这是由陵园规划上的要求不同决定的，丘欧以内的主体建筑要求尺寸精准，用“尺”标注；而其他部分在精度上的要求粗略，使用“步”计量。①

比例尺 裴秀称地图的比例尺为“分率”，《隋书·宇文恺传》载宇文恺在《明堂议表》中提及其所绘之《明堂图》“裴秀《舆地》以二寸为千里，臣之此图，用一分为尺”，可知至少在隋代即有比例尺的存在。而根据兆域图的实际尺寸和图注尺寸，也可以得知兆域图制图已遵循一定比例。

尺 兆域图标注尺寸与实际表示尺寸基本合乎比例。如铭文标注方二百尺的王堂、王后堂和哀后堂，实测为8.6—8.8厘米；铭文标注为一百五十尺的两座夫人堂，实测为6.5—6.65厘米；而王堂与两王后堂间距标注为一百尺，实测为4.4厘米。铭文标注尺寸与实测尺寸比例精准，且可换算出兆域图的大致比例尺为一百尺等于4.4厘米，即一尺等于0.044厘米。已知战国时期尺的长度合22—23厘米，则可知兆域图的比例尺约为1∶500。②

步 兆域图中，丘欧至内宫垣、内宫垣至外宫垣的距离以步为单位。与《考工记》“野度以步”的记载相合，这些以步为单位测量的部分均为露天平地。傅熹年在《战国中山王{D墓出土的〈兆域图〉及其陵园规制的研究》一文中，首次计算出兆域图中两种计量单位的比例关系，即一步等于五尺③。

尺度与图像的矛盾 兆域图中以尺为单位的图形与间距都是严格符合比例的；而以步为单位的间距则不然。这样看来兆域图中，尺的标注精确，而以步标明的部分则仅为示意。也就是说，在兆域图中，按比例尺准确描绘的部分是宫室、丘欧及丘欧上的五堂；而代表内宫垣和外宫垣两条边线的比例与标注尺寸不符。

一方面在工程图中，单位的使用有较严格的规定，两种尺度单位的不同可能与具体施工的相应环节有关。另一方面，则可能是局限于兆域图铜

① 孙仲明：《战国中山王墓〈兆域图〉的初步探讨》，《地理研究》1982年第1期。

② 详细换算见《{D墓》，第108页。

③ 兆域图中内宫垣的宽度有两种计算方式，分别为以王堂为轴线计算和以夫人堂为轴线计算。内宫垣宽度＝王堂轴线＝6步＋50尺＋50尺＋200尺＋50尺＋50尺＋6步＝12步＋400尺；又内宫垣宽度＝夫人堂轴线＝6步＋40尺＋40尺＋150尺＋40尺＋40尺＋24步＝30步＋310尺；所以12步＋400尺＝30步＋310尺，即1步＝5尺。傅熹年：《战国中山王{D墓出土的〈兆域图〉及其陵园规制的研究》，《考古学报》1980年第1期。

版的大小，为了凸显主体部分的重要性，对两重宫垣分别进行了压缩，以减小整张图中空白的面积。不管是出于何种原因，我们仍需要对兆域图铜版进行等比例的复原和翻译（图7）。[①]

（2）尊卑：尺度反映的观念

除了对准确比例的复原，还应意识到兆域图各部分尺寸实际上反映了一定观念。

兆域图所绘丘欧之上的堂类建筑共五个，总量为奇数，因此有明确的中心。与此近似的还有辉县固围村战国墓群（图8）。三座墓葬横向并列，其上有尺寸不一的封土，根据地表遗迹情况判断，封土上原有建筑。固围村墓葬与兆域图平面布局相近，同样是总量为奇数的墓上建筑单体，这样在陵园的平面上自然呈现为以居于中间单体为轴的对称布局方式。另外在封堆体量上的区别也贯彻这一设计，居中的M1封土尺寸大于分立其两侧的M2和M3。兆域图所绘属于嚳和其配偶们的五堂中，位于“凸”字形丘欧突出部分的三堂，在所处位置和大小上，都较夫人堂为重，显示出墓主的尊贵地位。三堂中，显然又以居中的王堂为轴线。王堂与对称分布于两侧的哀后堂、王后堂在体量上并无差距，都是方二百尺。实测嚳墓（M1）西侧的二号墓（M2）回廊面积与一号墓相同，也可与兆域图规划相互印证，但二号墓回廊的地平低于一号墓，仅相当于一号墓散水标高，垂直高差达到1.3米，这是兆域图中并未反映，也难以反映的。

整体来看兆域图对嚳墓陵园进行的规划，在平面上呈现规整的轴对称布局，越靠近中心对称轴的部分，越显示出重要性。轴线穿过王堂正中，王堂两侧对称排列的是与王堂尺寸相当的王后堂和哀后堂[②]，作为王的妻子，王后有资格享有与其夫同等的墓葬规格，但在等级观念严苛的时代，男尊女卑的思想仍占据主导，因此可以看到在实际墓葬的建造中，哀后堂在立面上低于王堂，从而凸显出王堂的绝对权威，这也符合兆域图整体设计理念。在哀后堂东侧和王后堂的西侧，两夫人堂对称分布，其尺寸小于中三堂，且位置较中三堂靠后（北侧）。

---

① 杨鸿勋的复原图在尺和步的比例上直接取用文献中“圈尺六尺四寸为步”的记载，以6.4尺为1步，因此两重宫垣的范围比实际兆域图标注的大。本文所用兆域图现代比例的复原图是在傅熹年复原基础上修改而成的。

② 根据哀后之名和陵园营建的实际情况推测，哀后应为先于嚳而亡的中山王后。

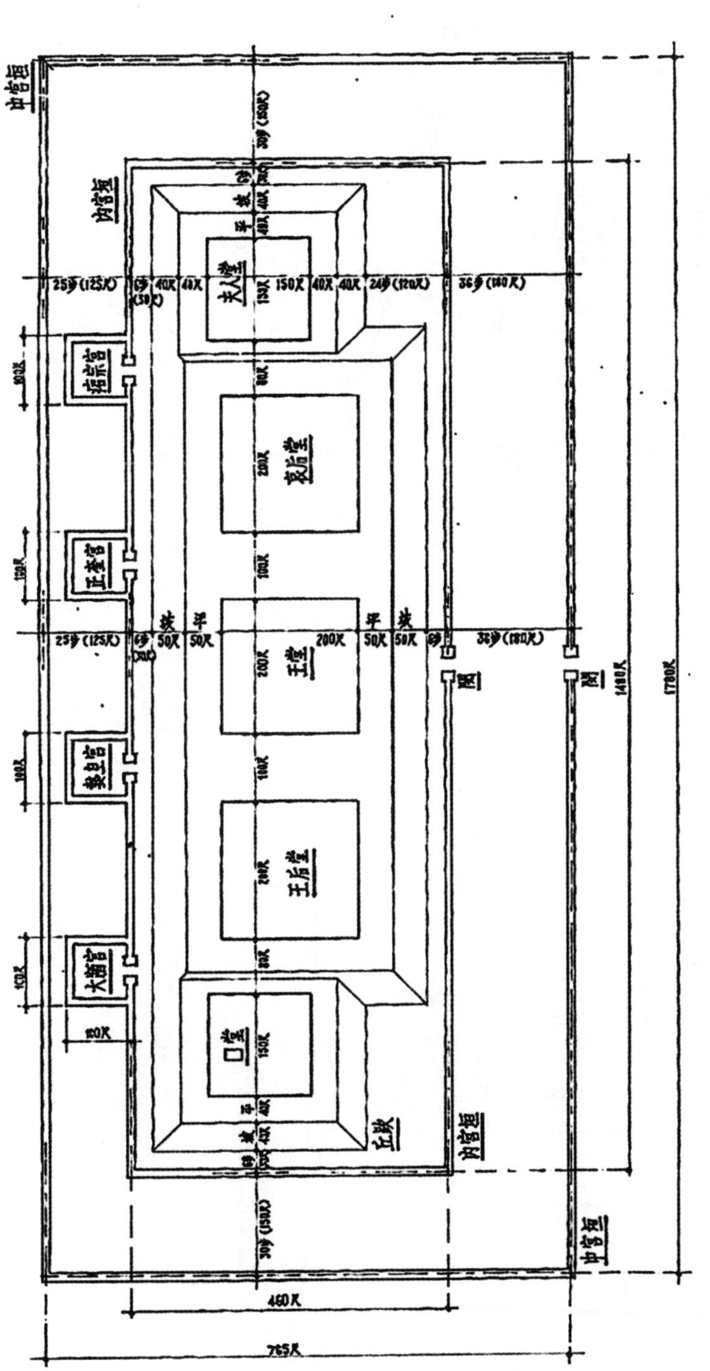

图 7　兆域图成比例复原（据傅熹年图改制，原图摘自《傅熹年建筑史论文集》）

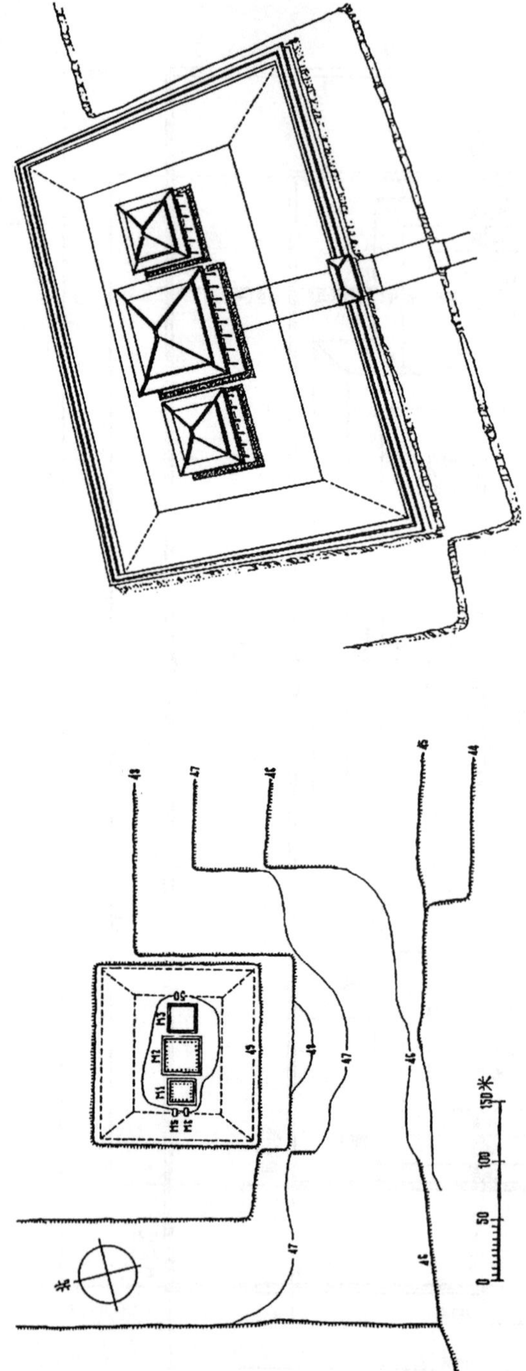

图 8　固围村战国墓群平面图/想象复原（摘自《傅熹年建筑史论文集》）

总的来说，域图对陵园进行的规划有两个显著特点：几何性布局，强调对称性。而这两者的作用都是为了凸显王堂的重要性，其内核是对等级秩序的视觉呈现。

2. 图绘天下

《周礼·春官·冢人》中，“掌公墓之地，辨其兆域而为之图”，郑玄注：“图，谓其地形及丘垄所处，而藏之先王造茔者”。兆域图的性质显然是战国时期地图之属。

文献中关于地图的记载出现极早，有学者认为在《诗经》《尚书》等文献中，已有对地图的记述。[①] 到春秋战国时期，记录山川地貌的地图在文献中频繁出现，显然承担着极重要的功能。《周礼》有云：

> 大司徒之职，掌建邦之土地之图与其人民之数，以佐王安扰邦国。以天下土地之图，周知九州之地域广轮之数，辨其山林、川泽、丘陵、坟衍、原隰之名物，而辨其邦国都鄙之数，制其畿疆而沟封之，设其社稷之壝而树之田主，各以其野之所宜木，遂以名其社与其野。[②]

大司徒作为地官之首，除了掌管户籍还保管“土地之图”。地图是国土的象征，掌握地图的行为预示着占有土地。尽管《周礼》作为文献有其理想化的一面，但对照《史记·萧相国世家》记载，刘邦初入咸阳，“诸将皆争走金帛财物之府分之，何独先入收秦丞相御史律令图书藏之”，刘邦在其后与楚的争霸中“具知天下阨塞，户口多少”[③] 都是得益于萧何在咸阳所得的秦图书。可见由官员掌管国家图籍的方式是确实存在的，这些地图内描绘的信息精准反映国情，因此地图的保管和流失更是关系重大。

《战国策·秦策》有“据九鼎，按图籍，挟天子以令天下”的言论；《燕策》和《史记》对荆轲刺秦之事的记述中，荆轲得以面见秦王的理由之一即假意进献督亢地图，对此“秦王闻之，大喜，乃朝服，设九宾，见

① 孙仲明：《战国中山王墓〈兆域图〉的初步探讨》，《地理研究》1982 年第 1 期。

② 《周礼注疏》，北京大学出版社 2000 年版，第 248 页。

③ 《史记》，中华书局 1982 年版，第 2432 页。

燕使者咸阳宫”①，秦王如此排场，并非因为得到区区一张地图，而是即将占有督亢地图所代表的土地——不费吹灰之力而得到燕国要地，显然是值得大喜的事情。

谭其骧认为先秦时期地图绘制水平高与法家的流行有关，因为法家在军事上要求取得统一战争的胜利，在政治上要求加强封建大一统，所以必然重视地图。② 因此在与法家有关的先秦论著中，不乏对地图功能的强调。如《管子·地图篇》就明确指出地图在军事行动中的重要性：

> 凡主兵者，必先审知地图，轘辕之险，滥车之水，名山、通谷、经川、陵陆、丘阜之所在，苴草、林木、蒲苇之所茂，道里之远近，城郭之大小，名邑、废邑，困殖之地，必尽知之。地形之出入相错者，尽藏之。然后可以行军袭邑，举错知先后，不失地利，此地图之常也。③

把控地图有掌管一个区域之意，这大约源于征伐战争频发的春秋战国时期。地形、地势是战争中可利用的制胜因素，因此地图对军事行动的重要性不言而喻。与兵力和武备这类硬实力相比，将山川河流的面貌准确呈现，也是各国倾力而为的军事情报。正是在这样需求的推动下，战国时期地图的绘制水准也达到相当高的水平。出于对准确性的要求，逐步发展出一套科学的制图准则。作为具有高度实用性的“图”，图形的准确和信息的详尽是地图的重要特点。

但由于图的制作和复制较书籍传抄更为困难，因此尽管“图书”并称，但“图”的流传远少于典籍的传抄。幸而近年来的考古发现部分弥补了这种遗憾，如天水放马滩秦墓出土地图（图9）和时代稍晚的马王堆三号汉墓出土地图等，④ 都是极珍贵的古地图实例。我们也因此知道战国到汉初时期确实存在如文献描述那样精准的地图，而并非像裴秀所言汉代地

---

① 《战国策·燕策三》，《战国策》，第1143页；又见《史记·刺客列传》，《史记》，第2534页。

② 谭其骧：《二千一百多年前的一幅地图》，《文物》1975年第2期。

③ 《管子校注》，中华书局2004年版，第159页。

④ 何双全：《天水放马滩秦墓出土地图初探》，《文物》1989年第2期；湖南省博物馆、湖南省文物考古研究所：《长沙马王堆二、三号汉墓》，文物出版社2004年版，第91—103页。

图“各不设分率，又不考正准望，亦不备载名山大川，虽有粗形，皆不精审，不可依据”[①] 的情况。

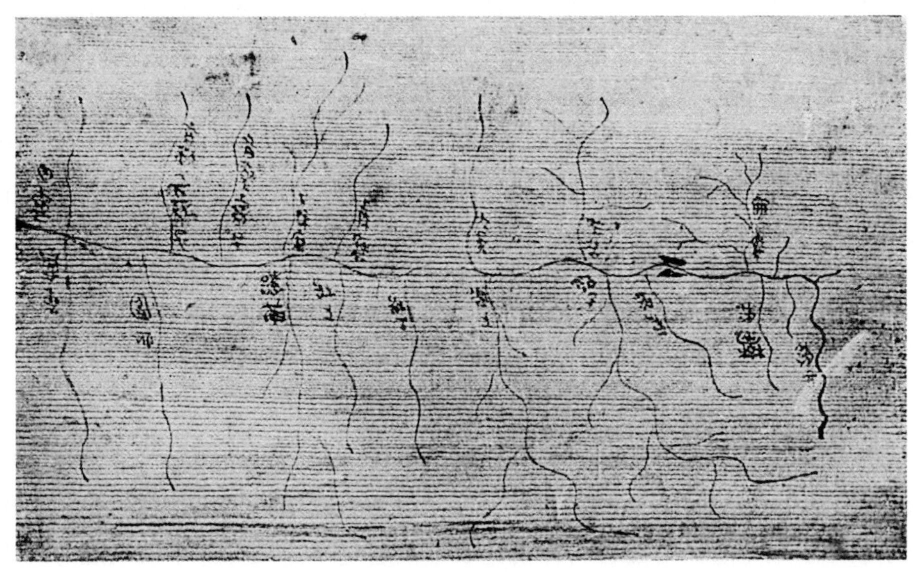

图 9　放马滩秦墓木板地图 M1：21 正面（摘自《天水放马滩秦墓出土地图初探》）

兆域图基本具备“制图六体”[②]，遵从特定比例精确制图，亦有自成体系的详细图注，反映了战国时高超的地图绘制技术。但兆域图与放马滩秦墓或马王堆三号墓所出地图不同，并非针对山川、河流或村镇等客观事物的描绘，功能也与政治、军事需求相去甚远，而是对尚未建起的陵园景观的规划与设计。

早期文献和出土地图实物，反映了战国时期人们对景观的观察和提炼已经逐步脱离了感性阶段，走向理性认识。人们开始有能力掌控对大尺度景观的图形表现，可以将三维景观缩微到二维的平面之上。兆域图的例子进一步证明，在战国时期人们已经能够将对三维空间的设想呈现于二维平面，再经

① 《晋书》，中华书局 1974 年版，第 1039 页。

② 裴秀《禹贡地域图序》有言：“制图之体有六焉。一曰分率，所以辨广轮之度也。二曰准望，所以正彼此之体也。三曰道里，所以定所由之数也。四曰高下，五曰方邪，六曰迂直，此三者各因地而制宜，所以校夷险之异也。”原书在隋代已散佚，其序录于《晋书·裴秀传》，《晋书》，第 1039—1040 页。

由人力实践将其从方寸平面“搬”到现实世界中，创造新的人造景观。

抽象思维能力的提升，使人们对山川地理的审视转向一个新的阶段。这可被视为发生在视觉和思维层面的双重转向。与今天的地图一样，兆域图等古地图所呈现的观察视角是垂直俯视，在两千多年前的战国时期，这一视角显然不是自然之眼可捕获的，而是经过理性思维进行抽象总结后的结果，即理性思维的视觉化呈现。更难能可贵的是，通过兆域图这一实例表明，这种理性思维不仅能被用于总结客观存在的山川地貌，也可以用于表达和呈现对人工创造的细致规划。

三 小结：未竟的理想

兆域图的精心设计与制造过程表明，作为中山国第一位王，䜣对自己的永眠之所极为重视，兆域图代表了其心目中理想陵园的形式，这不仅是中山国前所未有的工程，可能也将在视觉效果上超越周边大国。事实上通过对现存遗迹现象的分析，我们也确能感受到这一工程从规划到实施过程中的用心。然而兆域图规划的陵园最终仍未能实现，在完成中山王䜣和哀后墓地表的堂后，陵园的工程停滞了——西境的强敌赵国，在武灵王的军事改革下迅速崛起，而他们第一个要剪灭的就是处在“腹心之地”的中山。①

自武灵王十九年（前 307）起，赵始推行胡服骑射的改革，此后仅《史记·赵世家》所载，在七年内赵就曾五度攻打中山，并在惠文王三年

① 《史记·赵世家》载：“赵武灵王十九年，王北略中山之地，至于房子，召楼缓谋曰：‘今中山在我腹心，北有燕，东有胡，西有林胡、楼烦、秦、韩之边，吾欲胡服。’谓肥义曰：‘虽驱世以笑我，胡地中山吾必有之。’公子成不欲，王至其家，自请之曰：‘吾国东有河、薄洛之水，与齐、中山同之，无舟楫之用。自常山以至代、上党，东有燕、东胡之境，西有楼烦、秦、韩之边，而无骑射之备。故寡人且聚舟楫之用，求水居之民，以守河、薄洛之水；变服骑射，以备燕、三胡、秦、韩之边。且昔者简主不塞晋阳以及上党，而襄主并戎取代，以攘诸胡，此愚知所明也。先时，中山负齐之强兵，侵暴吾地，系累吾民，引水围鄗，非社稷之神灵，即鄗几不守。先王丑之，而怨未能报也。今骑射之备，近可以便上党之形，而远可以报中山之怨。而叔顺中国之俗以逆简、襄之意，恶变服之名，以忘鄗事之丑，非寡人之所望也。’公子成听命，遂胡服骑射。”可见武灵王“胡服骑射”的改革，有很大原因是要消除中山对赵国造成的威胁。《史记》，第 1805—1808 页。

（前 296）最终吞并中山国，[1]“迁其王于肤施，起灵寿，北地方从，代道大通”，[2]而这距䜣亡故的公元前 314 年，不过短短十数年时间。不难想象，强敌压境的情势使得䜣的继任者无力完成先王的遗志，晚于䜣亡故的䜣的妻妾们可能只能挖开陵园高大的陵台草草下葬，这显然已与䜣在兆域图中的规划大相径庭了。本应容纳五堂的凸字形大平台，在实际建设的过程中未能实现一半便仓促收场——兆域图所代表的新规划半途而废，本应是中山称王后建立的新墓葬秩序，却因变化的政治军事局势而彻底破灭了。

① 《史记·赵世家》记为惠文王三年；《史记·齐世家》《赵世家》《六国齐表》《赵表》及《通鉴》均将赵灭中山之年记为惠文王四年。

② 《史记》，第 1813 页。

从双室到单室

——魏晋墓葬形制转型过程中的一个关键问题*

耿　朔**

魏晋是中国历史上很特殊的时期，相当多领域发生了非同寻常的变化，并对后世产生了深远影响，学界已有诸多宏论。墓葬作为考古学研究的重要对象之一，颇能反映其时的丧葬观念、社会活动甚至政治话语。半个多世纪以来经过科学发掘的东汉后期至魏晋时期墓葬，已积累了相当数量，分布区域和涉及人群也比较全面，通过学者们的研究已基本揭示出其间发展变化的若干趋势，如整体上由厚葬趋向薄葬，地面设施走向减省，墓室数量逐步减少，壁面装饰快速消退，新出现一套以牛车鞍马、男女侍从为主的仪仗俑群等①，其中北方地区的墓葬表现得更为明显。齐东方先

---

* 本文系中央美术学院自主科研项目资助（项目编号：19QNQD036）成果。原收录于王煜主编《文物、文献与文化——历史考古青年论集》（第一辑，上海古籍出版社2017年版），此次系修订版。

** 中央美术学院人文学院副教授。

① 对魏晋时期墓葬特征、分期分区、文化因素等问题的探讨，已经有不少成果，研究主要集中在曹魏、西晋都城洛阳，东吴、东晋都城南京等墓葬发现较多的地方，这里略举一些具有代表性的研究：宿白执笔的1974年北大考古系讲义《魏晋南北朝考古》中，分为中原、南方、东北、北方、新疆五个大的区域探讨各类物质遗存，除北方地区外，都涉及魏晋时期的墓葬，其中资料相对较多的中原和长江中下游地区进行了墓葬分期和类型的探讨。20世纪80年代中期出版了两部重量级的综合性考古学论著，对魏晋墓葬总体面貌和几个重要区域的墓葬特点进行总结，在《新中国的考古发现和研究》（文物出版社1984年版）一书中设有"魏晋南北朝墓葬的发掘"一节（杨泓执笔），在《中国大百科全书·考古学》（中国大百科全书出版社1986年版）中列有"三国两晋南北朝考古"（宿白执笔）、"魏晋北朝墓葬""洛阳魏晋墓""辽阳魏晋墓"（杨泓执笔）、"吴晋南朝墓葬"（罗宗真执笔）、"武昌鄂城东吴墓"（蒋赞初执笔）、"南京吴西晋墓"（袁俊卿执笔）等条目。对某一区域墓葬的深入研究也已展开，如张小舟《北方地区魏晋十六国墓葬的分区与分期》（《考古学报》1987年第1期）一文成熟运用了考古类型学方法，其中涉及对洛阳等北方地区魏晋墓葬的类型和分期研究，李蔚然著《南京六朝墓葬的发现与研究》（四（转下页）

生在《中国丧葬中的晋制》一文中对魏晋丧葬活动进行了高屋建瓴的阐述[①]。

墓葬形制即墓葬空间布局的呈现方式，作为墓葬文化中至为直观的层面，它的改变不仅可以在砌筑技术和经济水平的层面予以考察，更能敏锐地反映丧葬观念、礼俗甚至制度的嬗变。众所周知，魏晋墓葬在形制方面最引人注目的变化是墓室数量由多变少，单室墓逐渐发展为主流，并一直影响到南北朝墓葬。以往的相关研究一般只略加提及薄葬世风和凋敝经济的大背景，似未见专门性研究，本文拟在前贤工作的基础上，尝试对这一重要历史现象的具体演变过程和背后动因进行探讨。

从中国古代墓葬发展的情况来看，一般来说，墓葬形制往往首先在都城地区发生变化，然后借助政治文化的中心地位及人员的流动，对其时或其后的周边地区产生影响，魏晋墓葬形制转型的过程也符合这一规律。因此本文以魏晋两代都城即洛阳、建康地区的墓葬材料为主要对象，并在必要时结合其他区域的材料进行研究。

在正式开始论述之前，需要对本文使用的有关墓室形态的一些概念加以说明。

从西汉起，“中轴线配置型室墓”开始成为汉地墓葬的主要类型[②]，本文所称的“双室”“单室”，即指位于墓葬中轴线上的主要墓室，“双室墓”也就是中轴线上存在前、后两个墓室，“单室墓”指中轴线上只有一个墓室。有时存在带有侧室、耳室的情况，过去常称为多室墓，但这类墓葬的主室规模尺寸要明显大于侧室、耳室，它们在功能的重要性上亦不相等，因此为从墓室性质角度进行更精确的概括，行文中有时称这类墓葬为“双主室墓”“单主室墓”。与此相关，本文定义的“多室墓”是指一种比

（接上页）川大学出版社 1998 年版）一书对南京六朝墓葬各方面现象进行分析。进入 21 世纪以来，几篇重要的博士学位论文再次掀起综合研究高潮，包括韦正《长江中下游、闽广地区六朝墓葬的分区和分期》（博士学位论文，北京大学，2002 年。在此基础上出版《六朝墓葬的考古学研究》，北京大学出版社 2011 年版），李梅田《中原北方魏晋北朝墓葬分区与分期研究》（博士学位论文，北京大学，2002 年。在此基础上出版《魏晋北朝墓葬的考古学研究》，商务印书馆 2009 年版），吴桂兵《汉晋变迁的考古学研究——以两晋墓葬文化因素为中心》（博士学位论文，南京大学，2006 年），从而推动诸多问题研究的深入。另外罗宗真、王志高所著《六朝文物》（南京出版社 2004 年版）一书是迄今对六朝各类物质遗存最为全面的总结，对东吴两晋墓葬多有涉及。

① 齐东方：《中国古代丧葬中的晋制》，《考古学报》2015 年第 3 期。

② 参见黄晓芬《汉墓的考古学研究》，岳麓书社 2003 年版。

较特殊的墓形，与双主室墓的区别在于虽然一般也在中轴线上配置前、后室，或也带侧室、耳室，但后室与侧室、耳室的形制规模差别很小，不表现为双主室。

一　洛阳地区魏晋墓葬形制的大致演化

洛阳地区曹魏、西晋墓葬形制，按照开凿建造方式可以分为三类：主要为竖挖的明券墓①和斜掏的暗券墓②，再分别在土圹或洞室内修建墓室，另外还有一种规模尺寸很小的竖穴土坑墓。

竖穴明券墓的发掘材料主要有孟津送庄三十里铺曹魏太和二年（228）曹休墓③（图3－1、图3－2）；出土曹魏“正始八年（247）八月”刻铭铁帷帐架的洛阳涧西16工区M2035，一般认为是曹魏晚期墓葬④（图3－2）；简报推断年代可能属于曹魏的偃师杏园M6⑤（图3－3）。调查资料有曹休墓附近至少11座形制相似、时代接近的墓葬⑥。在洛阳以外地区，近年发掘的安阳西高穴M2（图2）是一座东汉末年的重要墓葬，也属于此类形制⑦。这些墓葬规模都较大，费工费时，墓室总长度多在10米以上，从墓主身份方面分析，也可知道这些墓葬均为当时的高等级墓葬。

从以上墓葬情况看，竖穴明券墓的流行时间在汉末至曹魏时期，即公元3世纪上半叶，它向下构筑墓穴的方式延续此前的传统，洛阳地区的东

---

① 明券墓的建造流程是：先开挖近方形土圹，为运土、运送建材和日后下葬等工序留出一条长斜坡墓道，然后在土圹之内构筑砖券墓室，最后夯土回填，地表以上不起封土。

② 暗券墓的建造流程是：先向下斜掏出土洞，预留出墓道、甬道和洞室，再在土洞里砌筑或修整出墓室，在下葬后封闭墓室，填土掩埋墓道，洛阳地区魏晋时期的暗券墓均不起封土。

③ 洛阳市第二文物工作队：《洛阳孟津大汉冢曹魏贵族墓》，《文物》2011年第9期。

④ 洛阳市文物工作队：《洛阳曹魏正始八年墓发掘报告》，《考古》1989年第4期。也有学者认为该墓时代为西晋早期，参见朱亮、李德方《洛阳魏晋墓葬分期的初步研究》，洛阳市文物工作队编：《洛阳考古四十年——一九九二年洛阳考古学术研讨会论文集》，科学出版社1996年版，第289页。

⑤ 中国社会科学院考古研究所河南第二文物工作队：《河南偃师杏园村的两座魏晋墓》，《考古》1985年第8期。

⑥ 洛阳市第二文物工作队：《洛阳孟津大汉冢曹魏贵族墓》，《文物》2011年第9期。

⑦ 河南省文物考古研究所、安阳县文化局：《河南安阳市西高穴曹操高陵》，《考古》2010年第8期。目前，学术界的主流观点认为该墓即曹操高陵，墓葬年代为建安二十五年（220），此为东汉最后一年，从高陵对魏晋墓葬的影响来考虑，也可将其视为第一座曹魏墓葬。

图 1　曹休墓发掘后航拍图

资料来源：洛阳市第二文物工作队：《洛阳孟津大汉冢曹魏贵族墓》，《文物》2011 年第 9 期。

图 2　安阳西高穴 M2 发掘后墓道情况

资料来源：河南省文物考古研究所、安阳县文化局：《河南安阳市西高穴曹操高陵》，《考古》2010 年第 8 期。

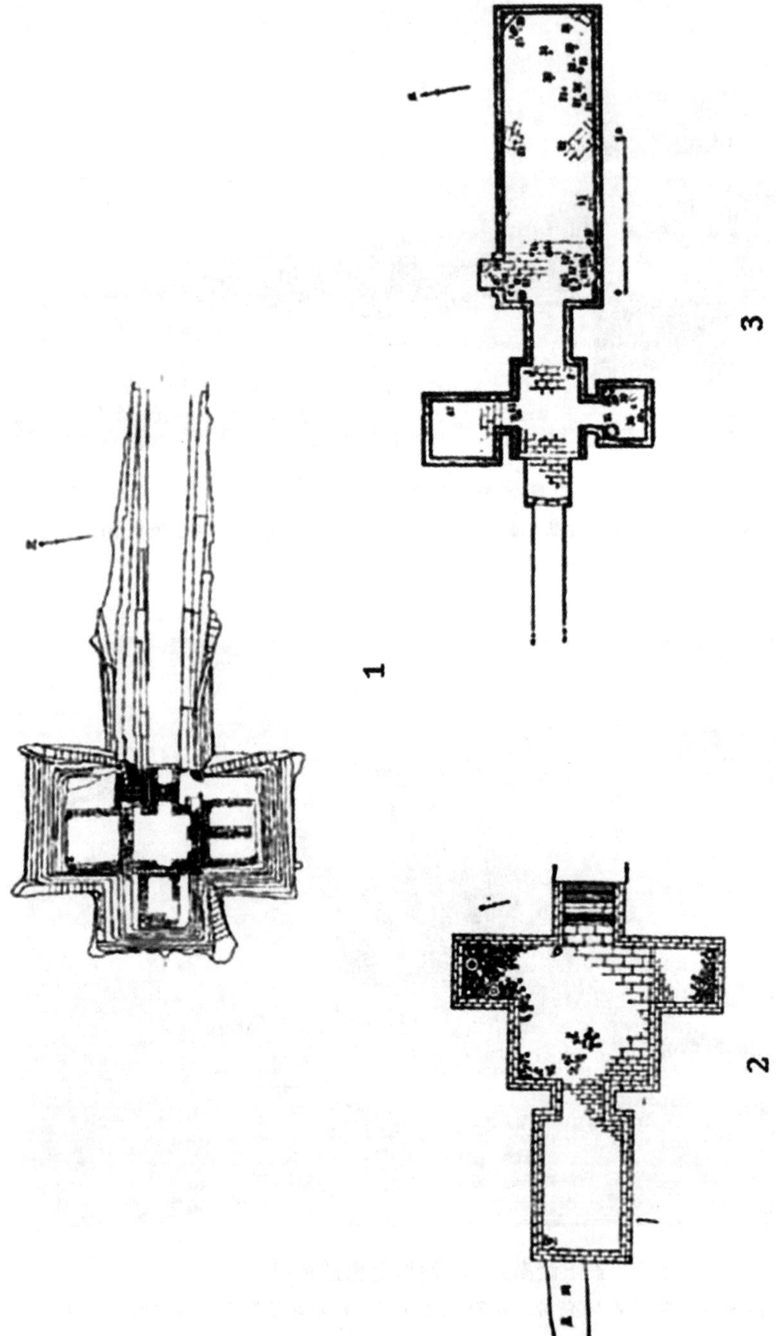

图 3　部分汉末、魏晋时期方坑明券墓平面线图

1. 曹休墓，采自洛阳市第二文物工作队：《洛阳孟津大汉冢曹魏贵族墓》，《文物》2011 年第 9 期。
2. 正始八年墓，采自洛阳市文物工作队：《洛阳曹魏正始八年墓发掘报告》，《考古》1989 年第 4 期。
3. 偃师杏园 M6，采自中国社会科学院考古研究所河南第二文物工作队：《河南偃师杏园村的两座魏晋墓》，《考古》1985 年第 8 期。

汉高等级墓葬就普遍采用这种筑墓方式（图 4）①。但在墓室形态上，曹魏

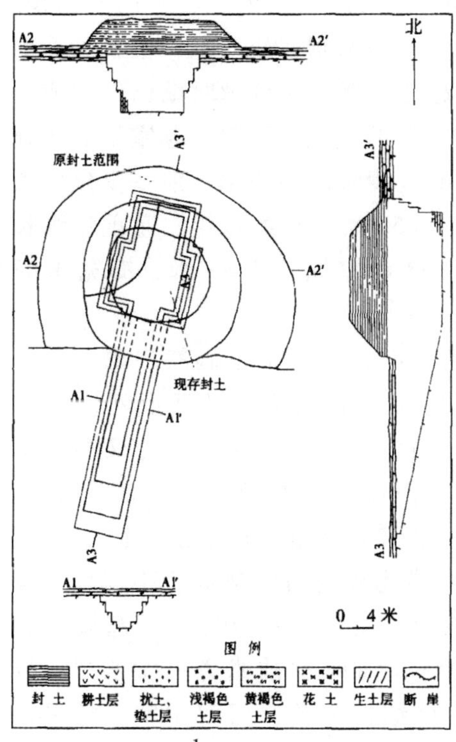

1

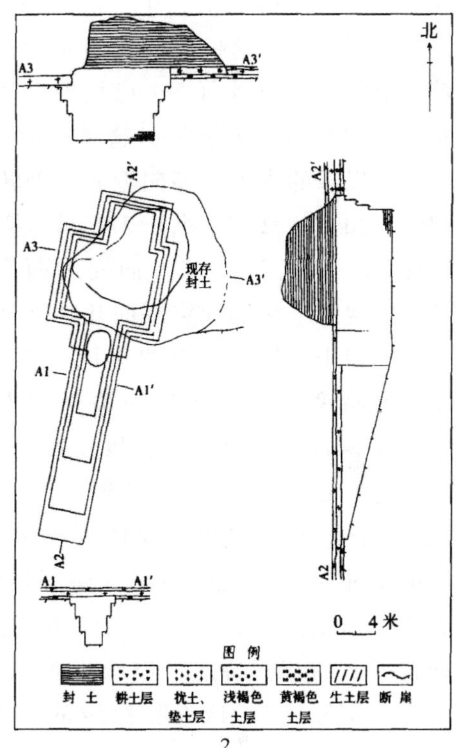

2

图 4　部分东汉墓葬墓道、墓圹线图

1. 邙山东汉帝陵区 M2－925 钻探平面图（采自洛阳市第二文物工作队：《洛阳邙山陵墓群的文物普查》，《文物》2007 年第 10 期）

2. 邙山东汉帝陵区 M2－926 钻探平面图（采自洛阳市第二文物工作队：《洛阳邙山陵墓群的文物普查》，《文物》2007 年第 10 期）

---

① 考古工作者近年来系统调查了孟津县境内的东汉“邙山陵区”和偃师市境内的“洛南陵区”，其中“邙山陵区”推测为帝陵级别的五座大冢——大汉冢（M066）、二汉冢（M561）、刘家井大冢（M067）、朱仓大冢（M722）、朱仓升子冢（M707），虽然尚未对墓葬进行发掘，但经勘探得知其墓葬形制都为特大型长斜坡墓道“甲”字形明券（回廊）砖室墓，是邙山地区最大的东汉墓葬。“洛南陵区”六座陵墓的情况尚不很清楚，但其中白草坡陵园的钻探结果表明为长斜坡墓道明券墓，砖石构筑，估计形制上与邙山五陵属于同类。处于邙山帝陵区的一些陪葬墓，如 M2－925、M2－926、M2－927、M2－771、M2－772，经过钻探调查也都属于这一类型。（参见洛阳市第二文物工作队《洛阳邙山陵墓群的文物普查》，《文物》2007 年第 10 期；洛阳市第二文物工作队、偃师市文物管理委员会：《偃师白草坡东汉帝陵陵园遗址》，《文物》2007 年第 10 期）

时期的明券墓相比东汉同类墓葬已经发生了变化，最突出的现象是东汉晚期大型墓葬流行的前、中、后三室格局，此时改为由前、后室构成轴线。也就是说，虽然这些墓葬普遍还带有数量不等的侧室或耳室，但就墓葬中轴线上的主室数量而言，已呈现出简省趋势，似乎在曹魏时期已经完成了向“双主室墓”的演进，这是一个非常重要的变化。同时，墓室平面正处于东汉以降的横前堂型向近方形型转变的过渡阶段，特别是前室变化较为彻底，如曹休墓前室纵长 3.5 米、横宽 4.25 米，“正始八年”墓前室纵长 3.38 米、横宽 3.25 米，而安阳西高穴 M2 前室纵长 3.85 米、横宽 3.87 米，后两座墓葬的前室平面几乎已是方形了。

曹魏中前期有如此之多同类墓葬的存在，应当不是偶然现象，而可能具有制度因素。文献中关于这方面也有一点线索，汉献帝刘协禅位后，入魏后受封山阳公，虽无实权，但爵位在列侯之上，《后汉书·孝献帝纪》记其薨于青龙二年（234），“以汉天子礼仪葬于禅陵”[①]，此“汉天子礼仪”恐怕主要体现在治丧、出殡、追谥等环节上，因为《续汉书·礼仪志》刘昭注引《帝王世纪》描述禅陵的形制是“不起坟，深五丈，前堂方一丈八尺，后堂方一丈五尺，角广六尺”[②]。“不起坟”是魏晋以后的墓葬特点，显然不是东汉帝陵之制。“前堂方一丈八尺，后堂方一丈五尺”，这说明禅陵的地下主体结构为前、后双主室，且平面均为方形，正与时代稍早的西高穴 M2 一致，也与曹休墓等曹魏高等级墓葬遵循同样的墓室配置原则。《帝王世记》成书于西晋，一晋尺为 0.242 米，因此“一丈八尺”约为 4.356 米，“一丈五尺”约为 3.630 米，这个规模与西高穴 M2、曹休墓都在一个范围内。刘协下葬的青龙二年已是明帝在位时期，曹魏进入政治相对稳定、经济情况明显好转的时期，文献记载他去世后“丧葬所供群官之费，皆仰大司农”[③]，带有强烈的官方色彩。

由此不难推测曹魏高等级墓葬中，至少一些墓主身份极高的墓葬，应

---

① 《后汉书》卷九《孝献帝纪》，中华书局 1965 年版，第 391 页。

② 《后汉书》志第六《礼仪志下》，中华书局 1965 年版，第 3150 页。

③ 《三国志》卷三《明帝纪》裴松之注引《献帝传》，中华书局 1959 年版，第 102 页。

是直接由官方参与甚至主持修建[①]，笔者认为方坑明券双主室墓应是曹魏统治集团中最高级成员所采用的墓葬形制，是在制度规定下才能发生的现象。曹魏墓葬在墓室形态方面的转型十分显著，其肇始或许就能追到疑似魏武帝高陵的安阳西高穴 M2，这大概是曹魏政权建立新型政治文化的一种表现。

与方坑明券墓相比，暗券洞室墓的数量更多，墓葬形制也更为复杂，按建材类别主要可以分为砖室墓和模仿砖室而略加修整建成的土洞墓，另外还有墓室用砖铺地或亦砌筑矮墙的情况，但整体上还应归为土洞墓。按照墓室多少可分为多室墓、双室墓和单室墓。单个墓室平面形态也有近方形和长方形的区别。

暗券墓在洛阳地区出现得很早，《洛阳烧沟汉墓》公布了一大批两汉时期的暗券土洞墓、砖室墓和砖土混筑墓，从使用情况看，墓主的身份等级一般不高[②]。这是因为汉代皇帝和贵族选择了上文分析的方坑明券墓，并为之后仍定都洛阳的曹魏王朝继承且有所创新，而且对应的墓主等级也没有变化。与此同时，低等级墓葬还是以暗券墓为主，如出土曹魏五铢和一些具有汉代晚期特征陶器的偃师华润电厂 M100 就是一座暗券土洞墓，同墓地的 M85、M134 也发现曹魏五铢，都为暗券土洞墓，这种墓地的墓主身份普遍不高[③]。

根据纪年墓材料和类型学研究，洛阳地区可以判定为西晋时期的墓葬已经很多，尚未见到大型明券砖室墓和砖石混筑墓，可以认为明券墓在进入西晋后很快趋于消失。与此同时，暗券墓成为一时之主流，墓例非常多，从目前材料看，有纪年材料的暗券墓，时代集中在西晋

---

① 一个例证是西高穴 M2 和曹休墓的墓砖极为相似：两墓用砖都分为条形砖、扇形砖和楔形砖 3 种形制，其中条形砖按照简报的描述，西高穴 M2“墓室、甬道和侧室均用长 48 厘米、宽 24 厘米、厚 12 厘米的大砖垒砌而成”，曹休墓“条形砖长 47 厘米、宽 23 厘米、厚 11—11.5 厘米，主要用于垒砌墓室的四壁和铺地”，这种用量最多的砖，它们的尺寸几乎一致，曹休墓的各类砖上还有应属于官方做法的朱书文字和戳记文字，后者包括一些可能为工匠或管理者的名字。

② 中国科学院考古研究所：《洛阳烧沟汉墓》，科学出版社 1959 年版。

③ 洛阳市文物考古研究院：《偃师华润电厂考古报告》，中州古籍出版社 2012 年版，第 30、34—35、46 页。

中晚期[①]。而从墓主身份明确的墓葬情况看，使用暗券墓的墓主身份变得复杂起来，绝不限于汉魏时期的社会普通成员。从这个意义上说，曹魏与西晋虽均倡导薄葬，但就墓葬本身的恭俭程度来说，西晋更甚。

如上所述，暗券墓的墓室数量有多室、双室和单室几种情况。多室墓通常与祔葬习俗有关，发现较少，代表性墓葬有元康三年（293）裴祇及其家人祔葬墓（图5－1）[②]、简报推测为西晋初期的巩义石家庄M11[③]（图5－2）等，如齐东方先生在《三国两晋南北时期祔葬墓》一文所揭，"因祔葬而出现的多室墓既不反映时代的早晚，也与等级制度无关"[④]。其发展脉络自成一体。双主室墓或单主室墓中所带的侧室，不乏也有葬人的，如简报推测为西晋早期的洛阳衡山路DM115为一单主室墓，主室内放置随葬品和一具棺，侧室内还并排放置两棺[⑤]，显然这个侧室也是满足祔葬要求而设置的，因此从功能上看，这种形制的墓葬其实可以和因祔葬习俗出现的多室墓归并为一个类型。

双室暗券墓和单室暗券墓是西晋都城地区墓葬的两种主要形制，两者发现的数量都已不少，两相比较，单室墓的数量要更多。标准意义上的双

① 有纪年材料的暗券墓，时代集中在西晋中晚期，墓例有：太康七年（286）右尚方匠左兴妻张氏墓（洛阳市文物考古研究院：《洛阳孟津朱仓西晋墓》，《文物》2012年第12期）；太康八年（287）"晋故中郎"墓（河南省文化局文物工作队第二队：《洛阳晋墓的发掘》，《考古学报》1957年第1期）；太康八年（287）庶民苏华芝墓（洛阳市文物工作队：《西晋苏华芝墓》，《文物》2005年第1期）；元康三年（293）大司农、关中侯裴祇及家人三代合葬（该墓1936年被人盗掘，墓志于1969年捐献，现存洛阳博物馆，1979年旧地建楼，对该墓进行了清理，见黄明兰《西晋裴祇和北魏元暐两墓拾零》，《文物》1982年第1期）；元康三年（293）庶民张保妻墓（洛阳市文物考古研究院：《洛阳孟津朱仓西晋墓》，《文物》2012年第12期）；元康九年（299）贾后乳母、美人徐义墓（河南省文化局文物工作队第二队：《洛阳晋墓的发掘》，《考古学报》1957年第1期；汤淑君：《西晋贾皇后乳母徐美人墓志》，《中原文物》1994年第1期）；元康八年（298）庶民刘长明妻石好墓（洛阳市第二文物工作队：《河南洛阳市邙山"大汉冢"东汉陵区西晋纪年墓》，《考古》2010年第10期）；元康二年（292）关部曲将孙龙妻张胜墓（洛阳市文物考古研究院：《洛阳孟津朱仓西晋墓》，《文物》2012年第12期）；永康元年（300）庶民安文明妻支伯姬墓（洛阳市第二文物工作队、偃师商城博物馆：《河南偃师西晋支伯姬墓发掘简报》，《文物》2009年第3期；亦见于洛阳市文物考古研究院：《偃师华润电厂考古报告》，中州古籍出版社2012年版，第16—18页）；永宁二年（302）御史中丞傅宣之命妇士孙松及其二子（河南省文化局文物工作队第二队：《洛阳晋墓的发掘》，《考古学报》1957年第1期；陈直：《对"洛阳晋墓的发掘"与"南京近郊六朝墓的清理"两文的意见》，《考古通讯》1958年第2期）。

② 黄明兰：《西晋裴祇和北魏元暐两墓拾零》，《文物》1982年第1期。

③ 河南省文化局文物工作队：《河南巩县石家庄古墓葬发掘简报》，《考古》1963年第2期。

④ 齐东方：《三国两晋南北朝时期祔葬墓》，《考古》1991年第10期。

⑤ 洛阳市第二文物工作队：《洛阳衡山路西晋墓发掘简报》，《文物》2005年第7期。

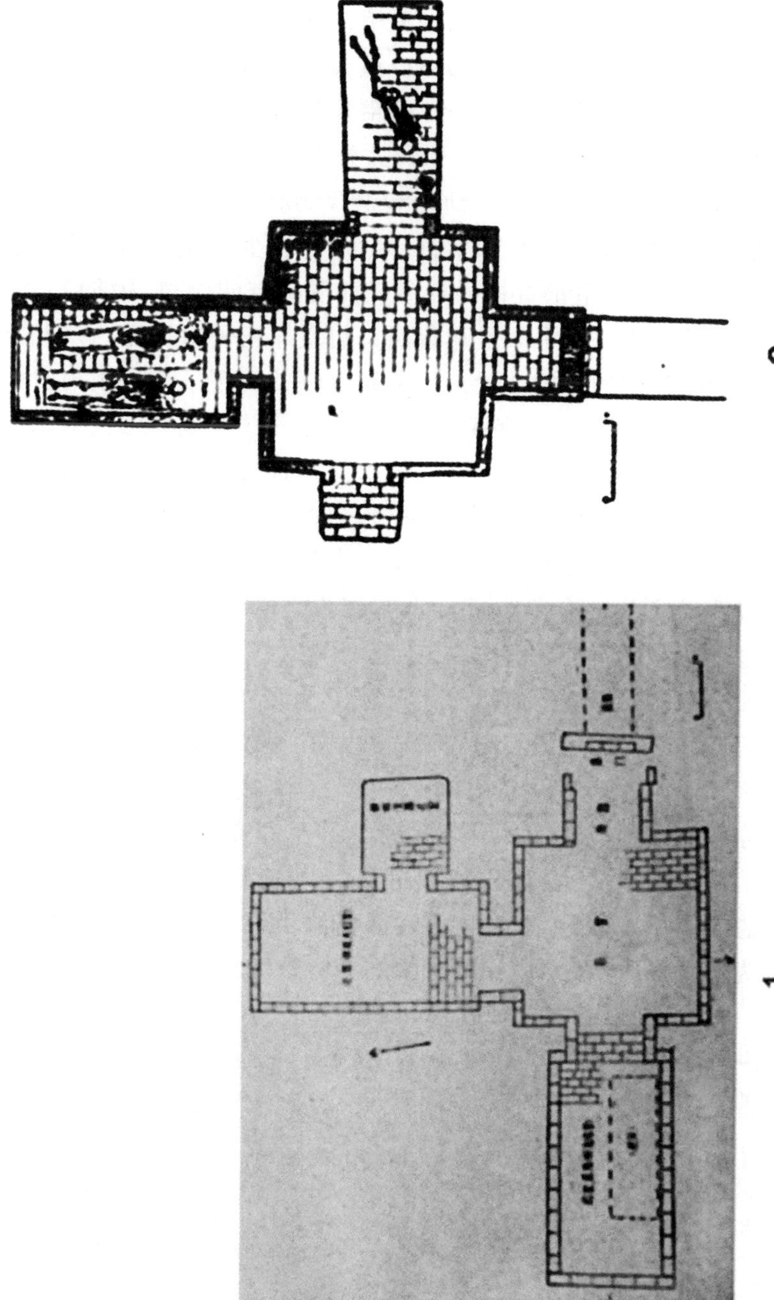

图5 部分西晋时期多室暗券墓平面线图

1. 裴祗及其家人衬葬墓（采自黄明兰：《西晋裴祗和北魏元暐两墓拾零》，《文物》1982 年第 1 期）

2. 巩义石家庄 M11（采自河南省文化局文物工作队：《河南巩县石家庄古墓葬发掘简报》，《考古》1963 年第 2 期）

室墓是指前、后室墓，中间以短甬道相连，前室一般近方形，用来放置随葬品，后室近方形或长方形，主要功能是置棺，这应是两个墓室规范的功能区分。典型墓葬如洛阳西郊58LSM3088，该墓为前后双室砖墓，从墓葬平面线图观察，前室放置几套陶器组合，后室除了有几件陶器外，靠西侧壁置棺一具①（图6－1）。在发掘中也见到另外两种现象，一种是随葬品和尸骨并存于前室而后室无棺，如偃师华润电厂M21为前后双室土洞墓，前室除了随葬品，还发现散乱朽骨和棺钉，后室只有少数随葬品，这座墓曾被扰乱②。另一种是前后室都置棺的现象，如偃师杏园M34为前后双室砖土混筑墓，前室和后室放置了大量随葬品，前室靠南侧壁发现白灰并有人骨和棺钉，应为一具棺的原始位置，后室靠南侧壁发现了两处棺痕，在白灰底上保留有棺钉数枚，也应是原来停棺的位置③（图6－2），洛阳吉利区M2490也是这种情况④（图6－3）。但这两种现象并不多见，可能有特殊原因，甚至不排除因盗扰等原因导致棺木尸首位置发生了移动。单室墓即将随葬品和棺置于一个墓室之中，墓室的大部分空间用以摆放随葬器物，棺靠后壁或侧壁安放，有单人葬，也有双人合葬（多为夫妇合葬），也就是将双室墓前室和后室的功能合在一室。

那么，中轴线上主要墓室的数量差异反映了什么样的问题呢？比较双室墓和单室墓的墓主身份，可以看出它们对应的社会阶层都很复杂。双室墓中前述偃师杏园M34，墓中出土大量随葬品，且有残石墓志出土，碑文背面刻有“河东陈巳……”等五人籍贯姓名，可能是墓主生前门生故吏，由此可见墓主地位应当不低⑤，而偃师华润电厂M32为双室土洞墓，墓中发现两块砖墓志，其中一块阴刻隶书“代郡杨法生”，只载籍贯和姓名，推测墓主生前为庶民⑥。单室墓中，既有推测为帝陵的枕头山M1、鏊子山

---

① 考古研究所洛阳发掘队：《洛阳西郊晋墓的发掘》，《考古》1959年第11期。

② 洛阳市文物考古研究院：《偃师华润电厂考古报告》，中州古籍出版社2012年版，第11—12页。

③ 中国社会科学院考古研究所河南第二文物工作队：《河南偃师杏园村的两座魏晋墓》，《考古》1985年第8期。

④ 洛阳市文物工作队：《洛阳吉利区西晋墓发掘简报》，《文物》2010年第8期。

⑤ 中国社会科学院考古研究所河南第二文物工作队：《河南偃师杏园村的两座魏晋墓》，《考古》1985年第8期。

⑥ 洛阳市文物考古研究院：《偃师华润电厂考古报告》，中州古籍出版社2012年版，第14—16页。

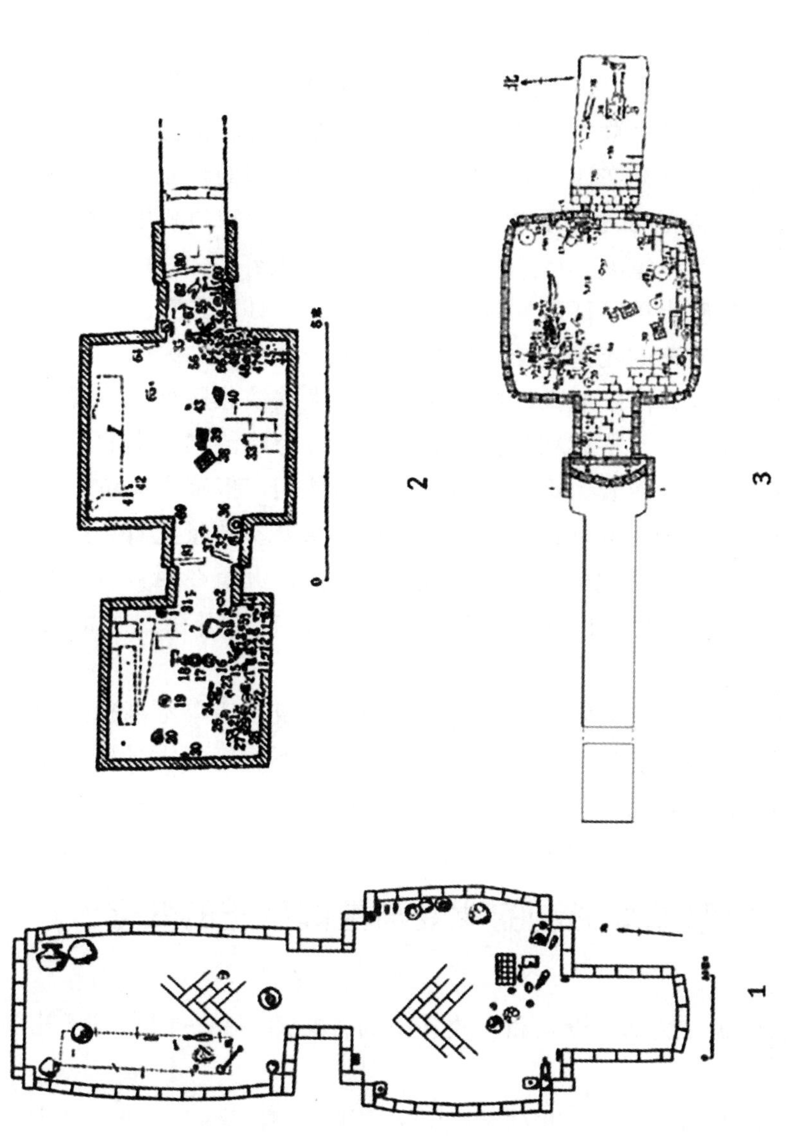

图6 部分西晋时期双室暗券墓平面图

1. 洛阳西郊58LSM3088（采自考古研究所洛阳发掘队：《洛阳西郊晋墓的发掘》，《考古》1959年第11期）
2. 偃师杏园M34（采自中国社会科学院考古研究所河南第二文物工作队：《河南偃师杏园村的两座魏晋墓》，《考古》1985年第8期）
3. 吉利区M2490（采自洛阳市文物工作队：《洛阳吉利区西晋墓发掘简报》，《文物》2010年第8期）

M1 及它们的陪葬墓（图 7）[①]、贾后乳母徐义墓等高等级墓葬，也为大批庶民所使用，典型例证如孟津朱仓发掘的 14 座墓葬中 11 座为单室土洞墓，其中 6 座墓葬的墓主，根据砖墓志可知为右尚方匠之妻、关部曲将（八品）、太医校尉、庶民等，属于下层官吏和庶民[②]。因此在墓室多寡与墓葬等级关系这个问题上，不仅因祔葬习俗出现的多室墓不代表墓主地位就高，而且双室墓和单室墓之间也不存在等级高低，它们各自涵盖的社会等级面都很宽泛，甚至存在社会上层更倾向使用单室墓的现象。但是，暗券双室墓与单室墓各自的流行时间颇值得注意，目前所知西晋中后期的纪年暗券墓绝大多数为单室墓，政治地位较高的元康九年（299）徐义墓颇具代表性，大致反映出单室墓这种形制在西晋中后期日渐强势。俞伟超先生曾指出大型单室砖墓的流行，是“晋制”形成的一个主要标志[③]。

从上述分析可知，洛阳地区魏晋墓葬形制的大致演化序列是：曹魏墓葬存在大型方坑明券双主室墓和暗券墓两类，前者为统治集团中的最高层使用，带有等级意义，后者为更广泛的社会阶层使用，但墓主地位一般不高。西晋墓葬几乎均为暗券墓，具体类型多样，从墓室数量上看，存在从双室墓和单室墓并行发展到单室墓成为主流的趋势，大概在西晋后期完成了这一转变。而因祔葬产生的多室墓始终少量存在，不在这个演化序列中。

作为墓葬形制上的重大转变，墓室数量的减少或者说单室墓独大局面的出现，反映了丧葬观念发生了什么样的变化呢？下面笔者尝试从墓葬功能的角度对这个问题进行讨论。

二 魏晋墓葬形制的演变与墓葬祭祀的变化

地下墓葬建筑、装饰、设施和摆放其中的各类随葬品一起组成了礼仪

---

① 中国社会科学院考古研究所洛阳汉魏故城工作队：《西晋帝陵勘察记》，《考古》1984 年第 12 期；洛阳市第二文物工作队、偃师市文物局：《河南偃师市首阳山西晋帝陵陪葬墓》，《考古》2010 年第 2 期。

② 洛阳市文物考古研究院：《洛阳孟津朱仓西晋墓》，《文物》2012 年第 12 期。

③ 俞伟超：《汉代诸侯王与列侯墓葬的形制分析——兼论“周制”“汉制”与“晋制”的三阶段性》，中国考古学会《中国考古学会第一次年会论文集》，文物出版社 1980 年版，第 337 页。

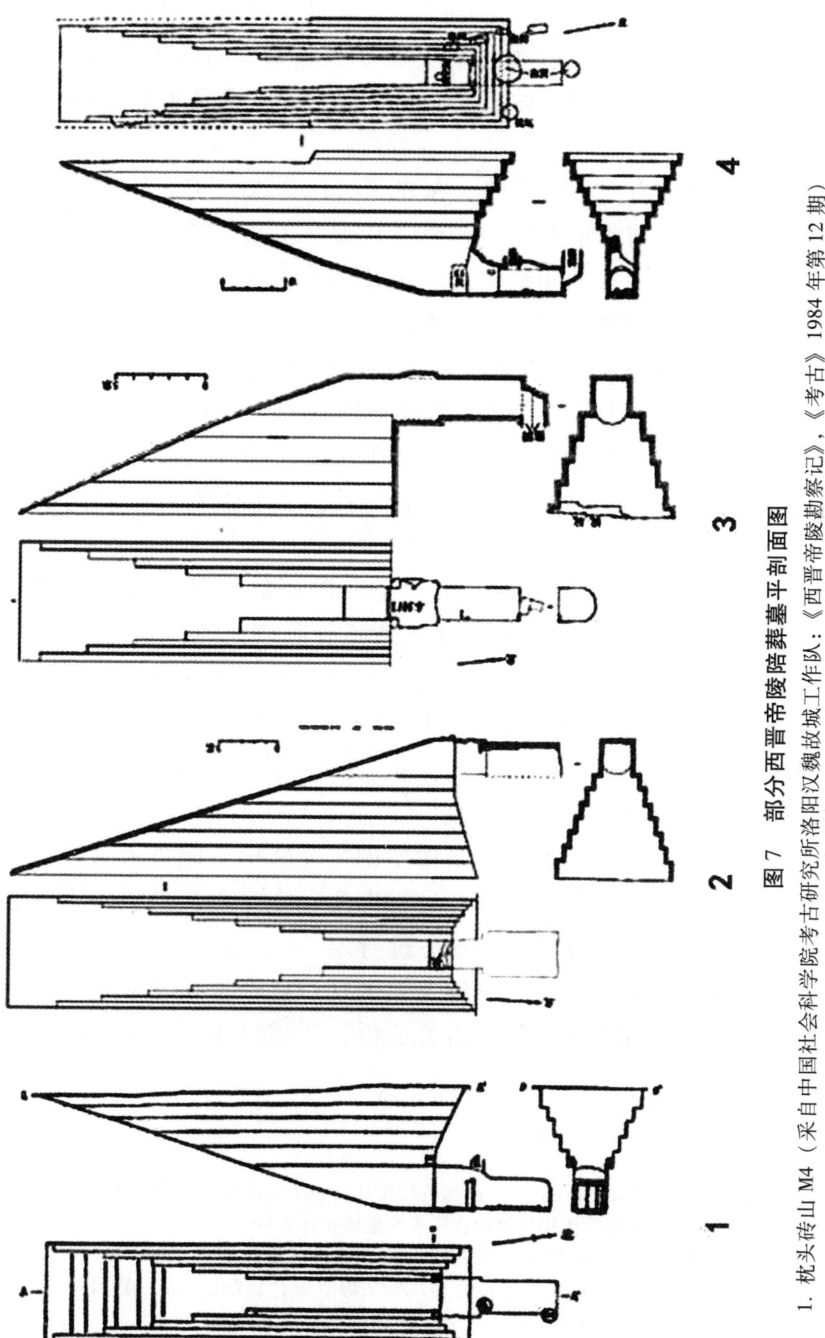

图7 部分西晋帝陵陪葬墓平剖面图

1. 枕头砖山 M4（采自中国社会科学院考古研究所洛阳汉魏故城工作队：《西晋帝陵勘察记》，《考古》1984 年第 12 期）
2. 四方砖厂 M1（采自洛阳市第二文物工作队、偃师市文物局：《河南偃师市首阳山西晋帝陵陪葬墓》，《考古》2010 年第 2 期）
3. 四方砖厂 M2（采自洛阳市第二文物工作队、偃师市文物局：《河南偃师市首阳山西晋帝陵陪葬墓》，《考古》2010 年第 2 期）
4. 六和饲料厂 M4（采自洛阳市第二文物工作队、偃师市文物局：《河南偃师市首阳山西晋帝陵陪葬墓》，《考古》2010 年第 2 期）

性的空间结构。这个空间结构在不同时代和地域呈现出的规模差异，既与财富的集聚程度有关，也与生死观念的变迁存在联系，前者容易被理解，而后者则隐晦和复杂得多，但它在某些情况下却是导致墓葬面貌发生改变的关键原因。

毫无疑问，墓葬是为亡者准备的。在先秦时代，人们相信死后形神分离，安葬并不是与亡者的真正道别，后者的灵魂将在家族的宗庙中不定期的接受祭祀，这是先秦特重“庙祭”的思想基础。在这种情况下，葬礼可能不是丧礼过程中特别重要的部分，当然这不是说对墓葬的营建和随葬品的选取不重视，否则无法解释已发掘的那些规模宏大的先秦墓葬，而是说，送葬的队伍在到达墓地后，可能逗留的时间不长，举行的仪式很少。而在笔者看来，葬礼中祭奠活动①的是否存在和繁简程度，直接决定了地下礼仪性空间结构发挥什么样的作用，也就与我们关心的墓葬形制问题关系密切。

《仪礼》中的丧礼四篇②是先秦时代“士”阶层如何举行丧礼的指导手册，在关涉葬礼的《既夕礼》中，对安葬环节记载极简：“柩至于圹，殓服载之。卒窆而归，不驱。”③ 这个过程很简单，似乎是安放好灵柩和随葬器物后就封闭墓室，而要急着返回家族的宗庙，因为接下来将在那儿举行隆重的安魂礼，也就是紧接《既夕礼》的《士虞礼》整篇记载的内容。汉代以前中国墓葬的主流是竖穴“椁墓”④，墓室只为容纳棺椁和随葬品，不为生人的活动提供空间，这种墓葬结构使得送葬队伍不能进入墓室，也就不与地下空间发生联系。那么在葬礼过程即便存在祭奠活动，也应该是相当简略的，同时只能在墓室之外的地方进行。

大约从战国开始，人们对死后形神关系的认识逐渐发生了变化，并由此产生了对墓葬功能认识的转变。“古礼庙祭，今俗墓祀……墓者，鬼神

① 之所以强调是“葬礼中祭奠活动”，是因为古代丧礼是一个持续性的礼仪过程，在这个过程中，祭奠活动会间歇式出现，与其他仪节相配合组成完整的丧礼流程。

② 即《丧服》《士丧礼》《既夕礼》《士虞礼》。

③ （汉）郑玄注，（唐）贾公彦疏，彭林整理，王文锦审定：《仪礼注疏》卷四一《既夕礼》，北京大学出版社 1999 年版，第 790 页。

④ 这里使用的“椁墓”和下文的“室墓”，都借用黄晓芬《汉墓的考古学研究》（岳麓书社 2003 年版）一书提出的概念。

所在，祭祀之处”[①]，代表了东汉人的看法，墓葬既是葬尸的地方，也是栖神的所在。墓葬的地位抬高了，送葬的人们在墓地逗留的时间延长了，相信在安葬过程中已具有祭奠活动，它既是葬礼的一环，本身也可能是包括多个环节的活动。

黄晓芬先生认为战国早期楚墓出现将供献祭祀一类的器物和食品集中放置于椁内一侧的现象，已是在墓内辟出祭祀空间这种做法之端倪，之后经过漫长的演化，到了西汉时墓内出现了明确的祭祀空间和埋葬空间的完全分离[②]。对于财力无忧可以营建起规模较大的墓葬的阶层来说，墓内空间开始成为祭奠活动举行的重要场所，这是中国传统墓葬形制的重大变化，通过战国、秦代和西汉早期的过渡，至晚从西汉中后期开始，横向开通的“室墓”取代“椁墓”成为墓葬形制的主流，定型于黄晓芬所定义的“回廊型棺室后位式室墓和中轴线配置型室墓”，这是对上述生死观变化的回应。下葬方式从传统的垂直吊下转变为横向推送，前室的出现为参加葬礼的人提供了进行室内参加活动的空间，施杰先生指出：“这个地下的‘祭祀空间’的出现是中国丧葬礼仪的一个重要发展，并重新定义葬礼参与者在塑造墓葬空间中的作用……在墓室永久关闭之前，生人和死者可以在这个平台上通过祭祀活动来实现幽明两界的沟通。”[③]

东汉在葬礼过程中确实存在墓内祭祀的情况，根据《续汉书·礼仪志》的记载，东汉皇帝薨后入葬山陵，东园武士奉（灵）车入房和下明器，待“祭服衣送皆毕，东园匠曰‘可哭’，在房中者皆哭。太常、大鸿胪请哭止哭如仪。司徒曰‘百官事毕，臣请罢’，从入房者皆再拜，出，就位……皇帝进跪，临羡道房户，西向，手下赠，投鸿洞中，三。东园匠奉封入藏房中……尚衣奉衣，以次奉器衣物，藏于便殿……司空将校复土”[④]。这说明东汉山陵大典包括了墓室内举行的祭奠活动。东汉中晚期特别是首都洛阳墓葬盛行的横前堂，学界普遍认为是祭奠场所，送葬的亲朋故旧把亡者的灵柩推入后室之后，在前室里依次摆放不同质地和类别的随

① （汉）王充著，黄晖撰校释：《论衡校释（附刘盼遂集解）》，中华书局 1990 年版，第 971—972 页。

② 黄晓芬：《汉墓的考古学研究》，岳麓书院 2003 年版。

③ 施杰：《交通幽明——西汉诸侯王墓中的祭祀空间》，巫鸿、朱青生、郑岩《古代墓葬美术研究（二）》，湖南美术出版社 2013 年版，第 93 页。

④ 《后汉书》志第六《礼仪志下》，中华书局 1965 年版，第 2136 页。

葬品，然后，他们中的一部分人在此举行祭奠仪式。上文提到，这种墓内祭奠是葬礼中祭奠礼仪的其中一环，是因为墓室（前室）的空间毕竟有限，肯定容纳不下整个送葬队伍，王符说当时“宠臣贵戚，州郡世家，每有丧葬，都官属县，各当遣吏赍奉，车马帷帐，贷假待客之具，竞为华观”①。而一些汉末显贵和名士的葬礼，赶来送葬的人数更是惊人②。只能想象，有资格进入墓室的是亡者的至亲，熟悉葬礼操作的礼官、儒生或术士，以及某些身份特殊的人物，墓内祭奠神圣、隆重但规模很小，其余多数人还是在站立在墓室之外的地面上，相信也有适合他们在地面进行的仪式，空间不同的两个或多个祭奠仪节呈历时性的可能性较大，参与的人也会有部分重合。即便如此，指出存在墓内祭奠这一点仍很重要，因为这个仪节很可能是建造前室的重要原因。

对于财力有限的家族家庭来说，由于无法营建较大的地下墓室，往往建成单室墓。对这种分离关系的表现，采取的是在墓室前部摆放一组用于祭祀的杯、案、盘和勺，依此具备墓内祭奠的意义，构建出一种场景性存在，但人们参与的祭奠活动是在地面举行。

如前文所述，曹魏时期首都洛阳高等级墓葬使用的方坑明券墓，普遍存在前后双室，西晋时期也有一定数量的前后双室墓，笔者认为，这是对东汉以来这种墓内祭奠旧俗的延续。而西晋时期的单室墓对应的社会阶层日益宽泛，从天子到庶民，大多数人都采用了这种墓葬形制。单室墓空间逼仄，洛阳地区单室墓的墓室长宽多只有三四米，放置棺椁和器物之后，根本没有多少容人活动的空间，墓葬的功能似乎又回到了汉代以前以容棺为主。祭祀空间被压缩了，但仍能看到一组以饮食器为中心，摆放在墓室前部的祭奠器物群，汉代财力有限的家族家庭所采用的表现墓内祭奠的场景性布置，被西晋人继承下来，并且被推广到更多的社会阶层。对于那些具有政治和社会地位，且财力无忧的家族家庭来说，也将原本祭奠活动中

① （汉）王符著，（清）汪继培笺，彭铎校正：《潜夫论笺校正》卷三《浮侈》，中华书局1985年版，第137页。

② 如袁绍兄弟的母亲去世，“归葬汝南，（王）俊与公（曹操）会之，会者三万人。”（见《三国志》卷一《武帝纪》裴松之注引皇甫谧《逸士传》，中华书局1959年版，第31页。）郑玄的葬礼上，“自郡守以下尝受业者，缞绖赴会千余人。”（见《后汉书》卷四十《郑玄传》，中华书局1965年版，第164页），郭泰去世后，“四方之士千余人，皆来会葬。”（《后汉书》卷六八《郭泰传》，中华书局1965年版，第2227页）

最重要的仪节从墓内搬到了墓外。

西晋重臣王祥生前有遗令，其中提到“西芒上土自坚贞，勿用甓石，勿起坟陇。穿深二丈，椁取容棺。勿作前堂、布几筵、置书箱镜奁之具，棺前但可施床榻而已。糒脯各一盘，玄酒一杯，为朝夕奠”①。正是要对汉魏以前的墓室设有前堂做法进行改变，将前后双室缩为单室，对棺前的有限空间稍加布置，略具祭奠之意即可。陆机《大墓赋》云“屯送客于山足，伏埏道而哭之”②，行哭泣的礼节是在墓室之外的墓道。贺循在《葬礼》中说：“至墓之位，男子西向，妇人东向。先施幔屋于埏道北，南向。柩车既至，当坐而住。遂下衣几及奠祭。哭毕柩进，即圹中神位。即窆，乃下器圹中。荐棺以席，缘以绀缯。植羽翣于墙，左右挟棺，如在道仪。”③ 很显然送葬的人们是到达墓地后，在墓室以外的地方设幔帐、布器皿、迎柩车，进行“奠祭”，哭完之后将灵柩和随葬器物安放到墓室里去。贺循出自江南会稽贺氏，乃一代大儒，世传礼学，他去世于东晋政权初建的太兴二年（319），亦有西晋时入洛任太子舍人的经历，所以上述议论不能排除与中原葬俗的联系。他们都是当朝重臣，又是名士硕儒，上述论述或许正反映了出现新型礼仪要求。西晋洛阳的社会上层普遍以单室墓为主，似乎表明他们受礼制约束程度较深。

在考古发掘中也有一些迹象反映祭奠活动移到墓道靠近墓门、甬道处举行，有两个等级很高的墓葬例子：偃师枕头山 M4 在“甬道内发现三具未经扰乱的动物骨骼：正对墓门放猪骨一具；墓门西侧置狗骨一具；墓门东侧是一条牛大腿。它们显然是有意识埋进墓内的，应与封墓前祭奠仪式有关”④。从报告的文字描述并结合墓葬平面线图观察，所谓的“甬道”是指墓道北端至墓门前的一段，三具骨架所处的位置是在青石墓门之外（图 8－1），这可以说明当时的祭祀活动不在狭窄的墓内举行，虽然“甬道”和墓道的空间也不大，但祭祀用品毕竟可能放置在墓外可以看到的地

① 《晋书》卷三三《王祥传》，中华书局 1974 年版，第 989 页。

② （西晋）陆机著，金涛声点校：《陆机集》卷三，中华书局 1982 年版，第 27 页。（《陆机集》题作《大暮赋》，但校勘记已云：“‘大暮’，《北堂书钞》卷九二、《初学记》卷一四并作‘大墓’，宜据改。”）

③ （唐）杜佑撰，王文锦等点校：《通典》卷八六《凶礼八》，中华书局 1988 年版，第 2346 页。

④ 中国社会科学院考古研究所洛阳汉魏故城工作队：《西晋帝陵勘察记》，《考古》1984 年第 12 期。

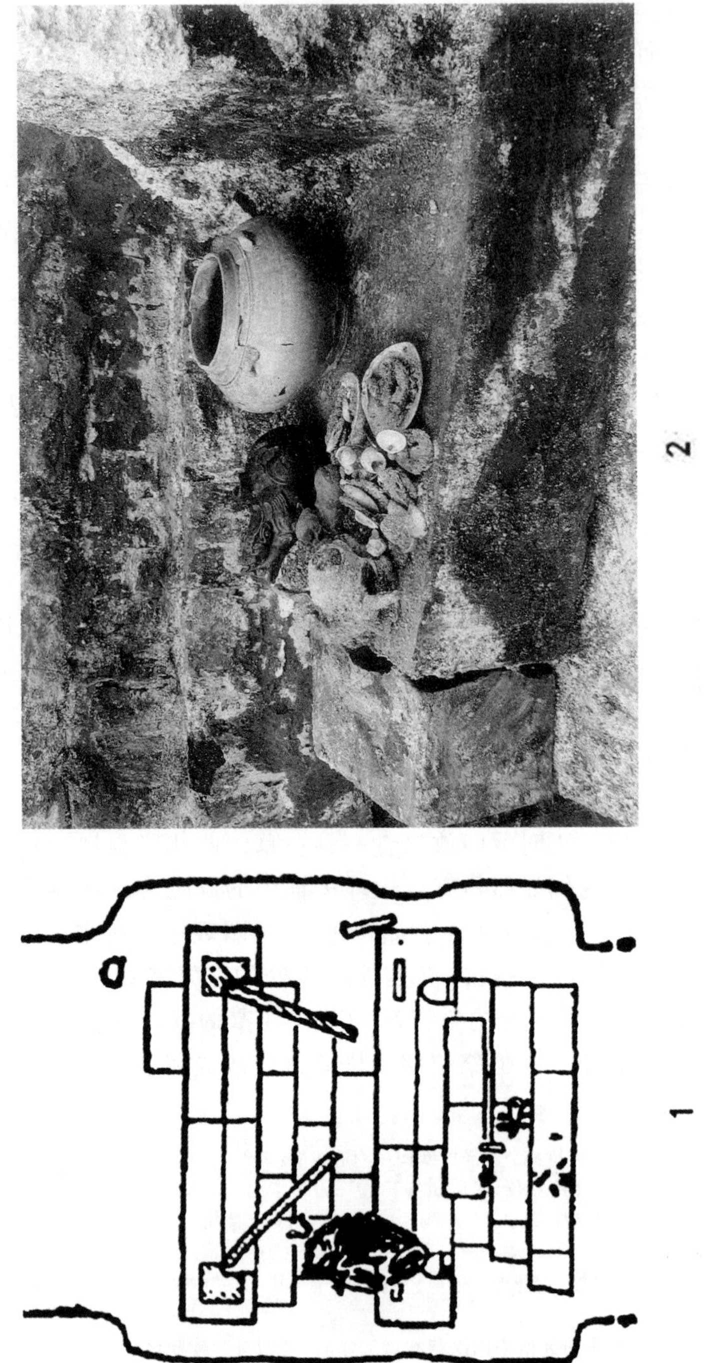

图 8　部分西晋墓葬墓外祭祀遗迹

1. 枕头山 M4 墓门外遗物分布情况（采自中国社会科学院考古研究所洛阳汉魏故城工作队：《西晋帝陵勘察记》，《考古》1984 年第 12 期）

2. 洗砚池 M1 墓外“祭台”（采自山东省文物考古研究所、临沂市文化广电新闻出版局：《临沂洗砚池晋墓》，文物出版社，2016 年，第 12 页）

方，送葬的大多数人可以站在墓道侧上方的地面上参与和观看祭奠活动。另一个距离洛阳稍远的例子，见于西晋末至东晋初的山东临沂洗砚池 M1，按照简报描述“为砖石结构双室券顶墓”，实际也可视为共用一堵前墙的两座单室墓，在墓门外砌封门墙，“该墙呈阶梯状，共分四级……在最上层的中间有一块长方形立砖，砖西侧放置有青瓷四系罐、瓷砚滴、陶羊、铜钱、蚌壳等。应为祭祀用品”①（图 8 –2）。看来这座墓的祭奠活动也是在墓室外举行的。

由此笔者认为，葬礼中祭奠活动发生在墓内还是墓外，是墓葬呈现前后双室还是单室的原因之一。祭奠活动逐步从墓内移至墓外的习俗，在一定程度上推动了双室墓消失、单室墓独大局面的形成。

这种转变有着深刻的社会和政治背景，概括来说植根于汉末大乱、陵墓被掘的现实冲击。汉代特别是东汉那种“庙、墓之严格区分消失，墓地成为魂（神）、魄共同的居处”②，“墓、庙之合一与新兴的灵魂说造成了墓葬画像艺术在东汉时期的极度繁荣”③ 的情况，可能逐渐失去思想基础，曹丕提出“冢非栖神之宅”④ 的激进观点，虽然可能一时还难以被社会大众接受，但大概能推测魏晋时人开始对于地下家园产生了不信任感，对于灵魂能否安稳于内有了焦虑。

西晋是一个重丧的时代，但丧礼的重心发生了转移，服丧环节显得特别重要，文献中有大量关于丧服的讨论。葬礼的地位在汉代达到顶峰后，至魏晋特别是西晋时开始下降，与之相关联的，是晋武帝司马炎极力推行对古礼的恢复，这个古礼不是秦汉之礼而是三代之礼。葬礼中依然还有祭奠活动，但不必再修建规模较大的墓室专辟场所供生人进入举行活动，只需在随葬品的摆放上略具其意即可，祭奠活动在墓室以外进行，节省财力，这应当是所谓“薄葬”的关键内容。

严格来说，即便曹魏、西晋时代的前后双室墓，如前所述，前室已从

---

① 山东省文物考古研究所、临沂市文化广电新闻出版局：《临沂洗砚池晋墓》，文物出版社 2016 年版，第 11—12 页。

② ［美］巫鸿：《汉明、魏文的礼制改革与汉代画像艺术之盛衰》，《礼仪中的美术：巫鸿中国古代史文编》，生活 · 读书 · 新知三联书店 2005 年版，第 279 页。

③ ［美］巫鸿：《从庙至墓——中国古代宗教美术发展中的一个关键问题》，《礼仪中的美术：巫鸿中国古代史文编》，第 568 页。

④ 《三国志》卷二《文帝纪》，中华书局 1959 年版，第 102 页。

东汉晚期那种适应多人举行祭祀的横前堂变成了近方形，而与单室墓中器物的组合和位置区别不大，可以视为一种过渡形式。但历史总是有惯性，社会面貌总是复杂和交错的，丧葬活动在很大程度上又是很自主的，朝廷对于丧葬的规定，在某些方面只是礼制层面的指导性意见，不可能所有人都同步完成方式的转变。

在洛阳以外地区，这种影响是有限的，整个西晋疆域内的各地墓葬文化大多保存了本地传统。真正将单室墓演变为全社会共同认可的墓葬形制，是此后南方特别是建康附近的东晋和南朝墓葬。

三　建康地区东晋墓葬的演变及相关问题

建康地区东晋墓葬已发现很多，是本区域六朝墓葬序列中数量最多的一段。其建造方式在整体技术上延续本地孙吴、西晋以来的技术传统，多选择在丘岗的山麓地段营建，先竖挖墓坑，然后普遍在墓坑中砌筑砖室，有的还安设排水设施，亦都属于竖穴方坑砖室墓。

从墓室数量上说，建康地区东晋墓葬分为双室墓和单室墓两大类。单室墓数量远多于双室墓，或带甬道，少数墓例还带一侧室，墓室平面或为近方形，或为长方形，或两侧壁外弧，结顶方式又有四隅券进式穹窿顶、四边结顶式穹窿顶、券顶之不同。

东晋早期的墓葬形制较为多样，包括前后双室墓、四隅券进式穹窿顶单室墓、四面结顶式穹隆顶单室墓、券顶里室墓，但已一改江南东吴西晋时多室、双室、单室墓并行的局面，而突然出现以平面凸字形的单室墓成为主流，墓顶结构中穹窿顶和券顶两大类型平分秋色。

这种突变显然并非本地墓葬形制自行演变的结果，而是外来墓葬文化的直接移入，即南渡的北人在获得政治强力和礼仪优势的情况下，带来了西晋后期逐渐成形的洛阳系统的葬仪，打断了南方墓葬的发展轨迹。随葬品尤其是明器的种类和组合也发生很大的改变，如瓷质明器减少而陶质明器盛行，与墓葬形制的改变一起体现出鲜明的中原西晋葬俗特点。当然也吸收了江南本地墓葬传统的一些内容。

单室墓中的四隅券进式穹窿顶墓最值得重视，它们的墓室平面多近方形，墓主可考者皆为侨姓士族，如象山 M7、郭家山 M1—M4、老虎山 M1、郭家山 M9 等（图 9），分属于琅琊王氏、琅琊颜氏、太原温氏等北方名族[①]，近方形单室墓正是洛阳地区西晋中晚期墓葬的主流，直接说明当时南来的侨人上层多沿袭了中原旧制，不过洛阳地区的单主室墓中的砖室墓，墓顶结构是四面结顶式，而四隅券进式墓顶则是南方孙吴西晋墓葬的传统，这是北方礼仪传统和南方技术传统的一次结合，四隅券进式的墓顶结构使得墓室多高达 3 米以上，颇有气势，弥补了墓室平面规模较小的不足，因此是在吸取本地砖室墓砌筑技术的基础上，移来了中原正朔的丧葬礼制。这应是出自东晋政府的规定，至少是有一个指导性意见，尤其温峤墓是由东晋朝廷主持修建的陪陵“大墓”，更能反映此种墓型的等级意义。由于一些墓葬墓主失考，尚不能完全判断这种墓形准确的适用范围，但就墓主明确和推测可信度较大的几座墓葬，再结合稍早的湖南安乡西晋荆州刺史刘弘墓[②]来看，大致可以推测其对应高级官吏和侨姓士族。

晋室渡江，洛阳的文物制度陷于外胡之手。司马睿和北来侨族在江东士族的帮助下建立东晋王朝，对于一个政权来说，礼制的确立无疑是头等大事，这是巩固政权、稳定社会秩序、团结各阶层力量的关键措施。晋初制定的《晋礼》百六十五篇，挚虞、傅咸缵续工作未及成功，中原覆没，只有挚虞《决疑注》作为遗事流传后世。永嘉之乱对礼典的破坏使得东晋初建时面临颇多困难，礼文多阙，一批熟谙礼文的朝臣着手进行建设，史籍记载“江左则荀崧、刁协缉理乖紊”[③]，“江左则有荀崧、刁协损益朝仪”[④]，刁协“少好学，虽不研精，而多所博涉。中兴制度，皆禀于协”[⑤]，“中兴建，拜尚书左仆射。于时朝廷草创，宪章未立，朝臣无习旧仪者。协久在中朝，谙练旧事，凡所制度，皆禀于协焉，深为当时所称许”[⑥]。荀

① 南京市博物馆：《南京象山 5 号、6 号、7 号墓清理简报》，《文物》1972 年 11 期；南京市博物馆：《南京北郊郭家山东晋墓葬发掘简报》，《文物》1981 年第 12 期；南京市文物保管委员会：《南京老虎山晋墓》，《考古》1959 年第 6 期。南京市博物馆：《南京北郊东晋温峤墓》，《文物》2002 年第 7 期。

② 该墓也是四隅券进式穹隆顶墓，平面方形，每边长 3.6 米，刘弘生前活动与东晋政权的建立密切相关。参见安乡县文物管理所《湖南安乡西晋刘弘墓》，《文物》1993 年第 11 期。

③ 《宋书》卷一四《礼志一》，中华书局 1974 年版，第 327—328 页。

④ 《晋书》卷一九《礼志上》，第 580 页。

⑤ （南朝宋）刘义庆著，（梁）刘孝标注，余嘉锡笺疏，周祖谟等整理：《世说新语笺疏》卷中之下《方正第五》“周伯仁为吏部尚书”条引虞翻《晋书》，中华书局 1983 年版，第 367 页。

⑥ 《晋书》卷六九《刁协传》，第 1842 页。

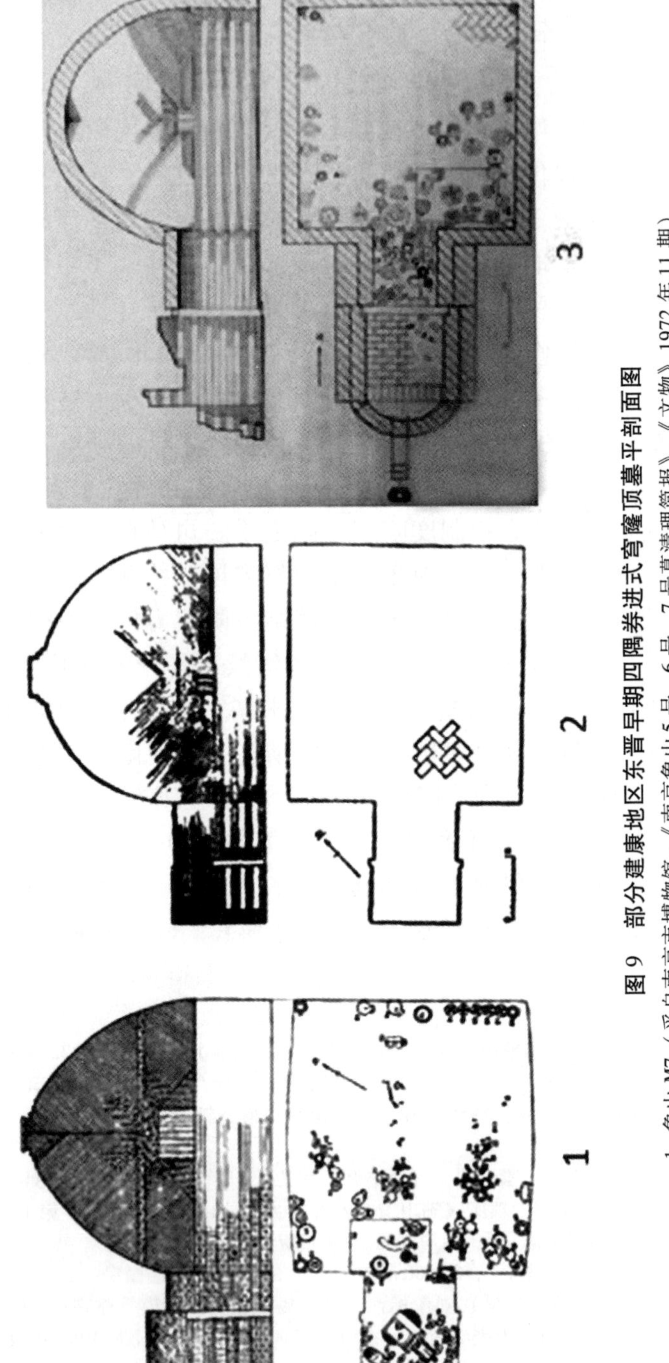

图9　部分建康地区东晋早期四隅券进式穹窿顶墓平剖面图

1. 象山M7（采自南京市博物馆：《南京象山5号、6号、7号墓清理简报》，《文物》1972年11期）
2. 郭家山M4（采自南京市博物馆：《南京北郊郭家山东晋墓葬发掘简报》，《文物》1981年第12期）
3. 郭家山M9（采自南京市博物馆：《南京北郊东晋温峤墓》，《文物》2002年第7期）

崧于元帝即位后，“征拜尚书仆射，使崧与协共定中兴礼仪”[①]，蔡谟“博学，于礼仪宗庙制度多所议定”[②]，王导首倡学校和史官，此外还有贺循，“朝廷疑滞皆谘之于循，循辄依经礼而对，为当世儒宗”[③]。可见推动东晋初期礼制建设的人物以南渡的侨族士人为主，并得到江东饱学之士的扶助。看来，江左墓葬的这种物化形式显得新颖而突然，却正是东晋建立之初礼制建设、巩固统治过程的快速产物。

两晋之际南方墓葬变化的原因是非常清楚的。而从目前的资料看，大致到了穆帝永和中期，也就是350年前后，穹窿顶单室墓基本消失，墓葬面貌只有券顶单室墓一种，或带甬道，面貌十分单一，表现出很强的一致性。此外先前常见的直棂假窗也突然不见，墓壁上仅有灯龛，并开始有外弧的趋势，同时墓室后部设砖棺床的情况增多。大约在375年以后，假窗重新出现在墓壁上，而墓葬整体的形制变化不甚显著，但砖棺床和祭台更加普遍，许多墓葬的墓壁外弧更为明显。

东晋早、中期墓葬形制变化的重点是穹隆顶墓和墓壁假窗的消失，中、晚期的变化则主要体现在假窗的再度出现和流行。对此，笔者曾撰文分析，认为是东晋中期对北方军事斗争占优的时局，使得在首都建康或许出现了一股将回葬故园的愿望转化为实际操作的社会行为，墓顶结构抛弃费工的穹隆顶而全部采用简便的券顶，是因为日后总要开墓迁葬的，不需将墓室建得过高过大，有些墓室的高度甚至把人们直立其中进行活动的可能都排除了；象征地面建筑上的窗户的直棂假窗消失，也反映了此时的墓葬不再是模拟地面居所，而只是灵柩暂时寄托的临时场所。而太和四年（369）枋头之败东晋元气大伤和前秦统一北方后大军压境的现实，又使得曾被点燃的北归热情冷却下来，恰在这个时期，墓壁假窗重新出现，墓室规模比前一阶段有所增大，砖台和砖棺床更加普遍，墓葬被再次当作地下居所，是亡者的最后归属[④]。

由上述分析可知，建康地区东晋墓葬形制演变分为三个阶段，其演变动因主要来自时局的改变。西晋洛阳形成的墓葬文化在东晋建康走向定

---

① 《晋书》卷七五《荀崧传》，第1976页。

② 《晋书》卷七七《蔡谟传》，第2041页。

③ 《晋书》卷六八《贺循传》，第1824页。

④ 参见拙文《最后归宿还是暂时居所？——南京地区东晋中期墓葬观察》，《南方文物》2010年第4期。

型，单室墓终于成为社会各阶层均认可的墓葬形态。同时，东晋建康地区以外的东晋墓葬也逐渐走上由多室、双室墓向单室墓的转化路径。另外，南京、丹阳等地已经发掘了多座南朝帝陵和王侯墓葬，均为单室砖墓①，显示了晋墓的深远影响。

① 代表性墓例有：疑似刘宋岩山陵区陪葬墓的隐龙山 M1—M3（南京市博物馆、江宁区博物馆：《南京隐龙山南朝墓》，《文物》2002 年第 7 期）；丹阳胡桥、建山发现的疑为南齐帝陵的三座大墓（南京博物院：《江苏丹阳胡桥南朝大墓及砖刻壁画》，《文物》1974 年第 2 期；南京博物院：《江苏丹阳县胡桥、建山两座南朝墓葬》，《文物》1980 年第 2 期）；疑似梁安成康王萧秀墓（南京博物院、南京市文物保管委员会：《南京栖霞山甘家巷六朝墓群》，《考古》1976 年第 5 期）；疑似梁南平元襄王萧伟墓（南京博物院：《南京尧化门南朝梁墓发掘简报》，《文物》1981 年第 12 期）；梁桂阳简王萧融墓（阮国林：《南京梁桂阳王萧融夫妇合葬墓》，《文物》1981 年第 12 期）；梁桂阳敦王萧象墓（南京博物院：《梁朝桂阳王萧象墓》，《文物》1990 年第 8 期）；疑似梁临川靖惠王萧宏墓（南京市博物馆、栖霞区文管会：《江苏南京市白龙山南朝墓》，《考古》1998 年第 12 期）；疑似梁昭明太子墓和其生母丁贵嫔墓（南京市考古研究所：《南京栖霞狮子冲南朝大墓发掘简报》，《东南文化》2015 年第 4 期）。与南朝帝陵或王侯陵有关的还有南京西善桥油坊村罐子山大墓（罗宗真：《南京西善桥油坊村南朝大墓的发掘》，《考古》1963 年第 6 期）、宫山大墓（南京博物院、南京市文物保管委员会：《南京西善桥南朝墓及其砖刻壁画》，《文物》1960 年第 8、9 期合刊）等。

从“门窗”到“桌椅”

——兼议宋金墓葬中“空的空间”*

丁　雨**

宋金仿木构墓葬中，后壁的装饰题材，近年来受到较多的关注。研究者们对启门、一桌二椅、墓主人夫妇对（并）坐等题材进行了热烈的探讨。本文试图梳理宋金时期中原北方地区仿木构墓葬材料，探究后壁空间题材的变化与发展，并尝试对墓葬空间部分功能的发挥予以探索。

一　启门、门、门后的空间

宋元墓葬中的“启门图”是学者们讨论的热点。近年来，围绕启门图，学界关注的焦点是，这个门后的空间是否有具体的指代？指代什么？或者其究竟具有怎样的功能？韩小囡、易晴、李清泉、郑岩、刘未等众多学者，近年来都对这一问题进行了不同角度的探讨。比较有代表性的观点有几类，一类考虑到横向同层次墓葬装饰的情境，将之解释为寝①；一类联系纵向层次的装饰情境，将之解释为开阴闭阳，通向仙境之途②；郑岩则回归到美术史对形式的关注，从形式的角度对这种图式进行了探讨③；

* 原文刊于《北方民族考古》第4辑，科学出版社2017年。

** 北京大学考古文博学院新体制研究员、助理教授。

① 李清泉：《空间逻辑与视觉意味》，《美术学报》2012年第2期。

② 易晴：《河南登封黑山沟北宋砖雕壁画墓图像构成研究》，博士学位论文，中央美术学院，2007年，第109页；梁白泉：《墓饰“妇人启门”含义蠡测》，《艺术学界》第6辑，江苏美术出版社2011年版，第63—73页。

③ 郑岩：《论“半启门”》，引自郑岩《逝者的面具》，北京大学出版社2013年版，第378—419页。

刘未认为，从假门最初的出现来看，其使用功能应是象征被省略的耳室①。

郑岩的研究，将问题关注点由题材内容转向了题材形式。考古学者的研究则致力于描述这一题材的发展变化和时空分布特点。这自然是对研究视角的有力开拓。然而，我们是否仍要回答最初的问题？——我们是否有可能解释这一题材？

我们似乎有必要先回归到学术史，重做审视。假如对学者们的研究稍作总结，或可发现，学界对启门图的关注重点，经历了从“妇人启门”，到“妇人”，到“启”，再到“门”的过程。② 刘耀辉指出，妇人启门题材，门是问题的关键。③ 刘未指出，妇人启门的前身是晚唐时期开始出现的假门。④ 李雨生亦关注到假门与启门的联系。⑤“门”本身已经受到了重视，但却尚未得到充分的讨论。从图像内容与逻辑来看，在启门图中，门才是意义发生的主体。宿白指出，启门可能表明此后仍有未尽之空间。⑥这一观点受到了广泛的认同。而实际上，无论是妇人启门、半启门、门、锁门还是关门，只要有“门”存在，就能担当起隐喻空间的功能，而“启”仅是一个提示性动作。基于此，我们可将出现于相同、相似位置的门类题材，归为一类进行考虑。

从使用情况上看，门的使用远比“启门”频繁。笔者 2009 年曾对中原北方地区宋代 139 座砖雕墓进行统计，门窗的出现比例是 73%⑦。与之

---

① 刘未：《门窗、桌椅及其他》，引自［美］巫鸿等编《古代墓葬美术研究》第三辑，湖南美术出版社 2015 年版，第 227—252 页。

② 参见郑岩、丁雨对之前各家观点的综述。郑岩：《论“半启门”》，引自郑岩《逝者的面具》，北京大学出版社 2013 年版，第 378—419 页；丁雨：《宋墓启门图初步探讨》，丁宁主编《2011 年北京大学美术学博士生国际学术论坛论文集》，陕西师范大学出版社 2011 年版，第 43—61 页。

③ 刘耀辉：《晋南地区宋金墓葬研究》，硕士学位论文，北京大学，2002 年，第 33—34 页。

④ 刘未：《门窗、桌椅及其他》，引自巫鸿等编《古代墓葬美术研究》第三辑，湖南美术出版社 2015 年版，第 227—252 页。

⑤ 李雨生：《北方地区中晚唐墓葬研究》，博士学位论文，北京大学，2013 年，第 173—177 页。

⑥ 宿白：《白沙宋墓》，文物出版社 2002 年版，第 42 页。

⑦ 丁雨：《中原北方地区宋墓的定量视角及相关问题浅析》，学士学位论文，北京大学，2009 年，第 15 页。

相比，同位置的启门图比例远低于门，仅占20%左右。① 因此，将视角由“启门”扩展至“门”，为我们提供更多了资料基础，亦有可能为我们提供新的启发。

当我们将对“启门”的关注扩展至门之后，或许由此获得对题材内容的一种新的认识途径，即观察那些真正打开的门，究竟要营造出一种怎样的空间。在目前实际的发现中，确实也存在一些被开启的后壁之门。这些门中的情况，似乎不尽相同②。

第一类情况：门后空间是放置棺床的小墓室。可以山西壶关县上好牢的M1③、河南焦作白庄宋墓④等为代表。这些小墓室与白沙宋墓后室的区别在于，白沙宋墓的后室后壁仍然做出了妇人启门，而上好牢宋金墓的后室则另有装饰。同时，上好牢墓地的M3是单室墓，其东西北三面均营造出假门，基本与M1同构，相当于M1的简化。由此，我们或可以认为上好牢M1的后室，正是假门开启后的空间。上好牢宋金墓和河南焦作白庄宋墓的西侧室和后室，均做出棺床，并发现人骨（上好牢M1后室未发现人骨，李清泉认为有其他原因⑤）。且值得注意的是，上好牢的发掘者认为M1后室和侧室所绘人物，全为挂轴条幅式，“从服饰和形象来看，大多应为神仙形象”。此类墓例，似可启发我们重新审视启门图的“寝”说和“仙境”说。

第二类情况：门后空间绘出山水图。以山西闻喜下阳宋金墓⑥、山西壶关县下好牢宋墓⑦为例。闻喜下阳宋金墓的发掘者指出，此墓北壁砌有一板门，“清理时已毁坏”，“两板门原先敞开，中间绘一幅山水画”。此例似已毁无对证。不过山西壶关县下好牢宋墓可为我们提供更翔实的资

---

① 笔者较为全面地收集了2012年之前发表的宋金墓葬中出土的“启门”墓例。在中原北方地区，宋墓33座，金墓34座，出现了启门图像。据韩小囡统计，2006年时，共发表有宋代砖石雕壁画墓240座，排除掉南方地区，北方地区约有170座；陈章龙2010年进行北方宋墓装饰研究时，共收集墓例157座。若将目前的考古发现情况看作一种抽样结果，综合这些统计情况，那么启门图的出现频率占到20%左右。

② 笔者在此暂时排除了如白沙宋墓M1前后室同等规模同等营造的情况，而只列举由门衍生的附属空间。

③ 山西省考古研究所等：《山西壶关县上好牢村宋金时期墓葬》，《考古》2012年第4期。

④ 焦作市文物工作队：《河南焦作白庄宋代壁画墓发掘简报》，《文博》2009年第1期。

⑤ 李清泉：《墓葬与死者之间——叩问壶关上好牢1号墓的话语逻辑》，未刊稿。

⑥ 闻喜县博物馆：《山西闻喜下阳宋金时期墓》，《文物》1990年第5期。

⑦ 王进先：《山西壶关下好牢宋墓》，《文物》2002年第5期。

料。下好牢宋墓纪年为宣和五年（1123），其墓室结构是在北、西、东三面均有一门二窗，门后均有耳室，三个耳室内均绘制带画框的水墨山峦图。三耳室内砌有棺床。

第三类情况：门后营造出耳室，往往空无一物。此类墓例较多，代表了一种地方风格。[①] 如山西壶关南村元祐二年（1087）墓[②]，北壁两耳室，东西壁各一耳室。发掘者未对耳室壁面情况进行描述，应既无棺床亦无装饰。长治故县村 M1[③] 墓室四面共计七门，均挖进去形成较半米见方的耳室，不足以容纳尸骨，也无装饰。长治故县村 M2 纪年为元丰元年（1078），东、北两面开门挖成小耳室，门两侧为二窗，西面为假门二窗。河南郏县仝楼村 M3 为六边形单室墓，北壁正中假门半启，“门后有一龛，进深0.19米，龛内空无一物”。东南、西南壁素面，东北西北壁各有一假窗。

第四类情况：山西新绛南范庄金墓[④]，是较为特殊的情况。此墓后壁、东西壁均有耳室，主室后壁上方壁面为砖雕门楼，砌有板门和二直棂窗。后壁下方为后室门，后室门两侧有武士砖雕。东西壁上方为三合格扇门，下方靠南开耳室门。后室及左右耳室既无仿木斗拱，也无砖雕装饰。门楼之门构成一门二窗，似是较为典型的可与“启门”对应之门，然而真正开启的门却在下方。

第五类情况：后壁门后题字“后土之神”，此例见于河南尉氏县张氏镇元墓[⑤]。发掘者称“东西北三壁中下部都砌有类似于直棂窗的壁龛”，从宋金墓葬常见的图式来看，所营建者应为门。三壁龛内均有题字，北壁为“后土之神”，西壁为“西库”，东壁为“东仓”。值得注意的是，北壁壁龛两侧分别有男女主人像，端坐于椅子上。

---

① 秦大树：《宋元明考古》，文物出版社 2004 年版，第 144 页；刘未：《门窗、桌椅及其他》，引自巫鸿等编《古代墓葬美术研究》第三辑，湖南美术出版社 2015 年版，第 227 页。

② 王进先：《山西壶关南村宋代砖雕墓》，《文物》1997 年第 2 期；赵超：《山西壶关南村宋代砖雕墓砖雕题材试析》，《文物》1998 年第 5 期。

③ 朱晓芳等：《长治故县村宋代壁画墓》，《文物》2005 年第 4 期。

④ 山西考古研究所：《山西新绛南范庄、吴岭庄金元墓发掘简报》，《文物》1983 年第 1 期。

⑤ 开封市文物工作队：《河南尉氏县张氏镇宋墓发掘简报》，《华夏考古》2006 年第 3 期。刘未论证此墓应为元墓，笔者认同。详见刘未《尉氏元代壁画墓札记》，《故宫博物院院刊》，2007 年第 3 期。虽然本文主要讨论宋金墓葬，但将此墓列入类型，或可作为时间序列上，后壁空间变化的一种途径作为参考。

以上几类情况，完全可以将我们引向不同的解释路径。而伴随着新的考古发现，可能还有更多可供参考的墓例提供给我们更多的可能性。这些例子的差别，与时间、空间和墓葬营建者本身的理念均有密切关系。有学者根据元墓后壁的题记和墓主人夫妇坐图的出现，来推测晚唐至宋金时期后壁门后隐喻空间的功能。然而，即便仅从以上例子来看，在晚唐、宋初乃至宋金时期的很多墓葬本身的构建中，其墓葬装饰提供的信息，并不足以使人看到明确和整齐划一的意义指向。时代、地域的差别，以及墓葬营建者、赞助人本身的阶层，都可能导致墓葬壁饰中隐喻空间的功能差别。另一方面，我们亦从元代墓葬中发现，越到晚期，“门”后的空间指向反而愈加清晰，这种情况，竟类似于顾颉刚先生最初疑古时所面对的清晰的历史叙述。晚期墓葬中，虽有清晰的题词提示，但却或许更需要我们在推导时保持谨慎。限定时空范围，在可控范围内寻找可类比的墓例，或许是相对可靠的方法。

此外，近期刊布的山西繁峙南关村金代壁画墓①值得关注。从宿白先生起，学者们就开始思考宋金时期启门图与东汉石棺启门图的关系。最著名的例子莫过于王晖石棺前挡的启门图。在最近刊布的这座金墓中，不仅在墓室北侧绘出一门二窗，在墓中的葬具木棺的前挡上也绘出了板门。而这具木棺的装饰几乎和王晖石棺的完全重合，即后挡饰以玄武，左右棺板分别饰以青龙、白虎，而在前挡，王晖石棺刻出带有羽翼的妇人启门，此木棺则绘出朱雀，下为板门。王晖石棺的妇人作为朱雀的拟人形象获得了进一步的佐证。从形式来看，对墓室与棺材的装饰，刚好存在着相反的空间位置。笔者怀疑棺材四面装饰四神，实际是在暗示死者所在位置居中，而将门放在朱雀的位置，则恐与我国将宅门开于南侧的习俗有关。而在墓室中，不仅常常出现四面有门的情况，较为特殊的启门最初还往往出现在北壁。当然若此门打开，则其相对于被打开的空间确实是南面，但墓葬的营建者似乎并不这么认为，如山西长治故县村的 M1、M2 在四壁也绘出了四神，其玄武就位于北壁。由此而观，墓室中的启门和棺材上所绘的启门，虽有类似的图式，其使用最初或有互相启发的可能，但由于所在载体与空间不同，所代表的意涵可能也发生了变化。而在同一墓葬的墓室和墓

① 山西省考古研究所：《山西繁峙南关村金代壁画墓发掘简报》，《考古与文物》2015 年第 1 期。

棺中，同时出现了“门”这一题材，而各自与门“同层”的装饰，又大相异趣，似更暗示了我们两者意义的不同。这也许正是从整体空间结构出发，所能够带给我们的启示。

门后空间的解释趋于多元，在营建倾向各不相同的墓葬中，我们难以找到对其功能统一的解释。然而从目前的考古发现来看，尽管仿木构墓葬中装饰元素存在着组合内容和组合方式的差异，但前后门对应的营建结构却获得了广泛的采纳和流传。在笔者看来，晚唐至宋末，以河南为核心的中原北方地区，墓室后壁多用门或门窗，实质上是与墓门对应，处在同一轴线的二者，共同构成模拟现实居住空间的基本要素，在结构上为墓室空间奠定了基调。而这种结构的变异与破坏，或许意味着墓葬营建理念的重大转变。这或许是更值得我们注意的变化。事实上，宋金时期墓室后壁的装饰确实存在另一种弃用门窗的情况，即在后壁装饰墓主人夫妇对（并）坐图。

二　后壁：关注的焦点

目前学界一般认为，墓主人夫妇对（并）坐图由一桌二椅发展而来。[①]从北宋初期到北宋中晚期，仿木构砖室墓似乎存在着“人物上墙”的趋势[②]。关于这一题材的讨论，亦始于宿白先生。他将白沙宋墓M1中西壁墓主人并（对）图和东壁伎乐图结合起来，认为其应是文献中所提“开芳宴”。然而，由于墓主人夫妇对（并）坐图常独立出现，近年来对其又有新的解读。秦大树联系桌子上下所摆物品，和金代段楫墓“永为供养”的题词，认为从一桌二椅到墓主人夫妇对（并）坐，似是墓中灵位[③]；刘耀辉认为，一桌二椅上出现墓主人夫妇像后，才具备了灵位的意义[④]；袁泉

① 秦大树：《宋元明考古》，文物出版社2004年版，第145—146页；张鹏：《勉世与娱情》，《美术研究》2010年第4期；李清泉：《“一堂家庆”的新意象》，《美术学报》2013年第2期。

② 秦大树：《宋元明考古》，文物出版社2004年版，第145页；丁雨：《浅议宋金墓葬中的启门图》，《考古与文物》2015年第1期。

③ 秦大树：《宋元明考古》，文物出版社2004年版，第146页。

④ 刘耀辉：《晋南地区宋金墓葬研究》，硕士学位论文，北京大学，2002年，第28页。

认为，在元墓中，逝者肖像是子孙后代永恒祭祀的关键点[①]；易晴指出墓葬中图绘墓主人形象，与世俗生活中用以祖先祭祀的影堂的设置有很大关联[②]，李清泉认为桌椅即为逝者灵魂而设，表达死者对灵魂的供奉[③]。洪知希则通过观察这一题材所在位置的变化，认为这种变化强化了祭祀仪式。

从学者们的研究脉络来看，桌椅或墓主人夫妇对（并）坐图这一题材的发展，似存在两个值得关注的变化点：桌椅上人物的出现；桌椅或墓主人夫妇对（并）坐图在墓葬中位置的改变。而这两种改变，则给予我们越来越强烈的提示。到金元时期，墓主人夫妇对（并）坐图旁出现“永为供养”[④]“祖父之位”[⑤]“宗祖之位”[⑥]则将这一题材的内涵进一步具体化。从简单的桌椅，到带标注的墓主人夫妇图像，这一题材图像内容日益丰富而明确，这种“层累的历史”似也值得我们审慎地对待。

一桌二椅或早期的墓主人夫妇对（并）坐图多存在于侧壁，从北宋末期起，有一些墓葬后壁使用墓主人夫妇对坐图，取代了门窗题材。易晴观察到，河南地区后壁多用门窗，山西地区多用墓主人夫妇对（并）坐图，她基于此将这种差别归为区域差别[⑦]。洪知希则强调后壁使用门（窗）和使用墓主人夫妇对（并）坐图的时间差别，认为应进行时空的交叉分析。他通过对建于宋哲宗时期的梁庄墓[⑧]和1126年宋四郎墓[⑨]的分析，指明了发生这一变化的最初时间。同时，他认为早期的方式（侧壁使用桌椅或墓主人夫妇题材）到12—13世纪已经相当罕见。[⑩]

实际上，后壁采用门窗题材，和采用墓主人夫妇对坐图这两种情况，

---

① 袁泉：《从墓葬中的“茶酒题材”看元代丧祭文化》，《边疆考古研究》2007年第6期。

② 易晴：《宋金中原地区壁画墓“墓主人对（并）坐”图像探析》，《中原文物》2011年第2期。

③ 李清泉：《“一堂家庆”的新意象》，《美术学报》2013年第2期。

④ 参见袁泉《宋金墓葬“猫雀”题材考》，《考古与文物》2008年第4期。

⑤ 山西省文物管理委员会：《山西文水北峪口的一座古墓》，《考古》1961年第3期。

⑥ 商彤流等：《山西交城县的一座元代石室墓》，《文物季刊》1996年第4期。

⑦ 易晴：《宋金中原地区壁画墓“墓主人对（并）坐”图像探析》，《中原文物》2011年第2期。

⑧ 洛阳文物工作队：《河南新安县梁庄北宋壁画墓》，《考古与文物》1996年第4期。

⑨ 洛阳市文物管理局等：《洛阳古代墓葬壁画》，中州古籍出版社2010年版，第398—409页。

⑩ 洪知希：《“恒在”中的葬仪：宋元时期中原墓葬的仪礼时间》，引自巫鸿等编《古代墓葬美术研究》第三辑，湖南美术出版社2015年版，第196—226页。

共存了相当长的时间。即便在后壁流行采用墓主人夫妇对坐图的山西地区，还是有相当数量的墓葬使用了门窗题材。笔者曾统计山西出现的22例启门图例，其中12例启门图出现于后壁。另外又37例带有“门”装饰的墓葬，其中21例门出现于后壁。这表明，即便在山西地区，门或门窗题材在后壁仍有相当大的“市场”。

另外，在仿木构砖室墓流行的核心地区——河南、山西等地，发现过一些后壁装饰同时糅合了门窗和墓主人对（并）坐图的情况。山西闻喜下阳宋金的墓①，后壁正中砌板门，门两侧各绘一桌二椅。此墓发现男女人骨各一。山西屯留金墓②则似闻喜下阳宋金墓的“加强版”，后壁正中砌板门，门两侧各绘一对墓主人夫妇对（并）坐图。墓被盗扰，葬者情况不明。更具中和形态的是纪年为大定十四年（1174）的山西长子县小关村金墓③，后壁仍然以门为核心，但是在门两侧却出现了分别出现了墓男主和墓女主，人物背后还各带有一扇屏风，不仅如此，在东西侧壁，墓主夫妇二人又出现了一次。结合这些墓例与上节的统计数据表明，我们或可看出，对前后门对应的墓室结构的突破，恐并非一蹴而就，而是经历了漫长的传播和认同过程。

洪知希对墓主人夫妇对（并）坐图最初出现于西壁、后来转移至北壁的原因进行了详细的分析。④ 他认为此与宋人影堂中，祖先面对的位置有关。据程颐的记载，当时士人所建家庙，以太祖面东。因此，在白沙宋墓中，我们看到墓主人夫妇位于西壁，面向东方。而由侧壁移至后壁之后，肖像占据了墓室中央，完全融入了专门为死者设计的空间。如前所述，不少学者认为，墓主人夫妇图具有墓主人灵位的意义，并营造出祭祀的氛围。刘未从元墓的例子出发，认为尽管墓主人夫妇对（并）坐图体现了供养色彩，但葬祭有别，不能将之视为祭祀的模拟。⑤ 然而尉氏县张氏镇元墓墓门所题“时思堂”，恰与《孝经》之中“春秋祭祀，以时思之”相对

---

① 闻喜县博物馆：《山西闻喜下阳宋金时期墓》，《文物》1990年第5期。

② 朱晓芳：《山西屯留宋村金代壁画墓》，《文物》2008年第8期。

③ 朱晓芳：《山西长子县小关村金代纪年壁画墓》，《文物》2008年第10期。

④ 洪知希：《“恒在”中的葬仪：宋元时期中原墓葬的仪礼时间》，引自［美］巫鸿等编《古代墓葬美术研究》第三辑，湖南美术出版社2015年版，第196—226页。

⑤ 刘未：《门窗、桌椅及其他》，引自［美］巫鸿等编《古代墓葬美术研究》第三辑，湖南美术出版社2015年版，第227—252页。

应，则墓室模拟祭祀之所的意味已经相当明显。不过，这一质疑，似可作为我们重新审视墓室空间的起点。

除皇家陵寝外，宋金时期，民间的仿木构砖室墓一般尺寸不大，如白沙宋墓墓门虽通高 3.68 米，但去除掉门口部分，甬道内地面至顶仅 1.5 米，宽 0.91 米，仅容人矮身而过。而前室长 1.84 米，宽 2.28 米，面积仅 4 平方米。事实上，墓室面积较小，是当时仿木构砖室墓中较为普遍的情况。这么小的墓室空间，几乎刚够放置尸骨，几乎不太能容纳葬礼的参加者在墓室内部进行祭祀活动。除此之外，墓室空间还具有封闭性。当其在葬礼结束之后，墓门封住，还会垒砌二至三层封门砖，从而完全封闭这一空间。另外，宿白先生在白沙宋墓中指出，这些墓和土洞墓一样①，是先有土洞，再在里面砌砖。有研究者指出，有些墓可能是在墓顶开天井，用作取光。② 即便如此，在为墓顶绘图的时候，依然要封住墓顶，在黑暗中作画。因此，从这个角度来看，墓室空间近似于一个隐秘而不对外开放的空间。墓室狭小黑暗，且完全封闭。这表明墓室主要用途并非生人开展供养或祭祀活动的场所。墓室空间的壁画在完成、验货、丧葬礼仪完成后，基本上不对生人开放。这种情况似乎表明，墓室在封住之后，就完全成为一个和生人隔绝的空间。虽然段楫墓预修墓记中明确提出“以为后代子孙祭祀之所”③，但实际的祭祀或供养，显然无法在墓室之中发生。然而，墓主人夫妇对（并）坐图及其所在的位置，乃至题记，又确实表现出供养或祭祀的氛围。那么，或许我们需要回答这样一个问题，在封闭的空间之中，供养或祭祀的氛围，如何发挥自己的功能？

三　“空的空间”：由表演者缺位而引发的假设

“空的空间”是彼得·布鲁克的戏剧理论：“我可以选取任何一个空间，称它为空荡的舞台，一个人在别人的注视之下走过这个空间，这就足

① 宿白：《白沙宋墓》，文物出版社 2002 年版，第 25—28 页。

② 山西省考古研究所侯马工作站：《山西稷山马村 4 号墓》，《文物季刊》1997 年第 4 期。

③ 山西省考古研究所：《山西稷山金墓发掘简报》，《文物》1983 年第 1 期。

以构成一幕戏剧了。"[①] 这个理论的提出，强调摆脱繁复的剧场布景，通过演员富于想象力的表演和观众富于想象力的观赏，达成的戏剧状态。

丧葬从本质上来说，是一种仪式，戏剧的某种源头也与祭祀仪式有关。两者或可类比。在晚唐宋金的仿木构墓葬中，也存在"空的空间"，但情境设置恰好相反。通过雕出微缩的桌椅、人物，形成图像逻辑，留下了丰富的"布景"，然而作为"观众"的考古者在发现墓葬时，已经不再有动态的"表演过程"——丧葬礼仪包含的种种程序，形成了另一种"空的空间"——没有动态"演员"的空间。具体到墓主人夫妇对（并）坐图这一题材所营造出的供养、祭祀氛围，对比正常的祭祀过程，墓室中具备了被祭祀的对象，在不少墓例中，还具备相当齐备的祭祀设施和"布景"。唯独缺少的是，参加祭祀的孝子贤孙。而在墓葬的砖雕壁饰之中，我们也鲜见孝子贤孙的形象。那么这些本该存在的孝子贤孙在哪里呢？为什么不在墓葬中画出祭拜孝子贤孙的形象呢？

弗雷泽通过考察世界多个民族的宗教习惯与仪式，提炼出顺势巫术的两种形式，一种为模拟律，另一种为接触律。[②] 前者通过模拟事物来发挥巫术的功能，而后者则通过接触。模拟巫术在我国源远流长，各朝宫廷中常常有用以陷害他人的巫蛊之术，实际就是用木头、布料等制造小人，来对目标对象进行诅咒。如易晴、洪知希等人所述，墓主人夫妇对（并）坐图与对家庙、影堂的模拟密切相关。而庶人的影堂、士人的家庙，正是孝子贤孙进行丧仪、祭祀的真正地点。笔者推测，在墓室中制造出同样的场景，其背后隐藏的逻辑，有可能是通过模拟巫术的方式，使地上与地下相似情境相同，从而达到或强化阴阳相通、祭祀祖先的效果。刘未在质疑"祭祀说"之后提出，金元战乱期间，绘制祖先画像具有承载记忆、家族重建的意义；元墓中的标识牌位的做法受此时代背景之影响。[③] 然而如前文所分析，墓室空间的封闭性，实际上能够消解其承载记忆的功能。而借重于顺势巫术理论，这种标识的存在则更为合乎逻辑。因为在真正发生祭祀的场所，标识姓名和悬挂画像均能够发挥承载记忆的功能。

---

① ［英］布鲁克：《空的空间》，邢历译，中国戏剧出版社 1988 年版，第 3 页。

② ［英］弗雷泽：《金枝》，徐育新等译，新世界出版社 2006 年版。

③ 刘未：《门窗、桌椅及其他》，引自［美］巫鸿等编《古代墓葬美术研究》第三辑，湖南美术出版社 2015 年版，第 227—252 页。

四 余论

宋金仿木构墓葬所营造的墓室氛围，具有多重矛盾、多元寄托的特点。在一些墓葬中，如黑山沟宋墓[①]中，墓葬壁饰的上下层次表现出现实与理想寄托的呼应。在众多墓葬的壁饰中，我们既能看到子孙通过孝行图对长辈的“孝”，又能从东仓西库的营建看到“福荫子孙”[②] 的“慈”。封门砖的垒砌，即表达了阴阳的隔绝和墓室的封闭性，墓门和假门的营造又隐喻着地下空间的开放性。丧葬仪式要用多次痛哭来表达内心的悲戚[③]，而墓葬壁画中又用伎乐杂剧来营造“乐”的氛围。即便具体到壁饰现实层次的壁画内容，我们也能看到内与外、宅与庭等种种相对的概念。这些表面看似矛盾的概念，集中出现于狭小黑暗的墓室之中，表达出时人对丧葬的多元理解和多重寄托。这使得在很多时候，我们在内容功能意义上的解释，无法达成一致的结论。

然而，假如我们全面审视宋金时期的墓葬资料，则或可在结构层面，发现一些统一的规律。门窗题材的意义，虽然在功能解释层面尚未达成共识，但值得注意的是，位于后壁的这类题材，在一定时期内，在以豫西、晋南为核心区域的很多墓葬中，与墓门一起，构成了墓室基本的空间结构。尽管墓葬壁饰可能根据需求，会采用不同的题材组合，但这些组合，均在前后门构成的墓室基本结构之内展开。这一情况表达了当时一些区域人群对这一结构的认可。

笔者认为，后壁题材由门窗向墓主人夫妇对（并）坐的转变，表明了时人对墓室空间理解的变化。从整体结构来看，营建者似不再着力强调墓室前后对应的结构，转而强调以墓主人夫妇画像为核心的某些功能。这种情况的发生发展，经历了漫长的过程，甚至出现了一些糅合的形态。在宋金时代，虽在一定区域内形成了一定的潮流，但并未完全替代前后门对应

① 郑州市文物考古研究所：《河南登封黑山沟宋代壁画墓》，《文物》2001 年第 10 期。

② 袁泉：《蒙元时期中原北方地区墓葬研究》，博士学位论文，北京大学，2009 年，第 195—197 页。

③ （宋）司马光：《书仪》卷五《丧仪一》，清雍正刻本。

这一营建结构。

重新审视以墓主人夫妇为核心的墓室结构，其似乎确实如大多数学者所分析，营造出了供养、祭祀的氛围。但若考虑到墓室的封闭与黑暗，则墓室营造出祭祀氛围的原因和这种氛围发生功能的方法，则成为值得考虑的问题。在笔者看来，墓室空间作为丧葬仪式的“静态断面”空间，其仅拥有单向的墓主人形象，却缺失了丧葬仪式的参与者形象，这使得墓葬壁饰营造的场景，难以构成完整的仪式画面。考虑墓主人夫妇图像为核心的壁饰系统对影堂、家庙这些真正祭祀之所的模拟，笔者推测，其背后的营建逻辑可能包含弗雷泽所提出的顺势巫术原理。